mandelbaum *verlag*

Krunoslav Stojaković

FÜR EMINENT KOMMUNISTISCHE LÖSUNGEN

Linksradikale Kritik in Jugoslawien 1960–1970

mandelbaum *verlag*

Meinen Eltern.

mandelbaum.at • mandelbaum.de

ISBN   978385476-930-9

Lektorat: PAUL BEER
Satz: BERNHARD AMANSHAUSER
Umschlag: MICHAEL BAICULESCU und MARTIN BIRKNER
Druck: PRIMERATE, Budapest

Inhaltsverzeichnis

7   Prolog

15 1. Einleitung
16 1.1. Soziale Bewegung und politische Narration
22 1.2. Kulturelles Produktionsfeld als politisches Interventionsfeld
28 1.3. Die Sozialistische Föderative Republik Jugoslawien als Forschungsgegenstand
37 1.4. Quellengrundlage

41 2. Zwischen Programm und Realität. Jugoslawien auf dem Weg in die 1960er-Jahre
44 2.1 Reformsozialismus vs. Dogmatismus
63 2.2 Die Arbeiterselbstverwaltung im Praxistest
74 2.3 Für die Freiheit der Kunst. Oder: Der langsame Abschied vom sozialistischen Realismus

95 3. Formierung des Neuen. Intellektuelle Aufbrüche in der jugoslawischen Kulturlandschaft
104 3.1 Philosophie als Befreiungswissenschaft. Praxis und die »Negation der Negation«
168 3.2 Wider den Heros. Die »schwarze Welle« überrollt den Partisanen
222 3.3 »... für ein authentisches Theater, oder: das Absterben des Schauspiels«

286 4. Ein heißer Sommer in Jugoslawien. Juni 1968
287 4.1 Weichenstellung: Die Politisierung des jugoslawischen Studentenbundes
296 4.2 Formierung: Demonstrationen gegen den Vietnamkrieg

309 4.3 Eruption: Besetzung der Belgrader Universität –
Solidarität der Hochschulzentren
318 4.4 »Rote Universität Karl Marx« –
Der permanente Konvent

343 Epilog

361 5. Schlussbemerkungen

369 Danksagung

371 Quellen- und Literaturverzeichnis
371 Quellen
384 Literaturverzeichnis
401 Bildquellen

Prolog

Belgrad, 5. Juni 1968, im Hof der besetzten Philosophischen Fakultät. Der bekannte Film- und Theaterschauspieler Stevo Žigon klettert auf ein Rednerpult und rezitiert aus Robespierres Rede im Jakobinerklub nach Büchners *Dantons Tod*:[1]

> »Wir warteten nur auf den Schrei des Unwillens, der von allen Seiten ertönt, um zu sprechen [Ovationen]. Unsere Augen waren offen, wir sahen den Feind sich rüsten und sich erheben, aber wir haben das Lärmzeichen nicht gegeben, wir ließen das Volk sich selbst bewachen, es hat nicht geschlafen, es hat an die Waffen geschlagen. […] Ich habe es euch schon einmal gesagt: in zwei Abteilungen, wie in zwei Heerhaufen sind die Feinde der Republik zerfallen. […] Die eine dieser Fraktionen ist nicht mehr [Ovationen]. […] Héberts Triumph hätte die Republik in ein Chaos verwandelt und der Despotismus war befriedigt. Das Schwert des Gesetzes hat den Verräter getroffen. Aber was liegt dem Fremden daran, wenn ihnen Verbrecher einer anderen Gattung zur Erreichung des nämlichen Zwecks bleiben? Wir haben nichts getan, wenn wir noch eine andere Faktion zu vernichten haben. […] Die Waffe der Republik ist der Schrecken, die Kraft der Republik ist die Tugend. Die Tugend, weil ohne sie der Schrecken verderblich, der Schrecken, weil ohne ihn die Tugend ohnmächtig ist. […] Sie sagen der Schrecken sei die Waffe einer despotischen Regierung, die unsrige gliche also dem Despotismus. Freilich […] Die Revolutionsregierung ist der Despotismus der Freiheit gegen die Tyrannei. […] Alle Zeichen

[1] Die deutsche Übersetzung folgt der Reclam-Ausgabe von 2002. Siehe Georg Büchner, Dantons Tod. Ein Drama, Stuttgart 2002, S. 15–17. Die Auslassungen und Beifallsbekundungen in den eckigen Klammern sind den Aufzeichnungen von Nebojša Popov, Sukobi. Društveni sukobi – Izazov sociologiji. »Beogradski jun« 1968, Belgrad 2008, S. 45f., FN 24, entnommen. Ein Videomitschnitt dieser Rede ist abrufbar unter: https://www.youtube.com/watch?v=ikpNK4jJie8.

einer falschen Empfindsamkeit, scheinen mir Seufzer, welche nach England oder nach Österreich fliegen.

Aber nicht zufrieden den Arm des Volkes zu entwaffnen, sucht man noch die heiligsten Quellen seiner Kraft durch das Laster zu vergiften. Dies ist der feinste, gefährlichste und abscheulichste Angriff auf die Freiheit. Das Laster ist das Kainszeichen des Aristokratismus. In einer Republik ist es nicht nur ein moralisches, sondern auch ein politisches Verbrechen; der Lasterhafte ist der politische Feind der Freiheit [Ovationen] […].

Ihr werdet mich leicht verstehen, wenn ihr an Leute denkt, welche sonst in Dachstuben lebten und jetzt in Karossen fahren und mit ehemaligen Marquisinnen und Baronessen Unzucht treiben [Applaus]. Wir dürfen wohl fragen ist das Volk geplündert [die Demonstranten skandieren: Ja, ist es – Ja, ist es] oder sind die Goldhände der Könige gedrückt worden, wenn wir Gesetzgeber des Volkes mit allen Lastern und allem Luxus der ehemaligen Höflinge Parade machen, wenn wir diese Marquis und Grafen der Revolution reiche Weiber heiraten, üppige Gastmähler geben, spielen, Diener halten und kostbare Kleider tragen sehen. Wir dürfen wohl staunen, wenn wir sie Einfälle haben, schöngeistern und so etwas vom guten Ton bekommen hören. […] [I]ch denke, ich habe keine Striche mehr nötig, die Porträts sind fertig.

Keinen Vertrag, keinen Waffenstillstand mit den Menschen welche nur auf Ausplünderung des Volkes bedacht waren, welche diese Ausplünderung ungestraft zu vollbringen hofften [Ovationen], für welche die Republik eine Spekulation und die Revolution ein Handwerk war [Lärmende Ovationen und Verabschiedung].«

Mit welcher Intention zitierte der Belgrader Schauspieler Stevo Žigon vor tausenden Studierenden den französischen Revolutionär Maximilien Robespierre aus einem Text, der im Jahr 1835 entstanden ist? Schlüpfte Žigon in Robespierres Rolle nur, weil er diese schon als Schauspieler am Jugoslawischen Dramentheater seit 1963 in unzähligen Aufführungen gespielt hatte? Oder steckte noch etwas Anderes dahinter, eine politische Intervention? Falls ja, worin bestand die politische Brisanz eines Robespierre für das sozialistische Jugoslawien im Jahr 1968?

Žigon selbst war politisch kein Unbekannter. Geboren 1926 in Ljubljana, war er mit 14 Jahren dem Bund der kommunistischen Jugend Jugoslawiens [Savez komunističke omladine Jugoslavije – SKOJ] beigetreten und aufgrund von Sabotageaktionen gegen die italienische Besatzungsmacht in ein Militärgefängnis gesteckt worden. Nach der Kapitulation des faschistischen Italien verfrachtete ihn die Wehrmacht ins Konzentrationslager nach Dachau, wo er die Gefangenennummer 61185 erhielt. Die Niederlage des Faschismus und der Sieg der jugoslawischen Partisanen ermöglichten ihm schließlich die Rückkehr nach Jugoslawien. Als landesweit bekannter Schauspieler und Parteimitglied verfügte er über ein spezifisches symbolisches Kapital. Sein öffentlicher Auftritt konnte folgerichtig als öffentliche, politische Intervention verstanden werden, und er wurde so rezipiert. Robespierres Anklage, die Revolution sei durch Technokraten verraten worden, korrespondierte mit der Einschätzung der radikalen Linken, die die Werte der jugoslawischen Revolution in Gefahr sahen.

Unter »linksradikal« oder »linkem Radikalismus« verstehe ich dabei vor allem eine spezifische Form »politischer Kritik und Praxis«,[2] keinesfalls aber eine organisationspolitische Zuordnung oder eine bestimmte ideologische oder politische Wertung. Linksradikale Kritik am Pragmatismus sozialdemokratischer und kommunistischer Organisationszusammenhänge trug wesentlich zu den Theoriedebatten der Nachkriegszeit bei, aus denen sich schließlich auch Elemente der Neuen Linken formten.[3] Ágnes Heller, eine der Ikonen der Neuen Linken und selbst linksradikale Kritikerin des Stalinismus, hatte in ihrer kurzen philosophischen Streitschrift *Philosophie des linken Radikalismus* ebendiesen als umfassende Kritik all jener gesellschaftlichen Verhältnisse beschrieben, die auf Unter- und Überordnung beruhen.[4] Am Selbstverständnis der in dieser Arbeit dargestellten Akteure zeigte sich ein prinzipiell ähnlicher Politikzugang. Die intellektuellen Vordenker aus dem Umkreis der

---

2 Ralf Hoffrogge, Linksradikalismus, in: Historisch-Kritisches Wörterbuch des Marxismus, Bd.8/II, Berlin 2015, Sp. 1193–1207, hier Sp. 1193.
3 Ebenda, Sp. 1200f.
4 Siehe Agnes Heller, Philosophie des linken Radikalismus. Ein Bekenntnis zur Philosophie, Hamburg 1978, S. 140f.

wichtigsten linken Theoriezeitschrift Jugoslawiens, der in Zagreb erschienenen *Praxis*, knüpften dabei insbesondere die Verbindung zu Marxens Feuerbachthesen, hier vor allem im Versuch, Theorie und Praxis zusammenzudenken.[5]

Büchners Robespierre und Stevo Žigon mehr als 130 Jahre später äußern, trotz aller Schärfe in der Wortwahl, ihre grundsätzliche ideologische Übereinstimmung mit den Zielen und Idealen der Revolutionäre, sie sympathisieren beide mit Revolutionen, die historisch überkommene gesellschaftliche Strukturen, Produktionsbedingungen und Machtverteilungen änderten und an ihrer Stelle progressive, der sozialen und ökonomischen Emanzipation verschriebene Neuordnungen versprachen. Gleichzeitig kritisierten sie eintretende Deviationen, die um sich greifende Willkür und die Selbstgerechtigkeit der siegreichen Revolutionäre. Angeklagt wurde nicht die ideologische Substanz der thematisierten Gesellschaftskonzeptionen, weder die der französischen noch die der jugoslawischen Revolutionäre. Was hier zum Thema gereichte, waren die Prozesse des Machterhalts und die Abkehr von den ursprünglichen, die Revolutionen tragenden Prämissen.

Mit seinem öffentlichen Auftritt, seinem bewusst an einem symbolischen Ort der Belgrader Studierenden vorgetragenen Inszenierung verbündete sich Stevo Žigon nicht nur und nicht primär mit den ideellen Zielen von Büchners Robespierre, sondern er identifizierte sich mit den politischen Forderungen und Zielsetzungen der radikalen Linken in Jugoslawien. Auf dem Höhepunkt ihres organisatorischen und politischen Mobilisierungspotentials im Juni 1968 legte diese nicht nur das akademische Leben im Lande

---

[5] Bei Marx heißt es diesbezüglich: »Die Frage, ob dem menschlichen Denken gegenständliche Wahrheit zukomme - ist keine Frage der Theorie, sondern eine praktische Frage. In der Praxis muß der Mensch die Wahrheit, i. e. Wirklichkeit und Macht, Diesseitigkeit seines Denkens beweisen. Der Streit über die Wirklichkeit oder Nichtwirklichkeit des Denkens - das von der Praxis isoliert ist - ist eine rein scholastische Frage.« Zitiert nach Karl Marx, Thesen über Feuerbach, in: ders./Friedrich Engels, Werke. Band 3, Berlin (Ost) 1978, S. 5ff, hier S. 5. Siehe auch Gajo Petrović, Kritik im Sozialismus, in: Praxis International 2, 1966, H.1–2, S. 177–191. Eine gekürzte Fassung dieses Beitrags ist abgedruckt als ders., Das Recht auf Kritik, in: Ost-Probleme 18, 1966, H.11, S. 342–349.

nahezu vollständig lahm, sondern forderte auch die Staats- und Parteielite nachhaltig heraus.

Revolutionäre Hoffnung und postrevolutionäre Ernüchterung, politisch-soziale Emanzipation und sukzessive bürokratische Regression – wie in Büchners Dichtung, so kennzeichneten These und Antithese auch die politische Realität Jugoslawiens, sie waren elementare Bestandteile des Entwicklungspfades seit der Staatsproklamation am 29. November 1945. Oder, wie Darko Suvin in seiner Studie *Man liebt nur einmal. Ein X-Ray der Sozialistischen Föderativen Republik Jugoslawien* anmerkte: Die »parteistaatliche« Macht im sozialistischen Jugoslawien war janusköpfig, weder durchgehend entfremdend noch durchgehend befreiend.[6] Diese Janusköpfigkeit markierte die Demarkationslinie zwischen rebellierenden Akteuren, die sich auf die Ideale des antifaschistischen Partisanenkampfes und des Kommunismus beriefen, und einer partiell satten, den Habitus einer bürokratischen Sonderklasse adaptierenden Partei- und Staatselite, der die direktdemokratischen, revolutionären Losungen des Volksbefreiungskampfes zusehends nur noch zu Legitimationszwecken dienten. Eine der öffentlichkeitswirksamsten Parolen während der Universitätsbesetzung im Juni 1968 war folgerichtig die Losung »Nieder mit der roten Bourgeoisie«.

Eine aktive Rolle in der Artikulation dieser als Verrat empfundenen Degradierung der jugoslawischen Revolution nahmen Künstlerinnen und Künstler, Akademikerinnen und Akademiker ein. Nichtsdestotrotz bildeten sie nur einen Ausschnitt des kulturellen Produktionsfeldes ab: Quantitativ blieben sie eine, wenn auch einflussreiche Minderheit; qualitativ variierten sowohl der Politisierungsgrad als auch, damit zusammenhängend, die persönliche Teilnahme an Aktionen. Die Massenbasis stellten, vor allem ab Mitte der 1960er-Jahre, weithin Studentinnen und Studenten

---

6   Darko Suvin, 15 teza o komunizmu i Jugoslaviji, ili dvoglavi Janus emancipacije kroz državu, in: ders., Samo jednom se ljubi. Radiografija SFR Jugoslavije 1945.–72. Uz hipoteze o početku, kraju i suštini, Belgrad 2014, S. 147–168, insb. S. 159f; die englische Übersetzung des Buches wurde unter dem Titel veröffentlicht: Splendour, Misery, and Possibilities. An X-Ray of Socialist Yugoslavia, Leiden/Boston 2016, hier S. 105–127.

unterschiedlicher Fachrichtungen. Arbeiter und Arbeiterinnen, gleich welchen Alters, blieben der Bewegung hingegen überwiegend fern, was allerdings nicht a priori gleichgesetzt werden sollte mit fehlender Zustimmung zu ihren Inhalten, wie noch gezeigt werden soll.

Vor dem Hintergrund einer solcherart zusammengesetzten sozialen Basis stellt sich die Frage nach der Charakteristik und dem Profil ihres Aktivismus und Eingreifens. Bertolt Brecht hat, komplementär zu seiner Theorie des dialektischen Theaters, den Begriff des »eingreifenden Denkens« geprägt, was, auf ihn selbst bezogen, bedeuten sollte, dass er sich zwar für die Sache des Proletariats einsetze, als Künstler jedoch außerhalb politisch-organisatorischer Strukturen bleibe. Nicht der »tätige Geist«, sondern die »geistige Aktion« sollte den Eckpfeiler seines politisch-sozialen Engagements markieren. Für die geschichtswissenschaftliche Analyse von sozialen Bewegungen und der Rolle von Intellektuellen in ihnen hat die Bielefelder Historikerin Ingrid Gilcher-Holtey diesen Begriff geprägt. Ihr zufolge besteht das Mandat des Intellektuellen im Brecht'schen Sinne im »literarisch-künstlerischen Engagement, das jedoch [...] die Wahrnehmungsstrukturen, den Blick auf die Welt, die Vorstellungen von der Welt, die Einstellungen zur Ordnung der Dinge in dieser Welt beeinflussen wollte.«[7] Oder wie Brecht es selbst ausgedrückt hat: »Jene Gruppen von Kopfarbeitern, die durch ihre existenzielle Verknüpftheit mit den Besitzern der Produktionsmittel geistig festgelegt sind, haben nicht nur mit der Sache des Kommunismus, sondern mit der Sache der Welt nichts mehr zu tun.«[8]

7   Ingrid Gilcher-Holtey, Theater und Politik. Bertolt Brechts Eingreifendes Denken, in: dies., Eingreifendes Denken. Die Wirkungschancen von Intellektuellen, Weilerswist 2007, S. 86–124, hier S. 88. Siehe auch die ›Fallanalyse‹ Voltaire. Die Affäre Calas, hg. und mit einem Nachwort versehen von Ingrid Gilcher-Holtey, Berlin 2010, insb. S. 249–294.
8   Zitat übernommen aus Wolfgang Fritz Haug, Brechts Zumutungen an eine mögliche kommunistische Neugründung, in: Marxistische Blätter 45, 2007, H.1, S. 55–65, hier S. 61. Haug zitiert aus dem Band 24 der Großen kommentierten Berliner und Frankfurter Ausgabe, Berlin/Weimar/Frankfurt/Main 1989ff. Siehe auch Darko Suvin, Bertolt Brecht und der Kommunismus, in: Das Argument 53, 2011, H.4, S. 539–545.

Wenn nun aber die Verfügungsgewalt über die Produktionsmittel in einem kapitalistisch organisierten Wirtschaftssystem in den Händen von Kapitalisten oder Trusts liegt, entfällt dann eine solche Forderung nicht in einem sozialistisch organisierten Staat, noch dazu in einem, in dem die Produktionsmittel formal in den Händen der Produzenten selbst, der Arbeiterinnen und Arbeiter, lagen? Mitnichten, wie sozialhistorische und ökonomische Arbeiten zum sozialistischen Jugoslawien nahelegen.[9] Sieht man sich die faktische Organisation der Entscheidungsprozesse vor allem in Großbetrieben an, so fällt auf, dass die direkte Arbeiterkontrolle nahezu proportional abfällt, je höher man sich in der betrieblichen Hierarchie befindet. An die Stelle der Arbeiterkontrolle trat die Kontrolle durch Technokraten und Parteikader, die Usurpation der Revolution – ganz so, wie es Büchner in seinem Dramentext zur französischen Revolution beschreibt und wogegen Stevo Žigon im jugoslawischen Fall sein Wort erhob: »Keinen Vertrag, keinen Waffenstillstand mit den Menschen, welche nur auf Ausplünderung des Volkes bedacht waren, welche diese Ausplünderung ungestraft zu vollbringen hofften, für welche die Republik eine Spekulation und die Revolution ein Handwerk war«. Im Widerstand gegen die Spekulanten und Handwerker der Revolution formierte sich in Jugoslawien eine linksradikale Kritik, gegen diese Usurpation richtete sich folgerichtig auch die »geistige Aktion« der eingreifenden Intellektuellen, die den plebejischen Gründungsakt des jugoslawischen Staates gegen die materiell und habituell verbürgerlichte Parteibürokratie zu verteidigen suchten.[10]

9   Siehe dazu jüngst Darko Suvin, Samovlada kao stvarnost i kao horizont razotuđenja, in: ders., Samo jednom se ljubi, S. 207–359; Weitergehender und detaillierter zum ökonomischen Aspekt siehe: Vladimir Unkovski-Korica, The Economic Struggle for Power in Tito's Yugoslavia: From World War II to Non-Alignment, London 2016; Susan Woodward, Socialist Unemployment. The Political Economy of Yugoslavia 1945–1990, Princeton 1995; Ellen T. Comisso, Workers Control Under Plan and Market. Implications of Yugoslav Self-Management, New Haven 1979; Domagoj Mihaljević, ›Lebwohl, Avantgarde‹. Auf den Ruinen der sozialistischen Modernisierung Jugoslawiens, in: Alex Demirović (Hg.), Wirtschaftsdemokratie neu denken, Münster 2018, S. 256–296.
10 Dazu Darko Suvin, Sjaj i bijeda Komunističke partije Jugoslavije, in: ders., Samo jednom se ljubi, S. 171–205; ders., Diskurs o birokraciji i državnoj

Stevo Žigons Rede ist nur ein Beispiel für die Verknüpfung zwischen dem Feld der kulturellen Produktion und einer politisierten Studentengeneration, die zwischen dem 3. und 9. Juni 1968 die größte Universität des Landes, die Universität Belgrad, besetzte und in *Rote Universität Karl Marx* [Crveni univerzitet Karl Marks] umbenannte. Der politische Höhepunkt einer Dynamik, die spätestens Mitte der Fünfzigerjahre des 20. Jahrhunderts begann und eine Vielzahl derjenigen Intellektuellen formte, die als kulturelle und politische Avantgarde des jugoslawischen Geisteslebens figurierten und sich für »eminent kommunistische Lösungen«[11] einsetzten, um eine Formulierung des überschwänglichen Zagreber Universitätsdozenten und *Praxis*-Autors Vanja Sutlić zu benutzen.

vlasti u post-revolucionarnoj Jugoslaviji, 1945–1974, in: Politička misao 49, 2012, H.3, S. 135–159. Siehe auch Krunoslav Stojaković, Socijalistička demokracija odozdo – sve je ostalo varka, in: Zarez, 22.5.2014, S. 39.

11 Vanja Sutlić, Na eminentno komunističke solucije, in: Vjesnik, 12.06.1966, S. 6–9.

1. Einleitung

In Belgrad, der Hauptstadt der Sozialistischen Föderativen Republik Jugoslawiens, wird zwischen dem 3. und 9. Juni 1968 die größte Universität des Landes von tausenden streikenden Studentinnen und Studenten besetzt und am 4. Juni in *Rote Universität Karl Marks* umbenannt. Am 5. Juni proklamieren auch ihre Zagreber Kolleginnen und Kollegen die *Universität der Sieben Sekretäre des SKOJ* [Sveučilište sedam sekretara SKOJ-a], als Hommage an sieben im Königreich Jugoslawien ermordete Aktivisten des kommunistischen Jugendverbandes SKOJ.

Vorausgegangen war ein Ereignis, das in seiner scheinbaren Banalität kaum zu übertreffen war, nämlich eine Prügelei zwischen zwei Gruppen von Jugendlichen, die in der Nacht vom 2. auf den 3. Juni 1968 gleichzeitig auf den Einlass zu einem Konzert in der in Neu-Belgrad gelegenen Studentenstadt warteten. Eine Gruppe setzte sich aus ansässigen Studenten zusammen, die andere Gruppe aus Teilnehmerinnen und Teilnehmern einer sogenannten Arbeitsbrigade, die freiwillig am infrastrukturellen Wiederaufbau des Landes mitwirkte. Nach der Entscheidung der Konzertorganisatoren, aufgrund des zu großen Andrangs nur den Arbeitsbrigadieren Einlass zu gewähren, artikulierte sich die studentische Unzufriedenheit in handfesten Auseinandersetzungen. Der Unmut der Studierenden steigerte sich noch durch das brutale Vorgehen der Polizei. Daraufhin kam es zu ersten organisierten Protestaktionen, zunächst auf dem Areal der Studentenstadt, aber in der Folge sich ausbreitend, sodass es schon am Folgetag zu Solidaritätsaktionen der Studentinnen und Studenten in der Innenstadt und an fast allen Fakultäten der Belgrader Universität kam.

Vordergründig erscheint diese Episode lediglich als ein eskalierter Konflikt zwischen Adoleszenten und der Polizei. Wie die nächsten Tage jedoch zeigen sollten, war dies nur der entscheidende Funke für die Transformation einer latenten Unzufriedenheit in eine manifeste politische Bewegung. In der Konfliktwahrnehmung stellte dieses Vorkommnis keineswegs nur eine banale oder zufällige Konstellation dar, es ging stellvertretend um das grundlegend gestörte Verhältnis zwischen Staatsmacht und »einfacher« Bevölkerung. Warum erhalten die Arbeitsbrigadiere Einlass zum Konzert? Warum schlägt sich die Polizei im wahrsten Sinne des Wortes auf deren Seite und behandelt die Studierenden als böswillige Delinquenten? Die Antwort war für die Studenten klar: Die Brigadiere erweisen dem Staat ihren Dienst, sie verhalten sich angepasst und werden deshalb belohnt. Es zeichnete sich folgerichtig ein Konflikt zwischen »Herrschenden« und »Beherrschten« ab, und seine Ursachen lagen in der gesellschaftspolitischen und ideologischen Entwicklung des Landes begründet.

Um den Kontext der beteiligten Akteure, ihre intellektuelle Dynamik und politische Artikulation hinreichend zu verstehen, reicht dieser Befund allerdings nicht aus. Die vorliegende Arbeit beschäftigt sich deshalb mit den kognitiven Grundlagen und den ideologischen Weichenstellungen der jugoslawischen Studentenbewegung.

1.1. Soziale Bewegung und politische Narration

Soziale Bewegungen haben, um mit einer inzwischen über 40 Jahre alten Formulierung des Bielefelder Soziologen Otthein Rammstedt einzusteigen, »etwas Drohendes und zugleich etwas so Naives an sich, dass das Bedrohende zum Unbehagen sich mildern lässt.«[12] Was als drohend und was als naiv bewertet werden kann, obliegt zumeist der Nachbetrachtung, für die unmittelbar involvierten Akteure ist diese Einsicht ungleich schwieriger zu realisieren. Waren die politischen Theorien, Ideen, Aktionen, Organisationsstrukturen der radikalen Linken, und zwar weltweit, naiv oder für das gesellschaftliche und politische Establishment bedrohend? Waren die Besetzung der Belgrader Universität, die Hoffnung auf Solidarität in anderen jugoslawischen Universitätszentren, die Hoffnung auf eine Reaktion der Arbeiterschaft naiv oder bedrohend für den Bund der Kommunisten Jugoslawiens? Und war die Hoffnung, der Bund der Kommunisten Jugoslawiens könnte sich

---

12 Otthein Rammstedt, Soziale Bewegung, Frankfurt/Main 1978, S. 7.

noch einmal reformieren, so wie er es in seiner Vergangenheit, vor allem seit dem Bruch mit der Sowjetunion, gezeigt hatte, wirklich naiv? Im historischen Rückspiegel mag es so aussehen, dass vieles von dem, was linke Intellektuelle und Studierende damals einforderten, bestenfalls Unbehagen bei den politischen Eliten ausgelöst hat. Doch im Juni 1968, auf ihrem organisationspolitischen Höhepunkt, waren die jugoslawischen *Achtundsechziger* eine soziale Bewegung, die dem jugoslawischen Staats- und vor allem Parteiapparat mehr als nur Unbehagen bescherte.

Der Hamburger Politikwissenschaftler und Bewegungsforscher Joachim Raschke hat Mitte der 1980er-Jahre einen ersten systematischen Definitionsversuch sozialer Bewegungen unternommen. Demnach ließe sich eine soziale Bewegung als »[...] ein mobilisierender kollektiver Akteur, der mit einer gewissen Kontinuität auf der Grundlage hoher symbolischer Integration und geringer Rollenspezifikation mittels variabler Organisations- und Aktionsformen das Ziel verfolgt, grundlegenderen sozialen Wandel herbeizuführen, zu verhindern oder rückgängig zu machen« beschreiben.[13] Um sozialen Wandel herbeizuführen, zu verhindern oder rückgängig zu machen, sind der Einfluss und die aktive Rolle von Intellektuellen, von also politischen und theoretischen Vordenkern, essentiell. Sie tragen Raschke zufolge nicht nur zur »Schaffung norm- und wertvermittelter neuer Kontexte« bei, sondern »leisten häufig Radikalisierungsbeiträge«, abstrahieren also partielle Problemlagen auf ein gesamtgesellschaftliches Niveau.[14] Die *Achtundsechziger* repräsentierten dabei eine Bewegung, deren Ideologie sowohl Elemente einer »arbeitsgesellschaftlichen Utopie« beinhaltete, und somit in der Tradition sozialistischer Bewegungen gelesen werden kann, als auch eine spezifische Form von Kulturkritik, in der gesellschaftliche und individuelle Entfremdungsprozesse eine dominante Rolle spielten.[15] Sie waren eine auf die Herbeiführung von sozio-kulturellem Wandel ausgerichtete soziale Bewegung.

---

13   Zitiert nach Joachim Raschke, Soziale Bewegungen. Ein historisch-systematischer Grundriß, Frankfurt/Main 1985, S. 77f.
14   Ebd., S. 186.
15   Zum Begriff der »arbeitsgesellschaftlichen Utopie« siehe Jürgen Habermas, Die Neue Unübersichtlichkeit, Frankfurt/Main 1985; Zur kognitiven Konsti-

Eine aktuellere Zusammenfassung dessen, was als Kern sozialer Bewegungen betrachtet werden könnte, hat der Berliner Soziologe Dieter Rucht im Rahmen eines knappen Forschungsüberblicks wie folgt formuliert:

> »Sie [die sozialen Bewegungen] benennen Probleme und Missstände, drängen auf Veränderungen oder wollen sich solchen widersetzen. In der Reflexion auf die Gesellschaft bedenken soziale Bewegungen zwangsläufig auch ihre eigene Rolle. In ihrem öffentlichen Auftritt suchen sie nicht nur ihre Deutung des Zustands von Gesellschaft, sondern auch ein bestimmtes Bild von sich zu vermitteln. Die öffentliche Selbstdarstellung und Selbstbeschreibung ist elementarer Bestandteil von Bewegungspolitik.«[16]

Obschon auch Raschke der Öffentlichkeit, der Mobilisierung und der sich darin abspielenden symbolischen Integration bereits eine wichtige Funktion zuschrieb, scheint es, dass diese Aspekte bei Rucht noch einmal besonders hervorgehoben werden. Probleme und Missstände werden nicht nur benannt, es wird auf ihre Veränderung gedrängt. Um dies zu erreichen, ist eine Mobilisierung von Akteuren und Ressourcen unerlässlich. In ihrer Pionierstudie zum Mai 1968 in Frankreich hat Ingrid Gilcher-Holtey der Mobilisierung des Protestes eine entscheidende Rolle eingeräumt:

> »Eine soziale Bewegung muss, so die Bedingung ihrer Existenz, in Bewegung bleiben. Stillstand bedeutet das Ende der Bewegung. Mobilisierung ist ein Grundelement, um den Prozess des Protestes weiterzuführen […].«[17]

tution vor allem, aber nicht nur der französischen Studentenbewegung siehe Ingrid Gilcher-Holtey, Die Phantasie an die Macht. Mai 68 in Frankreich, Frankfurt/Main 2016³, hier v.a. S. 44–104.

16 Zitat nach Dieter Rucht, Zum Stand der Forschung zu sozialen Bewegungen, in: Forschungsjournal Soziale Bewegungen 24, 2011, H.3, S. 20–47, hier S. 20; siehe auch die ausführliche Zusammenstellung der Forschungsrichtungen zu sozialen Bewegungen bei David Snow u.a. (Hg.), The Blackwell Companion to Social Movement Research, Oxford 2004.

17 Zitiert nach Gilcher-Holtey, Phantasie an die Macht, S. 17; siehe auch Raschke, Soziale Bewegungen, S. 187.

Um Mobilisierung zu evozieren und aufrechtzuerhalten, bedarf es Strategien, die die Wahrscheinlichkeit ihrer zeitlichen Verstetigung und Verfestigung zumindest erhöhen.[18] Der Fokus dieser Arbeit liegt daher in erster Linie auf der Analyse der gesellschaftspolitischen Erzählung, die unabdingbar war, um Menschen zu politisieren, zu aktivieren und in einer Bewegung zu mobilisieren. Mag die wissenschaftliche Begrifflichkeit auch etwas hölzern daherkommen, so beschreibt doch die Bezeichnung »kognitive Konstitution« ziemlich gut, worum es dabei geht. Soziale Bewegungen, argumentiert Gilcher-Holtey, entstünden zwar nicht aus Ideen, sondern aus sozialen Handlungen, doch »eine Mobilisierung sozialen Handelns« trete erst ein, »wenn es auf bestimmte Orientierungsmuster und Zielvorstellungen gerichtet wird, wenn wenigstens die Trägergruppen einer Bewegung eine kognitive Identität gewonnen haben.«[19] Anstatt von »kognitiver Konstitution« ließe sich auch von Ideologie sprechen, und zwar in Form jenes Gramscianischen Ideologieverständnisses, das Ideologie »als Ensemble von Apparaten und Praxisformen versteht, die das Selbst- und Weltverhältnis der Individuen organisieren.«[20]

Gesellschaftliche Problemlagen werden also erst durch ihre Problematisierung, ihre intellektuelle Bearbeitung zu einem Mobilisierungsfaktor sozialer Bewegungen, gleichzeitig aber können

---

18   Raschke, Soziale Bewegungen, S. 271.
19   Gilcher-Holtey, Phantasie an die Macht, S. 45; dies., 1968 in Deutschland und Frankreich. Ein Vergleich, in: Etienne Francois u.a. (Hg.), 1968 - ein europäisches Jahr?, Leipzig 1997, S. 67–77; Ähnlich argumentieren auch Kultursoziologen, etwa Ron Eyerman und Andrew Jamison, die von »kognitiver Praxis« sprechen. Siehe Ron Eyerman/Andrew Jamison (Hg.), Music and Social Movements. Mobilizing Traditions in the Twentieth Century, Cambridge 1998, S. 7, 21ff; Ron Eyerman, Towards a Meaningful Sociology of the Arts, in: ders./Lisa McCormick (Hg.), Myth, Meaning, and Performance. Toward a New Cultural Sociology of the Arts, Boulder/London 2006, S. 13–34; Andreas Reckwitz, Die Entwicklung des Vokabulars der Handlungstheorien. Von den zweck- und normorientierten Modellen zu den Kultur- und Praxistheorien, in: Manfred Gabriel (Hg.), Paradigmen der akteurszentrierten Soziologie, Wiesbaden 2004, S. 303–328.
20   Jan Rehmann, Ideologietheorie, in: Historisch-Kritisches Wörterbuch des Marxismus, Bd.6/I, Berlin 2004, Sp. 717–760, hier Sp. 720. Ausführlicher ders., Einführung in die Ideologietheorie, Hamburg 2008.

soziale Bewegungen Problemlagen nur dann erfolgreich benennen, wenn sie sich auf einem realen, sozialen Boden begründen. Für den französischen Soziologen Pierre Bourdieu existieren diese äußerlichen Reize »nicht in ihrer objektiven Wahrheit als bedingte und konventionelle Auslöser«, sie werden vielmehr nur dann manifest, »wenn sie auf Handelnde treffen, die darauf konditioniert sind, sie zu erkennen«.[21]

Den von Darko Suvin als »janusköpfig« bezeichneten Regierungsstil der Kommunistischen Partei Jugoslawiens (ab 1952 Bund der Kommunisten Jugoslawiens), ebenso wie die spürbare Disparität zwischen dem offiziell Gesagtem und dem real Sozialem, haben viele Menschen wohl privat konstatiert, doch die Artikulation als gesellschaftspolitisches Problem erfolgte erst im Rahmen einer sich allmählich entwickelnden politischen Gegenerzählung, die eine immer größere Öffentlichkeit generierte und somit auch die Mobilisierung der Bewegung ermöglichte. Die Interpretation der sozialen Wirklichkeit durch die radikale Linke musste sich folgerichtig mit gesamtgesellschaftlichen Erfahrungen decken, andernfalls wäre eine Mobilisierung schwer realisierbar geworden. Damit kommt der Narration oder den Narrationen einer sozialen Bewegung eine Schlüsselrolle zu.[22]

---

21 Pierre Bourdieu, Sozialer Sinn. Kritik der theoretischen Vernunft, Frankfurt/Main 1999³, S. 99. Zur Bedeutung der Interpretationsdimension und des *Framing*-Konzeptes siehe auch Robert D. Benford/Scott A. Hunt, Dramaturgy and Social Movements. The Social Construction and Communication of Power, in: Sociological Inquiry 62, 1992, H.1, S. 36–55; Ähnlich äußern sich auch Doug McAdam, John D. McCarthy und Mayer N. Zald in einem von ihnen herausgegebenem Sammelband zum Stand der Bewegungsforschung: »At a minimum people need to feel both aggrieved about some aspect of their lives and optimistic that, acting collectively, they can redress the problem. Lacking either one or both of these perceptions, it is highly unlikely that people will mobilize even when afforded to do so.« Doug McAdam/John D. McCarthy/Mayer N. Zald, Introduction. Opportunities, Mobilizing Structures, and Framing Processes – Toward a Synthetic, Comparative Perspective on Social Movements, in: dies. (Hg.), Comparative Perspectives on Social Movements. Political Opportunities, Mobilizing Structures, and Cultural Framings, Cambridge 2008⁹, S. 1–20, hier S. 5.
22 Dazu Gary A. Fine, Public Narration and Group Culture. Discerning Discourse in Social Movements, in: Hank Johnston/Bert Klandermans (Hg.),

Diesen Aspekt betonen vor allem angelsächsische Autorinnen und Autoren. Narrationen gehen der organisatorischen Ausformung einer sozialen Bewegung voraus, ihre Existenz begründet überhaupt erst eine »kognitive Praxis«. Sie mobilisieren Akteure, indem sie sie als Beteiligte einer gemeinsamen Erzählung binden oder zu binden versuchen.[23] Diese Bindungsfähigkeit der Erzählung ist ein wichtiger Faktor für Erfolg oder Misserfolg einer sozialen Bewegung. War die Erzählung der radikalen Linken in Jugoslawien erfolgreich, weil sie in den 1960er-Jahren den dominierenden, vom Bund der Kommunisten vorgegebenen Interpretationsrahmen bemerkbar in Frage stellte, oder war sie ein Misserfolg, weil die Arbeiterklasse nicht im ausreichenden Maße an dieser Erzählung partizipieren konnte oder wollte? Die Beantwortung solcher Fragen ist für soziale Bewegungen von größter Relevanz, sie zeigen aber auch gleichzeitig an, welch hohe Bedeutung einer mobilisierenden Erzählung, einem Bewegungsnarrativ zukommt.

In einem sehr interessanten Beitrag in der Zeitschrift *Prokla* vom Ende der 1980er-Jahre hat der Soziologe Rainer Paris die Bedeutung hervorgehoben, die einer sozialen Erzählung im Mobilisierungsprozess der Arbeiterbewegung zukam und zukommt:

> »Nur wenn es ihr [der Partei der Arbeiterbewegung, K.S.] gelingt, die realen Erfahrungen der ökonomischen und sozialen Kämpfe auf ihren theoretisch und historisch angemessenen Begriff zu bringen und als bewussten Lernprozess in die Bewegung selbst rückzuvermitteln,

---

Social Movements and Culture, Minneapolis 2004³, S. 127–143; Hank Johnston, A Methodology for Frame Analysis. From Discourse to Cognitive Schemata, in: ebenda, S. 217–246.

23 Francesca Polletta u.a., The Sociology of Storytelling, in: Annual Review of Sociology 37, 2011, S. 109–130; dies., Contending Stories. Narrative in Social Movements, in: Qualitative Sociology 21, 1998, H.4, S. 419–446; dies., ‚It Was Like a Fever'. Narrative and Identity in Social Protest, in: Social Problems 45, 1998, H.2, S. 137–159; Patricia Ewick/Susan S. Silbey, Subversive Stories and Hegemonic Tales. Toward a Sociology of Narrative, in: Law & Society Review 29, 1995, H.2, S. 197–226; Donald E. Polkinghorne, Narrative Knowing and the Human Sciences, New York 1988.

vermag die Partei die Funktion eines zentralen ›Bildungselements‹ im Konstituierungsprozess der Klasse für sich zu übernehmen.«[24]

Narrationen oder Erzählungen innerhalb einer sozialen Bewegung kommt die Aufgabe zu, soziale Problemlagen, soziale Kämpfe auf eine angemessene, verständliche und zeitgemäße Begrifflichkeit zu bringen. Darin unterscheidet sich die klassische Arbeiterbewegung gar nicht so sehr von der Studentenbewegung. Was sie unterscheidet, sind die »theoretisch und historisch angemessenen« Begrifflichkeiten, ihr unmittelbarer Zielhorizont sowie ihre soziale Zusammensetzung. War es Ziel der klassischen Arbeiterbewegung, mithilfe der marxistischen Theorie das Proletariat aus dem Zustand einer *an sich unbewussten* Klasse in den Zustand einer *sich bewussten* und organisierten Klasse zu führen, so bestand das Ziel der Erzählung der radikalen Linken in den 1960er-Jahren darin, mithilfe der marxistischen Theorie die ideologisch und organisatorisch als verkrustet wahrgenommenen Organisationen eben dieser Arbeiterbewegung radikal zu öffnen, die als allgegenwärtig wahrgenommene Entfremdung des Menschen zu überwinden. Es galt, so der allgemeine Tenor, »alle Verhältnisse umzuwerfen, in denen der Mensch ein erniedrigtes, ein geknechtetes, ein verlassenes, ein verächtliches Wesen ist«, um ein von allen damaligen Protagonisten häufig genutztes Marx-Zitat zu bemühen.[25]

1.2. Kulturelles Produktionsfeld als politisches Interventionsfeld

Die Beschäftigung mit marxistischer Theorie und ihre Erneuerung durch den stetigen Widerspruch gegen den damals dominanten Sowjetmarxismus haben innerhalb der radikalen Linken der 1960er-Jahre einen gemeinsamen »Rezeptionszusammenhang«[26] hergestellt – national wie international, zwischen jugoslawischen

---

24 Zitat nach Rainer Paris, Soziale Bewegung und Öffentlichkeit, in: Prokla 11, 1981, H.43, S. 103–128, hier S. 110.
25 Karl Marx, Zur Kritik der Hegelschen Rechtsphilosophie. Einleitung, in: ders./Friedrich Engels, Werke. Band 1, Berlin (Ost) 1981, S. 385.
26 Philipp Felsch, Der lange Sommer der Theorie. Geschichte einer Revolte, 1960–1990, München 2015³, S. 19.

und tschechoslowakischen ebenso wie zwischen jugoslawischen und deutschen Akteuren. Den sozialen Raum, in dem sich dieser Rezeptionszusammenhang entwickelte, bezeichne ich in Anlehnung an Bourdieu als das Feld kultureller Produktion. Bourdieu beschreibt dieses Feld wie folgt:

> »Das Feld [...] ist weder ein ›Milieu‹ im Sinne eines vagen Kontextes oder eines *social back ground* [...], noch ist es gleichbedeutend mit dem, was man gemeinhin unter ›Schriftsteller-‹ oder ›Künstlermilieu‹ versteht, also ein Universum persönlicher Beziehungen zwischen den Künstlern oder Schriftstellern. Vielmehr handelt es sich um ein Kräftefeld, das auf alle wirkt, die in diesen Raum eintreten, und das auf jeden Einzelnen je nach seiner Stellung unterschiedlich wirkt [...]. Darüber hinaus handelt es sich um einen Raum, in dem um die Veränderung dieses Kräftefeldes gekämpft wird.«[27]

Das Feld kultureller Produktion ist ein sozialer Raum, dessen interne Funktionsweise und Interaktionsdynamik Bourdieu in einer Vielzahl von Studien nachzuzeichnen versucht hat. Als Grundvoraussetzung galt ihm dabei, dass dieses Feld eine *relative Autonomie* gegenüber anderen gesellschaftlichen Sozialräumen genießen müsse, in erster Linie gegenüber ökonomischen und/oder politischen Hierarchisierungsprinzipien.[28] Inklusion und Exklusion, Anerkennung und Missachtung, Arriviertheit und Subversion, Konservativismus und Avantgarde – die Mechanismen, nach denen feldinterne Zuschreibungen und Positionierungen verteilt werden, dürfen, so Bourdieu, weder dominant ökonomisch noch dominant politisch gesteuert sein. Andernfalls könne nicht von *relativer Autonomie* gesprochen werden, können die Akteure und ihre Positionen in diesem Feld nicht anhand ihrer internen Interaktionsdynamiken gefasst und definiert werden. Dies bedeutet wiederum nicht, dass ökonomische und politische Machtverhält-

---

27 Pierre Bourdieu, Kunst und Kultur. Kunst und künstlerisches Feld. Schriften zur Kultursoziologie 4, Frankfurt/Main 2015, S. 309f; ders., Die Regeln der Kunst. Genese und Struktur des literarischen Feldes, Frankfurt/Main 2001, S. 340–378.
28 Bourdieu, Kunst und Kultur, S. 8, 325f.

nisse außen vor sind oder keinerlei Einfluss ausüben. Das Feld kultureller Produktion ist nichts »Außergesellschaftliches«, seine Autonomie und seine gesellschaftliche Positionierung sind historisch bedingt und immer auch Ausdruck einer spezifischen Gesellschaftsformation und bestimmter Machtverhältnisse. »Nahezu immer«, so Bourdieu, »gibt es in jeder Gesellschaft eine Pluralität sozialer Mächte, die bisweilen in Konkurrenz miteinander, bisweilen in ›konzertierter Aktion‹ vermöge ihrer politischen oder ökonomischen Machtstellung sowie kraft institutioneller Garantien in der Lage sind, einem mehr oder weniger ausgedehnten Bereich des kulturellen Kräftefelds ihre kulturellen Normen aufzupflanzen.«[29] In der konkreten historischen Praxis des sozialistischen Jugoslawien kann diese Feststellung beispielsweise heißen, dass bestimmte kulturelle Produkte, Zeitschriften oder Zeitungen etwa, die von finanzieller staatlicher Unterstützung abhängig waren, in ihrem Erscheinen behindert wurden, weil Zuschüsse verweigert und an Konkurrenzprodukte, die dem vom Staat vertretenen politischen Mainstream näher standen, vergeben wurden.

Die Besonderheit des jugoslawischen Beispiels liegt dabei in der Genese und Existenz einer relativ einflussreichen linksradikalen Bewegung in einem formal auf sozialistischen Grundlagen konzipierten Staatswesen. Ihr vorrangiges Ziel lag dabei explizit nicht in der Systemüberwindung, sondern der Systemreform mithilfe und

---

29 Ebd., S. 32. Eine interessante Debatte darüber, ob Bourdieu in seiner Feldtheorie die Klassen- und Soziallagen nicht zu sehr ausgeblendet habe, wurde aktuell auf den Seiten der Theoriezeitschrift *Catalyst* geführt. Eine explizite Kritik an Bourdieu liefert Dylan Riley, Bourdieu's Class Theory. The Academic as Revolutionary, in: Catalyst 1, 2017, H.2, S. 107–136; Entgegnungen darauf, die Bourdieus Klassenanalyse betonen, sind Johan Heilbron/George Steinmetz, A Defense of Bourdieu, in: Catalyst 2, 2018, H.1, S. 35–49; Michael Burawoy, Making Sense of Bourdieu, in: Catalyst 2, 2018, H.1, S. 51–87; und die Replik von Riley, Science and Politics. A Response to Burawoy, Heilbron & Steinmetz, in: ebd., S. 89–132. Zur Diskussion um Bourdieu und seine Nutzbarmachung für die Geschichtswissenschaften im deutschen Sprachraum siehe v.a. Lutz Raphael, Die Ökonomie der Praxisformen. Anmerkungen zu zentralen Kategorien P. Bourdieus, in: Prokla 17, 1987, H.68, S. 152–171; ders., Habitus und sozialer Sinn. Der Ansatz der Praxistheorie Pierre Bourdieus, in: Friedrich Jaeger/Jürgen Straub (Hrsg.), Handbuch der Kulturwissenschaften, Bd.2: Paradigmen und Disziplinen, Stuttgart 2011, S. 266–276.

auf Grundlage der offiziellen Staatsideologie. Ihre gesellschaftspolitischen wie ihre künstlerischen Interventionen waren situiert im kulturellen Produktionsfeld, wo die ersten Auseinandersetzungen um Anerkennung auch geführt worden waren. An dieser Stelle verweise ich in aller Kürze auf Änderungsprozesse innerhalb der recht jungen jugoslawischen Filmproduktion. Während etwa in der bundesrepublikanischen Filmindustrie in den Fünfziger- und den beginnenden Sechzigerjahren biedere Heimat- und Klamaukfilme eine Art Hegemonialkonzeption für die nach Normalität strebende deutsche Nachkriegsgesellschaft boten,[30] füllten in der jungen jugoslawischen Filmproduktion epische Heldengeschichten des antifaschistischen Partisanenkampfes die vermutete ideologische Lücke zwischen theoretischer und praktischer Wirklichkeit. Und so wie in der Bundesrepublik junge, hauptsächlich aus dem Kurz- und Dokumentarfilm herkommende Künstlerinnen und Künstler mit dem 1962 veröffentlichten »Oberhausener Manifest« unter dem programmatisch verstandenen Titel »Papas Kino ist tot« den inhaltlich-ästhetischen Aufstand wagten, so waren es seit Mitte der 1960er-Jahre auch in Jugoslawien im Kurz- und Dokumentarfilm ausgebildete Filmemacher, die dem recht eindimensionalen Heldenepos des jugoslawischen Partisanenfilms eine reflektierte, zugleich fest auf der antifaschistischen Tradition beruhende Alternative entgegensetzen wollten.[31]

Kultur ist integraler Bestandteil des Politischen einer jeden Gesellschaftsordnung.[32] Insofern sie eine Erweiterung des politi-

---

30 Etwa »Schwarzwaldmädel«, Jahr: 1950, Regie: Hans Deppe; »Grün ist die Heide«, Jahr: 1951, Regie: Hans Deppe; »Liebe, Tanz und 1000 Schlager«, Jahr: 1954, Regie: Paul Martin; »Wenn die Conny mit dem Peter«, Jahr: 1958, Regie: Fritz Umgelter; »Am Sonntag will mein Süßer mit mir segeln gehen«, Jahr: 1961, Regie: Franz Marischka; »Freddy und das Lied der Südsee«, Jahr: 1962, Regie: Werner Jacobs; »Ohne Krimi geht die Mimi nie ins Bett«, Jahr: 1962, Regie: Franz Antel; »Siebzehn Jahr, blondes Haar«, Jahr: 1966, Regie: Franco Montemurro; »Heintje, ein Herz geht auf Reisen«, Jahr: 1969, Regie: Werner Jacobs; »Hurra, die Schule brennt«, Jahr: 1969, Regie: Werner Jacobs, oder, als jüngeres Beispiel aus diesem Genre, »Das Musikhotel am Wolfgangsee«, Jahr: 2008, Regie: Stephan Pichl.
31 Dazu ausführlich in Kapitel 3.3.
32 Vgl. dazu einführend Ute Frevert, Neue Politikgeschichte. Konzepte und Herausforderungen, in: dies./Heinz-Gerhard Haupt (Hrsg.), Neue Politikgeschichte. Perspektiven einer historischen Politikforschung, Frankfurt/

schen Kommunikationsraums darstellt, agiert sie innerhalb dieses Raums ebenfalls politisch. Die radikale Linke, die sich innerhalb des kulturellen Produktionsfeldes im Untersuchungszeitraum gegen den dominanten Zeitgeist stellte, ja die auch innerhalb der in der traditionellen politischen Linken existierenden Strukturzusammenhänge und Diskurse Widerspruch einlegte, trug in diese »intellektuellen Produktionsprozesse« eine gewisse Subversivität und schuf somit einen Möglichkeitsraum potentieller Emanzipation.[33] Interpretationsmonopole, so rigide und abgeschlossen sie öffentlich auch auftreten mögen, stimulieren immer auch ihre eigene Negation. Ähnlich den Ausführungen von Bourdieu argumentiert auch der Wiener Kulturwissenschaftler Rainer Winter, dass

Main/New York 2005, S. 7–26; Thomas Mergel, Überlegungen zu einer Kulturgeschichte der Politik, in: GG 28, 2002, S. 574–206; ders., Kulturwissenschaft der Politik. Perspektiven und Trends, in: Friedrich Jaeger u.a. (Hrsg.), Handbuch der Kulturwissenschaften, Bd. 3: Themen und Tendenzen, Stuttgart 2004, S. 413–425; ders./Christoph Classen, Die Kulturen des Politischen. Formen und Repräsentationen politischer Integration im 20. Jahrhundert, in: Potsdamer Bulletin für Zeithistorische Studien 38/39, 2006/2007, S. 48–53; ders., Parlamentarische Kultur in der Weimarer Republik. Politische Kommunikation, symbolische Politik und Öffentlichkeit im Reichstag, Düsseldorf 2002; Barbara Stollberg-Rilinger, Was heißt Kulturgeschichte des Politischen?, in: dies. (Hrsg.), Was heißt Kulturgeschichte des Politischen? Berlin 2005, S. 9–24. Generell zur Konzeptualisierung der »Neuen Politikgeschichte« siehe den Bielefelder Sonderforschungsbereich 584 »Das Politische als Kommunikationsraum in der Geschichte« unter der Adresse http://www.uni-bielefeld.de/geschichte/forschung/sfb584/. Einen »traditionelleren«, d.h. die Kultur als spezifische Sphäre auffassenden Ansatz verfolgt dagegen Wolfgang Ruppert, Der moderne Künstler. Zur Sozial- und Kulturgeschichte in der kulturellen Moderne im 19. und frühen 20. Jahrhundert, Frankfurt/Main 1998. »Kultur«, so Ruppert, »definieren wir [als] das überindividuell kommunizierte ›Geflecht‹ von Begriffen, der verbalen und nonverbalen Zeichen, von Deutungsmustern, bildlichen Vorstellungen und ästhetischen Chiffren, von mentalen Handlungspraktiken, Gefühlen und Ritualen. Hierzu gehören gleichfalls die gestalteten materiellen Objekte, die Formen des Kults, ferner die symbolischen Ordnungen der Gesellschaft, ihrer Schichten und Gruppen sowie der Individuen.« Zitat nach ebenda, S. 46.

33 Zum Begriff der »Subversivität« und seiner historischen Genese vgl. die sehr luzide Analyse von Johannes Agnoli, Subversive Theorie. ›Die Sache selbst‹ und ihre Geschichte. Vorlesungen an der FU Berlin 1989/1990, Freiburg i. Br. 1999, hier insb. S. 21–24.

es selbst innerhalb rigider sozialer Systeme immer auch möglich ist, die Macht herauszufordern. Winter zufolge stehen Subkulturen zur dominanten Kultur in Beziehung, indem sie sich »durch spezifische Aktivitäten, Interessen, Werte, durch den Gebrauch materieller Objekte und durch die Besetzung von territorialen Räumen deutlich von der Stammkultur als der umfassenden Kultur« abzugrenzen versuchen.[34] Doch Abgrenzung ist gleichermaßen auch Herausforderung der dominanten Kultur, des hegemonialen Zeitgeistes und seiner strukturellen Machtverteilung, ist »Hegemonie nie ein permanenter oder stabiler Zustand; es wird ständig um sie gerungen und gekämpft«.[35]

Wie sich diese feldinternen Kämpfe und Auseinandersetzungen entwickeln, wie sie und von welchen Positionen heraus sie geführt werden, hat Pierre Bourdieu in seiner minutiösen Studie *Die Regeln der Kunst* nachgezeichnet. Subversion innerhalb des kulturellen Produktionsfeldes, argumentiert er, gehe »gleichsam *per definitionem* von den Neulingen aus, das heißt den Jüngsten [strukturell, nicht biologisch, K.S.], denselben, denen es auch am stärksten an spezifischem Kapital« fehle.[36] Das Ergebnis dieser Infragestellung des Bestehenden, dieses Konfliktes zwischen Herrschenden und Beherrschten, ist aber im Regelfall nicht die unmittelbare und allumfassende Umwälzung oder Umwertung der etablierten kulturellen Koordinaten, sondern die »Etablierung« einer Sub- oder Alternativkultur im Rahmen des hegemonialen Systems.[37] Ob Subversion politisch-kulturell nachhaltig wirken kann, hängt dabei entscheidend von externen Faktoren ab. Narration und feldinterne Kritik müssen auch feldextern auf einen politisch und sozial fruchtbaren

---

34 Rainer Winter, Die Kunst des Eigensinns. Cultural Studies als Kritik der Macht, Weilerswist 2001, S. 116.
35 Ebd., 93f.
36 Bourdieu, Regeln der Kunst, S. 379f.; zur Funktionsweise des literarischen, bzw. des kulturellen Produktionsfeldes siehe auch ders., Kunst und Kultur, S. 339–447.
37 »Wenn du im Hegemoniespiel mitspielst, musst du schlauer als ›sie‹ sein.« – so Stuart Hall in Anlehnung an Antonio Gramsci. Zitat in Stuart Hall, Das theoretische Vermächtnis der Cultural Studies, in: ders., Cultural Studies. Ein politisches Theorieprojekt. Ausgewählte Schriften Bd.3, Hamburg 2000, S. 41.

Boden fallen, um Machverhältnisse wirksam auszuhebeln, zumindest aber um sie herauszufordern.[38]

In diesem Sinn öffneten die 1960er-Jahre ein ideologisches Zeitfenster, in dem linksradikaler Kritik weltweit Bedeutung zukam. Für Jugoslawien kam den Herausgebern und Autorinnen und Autoren der zwischen 1964 und 1974 in Zagreb erschienenen Zeitschrift *Praxis* die Rolle intellektueller Stichwortgeber und Radikalisierungsbeschleuniger zu. Diese Philosophen und Philosophinnen, und vor allem auch ihre internationalen Kontakte zu damaligen Koryphäen linksradikaler Philosophie wie Ernst Bloch, Erich Fromm, György Lukács oder Herbert Marcuse, wirkten sowohl auf die Herausbildung einer häretischen Gegenkultur ein als auch darauf, dass die Gesellschaftskritik dieser Gegenkultur zumeist eine prosozialistische, marxistisch inspirierte war.[39] Der in dieser Studie dargestellte Konflikt zwischen Herrschenden und Beherrschten produzierte, um es zuzuspitzen, keine klassischen politischen Dissidenten.

1.3. Die Sozialistische Föderative Republik Jugoslawien als Forschungsgegenstand

Mit der Sozialistischen Föderativen Republik Jugoslawien ist ein Untersuchungsgegenstand gewählt, der seit 30 Jahren zwar von der geografischen Karte Europas verschwunden ist, in der postjugoslawischen Gegenwart aber teilweise ganze Wahlkämpfe zu füllen vermag.[40] Das sozialistische Jugoslawien ist in den meisten seiner ehemaligen Teilrepubliken weiterhin ein Politikum ersten Grades, befeuert vor allem durch einen aggressiven, geradezu religiösen Antikommunismus.[41]

---

38 Bourdieu, Regeln der Kunst, S. 401.
39 In einer kürzlich erschienenen Darstellung zum »westlichen Marxismus« wird die *Praxis*-Gruppe als integraler Teil einer zwischen den Klassikern und der neuen Marx-Lektüre liegenden Form der Marx-Interpretation genannt. Siehe Diethard Behrens/Kornelia Hafner, Westlicher Marxismus. Eine Einführung, Stuttgart 2017, S. 33.
40 Krunoslav Stojaković, Kroatien: Neoliberaler Antikommunismus, in: Blätter für deutsche und internationale Politik 61, 2016, H.9, S. 29–32.
41 Vgl. etwa Kosta Nikolić, Srbija u Titovoj Jugoslaviji (1941–1980.) [Serbien in Titos Jugoslawien (1941–1980)], Belgrad 2011; ders., Mač revolucije. OZNA

All diesen (Re-)Interpretationen ist dabei gemeinsam, dass sie die jugoslawische Geschichte von ihrem Ende her erzählen, dass dem Staatszerfall und den damit einhergehenden negativen Konsequenzen für die politische, soziale, ökonomische und kulturelle Zusammenarbeit zwischen den einzelnen Republiken ein geradliniger, systemimmanenter Zerfallsprozess vorausging.[42]

Diesen Narrationspfad will die vorliegende Arbeit verlassen. Sie widmet sich den 1960er-Jahren mit ihren kulturellen und politischen Umbrüchen, einem historischen Zeitfenster also, in dem vieles möglich schien und welches der Hamburger Historiker Axel Schildt für die Bundesrepublik Deutschland als »dynamische Zeit«[43] bezeichnet hat. Auch in Jugoslawien verliefen die weltweit beobachtbaren, jedoch nur für die westlichen Industrieländer ausreichend erforschten Veränderungsprozesse in Staat und Gesellschaft kontrovers und konflikthaft, auch hier entwickelten sich seit spätestens Mitte der Fünfzigerjahre alternative und den *Status quo* hinterfragende Kunst- und Kulturszenen. Und auch hier kam es zu einer bedeutenden intellektuellen Symbiose mit einer durch

u Jugoslaviji 1944–1946. [Das Schwert der Revolution. Die OZNA in Jugoslawien 1944–1946], Belgrad 2014; ders., Jedna izgubljena istorija. Srbija u 20. veku [Verlorene Geschichte. Serbien im 20. Jahrhundert], Belgrad 2016; Srđan Cvetković, Između srpa i čekića. Represija u Srbiji 1944–1953. [Zwischen Hammer und Sichel. Repression in Serbien 1944–1953], Belgrad 2006; ders., Između srpa i čekića II: Politička represija u Srbiji 1953–1985. [Zwischen Hammer und Sichel, Bd.II: Politische Repression in Serbien 1953–1985], Belgrad 2011; Miloslav Samardžić, Falsifikati komunističke istorije [Fälschungen kommunistischer Geschichte], Belgrad 2018; Josip Jurčević, Crna knjiga komunizma u Hrvatskoj. Zločini jugoslavenskih komunista u Hrvatskoj 1945. [Das Schwarzbuch des Kommunismus in Kroatien. Die Verbrechen der jugoslawischen Kommunisten in Kroatien 1945], Zagreb 2006. Eine ausführliche wissenschaftliche Problematisierung dieses Narrativs findet sich bei Jovo Bakić, Jugoslavija. Razaranje i njegovi tumači [Jugoslawien. Deutungen seiner Zerstörung], Belgrad 2011.

42 So auch die Kritik bei Dennison Rusinow, The Yugoslav Idea before Yugoslavia, in: Dejan Djokić (Hrsg.), Yugoslavism. Histories of a Failed Idea, 1918–1992, London 2002, S. 11–26, insb. S. 11f. Siehe auch ders., »To Be or Not to Be«? Yugoslavia as Hamlet, in: Field Staff Reports 18, 1990–1991, S. 1–13.

43 Axel Schildt u. a. (Hrsg.), Dynamische Zeiten. Die 60er Jahre in den beiden deutschen Gesellschaften, Hamburg 2000.

externe (Kritik am Vietnamkrieg, Kritik am Konsumismus) und interne (Kritik am Alltag und der Herrschaftspraxis der politischen Elite Jugoslawiens) Faktoren politisierten Studentengeneration, die sowohl sich als auch die Gesamtgesellschaft aus den als beengend empfundenen moralischen, ästhetischen und politischen Grenzziehungen des Staats- und Parteiapparats befreien wollte.

Deutschsprachige Arbeiten zur Sozialistischen Föderativen Republik Jugoslawien legten ihren Fokus häufig auf politische oder ökonomische Strukturanalysen, die Aufarbeitung des Bürgerkrieges in den 1990er-Jahren oder waren als Überblicksdarstellungen und Handbücher konzipiert.[44] In jedem Fall aber behandelten sie selten explizit gesellschaftliche und kulturelle Entwicklungsprozesse in den 1960er- und/oder 1970er-Jahren[45] und somit auch nicht diejenige für das System entscheidende Phase, in der sowohl die progressiven Potentiale als auch die regressiven Gefahren für diesen multinationalen Staat sichtbar wurden. Dieses Jahrzehnt war nicht nur in westeuropäischen Gesellschaften eine Phase der politischen Liberalisierung und Demokratisierung, die ermöglicht und begleitet wurde durch eine breite Politisierung des zeitgenössischen Gesellschaftsklimas.[46] Auch in Jugoslawien standen politi-

---

44 Siehe Magarditsch Hatschikjan/Stefan Troebst (Hrsg.), Südosteuopa. Gesellschaft, Politik, Wirtschaft, Kultur. Ein Handbuch, München 1999; Edgar Hösch, Geschichte der Balkanländer. Von der Frühzeit bis zur Gegenwart, 4. Aufl., München 2002; Mark Mazower, Der Balkan, Berlin 2003; Edgar Hösch/Holm Sundhaussen/Karl Nehring (Hrsg.), Lexikon zur Geschichte Südosteuropas, Stuttgart 2004; Ulf Brunnbauer/Klaus Buchenau, Geschichte Südosteuropas. Stuttgart 2018. Einen an Jürgen Osterhammels weltgeschichtlichen Ansatz anknüpfenden Überblick bietet jüngst Marie-Janine Calic, Südosteuropa. Weltgeschichte einer Region, München 2018².

45 Als indikativ für diesen Befund kann der ansonsten sehr nützliche Sammelband für den Berliner Südosteuropahistoriker Holm Sundhaussen angeführt werden. Siehe: Ulf Brunnbauer/Andreas Helmedach/Stefan Troebst (Hrsg.), Schnittstellen. Gesellschaft, Nation, Konflikt und Erinnerung in Südosteuropa. Festschrift für Holm Sundhaussen zum 65. Geburtstag, München 2007. Dazu Krunoslav Stojaković, Das Besondere im Allgemeinen? Zur Festschrift zum 65. Geburtstag des Berliner Südosteuropahistorikers Holm Sundhaussen, in: Archiv für Sozialgeschichte 47, 2008, S. 772–776.

46 Vgl. dazu Ulrich Herbert, Liberalisierung als Lernprozess. Die Bundesrepublik in der deutschen Geschichte – eine Skizze, in: ders. (Hrsg.), Wand-

sche, soziale, ökonomische und kulturelle Wandlungsprozesse auf der gesellschaftspolitischen Agenda. In dieses Zeitfenster fielen einige der markantesten Brüche, Umorientierungen, ideologischen, ökonomischen und kulturellen Öffnungen des jugoslawischen Sozialismusmodells.

Selbstverständlich können Überblicksdarstellungen und Handbücher zu Südosteuropa, allein schon aufgrund ihrer Grundintention und der Themen- und Ländervielfalt, die sie abzudecken haben, keine gesellschaftsgeschichtlichen Tiefenanalysen leisten. Auffallend ist aber dennoch, wie kursorisch politische Interventionen im Feld kultureller Produktion dargestellt werden. In einem der deutschsprachigen Standardwerke zu Südosteuropa, der vom Münchner Osteuropahistoriker Edgar Hösch verfassten und in mehreren Auflagen vorliegenden *Geschichte der Balkanländer*, umkurvt der Autor die Vielschichtigkeit soziokultureller Dynamiken, indem zwischen der unmittelbaren Nachkriegszeit und den beginnenden 1990er-Jahren lediglich ausgesuchte außenpolitische Konstellationen und innenpolitische Krisen beschrieben werden, und zwar dergestalt, dass eine zwangsläufige Systemimplosion nahegelegt wird. Nicht zufällig lautet das letzte Kapitel »Das Ende der Volksdemokratien – Rückkehr nach Europa?«. Obwohl der Autor die marxistische Philosophengruppe um die Zeitschrift *Praxis* erwähnt, gibt es keinen Hinweis auf die durch sie inspirierte Studentenbewegung 1968, dafür sehr wohl aber einen Hinweis auf die nationalistisch orientierte Protestbewegung 1971 in Kroatien.[47]

Eine kleinteiligere und facettenreichere Darstellung findet sich im 1999 von Magarditsch Hatschikjan und Stefan Troebst herausgegebenen Handbuch *Südosteuropa*. Doch finden sich leider in keinem der jeweiligen Kapitel Hinweise auf gesellschafts- und kulturpolitischen Debatten, die – vor allem in Jugoslawien, aber nicht nur dort – auch eine prosozialistische Prägung aufgewiesen haben. Es scheint, als sei linksgerichtete Systemkritik lange Zeit vor allem als ein Randphänomen der sozialistischen Staatenwelt

---

lungsprozesse in Westdeutschland. Belastung, Integration, Liberalisierung, 1945–1980, Göttingen 2002, S. 7–49.
47 Hösch, Geschichte der Balkanländer, S. 262.

betrachtet worden, dessen Bedeutung nicht ausreiche, um Eingang in Handbücher und Überblicksdarstellungen zu finden. Warum das »einst vielbewunderte jugoslawische Modell«, um aus dem Beitrag der beiden Autoren Rumen Daskalov und Holm Sundhaussen zu zitieren, vielbewundert war, wird nicht weiter ausgeführt. Dabei war seine Popularität Ergebnis vielschichtiger gesellschaftlicher und ideologischer Transformationen, ebenso wie seine Widersprüchlichkeit und sein Scheitern komplexer waren, als die häufig anzutreffende Feststellung, nach Titos Tod habe der jugoslawische Sozialismus seine innere Legitimation verloren, da die zentrale Integrationsfigur abhanden gekommen sei.[48]

In neueren Gesamtdarstellungen zu Südosteuropa ist eine partielle Öffnung zu diversifizierteren, gesellschaftliche und kulturelle Wandlungsprozesse integrierenden Synthesen bemerkbar. Die beiden Regensburger Südosteuropahistoriker Ulf Brunnbauer und Klaus Buchenau beispielsweise widmen in ihrem 2018 veröffentlichten Überblick *Geschichte Südosteuropas* ein ganzes Kapitel gesellschaftlichen und kulturellen Transformationsprozessen innerhalb der sozialistischen Staatenwelt. Das dieses Kapitel einleitende Statement, »viel stärker noch als die Politik« habe sich »seit Ende der 1940er Jahre die Gesellschaft verändert«, zeugt von diesem Perspektivwechsel.[49] Linksradikale und prosozialistische Alternativen und soziale Bewegungen wie die jugoslawische Studentenbewegung 1968 werden nicht mehr ausgeklammert, sondern durchaus provokativ kontextualisiert, wie folgendes Zitat zeigt:

> »Es gehört zu den Paradoxien Jugoslawiens, dass es einerseits das liberalste kommunistisch regierte Land war und andererseits proportional mehr Menschen unmittelbar politisch verfolgt wurden als

48 »Das einst vielbewunderte ›jugoslawische Modell‹ mit Selbstverwaltung, weitgehender Gleichberechtigung der Nationen und Nationalitäten, mustergültigem Minderheitenschutz sowie relativem Wohlstand und Blockfreiheit erodierte nach Titos Tod und büßte seine Integrationskraft ein. Der jugoslawische Staat verlor seine Legitimation.« Zitiert nach dem von Rumen Daskalov und Holm Sundhaussen verfassten Teilkapitel »Modernisierungsansätze«, in: Hatschikjan/Troebst, Südosteuropa, S. 105–135, hier S. 132.
49 Brunnbauer/Buchenau, Geschichte Südosteuropas, S. 344.

etwa in Bulgarien und Rumänien. Dieser scheinbare Widerspruch wurzelte gerade in der relativen Offenheit des Landes gegenüber dem Westen sowie seiner großen Diversität im Inneren. Dadurch konnten sich in Jugoslawien unterschiedliche Interessengruppen stärker formieren und artikulieren, und die Gesellschaft kam in engeren Kontakt mit neuen, kritischen Ideen aus dem Westen, weshalb sie sich stärker politisierte als andere. Die Studentenproteste in Belgrad und Zagreb 1968 waren zum Beispiel Teil der internationalen 68er-Bewegung, sodass sich auch in Jugoslawien der Protest gegen den Vietnamkrieg der USA mit der Kritik an versteinerten inneren Verhältnissen verband.«[50]

In dieser Hinsicht stellt die von der Münchner Südosteuropahistorikerin Marie-Janine Calic verfasste, 2018 in zweiter Auflage erschienene Arbeit *Südosteuropa. Weltgeschichte einer Region* die bisher methodisch innovativste Synthese südosteuropäischer Geschichte dar. Ihre an Jürgen Osterhammels weltgeschichtlichen Ansatz anknüpfende Analyse dekonstruiert zum einen die weitverbreitete Wahrnehmung Südosteuropas als einer europäischen Problemregion — eine Wahrnehmung, die sich im öffentlichen Bewusstsein als ›Pulverfass Balkan‹ festgeschrieben zu haben scheint. Zum anderen integriert sie Südosteuropa in einen globalen Zusammenhang, wodurch die durchaus vorhandene Vielschichtigkeit beispielsweise der außenpolitischen Orientierungen und Initiativen sozialistischer Staaten erkennbar wird. Als besonders gewinnbringend erweist sich dieser Ansatz vor allem dabei, die gesellschaftlichen und kulturellen Transformationen der südosteuropäischen Gesellschaften nicht nur zu beschreiben, sondern in ihren globalen Zusammenhang zu stellen. »Während im Westen die Existenz eines ›Eisernen Vorhangs‹ behauptet wurde«, so Calic, »existierten in der Praxis vielfältige kulturelle und gesellschaftliche Beziehungen über die Blockgrenzen hinweg.«[51] Politischen und ästhetischen Interventionen im Feld der kulturellen Produktion wird für eine Überblicksdarstellung erfreulich viel Platz eingeräumt, das sozialistische Jugoslawien mit

---

50   Ebd., S. 320f.
51   Calic, Südosteuropa, S. 529.

seiner spezifischen Dynamik bezeichnet die Autorin gar als einen »Magneten für westliche Linke«.[52]

Ähnliches lässt sich derweil auch über die vielfältigen Länderstudien zu Jugoslawien in seiner sozialistischen Periode sagen.[53] Auch hier ist vor allem bei älteren Arbeiten das Manko zu beobachten, dass Vielschichtigkeiten gesellschaftlicher Transformationsprozesse und ideologischer Interventionen in den 1950er- und 1960er-Jahren zumeist unterbelichtet geblieben sind. In einigen neueren Darstellungen finden hingegen sowohl Wandlungsprozesse im Feld der kulturellen Produktion als auch linksradikale Interventionen im ideologischen Diskurs vermehrt Platz.[54] Die geschilderte schrittweise Erweiterung der Perspektive in Überblicksdarstellungen ist wiederum Ergebnis neuerer Einzelstudien, die sich mit gesellschaftspolitischen, kulturellen, sozialen und alltagsgeschichtlichen Fragestellungen beschäftigen. Sowohl in deutscher als auch in englischer und serbokroatischer Sprache wurden und werden vermehrt Arbeiten vorgelegt, die das lange Zeit dominierende politikgeschichtliche Narrativ ergänzen und somit wichtige Mosaiksteinchen liefern, um die Komplexität von Gesellschaften, im konkreten Fall die Komplexität der jugoslawischen Gesellschaft nach dem Zweiten Weltkrieg, einzufangen und darzustellen.[55] Für

---

52   Ebd., S. 535.
53   Siehe u.a. Holm Sundhaussen, Geschichte Jugoslawiens 1918–1980, Stuttgart 1982; ders., Experiment Jugoslawien. Von der Staatsgründung bis zum Staatszerfall, Mannheim 1993; ders., Jugoslawien und seine Nachfolgestaaten, 1943–2011, Wien/Köln/Weimar 2012; Peter Bartl, Grundzüge der jugoslawischen Geschichte, Darmstadt 1985; John R. Lampe, Yugoslavia as History. Twice There Was a Country, Cambridge 2000; Leslie Benson, Yugoslavia. A Concise History, Basingstoke 2004; Sabrina P. Ramet, The Three Yugoslavias. State-Building and Legitimation, 1918–2005, Washington D.C. 2006; Marie-Janine Calic, Geschichte Jugoslawiens im 20. Jahrhundert, München 2010.
54   Calic, Geschichte Jugoslawiens, S. 232–237; Sundhaussen, Jugoslawien und seine Nachfolgestaaten, S. 158–166.
55   Predrag J. Marković, Beograd između Istoka i Zapada. 1948–1965, Belgrad 1996. Diese Studie ist vor allem eine Sozialgeschichte, aber bricht leider Mitte der Sechzigerjahre ab. Eine weitere, methodisch ähnlich angelegte Aufsatzsammlung liefern Darko Ćirić/Lidija Petrović-Ćirić (Hrsg.), Beograd šesdesetih godina XX. veka, Belgrad 2003. Siehe ferner Nenad Stefanov, Wis-

die vorliegende Arbeit von besonderem Interesse waren die Pionierstudien *Die Rote Universität* von Boris Kanzleiter und *Jugoslawien und die Welt 1968* vom Zagreber Historiker Hrvoje Klasić.⁵⁶ Beide Arbeiten untersuchen minutiös die Protestereignisse vom Juni 1968; Kanzleiter mit einem konziseren Blick auf die Hochburg Belgrad, Klasić mit einer gelungenen Öffnung und Kontextualisierung der jugoslawischen Proteste gegenüber den weltweiten Ereignissen.

Aus der Fokussierung auf die 1960er-Jahre leitet sich jedoch keinerlei zeitlicher Ausschließlichkeitsanspruch ab, vielmehr werden in der vorliegenden Arbeit zur Erklärung und Kontextualisierung Entwicklungen in den Blickpunkt genommen, die teilweise auf Kontroversen der Zwischenkriegszeit beruhen oder aus den politischen Umbrüchen Jugoslawiens nach dem Konflikt mit der Sowjetunion 1948 resultierten. So kam es beispielsweise 1952 zur Gründung der von einigen jungen Zagreber Philosophen initiierten Zeitschrift *Pogledi* [Ansichten]. In der Hoffnung, durch die Abwendung von der Sowjetunion nun eine zensurfreie Wissen-

---

senschaft als nationaler Beruf. Die Serbische Akademie der Wissenschaften 1944–1992: Tradierung und Modifizierung nationaler Ideologie, Wiesbaden 2011; Radina Vučetić, Koka-kola socijalizam. Amerikanizacija jugoslovenske popularne kulture šezdesetih godina XX. veka, Belgrad 2012 [inzwischen ist eine englische Übersetzung erschienen unter dem Titel: Coca-Cola Socialism. Americanization of Yugoslav Culture in the Sixties, Budapest/New York 2018]; Gal Kirn u.a. (Hrsg.), Surfing the Black. Yugoslav Black Wave Cinema and its Trangressive Moments, Maastricht 2012; Hannes Grandits/Holm Sundhaussen (Hrsg.), Jugoslawien in den 1960er Jahren. Auf dem Weg zu einem (a)normalen Staat?, Wiesbaden 2013; Đorđe Tomić u.a. (Hrsg.), Mythos Partizan. (Dis-)Kontinuitäten der jugoslawischen Linken: Geschichte, Erinnerungen und Perspektiven, Münster 2013; Igor Duda, U potrazi za blagostanjem. O povijesti dokolice i potrošačkog društva u Hrvatskoj 1950-ih i 1960-ih, Zagreb 2014²; ders., Pronađeno blagostanje. Svakodnevni život i potrošačka kultura u Hrvatskoj 1970-ih i 1980-ih, Zagreb 2014; ders., Danas kada postajem pionir. Djetinstvo i ideologija jugoslavenskog socijalizma, Zagreb/Pula 2015; Miranda Jakiša/Nikica Gilić (Hrsg.), Partisans in Yugoslavia. Literature, Film and Visual Culture, Bielefeld 2015; Gal Kirn, Partisan Ruptures. Self-Management, Market Reform and the Spectre of Socialist Yugoslavia, London 2019.

56 Boris Kanzleiter, Die Rote Universität. Studentenbewegung und Linksopposition in Belgrad 1964–1975, Hamburg 2011; Hrvoje Klasić, Jugoslavija i svijet 1968., Zagreb 2012.

schaft betreiben zu können, erschienen kritische Artikel über die als dogmatisch und verfremdend empfundene Marxismusinterpretation des Stalinschen Marxismus-Leninismus[57] ebenso wie kritische Wortmeldungen zu innerjugoslawischen Problemzonen.[58] Während die politische Funktionärsschicht der KPJ die Kritik am Stalinismus wohlwollend ignorierte, traf der Versuch einer vorbehaltlosen Analyse innerjugoslawischer Zustände auf entschiedenen Widerstand. Der im internationalen Kontext bekannteste Konflikt war sicherlich die »Affäre Đilas«, als mit der Absetzung und Verhaftung des hochrangigen Parteifunktionärs Milovan Đilas im Jahr 1954 ein Rückfall in den Stalinismus zu befürchten stand.

Die 1950er-Jahre können daher als Inkubationsphase eines langsamen und mit Brüchen versehen, sich aber dennoch stetig ausdehnenden Demokratisierungsprozesses gelesen werden, der seine klassische Phase in den 1960er-Jahren erreichte und mit der Studentenbewegung und den Universitätsbesetzungen im Juni 1968 seinen kumulativen Höhe- und gleichzeitig auch Wendepunkt hin zur repressiven Re-Dogmatisierung Jugoslawiens fand.

Das Jahr 1970 als ungefähren Endpunkt zu wählen, leitet sich dabei aus dem Umstand ab, dass die Studentenbewegung mit dem Ende der Universitätsbesetzung am 9. Juni 1968 aufhörte, eine soziale Bewegung im Sinne der gängigen sozialwissenschaftlichen Definitionen zu sein. Ab diesem Moment griff die politische Führung Jugoslawiens zu verstärkten Repressalien gegen kulturelle und politische Protagonisten der linksradikalen Alternativkultur, einige Akteure wurden gar mit temporären Berufsverboten belegt, profilierte Aktivistinnen und Aktivisten der Studentenbewegung zu teils mehrjährigen Haftstrafen verurteilt.[59] Dies bedeutete zwar nicht,

---

57 Mihailo Marković, Revizija filozofskih osnova marksizma u SSSR-u, in: NIN, 16.11.1952; Gajo Petrović, Filozofija u SSSR-u od oktobarske revolucije do 1938, in: Pogledi 1, 1952, H.2, S. 79–86 und Pogledi 2, 1953, H.3, S. 149–159.
58 Etwa Milan Kangrga, Problem ideologije, in: Pogledi 2, 1953, H.11, S. 778–793; Rudi Supek, Zašto kod nas nema borbe mišljenja, in: Pogledi 2, 1953, H.12, S. 903–911.
59 Siehe die Interviews mit Dušan Makavejev, Želimir Žilnik und dem Anwalt Srdja Popović, aber auch die Anklageschrift gegen Vladimir Mijanović, abgedruckt in: Boris Kanzleiter/Krunoslav Stojaković (Hrsg.), 1968 in Jugo-

dass es nach diesem Einschnitt nicht auch zu kritischen Manifestationen gekommen wäre, diese waren aber entweder nicht mehr linksradikal oder aber generierten keine hinreichende Öffentlichkeit und Mobilisierungskraft mehr.

Die vorliegende Arbeit fokussiert auf die beiden Universitätszentren Belgrad und Zagreb, Entwicklungen in anderen jugoslawischen Teilrepubliken und Universitätszentren werden nur kursorisch, und nur dort, wo es für den Kontext von Belang ist, gestreift. Der Grund dafür liegt in der relativen kulturellen und intellektuellen Dominanz dieser beiden Zentren begründet. Entscheidenden Einfluss auf den generellen Diskursverlauf in Gesamtjugoslawien übten vor allem die beiden größten Teilrepubliken Serbien und Kroatien aus, was selbstverständlich nicht bedeutet, dass in Universitätszentren wie Ljubljana in Slowenien oder Sarajevo in Bosnien-Herzegowina keine wichtigen und für die Fragestellung grundsätzlich interessanten Beiträge geleistet worden wären. Ihre öffentliche Resonanz blieb aber zumeist nur lokal bzw. regional begrenzt. Anders gelagert ist der Fall der damals Autonomen Provinz Kosovo, in deren Hauptstadt Priština sich eine durchaus engagierte und vitale Studentenbewegung entfaltete.[60] Doch war diese sowohl von ihrer ideologischen Formung als auch politischen Stoßrichtung wenig vergleichbar mit den Ereignissen in Belgrad oder Zagreb. Eine ernsthafte wissenschaftliche Darstellung der kosovarischen Studentenbewegung erfordert eine gesonderte Analyse.

1.4. Quellengrundlage

Der Quellenstand ist generell als gut zu bezeichnen. Insbesondere die große Fülle an zeitgenössischen Zeitungen und Zeitschriften ermöglichte eine gute Einsicht in die hauptsächlichen politischen, theoretischen und ideologischen Debatten der 1960er-Jahre. Da sich der Fokus dieser Arbeit vor allem auf der Diskursebene bewegt, kommt diesen Quellen eine große Bedeu-

slawien. Studentenproteste und kulturelle Avantgarde zwischen 1960 und 1975, Bonn 2008, S. 160–168, 153–159, 104–110, 281–290.
60 Shkëlzen Maliqi, »Kosovo 1968 – Eine Gegenbewegung zu Belgrad«, in: Kanzleiter/Stojaković, 1968 in Jugoslawien, S. 73–78.

tung zu. Einen zentralen Platz nimmt die Analyse der in Zagreb erscheinenden Zeitschrift *Praxis* ein. Die Herausgeber sowie ihre Autoren und Autorinnen zählten zu den wichtigsten intellektuellen Wortführern der jugoslawischen radikalen Linken dieser Zeit. Die Veröffentlichung eines Textes in dieser Zeitschrift war nahezu gleichbedeutend mit einem klaren politischen Statement, die Zuschreibung zum radikalen, die jugoslawische Herrschaftspraxis kritisierenden linken Milieu war eine folgerichtige Konsequenz. Für die kritische Analyse der Diskrepanz zwischen dem proklamierten und tatsächlichen Niveau der Selbstverwaltungsbeziehungen, der Debatten um Bürokratie, Stalinismus, der Position von Intellektuellen, den politischen Möglichkeiten von Kunst und Kultur, der Zukunft sozialistischer Systeme und den Potentialen ihrer Demokratisierung stellte sie eine zentrale Quelle dar.

Neben der Zeitschrift wurden alle für die Fragestellung der Arbeit maßgeblichen Publikationen ihrer Herausgeber und wichtigsten Autorinnen und Autoren ausgewertet. Diese Publikationsliste ist nahezu unüberschaubar und beinhaltet sowohl Monografien als auch Zeitungs- und Zeitschriftenartikel aus dem In- und Ausland.[61] Neben der Zeitschrift *Praxis* wurden auch ihre Vorgängerpublikationen *Pogledi* [Ansichten] und *Naše teme* [Unsere Themen] ausgewertet. Sie zeugen von den Anfängen der Emanzipation der marxistischen Theorie Jugoslawiens von vorgegebenen Zwängen, sei es durch die Sowjetunion, sei es durch jugoslawische Hardliner. Aus dem akademischen Bereich wurden zudem weitere Zeitschriften ausgewertet, allen voran *Sociologija*, *Filozofija* und *Gledišta* [Standpunkte]. Diese Zeitschriften waren sowohl akademische Publikationen als auch Orte der intellektuellen Selbstbefähigung und politischen Entwicklung vor allem der Studentinnen und Studenten.

Weitere zentrale Quellen waren die von Studenten- und Jugendorganisationen herausgegebenen Periodika. In dieser Quellenart findet sich der unmittelbare Ausdruck des politischen Diskurses der

---

61 Einen Überblick über die Publikationstätigkeiten aus dem Umkreis der *Praxis* liefert das serbokroatisch-englischsprachige Handbuch von Ante Lešaja, Praksis orijentacija. Časopis Praxis i Korčulanska ljetna škola [Praxis Orientation. Journal Praxis and the Korčula Summer School], Belgrad 2014.

Studierenden. Diese Zeitungen und Zeitschriften stellen eine Art Praxistest der erfahrenen Politisierung und theoretischen Debatten dar. In ihnen haben überwiegend, wenn auch nicht ausschließlich Studentinnen und Studenten zu studentischen, politischen, kulturellen, wirtschaftlichen, sozialen und sonstigen Frage- und Problemstellungen publiziert. Nicht zufällig waren gerade diese Publikationsorgane zahlreichen Einschüchterungs- und Repressionsversuchen ausgeliefert. Die für die Arbeit wichtigsten waren die in Belgrad erschienenen *Student*, *Susret* [Begegnung], *Mladost* [Jugend], *Delo* [Werk] und *Vidici* [Ausblicke], die in Zagreb publizierten *Studentski list* [Studentenblatt], *Polet* [Aufbruch] und *Razlog* [Grund], die in Sarajevo erscheinenden *Naši dani* [Unsere Tage] sowie die in Novi Sad erscheinende Zeitung *Polja* [Felder].

Sich mit spezifischen Teilaspekten der Arbeit beschäftigende Zeitschriften waren die in Zagreb erscheinende Theaterzeitschrift *Prolog* sowie die in Belgrad erscheinende Filmzeitschrift *Filmska kultura* [Filmkultur]. Aus dieser Auflistung der für den Politisierungsprozess wichtigsten Publikationsorgane wird ersichtlich, wie diversifiziert sich die Presse- und Literaturlandschaft in Jugoslawien darstellte.

Von großer Hilfe für die Betrachtung und Bewertung der Studentenbewegung war zudem die von der *Praxis*-Redaktion herausgegebene Quellensammlung *jun-lipanj*, in der sich zentrales Quellenmaterial zur Programmatik, Universitätsbesetzung, den Reaktionen und politischen Repressionen befindet.

Klassisches Archivmaterial war für diese Arbeit von sekundärer Bedeutung. Es wurde dann herangezogen, wenn Standpunkte, Debatten und politische Entscheidungen der offiziellen Staatsinstitutionen dargestellt werden sollten. Für die intellektuelle Genese der radikalen Linken selbst sind diese Quellen nicht unmittelbar ausschlaggebend gewesen, dienten aber zur Untermauerung oder Vervollständigung spezifischer Sachverhalte. In diesem Sinne waren das Archiv Jugoslawiens [Arhiv Jugoslavije - AJ] mit seinem Quellenbestand des Zentralkomitees des Bundes der Kommunisten Jugoslawiens (insbesondere die Kommission für ideologische Fragen), das Historische Archiv der Stadt Belgrad [Istorijski arhiv grada Beograda - IAB] mit seinem Bestand des Universitätskomitees des Bundes der Kommunisten Serbiens und das Kroatische Staatsarchiv [Hrvatski državni arhiv - HDA] mit seinem Bestand des Zentralkomitees des Bundes der Kommunisten Kroatiens von Bedeutung.

Ergänzend wurden auch Interviews mit Zeitgenossen geführt. Diese Interviews liegen gedruckt in einem Quellen- und Interviewband unter dem Titel *1968 in Jugoslawien* in deutscher Sprache vor.

Abschließend sei auf wichtige Filmproduktionen verwiesen, die für einen Teilaspekt dieser Arbeit von Bedeutung waren. Allen voran die Spielfilme der Regisseure Dušan Makavejev, Puriša Đorđević, Želimir Žilnik, Aleksandar Petrović, Kokan Rakonjac, Živojin Pavlović, Vatroslav Mimica und Dušan Vukotić.

2. Zwischen Programm und Realität. Jugoslawien auf dem Weg in die 1960er-Jahre

Am 25. Mai 1945, anlässlich des 53. Geburtstages von Josip Broz Tito, erschien im Zentralorgan der slowenischen Partisanen *Slovenski poročevalec* [Slowenischer Berichterstatter] eine an alle jugoslawischen Nationen gerichtete Grußbotschaft, in der die Hoffnung zum Ausdruck gebracht wurde, »Tito solle ein neues Jugoslawien bauen. Jugoslawien sei Tito und Tito sei Jugoslawien«.[62] 35 Jahre später, am 4. Mai 1980, unterbrach die staatliche jugoslawische Nachrichtenagentur *Tanjug* das Fernseh- und Radioprogramm und ließ folgende Erklärung des Zentralkomitees des Bundes der Kommunisten und des gemeinsamen jugoslawischen Staatspräsidiums verlautbaren: »An die Arbeiterklasse, die Werktätigen und Bürger, die Völker und Volksgruppen der Sozialistischen Föderativen Republik Jugoslawien – Tito ist tot.«[63] Zwischen beiden Ereignissen lagen über drei Jahrzehnte wechselhafter, turbulenter, konfliktreicher, aber auch hoffnungsvoller jugoslawischer Geschichte – und ihre prägende Persönlichkeit war, ganz der Hoffnung der slowenischen Partisanen entsprechend, der 1963 zum Staatspräsidenten auf Lebenszeit gewählte Partisanenführer und Vorsitzende der Kommunistischen Partei Jugoslawiens (ab 1952 Bund der Kommunisten Jugoslawiens – BdKJ), Josip Broz Tito.

Unter welchen ideologischen und politischen Bedingungen und Kontexten sich das sozialistische Nachkriegsjugoslawien entwickelte und, damit untrennbar verbunden, worin wichtige Ur-

---

62 Rolf Wörsdörfer, Krisenherd Adria 1915–1955. Konstruktion und Artikulation des Nationalen im italienisch-jugoslawischen Grenzraum, Paderborn 2004, S. 510.
63 Sundhaussen, Geschichte Serbiens, S. 377.

sachen jener Debatten und Neu-Konzeptualisierungen lagen, die
Jugoslawien in der Außenrezeption als relevanten Versuch einer demokratischen
sozialistischen Entwicklung erscheinen ließen – dies
soll zumindest im Ausschnitt in diesem ersten Kapitel gezeigt werden.
Ohne die Kenntnis einiger historischer Entwicklungsprozesse
kann die spezifische Konfliktkonstellation zwischen dem linksradikalen
Milieu auf der einen Seite und dem lavierenden Parteiapparat
auf der anderen Seite nicht hinreichend verstanden werden.

Volksbefreiungskrieg und Staatsgründung
Hervorgegangen war der zweite jugoslawische Staat aus einem
mehrjährigen und blutigen Partisanenkrieg, der sich zum einen
gegen die innerjugoslawischen faschistischen und monarchistischen
Kollaborationsregime richtete und der zum anderen gegen
die vor allem italienischen und deutschen Besatzungsmächte geführt
worden war.[64] Nach dem Einmarsch deutscher und italienischer
Truppen auf das Staatsgebiet des Königreichs Jugoslawien
und seiner raschen Kapitulation im April 1941 vermochten es lediglich
die unter kommunistischer Führung stehenden Partisaninnen
und Partisanen, ein für breite Bevölkerungsschichten attraktives
Widerstandskonzept auszuarbeiten und politisch-militärisch umzusetzen.
Zur Keimzelle des zukünftigen Staates avancierte der am
26. November 1942 in der bosnisch-herzegowinischen Stadt Bihać
zum ersten Mal einberufene *Antifaschistische Rat der Volksbefreiung
Jugoslawiens* [Antifašističko vijeće narodnog oslobođenja Jugoslavije
– AVNOJ], in dem sich neben der dominierenden KPJ eine
breite Sammlungsbewegung engagierte.[65] Diese Volksfrontpolitik

64 Klaus Schmider, Partisanenkrieg in Jugoslawien 1941–1944, Hamburg 2002.
65 Zum jugoslawischen Partisanenkampf siehe v.a. Klaus Schmider, Partisanenkrieg
in Jugoslawien 1941–1944, Hamburg 2002. Darüber hinaus zur Struktur
des ›AVNOJ‹ siehe Antifašističko veće narodnog oslobođenja Jugoslavije. Zasedanje
Bihać 1942. god., Sarajevo 1982; Mirko Gutić, Narodnooslobodilačka
vojska Jugoslavije između dva zasjedanja AVNOJ-a. Neke karakteristike razvoja
oružanih snaga NOP-a u 1942. godini, in: Vojno-istorijski glasnik 39,
1988, H.2, S. 57–87; Slobodan Nešović, AVNOJ i revolucija. Tematska zbirka
dokumenata 1941–1945, Belgrad 1983; Branko Petranović, AVNOJ. Revolucionarna
smena vlasti 1942–1945, Belgrad 1976. Weiterhin sind zu nennen:
Milan Radanović, Oslobođenje. Beograd, 20. oktobar 1944., Belgrad

der jugoslawischen Kommunisten bildete die Grundlage für den erfolgreichen Widerstand gegen die Besatzungsmächte und ihre einheimischen Kollaborateure.

Das zweite Jugoslawien konstituierte sich schließlich am 29. November 1945 mit der Proklamation der *Föderativen Volksrepublik Jugoslawien* [Federativna Narodna Republika Jugoslavija]. Es stellte, gemäß den Grundlagen der zweiten Sitzung des AVNOJ vom 29. November 1943 im zentralbosnischen Städtchen Jajce, einen deutlichen Bruch mit seinem zentralistischen Vorgänger dar und sollte, »demokratischen« und »föderativen« Grundsätzen folgend, eine »staatliche Gemeinschaft gleichberechtigter Völker« repräsentieren.[66] Zu den zentralen politischen Parametern und übernationalen Klammern des föderalen Jugoslawien zählten die aus dem Partisanenkrieg als Reaktion auf die ethnonationale Spaltung des Landes hervorgegangene Losung »Brüderlichkeit und Einheit« [Bratstvo i jedinstvo], der *Kominform*-Konflikt von 1948, die Proklamation der Arbeiterselbstverwaltung 1950 und das außenpolitische Engagement als führendes Mitglied innerhalb der Blockfreienbewegung.[67] Innerhalb dieses ideellen Quadrats wähnte

---

2014; Krunoslav Stojaković, NOB u raljama historijskog revizionizma, in: Radanović, Oslobođenje, S. 9–33; Milan Radanović, Kazna i zločin. Snage kolaboracije u Srbiji, Belgrad 2015; Krunoslav Stojaković, Revolucionarno nasilje u Narodnooslobodilačkoj borbi, in: Radanović, Kazna i zločin, S. 11–26.

66 Calic, Geschichte Jugoslawiens, S. 171–188; Sundhaussen, Jugoslawien und seine Nachfolgestaaten, S. 47–59; ders., Geschichte Serbiens, S. 339–349; Dejan Jović, Yugoslavism and Yugoslav Communism. From Tito to Kardelj, in: Dejan Đokić (Hrsg.), Yugoslavism. Histories of a Failed Idea, 1918–1992, London 2002, S. 157–181, hier insb. S. 159–165; Ferner: Antifašističko vijeće narodnog oslobođenja Jugoslavije. Drugo zasjedanje AVNOJ-a, Jajce 1943; Slobodan Branković, Ideali i stvarnost Jugoslavije u vreme drugog zasedanja AVNOJ-a (novembar 1943.), in: Vojno-istorijski glasnik 40, 1989, H.3, S. 77–102; Aleksandar Petković, Političke borbe za novu Jugoslaviju. Od drugog AVNOJ-a do prvog Ustava, Belgrad 1988.

67 Zu den spezifisch jugoslawischen Systemwerten vgl. Calic, Geschichte Jugoslawiens, S. 171–188; Sundhaussen, Jugoslawien und seine Nachfolgestaaten, S. 78–92; Nada Novaković, Propadanje radničke klase. Materijalni i društveni položaj radničke klase Jugoslavije od 1960. do 1990. godine, Belgrad 2007, S. 128f.; Jože Pirjevec, Tito. Die Biografie, München 2016, S. 189–498; Ivo Goldstein/Slavko Goldstein, Tito, Zagreb 2015, S. 509–598; Tvrtko Jakovina, Treća strana Hladnog rata, Zagreb 2011, S. 31–34; Paul Stubbs, Das eman-

sich die KPJ unter der Führungsautorität ihres Vorsitzenden Josip Broz Tito nicht nur als progressive Vorhut der internationalen Arbeiterbewegung und des demokratischen Sozialismus. Vielmehr glaubten die jugoslawischen Kommunistinnen und Kommunisten auch eine Lösung der komplizierten innenpolitischen Wirklichkeit, vor allem der Nationalitätenfrage und des ökonomischen Entwicklungsgefälles zwischen dem »reichen« Norden und dem »armen« Süden, gefunden zu haben.

Das (offizielle) jugoslawische Selbstverständnis, eine demokratische sozialistische Gesellschaft zu sein, wird im Folgenden auf drei Ebenen kritisch beleuchtet und hinterfragt. Dazu gehören neben den ideologischen Auseinandersetzungen und Suchbewegungen, die sich nach dem Konflikt mit der Sowjetunion als akut erwiesen haben, insbesondere auch die linksradikale Kritik an der tagtäglichen Praxis des proklamierten Selbstverwaltungssozialismus sowie den Voraussetzungen freier kultureller Produktion. Das politische Narrativ der Linksopposition in den 1960er-Jahren kann nur hinreichend verstanden werden, wenn die grundsätzlichen Konfliktlinien der jugoslawischen Linken historisch beleuchtet und in ihren Kontext gestellt werden.

2.1 Reformsozialismus vs. Dogmatismus

Die jugoslawische KP, in der Zwischenkriegszeit teilweise nicht mehr als eine linke Sekte, die sich vornehmlich mit innerparteilichen Machtfragen und sich widersprechenden Konzepten zur Lösung der komplizierten jugoslawischen Nationalitätenfrage beschäftigte, war bis zum Ende des Zweiten Weltkrieges zu einer politischen Massenorganisation angewachsen. Zählte die in die Illegalität getriebene Partei zu Kriegsbeginn etwa 12.000 Mitglieder, so fanden sich bei Kriegsende 1945 schon etwa 141.000 Mitglieder in ihren Reihen, deren Zahl jährlich rasant anwuchs, um schon im Jahr 1960 erstmals die Millionengrenze zu überschreiten.

zipatorische Nachleben des Blockfreien-Internationalismus. Was können wir vom Geist von Bandung für die Gegenwart bewahren. Online abrufbar unter: https://www.rosalux.de/publikation/id/41631/das-emanzipatorische-nachleben-des-blockfreien-internationalismus?cHash=534cc725dfdfcb4336ce-16a11d07b33e.

1968 waren es gar 1.146.000 Mitglieder.[68] Somit gehörte die KPJ nicht nur zu den zahlenmäßig stärksten kommunistischen Organisationen, sondern empfand sich aufgrund ihrer tragenden Rolle im *Volksbefreiungskrieg* [Narodnooslobodilački rat] zurecht auch als legitimer Machtfaktor innerhalb und außerhalb Jugoslawiens. Aus dieser Selbstsicherheit heraus trat sie mit dem Anspruch auf, von der UdSSR als gleichwertiger Partner wahrgenommen und behandelt zu werden. Vorgezeichnet war der Weg zum Bruch mit der Sowjetunion nicht unbedingt. Die jugoslawischen Kommunistinnen und Kommunisten betrachteten sich teilweise und nicht ohne Stolz als Musterschüler des ›Lehrmeisters‹ Stalin. Sie galten nicht nur im Westen als sowjetischer »Satellit Nr. 1«, sie fühlten sich auch in der Selbstbeschreibung als »kämpferischste, doktrinärste und pro-sowjetischste« KP.[69] Die Konfliktgrundlage bestand somit nicht in einem ursächlich angelegten antistalinistischen Politikverständnis, sondern im ausgeprägten Machtbewusstsein der jugoslawischen Parteiführung. Die offizielle jugoslawische Parteiliteratur und Historiografie verortete den Ursprung zwar in vorausgegangenen ideologischen Differenzen,[70] aber die Einschätzung des ehemaligen Partisanenkämpfers und engen Mitarbeiters

---

68 Zahlen nach Suvin, Samo jednom se ljubi, S. 175; Eine ähnliche Einschätzung zur Mitgliederzahl in der direkten Nachkriegszeit findet sich auch bei Todor Kuljić, Tito. Sociološko-istorijska studija, Zrenjanin 2005, S. 143; Sundhaussen, Jugoslawien und seine Nachfolgestaaten, S. 156; Zur Entwicklung der jugoslawischen KP während der Kriegszeit siehe auch die am 11. März 1969 in Belgrad gehaltene Rede von Josip Broz Tito, Fünfzig Jahre revolutionärer Kampf der Kommunisten Jugoslawiens, in: ders., Der jugoslawische Weg. Sozialismus und Blockfreiheit. Aufsätze und Reden, München 1976, S. 170–196.
69 Milovan Đilas, Jahre der Macht. Im jugoslawischen Kräftespiel. Memoiren 1945–1966, München 1992, S. 93. Von einer am Kriegsende »durch und durch stalinisierten Partei« spricht auch Sundhaussen, Serbien, S. 349; ders., Jugoslawien und seine Nachfolgestaaten, S. 93. Zu einer ähnlichen Einschätzung kommt auch Stevan K. Pavlowitch: »It is now clear that it did not arise from any ideological difference, economic exploitation or nationalistic pride, but from power politics. [...] Stalins fear was that Yugoslavia was beginning to see itself as a regional Communist centre [...]«, in: ders., Tito. Yugoslavia`s Great Dictator, London 1992, S. 54f.
70 Sundhaussen, Jugoslawien und seine Nachfolgestaaten, S. 92f.

Titos, Milovan Đilas, erscheint überzeugender: »Die Ursachen des Konfliktes lagen in unserer selbständigen Macht, die in der Revolution groß geworden war und aus der heraus sich unser Selbstbewußtsein entwickelte. Mit der Etablierung der Macht und der Stabilisierung unseres Selbstbewußtseins [...], darüber hinaus konfrontiert mit einem tyrannischen Hegemoniestreben der damaligen Sowjetunion, mußte es zum Zusammenstoß kommen.«[71] In den Erfahrungen und Erfolgen des von der KP angeführten antifaschistischen Widerstands lag sicherlich ein wesentlicher Grund für die Widerständigkeit der jugoslawischen Parteiführung, darin stimmen sowohl neuere Arbeiten[72] überein als auch ansonsten gegenüber offiziellen Verlautbarungen kritisch gestimmte Autoren wie der in Zagreb lehrende Geschichtsphilosoph Predrag Vranicki, einer der maßgeblichen Mitarbeiter der Zeitschrift *Praxis*. In seiner zweibändigen Studie *Geschichte des Marxismus*, die es 1983 in deutscher Übersetzung in die Edition *suhrkamp taschenbuch wissenschaft* geschafft hatte, erblickte Vranicki den Dissens zwischen der KPJ und der Sowjetunion zum einen darin, dass in Jugoslawien die »innerparteiliche Demokratie bei weitem größer als in den Ländern« war, »welche unter dem direkten Einfluß Stalins standen«, aber vor allem darin, dass die jugoslawische »Revolution mit eigenen Kräften durchgeführt wurde, daß sie noch immer mitten in ihrem vollen revolutionären Schwung war [...].«[73]

Kominform-Konflikt
Das Selbstbewusstsein der KPJ zeichnete sich vor allem in ihrer außenpolitischen Agenda ab, mit der sich Jugoslawien als eigenständiger regionaler Faktor profilierte. Neben der umstrittenen und von der Sowjetunion aus machtpolitischem Kalkül kritisierten Unterstützung der kommunistischen Partisaninnen und Partisanen im griechischen Bürgerkrieg, war es vor allem das wiederaufgenommene Projekt einer südslawischen Balkanföderation

---

71 Đilas, Jahre der Macht, S. 93f.
72 Goldstein/Goldstein, Tito, 234f; Pirjevec, Tito, S. 214f.
73 Predrag Vranicki, Geschichte des Marxismus, Bd.2, Frankfurt/Main 1983, S. 1006f.

mit Bulgarien und, in einem späteren Schritt, Albanien, das zu machtpolitischen Divergenzen führte. Obwohl die Entscheidung der Sowjetunion, die jugoslawische Hauptstadt Belgrad an Stelle der tschechoslowakischen Metropole Prag zum Sitz des neu zu gründenden *Kominform* [Kommunistisches Informationsbüro] zu machen, innerhalb der jugoslawischen Führung auf begeisternde Zustimmung stieß,[74] änderte dieser Versuch einer Pazifizierung durch Institutionalisierung eines potentiellen kommunistischen Machtzentrums außerhalb Moskaus nichts an der Unabhängigkeit und Eigenständigkeit der jugoslawischen Außenpolitik. Zu einem ersten offiziellen Zusammenprall zwischen der Sowjetunion und Jugoslawien kam es im Februar 1948 bei einem Treffen zwischen der sowjetischen Führung mit Vertretern aus Bulgarien und Jugoslawien. Ging es vordergründig um eine außenpolitische Abstimmung, so wurde schnell klar, dass es sich bei diesem Treffen um eine politische Maßregelung Jugoslawiens und seiner südslawischen Föderationsambitionen handelte. Während die sowjetische Führung das Ergebnis dieses Gespräches »positiv« beurteilte – die bulgarische Delegation distanzierte sich letztlich von der Idee einer Föderation mit Jugoslawien –, fiel in Jugoslawien erstmals der Vorwurf, die Sowjetunion würde eine »imperialistische« Politik verfolgen.[75] Zum (vorerst) irreparablen Bruch mit der Sowjetunion kam es schließlich auf der zweiten Sitzung des *Kominform*-Büros vom 20. bis 28. Juni 1948 in Bukarest, an der

74 Der spätere Dissident Milovan Đilas schrieb, in seiner Funktion als Politbüromitglied und Sekretär für ideologische Fragen, in der Parteizeitung *Borba* (›Kampf‹) am 8. Oktober 1947 in euphorischer Stimmung: »Die Völker Jugoslawiens können stolz darauf sein, daß ihre Hauptstadt zum Ort geworden ist, an dem in Zukunft die kommunistischen Parteien ihre Beratungen abhalten werden und sich über den Kampf gegen die Anstifter neuer Kriege und ihrer Helfershelfer verständigen. Die Völker Jugoslawiens können stolz darauf sein, daß ihr Land auch auf diese Weise der Aktivität der fortschrittlichsten Kräfte der zeitgenössischen Gesellschaft zum Wohle der werktätigen und friedliebenden Menschheit und der Völker, die um ihre Befreiung vom imperialistischen Joch kämpfen, Hilfe leisten wird.« Zitiert nach Đilas, Jahre der Macht, S. 158.
75 Sava Živanov, Uzroci i posledice sukoba, in: Petar Kačavenda (Hrsg.), Jugoslovensko-sovjetski sukob 1948. godine, Belgrad 1999, S. 21–34, hier insb. S. 28f.

die jugoslawische Delegation aufgrund ihres »Nichteinverständnisses mit der Tagesordnung« – es ging einzig und allein um die »Situation in der KPJ« – abwesend blieb und in deren Folge eine Resolution gegen Jugoslawien verfasst wurde, in der neben politischen Vorwürfen auch der Ausschluss Jugoslawiens aus dem *Kominform* beschlossen wurde.[76]

Diese Widerständigkeit der jugoslawischen KP und ihr politischer Mut, sich dem Druck der Sowjetunion nicht zu beugen, weckten weltweit bei vielen Kommunistinnen und Kommunisten die Hoffnung auf eine Demokratisierung der stalinisierten kommunistischen Bewegung. Für Wolfgang Leonhard, zur Zeit der *Kominform-Resolution* an der SED-Parteihochschule in Kleinmachnow tätig, bedeutete der jugoslawische Widerstand nichts weniger als ein »revolutionäres Fanal«. »Vom ersten Augenblick an«, so Leonhard in seinem bekannten Erfahrungsbericht *Die Revolution entlässt ihre Kinder*, »stand ich mit voller Überzeugung auf Seiten der verleumdeten und angegriffenen jugoslawischen Kommunisten und gegen diejenigen, die die Kominformresolution repräsentierten.«[77] Leonhards Unterstützung für die KPJ teilte damals auch der spätere Begründer der (west-)deutschen Kommunismusforschung Hermann Weber, der unter dem Pseudonym »Wunderlich« an derselben Parteihochschule tätig war und zum gehorsamen Parteikader ausgebildet werden sollte. Während Leonhard aufgrund seiner Unterstützung für die KPJ im März 1949 aus der DDR nach Jugoslawien floh, wurde Weber 1954 aus der KPD ausgeschlossen.[78]

Nach dem politischen Bruch mit dem Stalinismus begannen die Theoretiker innerhalb der KP-Führung mit konkreten Gedan-

---

76 Zitat nach Nebojša Popov, Društveni sukobi – izazov sociologiji, Belgrad 1990, S. 85. Vgl. zum Konfliktverlauf u.a. Milovan Đilas, Razgovori sa Staljinom, Belgrad 1962; Pavlowitch, Tito, S. 56; Vladimir Dedijer, Izgubljena bitka Josifa Visarionoviča Staljina, Sarajevo 1969; ders., Novi prilozi za biografiju Josipa Broza Tita, Rijeka 1984; Dragan Marković/Savo Kržavac, Zavera Informbiroa, Belgrad 1987; Sergej Živanov, Socijalizam i destaljinizacija, Novi Sad 1969.
77 Wolfgang Leonhard, Die Revolution entlässt ihre Kinder, Köln 1955, S. 522 (erstes Zitat) und S. 519 (zweites Zitat).
78 Ebd., S. 541–566; Hermann Weber, Damals, als ich Wunderlich hieß. Vom Parteihochschüler zum kritischen Sozialisten, Berlin 2002.

kenspielen zu alternativen Entwicklungsmodellen einer demokratischen sozialistischen Gesellschaft, und es zeigte sich zum ersten Mal die sich zum Charakteristikum der weiteren Entwicklung der KPJ herausbildende »Gleichzeitigkeit des Ungleichzeitigen«, die Diskrepanz zwischen theoretischer Demokratisierung und praktischer Wirklichkeit.[79] Viele jugoslawische Kommunistinnen und Kommunisten befanden sich zunächst in einer ideologisch prekären Lage, mussten sie sich doch vom großen Vorbild, als das Stalin vielen noch immer galt, distanzieren und seine politisch-ideologische Integrität als Führungsfigur der kommunistischen Arbeiterbewegung in Zweifel ziehen, um nicht in Konflikt mit der eigenen Parteiführung zu geraten. Zu den ersten und prominentesten Opfern des einsetzenden Entstalinisierungsprozesses mit rigiden Methoden zählten sowohl der Industrieminister und Vorsitzende des Wirtschaftsrates Andrija Hebrang als auch der Finanzminister Sreten Žujović. Sowohl Hebrang, langjähriges Parteimitglied und einer der Hauptorganisatoren des antifaschistischen Widerstands in Kroatien, als auch Žujović in seiner Parteifunktion als ZK-Mitglied waren politische Schwergewichte. Nachdem beide durch den jugoslawischen Staatssicherheitsdienst [Uprava državne bezbjednosti – UDB] verhaftet, aus der Partei ausgeschlossen und strenger Isolationshaft ausgesetzt worden waren, entwickelte sich auch in Jugoslawien ein engmaschiges polizeistaatliches Überwachungssystem. Der offiziellen Rhetorik folgend, waren diese Maßnahmen aufgrund der außenpolitischen Bedrohung durch die UdSSR und ihre weit verbreitete Spionagetätigkeit notwendig geworden, um potentielle Anhänger des *Kominform* und der politischen Linie der Sowjetunion in den Reihen der KP ausfindig zu machen. In der Praxis konnte der Vorwurf »staatsfeindlicher Tätigkeit« indes jeden treffen, der sich allzu kritisch zu politischen

---

79 Jugoslawien befand sich nicht nur in einer Drucksituation aufgrund des Konfliktes mit Stalin, auch der Westen betrachtete den jugoslawischen Fall zunächst mit Skepsis, attestierte der KPJ, sie sei »eine der radikalsten« kommunistischen Parteien und stehe »in vielen Fragen der aktuellen Politik nicht rechts, sondern links von Moskau.« Zitat nach Immanuel Birnbaum, Vorwort. Ein Partisan, der Weltgeschichte macht, in: Tito, Der jugoslawische Weg, S. 9f.

Themen äußerte.[80] Zum institutionalisierten Synonym für die innerjugoslawischen Repressionen wurde das 1948 auf Initiative von Tito gegründete Strafgefangenenlager *Goli otok* [Kahle Insel] in der nördlichen Adria, wo bis 1952, der Hochzeit der jugoslawischen »Entstalinisierung«, über 11.000 überwiegend politische Häftlinge inhaftiert worden waren.[81] In einer rückblickenden Bewertung charakterisierte Milovan Đilas *Goli otok* als »düsterste und schändlichste Erscheinung im jugoslawischen Kommunismus«.[82] Mit Michel Foucault gesprochen, übernahm dieses Strafgefangenenlager letztlich die Funktion einer Disziplinargewalt außerhalb des Parteiapparates, der seinerseits wiederum durch den Appell an die Einheit und Geschlossenheit aus seinen Mitgliedern »gefügige Körper« in einer ideologischen Machtmaschinerie zu machen trachtete, sie durchdrang, zergliederte und wieder zusammensetzte, ganz nach politischen Opportunitätserwägungen.[83]

Ideologische Suchbewegungen

Neben dieser repressiven Seite entwickelte sich in Jugoslawien als Folge des Bruchs mit der Sowjetunion gleichzeitig auch eine ideologische Demokratisierung heraus, zu deren Hauptexponenten in der ersten Phase eben auch Milovan Đilas in seiner Funktion als Sekretär für ideologische Fragen werden sollte. Bei der Suche der jugoslawischen KP nach alternativen Sozialismuskonzeptionen hatte sich Đilas, zur Kriegszeit als Dogmatiker und Hardliner vor allem in Kulturfragen bekannt, immer mehr zum intellektuellen Vordenker der Partei entwickelt. Neben der ideolo-

---

80 Calic, Geschichte Jugoslawiens, S. 189–192; Sundhaussen, Jugoslawien und seine Nachfolgestaaten, S. 92–106; Đilas, Jahre der Macht, S. 220; Živanov, Uzroci, S. 21–34; Ranko Petković, Istorijski značaj i političke reperkusije 1948., in: Kačavenda (Hrsg.), Jugoslovensko-sovjetski sukob, S. 13–20.
81 Wolfgang Leonhard, Vorwort, in: Đilas, Jahre der Macht, S. 7–15, hier insb. S. 8–11; Als Überblick Ivan Kosić, Goli otok. Najveći Titov Konclogor, Rijeka 2003; Ivo Banac, With Stalin Against Tito. Cominformists Splits in Yugoslav Communism, Ithaca 1988; Jens Reuter, Politische Gefangene in Jugoslawien, in: Südost-Europa 36, 1987, S. 297–308.
82 Đilas, Jahre der Macht, S. 272–284, Zitat S. 284.
83 Michel Foucault, Überwachen und Strafen. Die Geburt des Gefängnisses, Frankfurt/Main 1977, S. 176f. (Zitate) und S. 228f.

gischen Abwehr sowjetischer Vorwürfe war er zusammen mit dem slowenischen Ökonomen Boris Kidrič einer der maßgeblichen Initiatoren der innerparteilichen Demokratisierung und des Konzeptes einer unmittelbaren Produzentendemokratie, die in Form der Arbeiterselbstverwaltung zum integralen Bestandteil und zur Bindeklammer des jugoslawischen Modells werden sollte. Zu Beginn der 1950er-Jahre setzte die erste relevante ideologische Demokratisierung Jugoslawiens ein, und sie wurde nicht nur durch Đilas als »Versuchung« und »Inspiration«, als »Höhepunkt der jugoslawischen Revolution« erfahren.[84] Beginnend mit dem Ende 1949 geschlossenen Abkommen zwischen der jugoslawischen Bundesregierung und den Gewerkschaften über die Einführung von Arbeiterräten in 215 ausgewählten Industriebetrieben konkretisierten sich die Bemühungen der KPJ zur Demokratisierung der ökonomischen Produktions- und Besitzverhältnisse im richtungweisenden »Elementargesetz über die Verwaltung der staatlichen Wirtschaftsunternehmen und höheren wirtschaftlichen Vereinigungen durch die Arbeitskollektive« vom 26. Juni 1950.[85] Dieses Gesetz wurde zum Ausgangspunkt der weiteren Entwicklung des jugoslawischen Selbstverwaltungssozialismus und markierte zugleich eine konkrete Abkehr vom sowjetischen Modell des Staatseigentums, das bis dahin auch in Jugoslawien als *conditio sine qua non* des sozialistischen Aufbaus gegolten hatte.[86] In einer Rede vor dem Bundesparlament aus Anlass der Verabschiedung des Gesetzes bewertete Tito diesen Schritt als Novum, Jugoslawien würde

---

84 Zitate nach Đilas, Jahre der Macht, S. 286. An einer anderen Stelle heißt es: »Jugoslawien war im Aufbruch begriffen. Zumindest erschien es den meisten so, und die Mehrheit in der Führungsspitze war davon überzeugt, daß wir auf dem neuen Weg zu einer noch nie dagewesenen Demokratie waren.« Ebenda, S. 311. Vgl. auch Stephen Clissold, Djilas. The Progress of a Revolutionary, Hounslow 1983, S. 223.
85 Zu den Einzelheiten und Implikationen dieses Gesetzes ausführlicher in Kap. 2.2. Als Überblick aber Wolfgang Höpken, Sozialismus und Pluralismus in Jugoslawien. Entwicklung und Demokratiepotential des Selbstverwaltungssystems, München 1984, S. 153 ff; Popov, Sukobi, S. 100.
86 Dušan Bilandžić, Historijske okolnosti u kojima je započeo proces radničkog samoupravljanja u Jugoslaviji, in: Đorđević/Pašić (Hrsg.), Teorija i praksa, S. 121–135.

nun, so der Parteivorsitzende, »keine Schablonen« mehr verwenden.[87] Da die »Schablonen« hauptsächlich sowjetischen Ursprungs waren, bemühten sich die Parteitheoretiker zusehends, auf eine historisch begründete Distanz zur hegemonialen Sowjetideologie abzuzielen. Dies beinhaltete zum einen, den Gedanken der Selbstverwaltung als einen genuinen Bestandteil der eigenen politischen Entwicklung darzustellen, und zum anderen eine grundsätzlichere ideologische Distanzierung von der Sowjetunion, deren sozialistischer Charakter in Frage gestellt wurde.

Folgt man den Ausführungen von Edvard Kardelj, einem bedeutenden Theoretiker der KPJ und einflussreichen Politiker Jugoslawiens, so begannen sich die ersten Formen des Selbstverwaltungsgedankens trotz sowjetischer Kritik schon zu Zeiten des Volksbefreiungskrieges herauszubilden: »Die Idee der Selbstverwaltung wurde in Jugoslawien zur Zeit des Volksbefreiungskrieges geboren und war«, so Kardelj, »von Beginn an einer der Faktoren und Ausdrücke der sozialistischen Revolution.«[88] Der bereits erwähnte Zagreber Geschichtsphilosoph Predrag Vranicki datierte den Beginn der Auseinandersetzung mit der Sowjetunion ebenfalls auf den Moment, »als sich im Schoße der sozialistischen Bewegung die Renaissance der Räteidee und der Arbeiterselbstverwaltung herausbildete.«[89] Hinter diesen historischen Rückgriffen stand nicht nur der Versuch, sich selbst als ›Wahrer‹ eines wesentlichen, aber vergessenen marxistischen Theorieelementes darzustellen, sondern auch das Bemühen, sich so deutlich wie möglich vom sowjetischen Modell abzugrenzen. Die Betonung von Gesellschaftseigentum und direkter Produzentenkontrolle als »wesentliche[r]

---

87   Josip Broz Tito, Die Fabriken den Arbeitern. Rede gehalten am 26. Juli 1950 in Belgrad, abgedruckt in: ders. Der jugoslawische Weg, S. 134.
88   Zitat nach Edvard Kardelj, Sistem socijalističkog samoupravljanja u Jugoslaviji, in: Blagoje Bošković/David Dašić (Hrsg.), Samoupravljanje u Jugoslaviji 1950–1976. Dokumenti razvoja, Belgrad 1977, S. 9–37, hier S. 13.
89   Predrag Vranicki, Teorijska osnova ideje o samoupravljanju, in: Jovan Đorđević/Najdan Pašić (Hrsg.), Teorija i praksa samoupravljanja u Jugoslaviji, Belgrad 1972, S. 136–148, hier S. 137; ders., Theoretical Foundations for the Idea of Self-Management, in: Mihailo Marković/Gajo Petrović (Hrsg.), Praxis. Yugoslav Essays in the Philosophy and Methodology of the Social Sciences, Dordrecht/Boston/London 1979, S. 229–247.

Voraussetzung für die Schaffung wahrhaft sozialistischer Gesellschaftsverhältnisse«[90] wies auf den dialektischen Zusammenhang von Staatseigentum und Bürokratie in der Sowjetunion hin und hieß im Umkehrschluss nichts anderes, als dass dem ehemals großen Vorbild sein sozialistischer Charakter abgesprochen wurde.[91] Den als immanent interpretierten Zusammenhang von Bürokratie und Staatseigentum, dessen negative Begleiterscheinungen auch in Jugoslawien immer sichtbarer wurden, glaubte man durch die Überführung von Staatseigentum in gesellschaftlichen Besitz aufgehoben zu haben. Das ideologische Rüstzeug für diesen Schritt sahen die jugoslawischen Theoretiker, darin dem intellektuellen Zeitgeist der weltweiten radikalen Linken folgend, in der Tradition des frühmarxistischen Entfremdungsparadigmas und seiner Betonung des »subjektiven Schöpfungspotentials« eines jeden Individuums.

Die offizielle Wiederbelebung des frühen Marx trug zugleich auch dazu bei, dass sich innerhalb des akademischen Diskurses die Kritik an den Proklamationen der Staats- und Parteiführung entlang ausformen konnte. Die ideologischen Konsequenzen, die sich aus der Einführung des Arbeiterselbstverwaltungsprinzips ergaben, implizierten deutlich mehr als nur die ökonomische Komponente der Besitzverhältnisse, sie stellten das bisherige Funktionsprinzip sowohl der Partei als auch des Staates zur Disposition. In linken Akademikerkreisen, etwa den Philosophischen Fakultäten in Zagreb und Belgrad, war dies der potentielle Beginn ganz neuer zwi-

---

90 Boris Kidrič, Wesensinhalt unseres neuen Wirtschaftssystems, in: Kommunistische Partei Jugoslawiens (Hrsg.), Der VI. Kongreß der Kommunistischen Partei Jugoslawiens, Bonn 1952, S. 115–125, hier S. 116.

91 In diesem Sinne argumentierte auch Tito: »Das staatliche Eigentum ist die niedrigste Form des gesellschaftlichen Eigentums, nicht, wie die Führungspersönlichkeiten der Sowjetunion meinen, die höchste.« Zitat nach Tito, Der jugoslawische Weg, S. 151. Vgl. auch Sundhaussen, Serbien, S. 349ff. Das Bestreben, die ideologische Distanz zu betonen, nahm im Laufe der Zeit ab, vor allem im Zuge der Wiederaufnahme pol. Beziehungen nach Stalins Tod. So spricht Tito auf einer Rede von 1969 zu Ehren des fünfzigjährigen Bestehens des BdKJ, es wäre »Geschichtsfälschung«, zu behaupten, die UdSSR hätte in der Anfangszeit nicht als politisches Vorbild gedient, in: Ebenda, S. 191.

schenmenschlicher Beziehungen: »Dieses Konzept«, so Predrag Vranicki, sei ein erster Schritt auf dem Weg der »Menschwerdung des Menschen aus den ihm entfremdeten Sphären der Ökonomie [...], Politik [...] und Ideologie.« Es eröffne dem Menschen zudem die Möglichkeit, »diese Entfremdung zu überwinden und sein eigenes historisches Schicksal in die Hände zu nehmen.« Gerade deshalb sei das jugoslawische Jahr 1950 »ein neuer Meilenstein der Geschichte.«[92] Die führenden Parteitheoretiker indes interpretierten die Änderungen pragmatischer und zielten in erster Linie darauf ab, den ideologischen Mehrwert gegenüber der Sowjetunion zu unterstreichen. Das »Streben nach Selbstverwaltung« sei, so ihre Argumentation, »jeder sozialistischen Bewegung immanent«, eine Abkehr von dieser Idee, wie in der Sowjetunion beispielsweise, gefährde den Sozialismus, da es »ohne Selbstverwaltung auch keinen Sozialismus« geben könne.[93] Die seit der Einführung des Arbeiterselbstverwaltungsprinzips einsetzende Dynamik und Offenheit in der ideologischen Diskussion der jugoslawischen Kommunisten führte trotz des niemals ernsthaft in Frage gestellten Sonderstatus der KP zu relevanten Neuerungen, deren formale Proklamationen jedoch mehr versprachen, als es die alltägliche Praxis hergab.

Den ersten offiziellen und nach außen sichtbaren Schritt der Abkehr vom sowjetischen Parteimodell wähnte die KPJ mit einer, wie sich später zeigen sollte, hauptsächlich semantischen Neuerung vollzogen zu haben. In der Resolution des 6. Kongresses der KPJ, abgehalten vom 2. bis 7. November 1952 in Zagreb, wurde unter Punkt IX. mitgeteilt, dass die KPJ sich nunmehr aus der praktisch-politischen Gestaltung des Wirtschafts- und Gesellschaftslebens zurückziehe und dass die jugoslawischen Kommunistinnen und Kommunisten ihre Aufgabe zukünftig in der »politischen und ideologischen Erziehung der Massen« erblicken würden. Daraus resultiere, dass

»der Name Kommunistische Partei Jugoslawiens in Bund der Kommunisten Jugoslawiens geändert wird. Der Bund der Kommunisten

---

92 Vranicki, Teorijska osnova, S. 147.
93 Kardelj, Sistem socialističkog samoupravljanja, S. 9.

kann in seiner Arbeit kein unmittelbarer Führer und Befehlsgeber sein, nicht im ökonomischen, nicht im staatlichen und nicht im gesellschaftlichen Leben, sondern mit seiner ideellen und politischen Aktivität, in erster Linie seiner Überzeugungsarbeit, wirkt er an der Annahme seiner Linie und Ansichten [...]«.[94]

Die theoretisch radikalsten Vorschläge zur zukünftigen Rolle des BdKJ kamen von Milovan Đilas, und seine Ausführungen wurden zunächst auch als Diskussionsgrundlage der Gesamtpartei angenommen. In einer Rede anlässlich des sechsten Parteitages betonte er die Notwendigkeit pluraler Meinungen für die weitere Demokratisierung von Staat und Partei:

»Die Kommunisten, die Marxisten und die fortschrittlichen Menschen überhaupt müssen an der kulturellen und ideologischen Front aktiv werden, sie müssen schreiben, Vorträge halten, jede reaktionäre Erscheinung aufdecken und zurückdrängen, aber so, daß sie zugleich die Wissenschaft und das wissenschaftlich-sozialistische Bewußtsein der Menschen positiv fördern. Mit einer nackten Verneinung erreicht man das nicht. Sie ist typisch für undemokratische Verhältnisse, für ein Monopol in der Ideologie und auch in der Gesellschaft.«[95]

---

94 Zitat nach Rezolucija VI. kongresa o zadacima i ulozi Saveza komunista Jugoslavije, abgedruckt in: Branko Petranović/Momčilo Zečević (Hrsg.), Jugoslavija 1918–1988. Tematska zbirka dokumenata, Belgrad 1988, S. 1035–1037, hier S. 1037. Das Originaldokument ist 1952 in Belgrad unter dem Titel »VI. Kongres KPJ/Saveza komunista Jugoslavije. Borba komunista Jugoslavije za socijalističku demokratiju« erschienen.
95 Milovan Đilas, Zum Programm des Bundes der Kommunisten Jugoslawiens, in: Kommunistische Partei Jugoslawiens (Hrsg.), Der VI. Kongreß, S. 126–131, hier S. 130; Höpken, Sozialismus und Pluralismus, S. 46; Popov, Sukobi, S. 110f. In diesem Kontext steht auch eine der ersten, sich dezidiert an der Diskrepanz zwischen öffentlicher Proklamation und Alltagspraxis abarbeitenden Analysen zur Meinungsfreiheit von Supek, Zašto kod nas nema borbe mišljenja, S. 903–911. Siehe zur Parteiperspektive Stane Dolanc, Demokratski centralizam u teoriji i praksi Saveza komunista, in: Socijalizam 10, 1967, S. 1509–1520; Latinka Perović, Demokratski centralizam u uslovima preobražaja SKJ, in: Socijalizam 10, 1967, S. 1224–1230.

Während der Partei also zukünftig eine moderierende Rolle zugedacht wurde, sollte die Implementierung des *Sozialistischen Bundes des werktätigen Volkes Jugoslawiens* [Socijalistički savez radnog naroda Jugoslavije – SSRNJ] das demokratische Zentrum des jugoslawischen Meinungsfindungsprozesses bilden, um dem eintretenden »Mangel an Initiative und Verantwortung auf unterer Ebene« vorzubeugen, der sich aus den bisherigen Erfahrungen des faktischen »organischen Zentralismus«, wie Gramsci die rein bürokratische Herrschaft von Intellektuellen (»einer Kaste« oder »Priesterschaft«) bezeichnete, ableitete.[96] Lediglich den konstitutiven Elementen der jugoslawischen Staatsverfassung wie Staatserhalt, Brüderlichkeit und Einheit oder der »demokratische[n] Weiterentwicklung sozialistischer Beziehungen« unterliegend, repräsentierte der SSRNJ formal einen

> »[…] unabhängigen politischen Bund, der sich für den Sozialismus einsetzt und in dem alle seine Mitglieder auf Grundlage des gemeinsamen sozialistischen Ziels gleichberechtigt sind. Er repräsentiert eine politische Tribüne, auf der unterschiedliche Vorstellungen des Kampfes für unsere sozialistische Entwicklung zum Ausdruck gebracht werden können.«[97]

Neben dem SSRNJ als gesamtgesellschaftlicher Metaorganisation sollten die Gewerkschaften als Interessenorganisation der Arbeiterschaft ein weiterer Bestandteil des demokratischen Sozialismus werden. Obschon den Gewerkschaften eine formale Autonomie als direktes Vertretungsorgan der Arbeiterschaft zugesprochen wurde,[98] deutete der offizielle Aufgabenzuschnitt auf ein substantiell verlagertes Verständnis gewerkschaftlicher Arbeit hin. Nicht die

---

96   Barfuss/Jehle, Antonio Gramsci, S. 78 (erstes Zitat) und S. 77 (zweites Zitat).

97   Zitate nach Projekat deklaracije o ciljevima i zadacima Socijalističkog saveza, in: Petranović/Zečević (Hrsg.), Jugoslavija 1918–1988, S. 1038–1040, hier S. 1039.

98   Ausführlich bei Edvard Kardelj, Razvoj političkog sistema socijalističkog samoupravljanja, Belgrad 1977; Nada Novaković, Radnički štrajkovi i tranzicija u Srbiji od 1990. do 2015. godine, Belgrad 2017, S. 138–150.

Wahrung der Arbeiter- und Arbeiterinneninteressen, sondern die ideologische Schulung ihrer Mitglieder sollte im Zentrum gewerkschaftlicher Aktivität stehen. Sie wirkten demnach in erster Linie auf die ideelle Erziehung ein und sollten aus der jugoslawischen Arbeiterklasse verlässliche Selbstverwalter im Sinne der Partei machen.[99] Für beide Organisationen galt die vage Maxime »Weder Transmission noch Opposition«, und beide Organisationen scheiterten in ihrer praktischen Arbeit letzten Endes am Spagat zwischen formaler Eigenständigkeit und praktischer Unmündigkeit.[100] Diese Ambivalenzen des Demokratisierungsprozesses waren aber *de facto* unvermeidlich, solange die führende historische Rolle des Bundes der Kommunisten als ideologischer Avantgarde der Arbeiterklasse unangetastet blieb. Zwar bestand weder im SSRNJ noch in den Gewerkschaften eine Pflicht zur Parteimitgliedschaft, und insbesondere der Sozialistische Bund wurde als eine nichtideologische Diskussionsplattform konzipiert, aber beide waren gebunden an die systemrelevanten Vorgaben und Beschlüsse der Partei. Offiziell sollte die Umbenennung der Partei andeuten, dass die Kommandomentalität und Kaderstruktur traditioneller kommunistischer Parteien einem offenen und diskursiven Verständnis im Rahmen einer demokratisch-sozialistischen Gesamtkonzeption weichen müsse, um »in früheren Perioden formulierte Transmissions- und Hierarchiebeziehungen zwischen dem Bund der Kommunisten und anderer gesellschaftlich-politischer Organisationen […]« zu überwinden.[101] Dieses innerhalb des sozialistischen Verfassungsrahmens eingeräumte Kommunikationsversprechen wurde indes ausgehebelt

---

99 »Somit verwirklichen die Gewerkschaften ihre grundlegende Aufgabe – eine Schule des demokratischen Sozialismus und der massenhaften Arbeiterselbstverwaltung zu sein.« Zitat nach Rezolucija VI. Kongresa, in: Petranović/Zečević (Hrsg.), Jugoslavija 1918–1988, S. 1035–1037, hier S. 1036.
100 Höpken, Sozialismus und Pluralismus, S. 76; Popov, Sukobi, S. 103–107; Sundhaussen, Serbien, S. 353ff.; ders., Geschichte Jugoslawiens, S. 164ff.; Predrag J. Marković, U potrazi za novim putem. Jugoslovenski eksperiment u društvu i kulturi posle 1948., in: Kačavenda (Hrsg.), Jugoslovensko-sovjetski sukob, S. 211–221, hier S. 213f.
101 Zitat nach Budislav Šoškić, Položaj i uloga Saveza komunista u sistemu socijalističkog samoupravljanja, in: Đorđević/Pašić (Hrsg.), Teorija i praksa, S. 439–459, hier S. 444f.

durch die Konstante der historischen Berufung: »Unersetzlich ist die Rolle des Bundes der Kommunisten in der Entwicklung der Ideologie zu einer Synthese der wissenschaftlich-sozialistischen Theorie, den konkret-historischen Interessen und Zielen der Arbeiterklasse und ihrer Erfahrungen, die sie in der Selbstverwaltungspraxis sammelt.«[102] Hinzu kam die Tatsache, dass die Partei trotz ihrer durchscheinenden Inkonsequenz eine ungebrochene Popularität und politische Legitimität in der Bevölkerung genoss. In den ersten Nachkriegsjahrzehnten versinnbildlichte sie geradezu Gramscis Vorstellung eines »modernen Fürsten«, einer politischen Partei also, die sich »in der Aktion« behauptet hat und sich dadurch auszeichnet, »dass sie den popular-nationalen Kollektivwillen ›wachzurufen‹ und zu organisieren versteht«.[103] Die ausschlaggebende Rolle der Partei als Organisator des Volksbefreiungskampfes war auch nach dem Krieg ein entscheidendes Pfund in der politischen Rollenzuweisung im sozialistischen Jugoslawien. Weiterhin muss festgehalten werden, dass das jugoslawische Proletariat und die Bauernschaft, die ohnehin auch die Hauptlast der Befreiung des Landes trug, auf Grundlage der sozialistischen Staatsverfassung nach dem Krieg zum ersten Mal in ihrer Geschichte zu eigenständigen, politisch vertretenen Subjekten emporstiegen.

Aus dieser weiterhin bestehenden Position der Partei als einer »Überdeterminante«, deren ideologisch-politischer Führungsanspruch wie Mehltau über allen anderen Sphären der gesellschaftlichen Organisation lag, entwickelte sich der erste relevante innerparteiliche Konflikt der Nachkriegszeit.[104]

Affäre Đilas
In der *Borba*, der traditionsreichen Parteizeitung des Bundes der Kommunisten, sowie der als Ausdruck der neuen Offenheit erst gegründeten Theoriezeitschrift *Nova Misao* [Neuer Gedanke] veröffentlichte zwischen Ende 1953 und Anfang 1954 Milovan

---

102 Ebd., S. 446; Sundhaussen, Serbien, S. 353; Novaković, Propadanje radničke klase; Höpken, Sozialismus und Pluralismus, S. 405.
103 Barfuss/Jehle, Antonio Gramsci, S. 130.
104 Zum Begriff der »Überdeterminante« und seinen politischen Konsequenzen vgl. Novaković, Propadanje radničke klase, S. 154 (Zitat) u. S. 134ff.

Đilas eine Artikelserie über aktuelle praktisch-politische, aber auch ideologische Fragen und Konsequenzen, die sich für den jugoslawischen Sozialismus aus der veränderten Lage seit dem Konflikt mit der Sowjetunion ergeben hätten. Beginnend mit dem Artikel »Kleinere Wahlprobleme« von Ende Oktober 1953, in dem er für eine Änderung der bisherigen Wahlpraxis plädierte, um den »demokratischen Tendenzen«, die sich nach dem Konflikt mit der Sowjetunion entwickelt hätten, die Möglichkeit zu geben, »sich zu materialisieren«,[105] ging Đilas in den folgenden Ausführungen vor allem auf die unverändert dominante Rolle des Bundes der Kommunisten und die daraus resultierende Einschränkung des geschaffenen geistigen Freiraums ein. Der BdKJ dürfe keine Angst vor »verschiedene[n] Standpunkte[n]« haben, denn gerade »[…] das nennt man sozialistische Demokratie: freie, offene Diskussion innerhalb der sozialistischen Gemeinschaft.«[106] Auch im kulturellen Feld, so Đilas, dürfe es keine Vorgaben und Restriktionen mehr geben, denn »für die Revolution, für den Sozialismus […] zu agitieren« sei nicht mehr notwendig, da die erstere bereits vollzogen und der letztere im Fortschritt begriffen sei.[107] Stießen die ersten Artikel mit ihrem eher allgemein-theoretisch gehaltenen Inhalt noch auf Zustimmung bzw. wenig Interesse innerhalb der Parteiführung, so formierte sich mit fortlaufender Dauer Widerstand gegen die konkrete Kritik an der, allen Lippenbekenntnissen zu trotz, weiterhin bestehenden bürokratischen Überorganisation von Partei und Staat.[108] In seinem letzten Artikel aus dieser Reihe appellierte Đilas eindringlich an die Partei, den Grundzug der

---

105 Milovan Đilas, Anatomie einer Moral. Eine Analyse in Streitschriften, Frankfurt/Main 1963, S. 35.
106 »Neue Methoden«, zuerst erschienen in der *Borba* vom 1. November 1953, abgedruckt in: Đilas, Anatomie, S. 41. Ähnlich auch im Artikel »Ohne Parteilinie« vom 29. November 1953, in: Đilas, Anatomie, S. 58–61.
107 »Haben wir ein Ziel?«, *Borba*, 6. Dezember 1953, abgedruckt in: Đilas, Anatomie, S. 64.
108 »Das Ideal«, *Borba*, 13. Dezember 1953, »Die Allgemeinheit und der einzelne«, Borba, 20. Dezember 1953, »Konkret gesagt«, Borba, 22. Dezember 1953 und, als Replik auf die Vorwürfe, er argumentiere »antimarxistisch« und schreibe »für ein westliches Publikum« der am 24. Dezember 1953 erschienene Artikel »Eine Antwort«, alle Artikel abgedruckt in Đilas, Anatomie, S. 67–85.

jugoslawischen Revolution, die Freiheit, nicht aus ideologischem Starrsinn heraus zu verwischen, denn sie sei »von freien Menschen gemacht« worden »für die Freiheit und im Namen der Freiheit.«[109] Als Folge dieser Artikelserie kam es zu einer politischen Abrechnung mit dem Autor, die wiederum typisch für das semirepressive jugoslawische System war: Nach der Einberufung eines außerplanmäßigen Plenums des ZK BdKJ im Januar 1954 und der Forderung nach Selbstkritik und Rücknahme seiner Ansichten, wurde Đilas von all seinen Staats- und Parteiämtern entbunden, jedoch nicht aus der Partei ausgeschlossen. Im Gegenteil: Als Neuwahlen für das Amt des Parlamentspräsidenten anstanden, wurde er zur Kandidatur gedrängt und zum neuen Parlamentspräsidenten gewählt. Nach neuerlichen kritischen Aussagen und der indirekten Forderung eines Mehrparteiensystems in einem Interview mit der *New York Times* kam es Ende Januar 1955 zur ersten Verhaftung und einer 18-monatigen Freiheitsstrafe. Es folgten weitere Haftaufenthalte bis zu seiner endgültigen Begnadigung Ende 1966.[110]

Während seines ersten Gefängnisaufenthaltes fertigte Đilas sein bekanntestes Werk *Die Neue Klasse* an, in welchem er die kommunistischen Parteibürokratien als neue gesellschaftliche Klasse analysierte.[111] In der offiziellen Kritik an Đilas ging es dabei weniger um eine inhaltliche Auseinandersetzung mit seiner Argumentation als vielmehr um eine Re-Legitimierung der führenden Rolle des Bundes der Kommunisten und einer Abschwächung der auf dem Zagreber Parteitag beschlossenen, primär moderierenden Rolle der Partei. Ganz in diesem Sinne lässt sich auch Titos Redebeitrag auf dem außerplanmäßigen Plenum deuten: Er erläuterte, dass Milovan Đilas in seinen Artikeln vor allem den BdKJ angegriffen habe und »dass es sich dabei auch um eine Liquidation des Bundes der Kommunisten«, um eine »Zerschlagung der Disziplin«, mithin um Dinge handele, die »großen Schaden anrichten« könnten bezüglich der Einheit der Partei und des Landes. Im weiteren Verlauf

109 Ebd., »Die Revolution«, erschienen in der Borba, 7. Januar 1954, S. 153.
110 Đilas, Jahre der Macht, S. 7–15.
111 Milovan Đilas, Die neue Klasse. Eine Analyse des kommunistischen Systems, München 1958; ders., Die unvollkommene Gesellschaft. Jenseits der ›Neuen Klasse‹, Frankfurt/Main 1980, S. 17ff.

seiner Rede verdeutlichte Tito zudem sein instrumentelles Demokratieverständnis, indem er ausführte, eine »Liquidation« des Bundes der Kommunisten könne es erst dann geben, wenn »der letzte Klassenfeind verunmöglicht wurde« und »das sozialistische Bewusstsein die breitesten Massen unserer Bürger ergriffen« habe.[112] Diese Argumentation macht deutlich, dass die Denkmatrix der meisten führenden jugoslawischen Kommunisten weiterhin über die Betonung der »Disziplinargewalt« durch die Partei geprägt war und mithin eine Abschwächung des disziplinarischen Potentials als Legitimitätsfrage und existentielles Problem angesehen wurde.[113]

Außenpolitische Blockfreiheit und innenpolitische Liberalisierung

Auf außenpolitischem Terrain spielte sich die spezifische Entwicklung Jugoslawiens weniger kontrovers und geräuschvoll ab, und hier sammelte Jugoslawien, vor allem in linksintellektuellen Kreisen Westeuropas, viele Sympathien mit seiner Konzeption der Blockfreiheit. In einer Rede auf dem fünften Kongress der UN-Generalversammlung 1950 unterstrich der damalige Delegationsleiter Edvard Kardelj, die Völker Jugoslawiens könnten es nicht akzeptieren, dass »die Menschheit heute zwischen der Dominanz der einen oder anderen Großmacht« wählen müsse. Stattdessen gelte es, einen neuen Weg zu beschreiten, um eine friedliche Zukunft gewährleisten zu können.[114] Diesen Dritten Weg erblickte die jugoslawische Außenpolitik insbesondere in der Intensivierung

---

112 Titov govor na trećem (vanrednom) plenumu CK SKJ 16.–17. januara 1954., in: Petranović/Zečević (Hrsg.), Jugoslavija 1918–1988, S. 1048–1050, hier S. 1048f. Wie wenig die inhaltlichen Ausführungen eine Rolle gespielt haben, zeigen zahlreiche Kommentare führender ›BdKJ‹-Mitglieder. Für Blažo Jovanović, Präsident der montenegrinischen Volksversammlung, waren die Artikel zu philosophisch und unverständlich: »[...] viele haben diese philosophischen Verrenkungen gar nicht verstanden.« Zitat in Desimir Tošić, Ko je bio Milovan Đilas. Disidentsvo 1953–1995, Belgrad 2003, S. 11ff.

113 Siehe Latinka Perović, Zatvaranje kruga. Ishod političkog rascepa u SKJ 1971–1972, Sarajevo 1992, S. 33ff. Ähnlich argumentiert auch Novaković, Propadanje radničke klase, S. 134ff.; Popov, Sukobi, S. 103f.

114 Zitat nach Leo Mates, Nesvrstanost. Teorija i savremena praksa, Belgrad 1970, S. 216.

der Zusammenarbeit mit postkolonialen Staaten aus Afrika, Asien und Südamerika. Gleichzeitig eröffnete diese Politik Jugoslawien auch die Möglichkeit, die internationale Isolation, die sich aus dem Konflikt mit der Sowjetunion ergeben hatte, zu durchbrechen. Internationale Beachtung fand vor allem ein aus Anlass des sich verschärfenden Kubakonfliktes verfasster Brief an die Präsidenten der USA und der UdSSR, den die Delegierten der Blockfreien auf ihrer Belgrader Konferenz im September 1961 unter jugoslawischer Federführung gemeinsam unterzeichneten und in dem die »tiefe Besorgnis« über die Konsequenzen eines neuerlichen Krieges zum Ausdruck gebracht wurde.[115]

Eine weitere, in erster Linie für die innenpolitische Demokratisierung Jugoslawiens bedeutende Konfliktkonstellation war die 1966 erfolgte Absetzung des damaligen Innenministers Aleksandar Ranković und die Zurückdrängung der Aktivitäten des Staatssicherheitsdienstes. Als Nachfolgeorganisation der noch zur Kriegszeit gegründeten *Abteilung zum Schutz des Volkes*[116] [Organ Zaštite Naroda – OZN] entwickelte sich der Staatssicherheitsdienst immer mehr zu einem eigenständigen Faktor. Auf der Sitzung des ZK BdKJ Ende Juni 1966 wurde der Vorwurf erhoben, Mitarbeiter des Staatssicherheitsdienstes hätten Politbüro-Mitglieder und sogar Tito persönlich ausspioniert, um den Liberalisierungskurs innerhalb von Partei und Gesellschaft zu unterbinden. Neben der politisch induzierten Kritik, die Staatssicherheit habe die Machtfrage gestellt, wurde auch normativ argumentiert, das jugoslawische Selbstverwaltungssystem könne kein abgeschlossenes und sich lediglich selbst kontrollierendes System tolerieren.[117]

In der allgemeinen Nachschau wurde dieses Ereignis als ein Triumph der liberalen Kräfte innerhalb des Bundes der Kommunisten interpretiert, und auch linksradikale Kreise sahen sich in ihrer Hoffnung bestätigt, dass der eingeschlagene Demokratisie-

---

115 Ebd. S. 403f.
116 Dazu Wörsdörfer, Krisenherd, S. 454–466.
117 Dazu Izveštaj komisije Izvršnog komiteta CK SKJ, in: Petranović/Zečević (Hrsg.), Jugoslavija 1918–1988, S. 1105–1109.

rungsprozess Jugoslawiens irreversibel sei.[118] In jedem Fall war dieses Ereignis ein typisch jugoslawischer Konfliktfall, in dem sich das Changieren zwischen Liberalisierung und Dogmatismus fortsetzte.

2.2 Die Arbeiterselbstverwaltung im Praxistest

In seiner 1970 veröffentlichten Studie zur Arbeiterselbstverwaltung in Jugoslawien formulierte der Berliner Rechtswissenschaftler Herwig Roggemann eine für die damalige Zeit durchaus gängige Einschätzung des jugoslawischen Wirtschaftsmodells, als er dieses als »bemerkenswerteste Leistung sozialistischer Wirtschaftstheorie und Praxis« bezeichnete. Es habe nicht nur eine immense Bedeutung für die innerjugoslawische Entwicklung, vielmehr stelle es eine europäische Herausforderung dar: »Die Ausstrahlungswirkung und Bedeutung des jugoslawischen Selbstverwaltungssystems für die sozialistischen wie für die kapitalistischen Länder Europas« könnte, so seine These, »kaum überschätzt werden.« Sowohl die zentralistisch-totalitären Volksdemokratien und die Sowjetunion sowie die westlichen, liberaleren kapitalistisch-marktwirtschaftlichen Staatswesen müssten ihre Wirtschaftsverfassungen an den »wirtschaftsdemokratischen Maßstäben messen lassen, die das jugoslawische Modell gesetzt habe.«[119] Diese Bewertung in einer ansonsten durchaus kritischen Studie zeugte nicht nur von der Hoffnung nach einer wirtschaftsdemokratischen Alternative zu den bestehenden und etablierten ökonomischen Verfassungen. Sie war vielmehr auch der Ausdruck einer spezifischen ideengeschichtlichen Orientierung eines großen Teils linker Intellektueller, die sich in der Revitalisierung des frühmarxistischen Entfremdungsparadigmas niederschlug und im jugoslawischen Modell einen

---

118 Von einer »antisozialistischen Aktivität der Polizeigruppe um Ranković« sprach der renommierte Ökonom und Nobelpreiskandidat für Wirtschaftswissenschaften Branko Horvat, Die jugoslawische Gesellschaft. Ein Essay, Frankfurt/Main 1972, S. 123; von »rotgardistischen Methoden« ist bei Refik Hukić, Reforma Saveza komunista. Smisao, rezultati, otpori, in: Lica 2, 1968, S. 4–5, hier S. 5, die Rede. Siehe auch Höpken, Sozialismus und Pluralismus, S. 104f. u. 407; Sundhaussen, Jugoslawien, S. 165ff.; ders., Serbien, S. 365f; Calic, Geschichte Jugoslawiens, S. 231f.

119 Herwig Roggemann, Das Modell der Arbeiterselbstverwaltung in Jugoslawien, Frankfurt/Main 1970, S. 9 (erstes Zitat) und S. 11 (zweites Zitat).

ersten Schritt zur Verwirklichung dieser Hoffnung erblickte. Die Akzentverschiebung von der Problematik des ökonomischen Ausbeutungsverhältnisses hin zur Überwindung gesellschaftlicher Entfremdungskonstellationen blieb somit nicht nur eine akademische Diskussion, sondern fand ihre praktische Entsprechung im jugoslawischen Wirtschafts- und Gesellschaftsmodell.[120]

Eingeschränkte Selbstverwaltung
Die Einführung der Arbeiterselbstverwaltung als ökonomisches Organisationsprinzip und die damit zusammenhängende Verschiebung der Besitzverhältnisse an den Produktionsmitteln vom Staat hin zu den Produzentinnen und Produzenten gehörte folgerichtig zu den maßgeblichen Identifikationspunkten zwischen der Staats- und Parteiführung und dem linksradikalen Milieu. Obwohl die Notwendigkeit und Fortschrittlichkeit dieses Ordnungskonzeptes nicht zur Disposition stand, entspann sich gerade hier die substantiell markanteste Kontroverse zwischen dem Bund der Kommunisten und der radikalen Linken. Die Kritik der Bürokratie, mit der die offizielle Leitlinie des Bundes der Kommunisten den undemokratischen und hierarchisierten Charakter der Sowjetunion meinte, von Tito selbst als »ansteckende Krankheit«[121] bezeichnet, entwickelte sich immer deutlicher zu einem zentralen Punkt in der innenpolitischen Diskussion. Dies vor allem in der Frage nach der praktischen Umsetzung des proklamierten Selbstverwaltungssozialismus und der immer noch herrschenden Hierarchiebeziehungen. Insbesondere in soziologischen und philosophischen Analysen wurde dieser Punkt aufgegriffen und zur zentralen Argumentationsgrundlage. Die offiziellen Verlautbarungen bargen

---

120 Zur theoretischen Akzentverschiebung siehe Ingrid Gilcher-Holtey, Kritische Theorie und Neue Linke, in: dies. (Hrsg.), 1968. Vom Ereignis zum Mythos, Frankfurt/Main 2008, S. 223–247; dies., Phantasie, S. 54ff. Zu Jugoslawien vgl. Svetozar Stojanović, Kritik und Zukunft des Sozialismus, München 1970, S. 24f.; Mihailo Marković, Dialektik der Praxis, Frankfurt/Main 1968, S. 57–65; jüngst auch Borislav Mikulić, Politički nagon filozofije i njegove sudbine, ili ›dijalektika prosvjetiteljstva‹ u doba debakla, in: up & underground 13, 2008, S. 91–109.
121 Zitat nach Popov, Sukobi, S. 100.

insofern ein Gefahrenpotential für die politische Elite Jugoslawiens, als dass ihre eigene Argumentation zum Ausgangspunkt für die gegen sie gerichtete Kritik wurde. In dem Maße, in welchem sich kritische Stimmen in vor allem philosophischen und soziologischen Foren mit der eigenen Wirklichkeit befassten, entwickelte auch die proklamierte Bürokratiekritik ihr subversives Potential für die politische Machtelite. Mihailo Marković, Philosophieprofessor an der Universität Belgrad, als Schüler schon Mitglied des kommunistischen Jugendverbandes SKOJ und Teilnehmer am antifaschistischen Widerstandskampf, fasste die Position der linken Intellektuellen zum Entwicklungsgrad des jugoslawischen Selbstverwaltungssystems pointiert zusammen: »Jugoslawien gehört das historische Verdienst«, so Marković, »den Gedanken der Selbstverwaltung wiederentdeckt und (allein) mit seiner Realisierung begonnen zu haben.« Daraus folge leider nicht, »daß die Bürokratie hier zu einer bedeutungslosen sozialen Kraft abgesunken wäre.« Folglich weist Marković vor allem darauf hin, »daß die gesellschaftliche Selbstverwaltung bei uns noch nicht voll realisiert und daß ihr voller Sinn noch nicht verstanden worden« sei.[122] Eine positive Bewertung findet bei Marković nur das als »historisch« bezeichnete Faktum der institutionellen Implementierung, die politische Umsetzung hingegen wird als unzureichend angesehen, da der »volle Sinn« einer selbstverwalteten Gesellschaft noch nicht verstanden worden sei. In einem politischen Kontext wie dem jugoslawischen, in dem die politische und ideologische Führungsrolle des Bundes der Kommunisten, sprich ihr Avantgardecharakter als politischer und intellektueller Arm des historischen Emanzipationsbestrebens der Arbeiterklasse, als unantastbar vorgegeben wurde, beinhaltete eine solche Bewertung eine delegitimierende Wirkung. Dem Bund der Kommunisten wurde schlichtweg die alleinige Kompetenz in der Durchführung des Selbstverwaltungsprinzips abgesprochen. Mehr noch: Der Bund der Kommunisten wurde als eines ihrer prominenten Hindernisse interpretiert, da er ursächlich die bürokratischen Strukturen zu verantworten habe. Noch pointierter scheint die intendierte Infragestellung des politisch-ideologischen Avant-

---

122 Marković, Dialektik, S. 96.

gardecharakters der Partei in der Typisierung des Bürokratiebegriffs durch. Es ist nicht mehr von einem abstrakten Staat die Rede, der jedwede unabhängige gesellschaftliche Initiative usurpiert, sondern von einer neuen Gesellschaftsschicht, die sich dank ihrer professionalen Stellung selbständig einen Sonderstatus erworben und legitimiert habe. Man könne, so die theoretische Überlegung, dann von einer idealtypisch existenten politischen Bürokratie sprechen, wenn die Bedingungen »Professionalisierung der Politik«, »Reifikation« und »Monopolisierung« gegeben seien.[123] Konkret bedeutete dies, dass die neue Schicht eine in sich geschlossene, von der übrigen Gesellschaft entfremdete und mit Privilegien ausgestattete soziale Kategorie darstelle, deren vorrangiges Ziel es sei, ihren Sonderstatus durch die Verweigerung einer Demokratisierung zu wahren.[124] Eine durchgreifende und umfassende Demokratisierung aller Gesellschaftsbereiche sei aber das grundlegende Merkmal des Selbstverwaltungsgedankens. Denn dieser beinhalte vor allem, »daß die Verwaltungsfunktionen durch keinerlei Gewalt außerhalb der Gesellschaft ausgeübt werden, sondern durch die Produzenten selbst, die das gesellschaftliche Leben in allen seinen Formen selbst schaffen.«[125] Hinter dem Hinweis auf starke »außergesellschaftliche Kräfte« steckte konkret die kritische Reflexion der dominierenden Rolle des BdKJ und der von ihr zu verantwortenden bürokratischen Machtbeziehungen. Wie soziologische Untersuchungen in jugoslawischen Industriebetrieben belegen konnten, entfaltete sich der Entscheidungsfindungsprozess nicht von unten nach oben, sondern vielmehr als Direktive der obersten Funktionsträger. Somit blieben die jugoslawischen Arbeiterinnen und Arbeiter faktisch weiterhin entfremdete Subjekte innerhalb ihres »eigenen« Betriebes.[126]

123 Ebd., S. 102f.
124 Ebd.; Siehe auch Novaković, Propadanje radničke klase, S. 128ff.; Vladimir Arzenšek, Struktura i pokret, Belgrad 1984, S. 89; Allgemein zum Widerspruch zwischen Bürokratie und Selbstverwaltung Veljko Rus, Človek, delo in strukture. Sociološki problemi v naših delovnih organizacijah, Maribor 1970; ders., Jugoslavensko samoupravljanje. Trideset godina kasnije, in: Revija za sociologiju 15, 1985, H. 1–2, S. 89–106.
125 Marković, Dialektik, S. 105.
126 Arzenšek, Struktura i pokret, S. 89.

Die Einforderung der direkten Produzentenkontrolle bezog sich nicht nur auf den ökonomischen Bereich, wo seit dem »Elementargesetz über die Verwaltung der staatlichen Wirtschaftsunternehmen und höheren wirtschaftlichen Vereinigungen durch die Arbeitskollektive« die Kontrollfunktion zumindest formal an die Arbeiterinnen und Arbeiter delegiert worden war. Sie wurde eingefordert als allumfassendes Organisationsprinzip der jugoslawischen Gesellschaft, als »Beginn der Befreiung des einzelnen von Grund auf.«[127] In den Verlautbarungen des BdKJ oder einzelner seiner führenden Mitglieder wurde zwar häufig darauf insistiert, dass sich die gesellschaftlichen Beziehungen in Jugoslawien immer grundlegender nach selbstverwalteten Organisationsprinzipien entwickelten. In diese Richtung gingen auch die gesetzliche Verankerung der kommunalen Selbstverwaltung, der Ausbau des Delegiertensystems oder die in Verfassungsrang erhobene Codierung der Selbstverwaltung als generellem Organisationsprinzip des jugoslawischen Gesellschaftssystems.[128] Aber in einem entscheidenden strukturellen Punkt bewegte sich der Bund der Kommunisten nur unzureichend und widersprüchlich, nämlich in der Definition seiner eigenen Rolle im Rahmen einer demokratischen und selbstverwalteten sozialistischen Gesellschaft. Dieser Umstand resultierte aus dem Versuch, das bestehende monistische System als Machtgrundlage zu erhalten und gleichzeitig als ideologischer Motor der Selbstverwaltung zu wirken. Während etwa Veljko Vlahović als führendes Mitglied des Zentralkomitees in einem 1972 veröffentlichten Artikel zur Arbeiterselbstverwaltung die Auffassung vertrat, die Arbeiterklasse könne sich nur selbst befreien und deshalb müsse jeder Versuch, »im Namen der Arbeiter« etwas zu tun, scheitern,[129] betonten offizielle Parteidokumente ebenso wie parteinahe Forscher die Ansicht, eine erfolgreiche Durchführung der Arbeiterselbstverwal-

---

127 Marković, Dialektik, S. 112.
128 Ustav Socijalističke Federativne Republike Jugoslavije, Uvodni deo. Član I: Osnovna načela; Član II, Deo prvi: Društveno i političko uređenje, Belgrad 1963.
129 Veljko Vlahović, Samoupravljanje i oslobađanje rada, in: Đorđević/Pašić, Teorija i praksa, S. 83–97, hier S. 85f.

tung könne nur aus der Einheit zwischen der Arbeiterklasse und ihrer Avantgarde, dem Bund der Kommunisten, resultieren. »Die sozialistische Selbstverwaltung« sei, so hieß es in der Einleitung zum Dokumentensammelband über die Entwicklung der Selbstverwaltung in Jugoslawien, »als eine historische Notwendigkeit innerhalb der gesellschaftlich-ökonomischen und gesellschaftlich-politischen Beziehungen in Jugoslawien entstanden [...].« Sie sei »aufgrund ihrer bewussten und revolutionären Tätigkeit, allein durch die Arbeiterklasse und den Bund der Kommunisten Jugoslawiens eingeführt« worden.[130] Der in dieser Einleitung gedachte Gleichschritt zwischen der jugoslawischen Arbeiterklasse und dem BdKJ entpuppte sich in der Realität jedoch als ideologische Fiktion. Eine forcierende Rolle der Arbeiter als politisch relevantes Subjekt und bewusster Motor in der Einführung des Arbeiterselbstverwaltungskonzeptes hätte zumindest zwei Voraussetzungen zur Grundlage haben müssen: eine politische Autonomie gegenüber dem BdKJ, innerhalb derer sie ihr eigenes Bewusstsein hätte entwickeln können, und eine ideologische Kommunikationsoffenheit des BdKJ in der Frage nach den Voraussetzungen, Möglichkeiten und konkreten Umsetzungspraktiken der Selbstverwaltung. Beide Voraussetzungen waren zumeist nicht gegeben. Die jugoslawische Arbeiterklasse war in der unmittelbaren Nachkriegszeit nicht nur organisatorisch, sondern auch strukturell kaum entwickelt, sie war vor allem eine Minderheit innerhalb der überwiegend bäuerlichen Sozialstruktur des Landes.[131] Insofern resultierte ihre gesellschaftliche Relevanz zunächst vor allem aus ihrer historischen Rollenzuschreibung innerhalb des Marxismus.[132] Der intellektuelle und politische Beitrag zur Ein-

---

130 Zitate nach Blagoje Bošković/David Dašić (Hrsg.), Samoupravljanje u Jugoslaviji 1950–1980. Dokumenti razvoja, Belgrad 1980, S. 49; Tito, Eine wirkliche Zukunft hat nur die Gesellschaftsordnung, die zur Befreiung der Arbeit und des Menschen führt, Rede vom 30.11.1969 in Sarajevo, in: ders., Der jugoslawische Weg, S. 216.

131 Vgl. Horvat, Die jugoslawische Gesellschaft, S. 92ff. und S. 102; Calic, Geschichte Jugoslawiens, S. 183–186; Sundhaussen, Jugoslawien und seine Nachfolgestaaten, S. 142–146.

132 So heißt es etwa in Artikel Zwei der jugoslawischen Verfassung von 1953: »Jedwede Macht in der Föderativen Volksrepublik Jugoslawien wird vom

führung der Arbeiterselbstverwaltung fiel daher in den Zuständigkeitsbereich der Partei und ihrer Theoretiker, die im Namen der Arbeiterklasse die Einführung der Selbstverwaltung beschlossen hatten.[133] Zudem war die theoretische Bezugnahme auf den Selbstverwaltungsgedanken und die Reanimierung der frühmarxistischen Vorstellung einer freien Assoziation der Produzentinnen und Produzenten kein integraler Bestandteil des Wertehorizontes jugoslawischer Kommunistinnen und Kommunisten und auch kein Ergebnis einer breiten intellektuellen Auseinandersetzung über die praktische Ausgestaltung des jugoslawischen Sozialismus gewesen. Sie war das pragmatische Produkt eines Umdenkungsprozesses nach dem Konflikt mit der Sowjetunion und daher in erster Linie die abgeschlossene intellektuelle Leistung einer gesellschaftspolitischen Elite.[134] Gerade deshalb agierte diese Elite auch als letzte Deutungs- und Überwachungsinstanz eines Systems, das sie maßgeblich selbst ausgestaltet hatte. Die Arbeiterklasse konnte nur in dem Maße zum souveränen Subjekt innerhalb der praktischen Ausgestaltung des Selbstverwaltungssystems werden, wie es dem ideologischen Kurs des BdKJ politisch opportun und angebracht erschien. Ohne die faktische Geltungskraft der jugoslawischen Verfassung und der in ihr festgeschriebenen Grundsätze des gesellschaftlichen Organisationsprinzips überzubewerten, war doch die Diskrepanz zwischen der basisdemokratisch konzipierten Ordnung und ihrer praktischen Umsetzung ein Indikator für das Verhältnis zwischen dem Bund der Kommunisten als politischer

---

arbeitenden Volk ausgeführt.« Zitat nach Petranović/Zečević, Jugoslavija, S. 1028.

133 Der Umstand dieser expliziten Stellvertreterbeziehung wurde als eine der ursächlichen Problemzonen des Systems interpretiert. Prominent dazu Vladimir Arzenšek. Für ihn liegt die Antwort auf die Frage, weshalb die Arbeiter immer noch nicht die entscheidenden Entscheidungsträger in den Betrieben seien, in erster Linie darin begründet, dass die Selbstverwaltung »nicht errichtet wurde als Resultat einer spontanen, autonomen Arbeiteraktion in einer revolutionären Situation, sondern dass sie von oben eingeführt worden ist.« Vgl. Arzenšek, Struktura i pokret, S. 85. Ähnlich auch Novaković, Propadanje radničke klase.

134 Anekdotisch zur Diskussion im Vorfeld der Einführung der Arbeiterselbstverwaltung Đilas, Jahre der Macht, S. 203ff.

Organisation und der von ihm geschaffenen normativen Gesellschaftskonzeption.[135] Im Verfassungsgesetz über die Grundlagen der gesellschaftlichen und politischen Ordnung der FNRJ vom Januar 1953 hieß es unter Artikel 4 kategorisch:

> »Das gesellschaftliche Eigentum über die Mittel zur Produktion, zur Selbstverwaltung der Produzenten in der Industrie und zur Selbstverwaltung des arbeitenden Volkes in den Kommunen, Städten und Kantonen ist die Grundlage der gesellschaftlichen und politischen Ordnung des Landes.«[136]

Ihrer basisdemokratischen Intention und Reichweite nach noch weitergehender war die Verfassung von 1963. Dort hieß es unter Artikel 34 eindeutig: »Das Recht der Bürger auf gesellschaftliche Selbstverwaltung ist unantastbar.«[137]

Eigensinn der Arbeiterklasse und Streikverhalten
Die Verfassung garantierte jedem jugoslawischen Bürger das unverletzliche Recht, selbst über seine Belange zu entscheiden. Es war auch nicht mehr ausschließlich von einem exklusiven Recht des »arbeitenden Volkes«, sprich der Arbeiterklasse, die Rede, sondern von einem universellen Grundrecht jedes Jugoslawen. Die kaum zu sanktionierende Vorenthaltung einer durchgehenden Ausübung dieses Grundrechtes in der alltäglichen Praxis führte daher zu einem permanenten Spannungsverhältnis zwischen Rechtsanspruch und Rechtswirklichkeit. Wurde die unmittelbare Produzentenkontrolle auf dem ersten Kongress der jugoslawischen Arbeiterräte im Juni 1957 noch als »eine der stärksten Quellen der politischen Kraft unserer sozialistischen Gesellschaft« bezeichnet, in der »die unmittelbaren Produzenten die führende gesellschaftliche Rolle

---

135 Auf die eingeschränkte Geltungskraft von Verfassungen in sozialistischen Staaten verweist etwa der Zagreber Philosoph Žarko Puhovski, ›Die Masse geht einher mit einem totalitären Konzept‹. Interview mit dem Autor am 21. Mai 2007 in Zagreb, abgedruckt in: Kanzleiter/Stojaković, 1968 in Jugoslawien, S. 85–91, hier S. 91.
136 Petranović/Zečević, Jugoslavija, S. 1028.
137 Ebd., S. 1090.

und alle entscheidenden Positionen in ihren Händen« hielten,[138] so zeichnete die Realität ein weniger konfliktloses Bild innerhalb der industriellen Selbstverwaltungsbeziehungen. Nach Umfragen des Belgrader Instituts für Gesellschaftswissenschaften für den Zeitraum zwischen 1958 und 1960 war der personelle Einfluss der Partei umso stärker, je höher die zu besetzende Stelle im betrieblichen Hierarchiesystem angesiedelt war. Während auf der mittleren Ebene die Parteimitglieder knapp ein Drittel der Positionen besetzten, wuchs der Parteieinfluss auf der Ebene der Unternehmensdirektoren auf 93% an.[139] Diese quantitativen Indikatoren deuten schon an, dass sich eine Rücknahme des Parteieinflusses auch nach ihrer proklamierten ideologischen Öffnung und der Umbenennung in einen Bund kaum registrieren ließ. Dieser ungebrochene Parteieinfluss unterstrich nicht nur den weiterhin existenten »paternalistischen« Charakter in den politischen Beziehungen, sondern führte auch zu einem vermehrten Streikverhalten der jugoslawischen Arbeiterschaft. Zwischen dem Ende der 1950er-Jahre und 1970 zählte der slowenische Industriesoziologe Stane Možina ungefähr 2500 Streiks mit über 120.000 Beteiligten. Auffallend waren dabei vor allem zwei Sachverhalte: Eine Befragung zur Streikmotivation der Arbeiterinnen und Arbeiter ergab, dass nicht nur um eine ökonomische Besserstellung gerungen, sondern auch aus dem Gefühl praktischer »Rechtlosigkeit« und »Ausbeutung« gestreikt wurde. Als Adressaten ihrer Unzufriedenheit führten die Streikenden zudem offen die Führung der Arbeitsorganisationen und die »partei-staatliche Bürokratie« an.[140] Die zweite Besonderheit lag darin

---

138 Rezolucija Prvog kongresa radničkih saveta Jugoslavije od 27. juna 1957., in: Đorđević/Pašić, Teorija i praksa, S. 1115–1117, hier S. 1115. Vgl. auch die Rede des jugoslawischen Gewerkschaftsführers Đuro Salaj, Dosadašnja iskustva i dalji razvoj radničkog samoupravljanja u Jugoslaviji. Na kongresu radničkih saveta Jugoslavije, 25. juna 1957. godine, in: Bošković/Dašić, Samoupravljanje, S. 89–97, insb. S. 90–95.
139 Zahlen nach Roggemann, Arbeiterselbstverwaltung, S. 234.
140 Vgl. Novaković, Propadanje radničke klase, S. 109–115; Arzenšek, Struktura, S. 89ff.; Höpken, Sozialismus; Roggemann, Arbeiterselbstverwaltung, S. 218–251. Zur methodischen Erfassung des Streikverhaltens siehe Nebojša Popov, Štrajkovi u savremenom jugoslovenskom društvu, in: Sociologija 11, 1969, H.4, S. 605–632.

begründet, dass, wie am Beispiel der Republik Slowenien beobachtet wurde, nicht etwa die Gewerkschaften über die detailliertesten Angaben zum Streikverhalten der Arbeiterschaft verfügten, sondern das slowenische Innenministerium.[141] Insofern ist es auch nicht verwunderlich, dass das Zutrauen in die Gewerkschaften sehr gering war und dass sie in erster Linie als Befehlsempfänger der Partei und des Staates perzipiert wurden. Auf dem 6. jugoslawischen Gewerkschaftskongress im Juni 1968, unmittelbar nach den Studentenunruhen und der damit verbundenen allgemein kritischen Grundstimmung, formulierten die Arbeiterdelegierten klare Worte bei der Einschätzung bisheriger gewerkschaftlicher Interessenvertretung. Sie hätten es zugelassen, beklagte ein Teilnehmer, »daß das Einkommen eines Metallarbeiters kaum zum Leben« ausreiche. Dabei müssten die Gewerkschaften doch gerade »die Interessen des Arbeiters schützen, der bisher den Gürtel enger schnallen mußte.«[142] Neben Vorwürfen der Korrumpiertheit »auf Kosten der Arbeiterklasse« wurden die Gewerkschaften vor allem für die schlechte soziale Lage verantwortlich gemacht – einem ausgemachten Gewerkschaftsterrain also. Selbst die Gewerkschaftsführungen räumten relativ früh ein, dass die bisherige Entwicklung der Arbeiterselbstverwaltung primär mechanischen Charakter besitze: »Noch ist seine Rolle [des Arbeiters, K.S.] darauf beschränkt, den Arbeiterrat zu wählen und abzuberufen, gelegentlich benachrichtigt und evtl. über Beschlüsse des Arbeiterrats konsultiert zu werden. Mit anderen Worten, die Arbeiterselbstverwaltung auf der Unternehmensebene ist zentralisiert geblieben.«[143] Aus beiden Bewertungen wird deutlich, dass die theoretisch garantierte Produzentenkontrolle an der weiterhin starken bürokratischen Entscheidungsstruktur scheiterte. Trotz aller Bekundungen des BdKJ und seiner politischen Funktionsträger bewahrte das jugoslawische System seine hierarchische Entscheidungsstruktur, die proportional zur Relevanz der Besetzungsebene immer rigider

---

141 Novaković, Propadanje radničke klase, S. 117f.
142 Zitat nach Roggemann, Arbeiterselbstverwaltung, S. 229. Zur Gewerkschaftsfrage siehe auch Höpken, Sozialismus, S. 143–286; Novaković, Propadanje radničke klase, S. 124f.
143 Roggemann, Arbeiterselbstverwaltung, S. 227f.

wurde. Unter diesen machtpolitischen Voraussetzungen konnte sich die Emanzipation der Arbeiterklasse nur schwerlich entfalten, ihr wurde im Regelfall eine direkte Einmischung in bedeutsame Entscheidungsfindungen vorenthalten. Die Einschätzung des Zagreber Philosophen Lino Veljak, das jugoslawische System habe der Arbeiterklasse in der Praxis eher Mitbestimmungs- denn Selbstbestimmungsrechte eingeräumt, beschreibt den Charakter des jugoslawischen Systems realistischer als die offizielle Lesart des Selbstverwaltungssozialismus.[144]

Vor allem Wissenschaftlerinnen und Wissenschaftler aus dem Umkreis der *Praxis* konstatierten die Unvereinbarkeit des Selbstverwaltungsgedankens mit den bestehenden Machtstrukturen im überwiegend monolithisch agierenden Parteistaat:

> »Since 1963 Praxis philosophers established that both forms of economic and political alienation still existed in Yugoslav society, that the working class was still exploited – this time by the new elites: bureaucracy and technocracy [...]; that self-management exists only at the microlevel [...]; that the basic precondition for a really participatory democracy was at first a radical democratisation, and, later, the withering away of the party.«[145]

Eine radikale Demokratisierung der Arbeits- und Gesellschaftsbeziehungen und die schrittweise Auflösung der Partei wären demnach die Grundvoraussetzungen gewesen, um die in der Verfassung garantierte direkte Produzentenkontrolle in der Praxis einzulösen. Wie die Analyse in den Folgekapiteln zeigen wird, experimentierte die politische Führung des BdKJ zwar mit verschiedenen Demokratisierungsvorhaben auf der Ebene der Gesellschaftsbeziehungen, den Schritt zu einer durchgreifenden Reform des politischen Systems aber scheute die Partei aus der Einsicht heraus, damit ihre

---

144 Interview des Autors mit Lino Veljak am 7. Mai 2007 in Zagreb, abgedruckt in Kanzleiter/Stojaković, 1968 in Jugoslawien, S. 111–124; Novaković, Propadanje radničke klase, S. 109 u. S. 128ff.; Arzenšek, Struktura, S. 87ff.
145 Mihailo Marković (Hrsg.), The Rise and the Fall of Socialist Humanism. A History of the Praxis Group, Nottingham 1975, S. 14–40, hier S. 26.

uneingeschränkte Führungsautorität und alleinige Entscheidungskompetenz in Frage zu stellen.

2.3 Für die Freiheit der Kunst. Oder: Der langsame Abschied vom sozialistischen Realismus

Im Mai 1939 erschien im *Proleter* [Proletarier], einer unter der redaktionellen Ägide des ZK KPJ stehenden Zeitschrift, der mit dem Initial »T« signierte Artikel »Der Trotzkismus und seine Helfer«. Darin polemisierte der Autor gegen einen jugoslawischen Surrealisten namens Marko Ristić. Dieser »Typ« habe, so führte »T« aus, tatsächlich die Idee verfolgt, »den Marxismus mithilfe des Surrealismus ›zu bereichern und zu ergänzen‹«. Mehr noch: Als »Intimus des Pariser Trotzkisten und degenerierten Bürgersöhnchens Bréton« habe Ristić auch noch behauptet, dass Majakowski[146] und Jesenjin[147] aus Frustration gegenüber der realen Entwicklung in der UdSSR Selbstmord begangen hätten.[148] Sechs Jahre später wurde derselbe Marko Ristić zum jugoslawischen Botschafter in Paris ernannt, und sein politischer »Intimus«, ohne dessen Zustimmung im Nachkriegsjugoslawien jemand nur schwerlich zum Botschafter hätte ernannt werden können, war »T« – Josip Broz Tito.

Den Hintergrund dieser vehementen Kritik bildete eine Auseinandersetzung zwischen linksradikalen Schriftstellern und anderen Intellektuellen mit der offiziellen Parteilinie der KPJ im Zwischenkriegsjugoslawien. Was auf den ersten Blick als eine Gelehrtendebatte um die Funktion der Kunst in Zeiten revolutionärer Umwälzungen anmutete, entwickelte sich unter der Bezeichnung *Konflikt auf der literarischen Linken* [Sukob na književnoj ljevici] in eine die jugoslawische Kulturdebatte über Jahrzehnte hin prägende Auseinandersetzung zwischen »nonkonformistischen Intellektuellen« und dogmatischen Parteikonzeptionen samt ihrer mehr oder weniger restriktiven Überwachung.

---

146 Wladimir Wladimirowitsch Majakowski (1893–1930), russischer Schriftsteller und Begründer des ›kommunistischen Futurismus‹.
147 Sergej Aleksandrowitsch Jesenjin (1895–1925), russischer Schriftsteller.
148 Das Zitat folgt den Angaben in Stanko Lasić, Sukob na književnoj ljevici, 1928–1952, Zagreb 1970, S. 204f. Die Originalquelle lautet: ›T‹, Trockizam i njegovi pomagači, in: Proleter 15, 1939, H.1, S. 5.

Erste Etappe des Konfliktes
Innerhalb der jugoslawischen KP herrschte, wie in allen Parteien der kommunistischen Internationale, der unumstößliche Grundsatz, dass die Sowjetunion als erster sozialistischer Staat nicht nur die meiste Erfahrung, sondern auch die geschultesten Kader im Hinblick auf eine verbindliche Marxismusinterpretation habe. Ausgehend vom Historischen und Dialektischen Materialismus als den hauptsächlichen Motoren der allgemeingesellschaftlichen Entwicklung setzte sich im Verlauf der 1930er-Jahre eine Kunstkonzeption durch, deren Intention es war, Kunstwerke unter dem Primat der sozialen Revolution zu betrachten und ihre Relevanz im Grad der Parteinahme für die Arbeiterklasse im sich verschärfenden Klassenkampf zu erblicken. Konnte sich zu Beginn dieser kunstpolitischen Diskussionen noch eine relativ offene Auffassung halten, wonach es »lediglich« ein kategorisches Bewertungskriterium geben könne, nämlich ob ein Künstler »*für* die Revolution oder *gegen* die Revolution«[149] eintrete, so setzte sich im weiteren Verlauf eine immer stärker an die parteipolitische Taktik der KPdSU orientierte Sichtweise durch. Deren hauptsächliches Ziel war es nicht so sehr, revolutionären Elan zu verbreiten, als vielmehr die Errungenschaften der Sowjetunion unter ihrer unhinterfragbaren Führungsfigur Stalin zu preisen und seine politischen Entscheidungen künstlerisch zu begleiten. Zum international bekanntesten Verfechter dieser als »sozialistischer Realismus« bekannten Kunstkonzeption avancierte Andrej Ždanov, dessen 1934 auf dem 1. Allunionskongress der Sowjetschriftsteller gehaltenes Referat »Die Sowjetliteratur, die ideenreichste und fortschrittlichste Literatur der Welt« über Jahrzehnte hinweg zum ideologischen Bezugspunkt werden sollte. Die weitreichendste Implikation seiner Rede bestand indes nicht so sehr in den kunsttheoretischen Ausführungen, sondern in der vorgenommenen Rollenzuweisung. Sich explizit an die Schriftsteller

---

149 Das Zitat stammt von Leo Trotzki, abgedruckt in Hans-Jürgen Schmitt/ Godehard Schramm (Hrsg.), Einleitung, in: dies., Sozialistische Realismuskonzeptionen. Dokumente zum 1. Allunionskongreß der Sowjetschriftsteller, Frankfurt/Main 1974, S. 9–16, hier S. 13. Die Originalpassage befindet sich in Leo Trotzki, Literatur und Revolution, München 1972.

wendend, postulierte Ždanov eine vollkommene Subordination künstlerischen Schaffens unter die Führung der kommunistischen Partei. Denn all jene »talentvolle[n] Werke«, welche die sowjetischen Schriftstellerinnen und Schriftsteller bereits vollbracht hätten, hätten nur entstehen können durch die »Führung der Partei« und die »verständnisvolle tagtägliche Anleitung des ZK und die ständige Unterstützung und Hilfe des Genossen Stalin«.[150] Reinigt man diese Aussage von ihrem Pathos, blieb eine fest hierarchisierte Beziehungsstruktur, in der die Kunst zum ästhetischen Arm der politischen Leitung degradiert wurde. Inhaltlich sollte die sozialistisch-realistische Literatur erfüllt sein von »Enthusiasmus« und »Heldentum«, sie sollte »ihrem Wesen nach optimistisch« sein, denn schließlich sei sie »die Literatur der aufsteigenden Klasse, des Proletariats«. Und eben darin liege auch ihre innere Stärke und Überlegenheit gegenüber der bürgerlichen Literatur mit ihrem »zoologischen Individualismus« (Maxim Gorki), diene sie doch »einer neuen Sache, der Sache des sozialistischen Aufbaus«.[151] Es war diese Formel, in der Kunst lediglich eine Dienerin der sozialistischen Revolution zu sehen, deren politische Durchführung zudem ausschließlich den taktischen Direktiven und dem Ermessen der kommunistischen Partei oblag, an der sich in Jugoslawien der *Konflikt auf der literarischen Linken* entzündete.

Ihren zunächst rein theoretischen Anfang nahmen die Kontroversen schon Ende der 1920er-Jahre mit der Frage nach den Möglichkeiten einer Synthese von künstlerischem Ausdruck und revolutionärer Aktion. Im Umkreis der in Belgrad erscheinenden Zeitschrift *Socijalna misao* [Sozialer Gedanke] formulierten der jugoslawischen KP nahestehende Schriftsteller ihre eher politisch-pragmatische und der revolutionären Taktik geschuldete Kunstauffassung, wonach Kunst *immer* einem konkreten politischen Ziel diene und eine linksrevolutionäre Kunst sich demnach konsequenterweise den historischen Zielen der Arbeiterklasse unterzu-

---

150 Andrej Ždanov, Die Sowjetliteratur, die ideenreichste und fortschrittlichste Literatur der Welt, in: Schmitt/Schramm (Hrsg.), Sozialistische Realismuskonzeptionen, S. 43–50, hier S. 45.
151 Alle Zitate nach ebenda, S. 47.

ordnen habe. Für Stevan Galogaža,[152] der im weiteren Verlauf des Konfliktes zu einem der vehementesten Vertreter des Parteistandpunktes werden sollte, basierte die sozioprofessionelle Kategorie des Schriftstellers auf seinem eingenommenen Klassenstandpunkt. »Wenn ein Schriftsteller«, so führte er in einem Artikel von 1928 aus, »kein Kämpfer für diejenigen« sei, »die arbeiten«, dann wäre er eben auch kein Schriftsteller, sondern lediglich ein Lakai, ein »Diener«.[153] Einen ähnlichen Standpunkt vertrat auch Jovan Popović[154] in einem gegen den jugoslawischen Surrealismus gerichteten Artikel aus dem Jahre 1930. »Was«, so die einleitende rhetorische Frage des Autors, »bedeuten heute einzelne ›Selbstmorde aus Liebeskummer‹, wenn innerhalb der Massen Selbstmorde aufgrund von Armut begangen [würden]?«[155] Nichts, lautete die zu erwartende Antwort. Die bürgerliche Literatur in all ihren Nuancen und Etappen habe auf die Formierung eines guten Bürgers hingewirkt, deren beste Vertreter zu Zeiten der kapitalistischen Krise nichts Besseres zu tun hätten, als sich in die »›neutralen‹ Sphären innerer Welten« zurückzuziehen.[156] Der Surrealismus wurde in dieser Bewertung zwar als bürgerliche Literaturform, die sich in Krisenzeiten vor den tagespolitischen Problemen verstecke, bezeichnet. Konkret aber fiel er noch nicht unter das Verdikt der Konterrevolution, stattdessen wurde er noch als »bester Vertreter« bürgerlicher Literatur angesehen. Die Vertreterinnen und Vertreter der so genannten *sozialen Literatur* traten vehement für eine der revolutionären Taktik der Partei ergebene Kunstauffassung ein, deren inhaltlicher Kern nicht so sehr an ästhetischen Fragen als vielmehr an pädagogischer Erziehung der Massen mittels der Kunst interessiert war. Kunst sei ein Abbild des sozialen Klassengegensatzes und könne dementsprechend auch nicht außerhalb des »tagtäglichen Kampfes« stehen. In Zeiten des »revolutionären Kampfes zweier

---

152 Stevan Galogaža (1893–1944), kommunistischer Schriftsteller und Publizist, wurde 1944 im Konzentrationslager Jasenovac ermordet.
153 Zitat nach Lasić, Sukob, S. 74.
154 Jovan Popović (1905–1952), kommunistischer Schriftsteller und aktiver Teilnehmer am antifaschistischen Volksbefreiungskampf.
155 Lasić, Sukob, S. 67.
156 Ebenda.

verfeindeter Fronten« könne es keinen Kompromiss geben, und eine »proletarische Literatur« stelle sich bewusst in den Dienst der »proletarischen Front«.[157]

Aus den angeführten Zitaten wird ersichtlich, dass sich die Protagonisten um die Zeitschrift *Socijalna misao* vor allem an der surrealistischen Kunstauffassung stießen, insbesondere an ihren jugoslawischen Vertretern, deren Zentrum in der Hauptstadt Belgrad lag.[158] An die französischen Surrealisten um Andre Bréton angelehnt, formulierten diese am 23. Dezember 1930 ihre »Surrealistischen Positionen«. Dort hieß es, ganz im Widerspruch zu den ästhetischen Vorgaben der *Socijalna misao*, dass unter Beibehaltung des »Glaubens an die Poesie« für die Revolution gerungen werden müsse: »Neben dem surrealistischen Akt der Negation [...] ist auch ein revolutionärer Akt notwendig, der in sich immer beschränkt ist, da er konkret ist, aber in seiner Konkretheit ist er auch absolut, denn er führt zur Freiheit.«[159] Die jugoslawischen Surrealisten sahen sich zwar politisch als Anhänger der weltweiten kommunistischen Bewegung, ihren künstlerischen Ausdruck indes wollten sie unter keinen Umständen von den Direktiven einer politischen Instanz abhängig machen. Die Autonomie der Kunst wurde hier, in der Tradition der historischen Avantgarde, in erster Linie als eine ästhetische Autonomie verstanden. Auch den Surrealisten war nicht daran gelegen, das bürgerliche Verständnis zu übernehmen, wonach Kunst ein in sich selbst geschlossenes, autonomes System sei. Sie insistierten darauf, dass die Kunst eine gesamtgesellschaftliche Verantwortung trage und in diesem konkreten historischen Augenblick für die Revolution eintreten müsse.[160] Der Konflikt entspann sich daher nicht entlang einer konträren politischen Zielsetzung, er verdichtete sich im differierenden Kunstverständnis. Insofern muteten einige Schlussfolgerungen, die in den Kommentaren der

---

157 Ebenda, S. 72f. u. 84.
158 Generell zum jugoslawischen Surrealismus Jelena Novaković, Tipologija nadrealizma. Pariska i beogradska grupa, Belgrad 2002.
159 Lasić, Sukob, S. 87; Novaković, Tipologija, S. 16f.
160 Ebenda. Zur theoretischen Tradition der historischen Avantgarde vgl. Bürger, Theorie, S. 29; ders., Zur Kritik der idealistischen Ästhetik, Frankfurt/Main 1983, S. 10f.

Socijalna misao angestellt wurden, im Vergleich zur Schärfe und politischen Implikation späterer Jahre geradezu versöhnlich an. »Wir möchten«, hieß es noch Anfang der 1930er-Jahre, »an die ehrliche Nähe der Surrealisten glauben.« Denn, so wird im weiteren Verlauf des Kommentars argumentiert, sobald diese die Realität anerkannt hätten, »[würden] sie ohnehin keine Surrealisten mehr sein.«[161] Die Realität für den jugoslawischen Surrealismus sah in der Phase der »Diktatur vom 6. Januar«[162] ohnehin düster aus, und ihre Existenz als avantgardistische Kunstbewegung endete mit der Verhaftung ihrer führenden Schriftsteller im Dezember 1932, womit auch der theoretische Konflikt mit den Anhängern der sozialen Literatur ein vorläufiges Ende nahm.

Zweite Etappe des Konfliktes
Verbal schärfer und politisch folgenreicher verlief die zweite Etappe dieser kulturpolitischen Grundsatzdebatte. Im Rahmen seines 1933 erschienenen Vorworts zum Ausstellungskatalog des Malers Krsto Hegedušić[163] unterzog Miroslav Krleža die ästhetische und ideologische Engführung der Kunst durch den sozialistischen Realismus einer scharfen Polemik. Ihm zufolge konnte es nur ein Bewertungskriterium eines Kunstwerkes geben: Talent. Nur ein talentierter Künstler könne wertvolle Kunst vollbringen, und wer Talent besitze, werde sich nicht einem vorgegebenen Schema unterordnen. Denn, so Krleža, wenn jemand ohne »Stimme und Hörvermögen« singe, dann sei das einfach unangenehm, »selbst wenn es die Marseillaise« sei.[164] Damit zielte Krleža

---

161 Lasić, Sukob, S. 89.
162 Am 6. Januar 1929 wurde im Königreich der Serben, Kroaten und Slowenen die Königsdiktatur unter Aleksandar Karađorđević I. ausgerufen. Diese beinhaltete die Auflösung des Parlamentes, ein generelles Parteienverbot, das Verbot gewerkschaftlicher Betätigung sowie eine rigide Zensurpolitik.
163 Krsto Hegedušić (1901–1975), Maler und Mitbegründer der Künstlergruppe *Zemlja* [Land], die sich mit sozialen Themen, insbesondere der Lebenswirklichkeit der kroatischen Bauernschaft, auseinandersetzte. Dazu ausführlicher Ivana Hanaček/Ana Kutleša/Vesna Vuković, Problem umjetnosti kolektiva. Slučaj Zemlja, Zagreb 2019.
164 Miroslav Krleža, Predgovor Podravskim motivima Krste Hegedušića, in: Miroslav Šicel (Hrsg.), Programi i manifesti u hrvatskoj književnosti, Zag-

auf all diejenigen im Umkreis der KPJ, die sich umstandslos dem
›sozrealistischen‹ Paradigma unterordneten und nun als ideologische Wächter dieses Konzeptes aufspielten. Sie stellten für ihn zweitklassige Künstler dar, die sich aus der Position politischer Superiorität heraus gegen den tatsächlichen Kunstsinn wandten: die gleichberechtigte Zusammenführung von Kunst *und* Revolution.[165] Miroslav Krleža war indes nicht nur der bedeutendste jugoslawische Schriftsteller sowohl in der Zwischenkriegs- als auch in der Nachkriegszeit, er war gleichzeitig KP-Mitglied und Symbolfigur der Linken insgesamt. Seine Bedeutung für viele relevante Wegmarken der jugoslawischen Kulturpolitik kann kaum überschätzt werden, und indem er das Recht beanspruchte, sich auch an den »politische[n] Interventionsstrategien sowie Distinktions- und Definitionskämpfe[n] um das Mandat des Intellektuellen« freisinnig zu beteiligen, riskierte er den Konflikt mit der eigenen Partei.[166] Für ihn war der synchrone Zweiklang von Kunst und Revolution kein Widerspruch, sondern eine notwendige Aufgabe des Künstlers in Zeiten revolutionärer Veränderungen. Der Künstler müsse, so Krleža, »sich selbst dienen: der Kunst«, aber gleichzeitig auch »der Revolution dienen: der linken Front«.[167]

Doch innerhalb dieser linken Front rumorte es gewaltig, und die Tatsache, dass ausgerechnet Krleža so offen und vehement gegen die unmittelbare Indienstnahme der Kunst polemisierte, führte im weiteren Verlauf über den intellektuellen Diskurs hinaus und spülte einen Akteur aufs Feld, dessen Ansichten keine Diskussionsgrundlagen, sondern ultimative Anweisungen waren: die KPJ und ihre Chefideologen. Schon ab Mitte 1936 begann die

    reb 1972, S. 248–274, hier S. 263. Zur Bedeutung des Textes vgl. auch Lasić, Sukob, S. 96f; Azra Rizvanbegović, Das sozrealistische Paradigma und seine Anwendung im ehemaligen Jugoslawien, in: Angela Richter/Barbara Beyer (Hrsg.), Geschichte (ge)brauchen. Literatur und Geschichtskultur im Staatssozialismus. Jugoslawien und Bulgarien, Berlin 2006, S. 373–385, hier insb. S. 373.
165 Krleža, Predgovor, S. 258; Lasić, Sukob, S. 93.
166 Zitat nach Gilcher-Holtey, Eingreifendes Denken, S. 9.
167 Lasić, Sukob, S. 107.

KP sukzessive, die Redaktionen bedeutender Literaturzeitschriften zu übernehmen, um ihre ideologische Linie direkter bestimmen zu können.[168] In der Kulturzeitschrift *Kultura* erschien als Replik auf Krležas Vorwort postwendend die Forderung nach einer politischen Abrechnung mit ihm.[169] Aus der daraus entstandenen intellektuellen Enge heraus begann Krleža ab Februar 1939 mit der Herausgabe seiner eigenen Zeitschrift *Pečat* [Stempel], in deren anderthalb Jahrgängen bis zum Verbot 1940 all diejenigen Gedanken publiziert wurden, die sich gegen den Utilitarismus der Parteikunst stellten.[170]

Wie in der vorangegangenen Kontroverse ging es auch hier um die Möglichkeiten und Freiheiten künstlerischen Ausdrucks und seiner Beziehung zur sozialistischen Revolution. Die ideologischen Dogmen der Parteiintellektuellen standen in unmittelbarer Beziehung zu den sowjetischen Vorgaben, sie repräsentierten keinen originären Kunstbegriff der jugoslawischen KP, sondern waren Ausdruck der politischen Verbundenheit zur Sowjetunion und der Komintern. Das intellektuelle Zentrum lag nicht in Belgrad oder Zagreb, sondern in der »Metropole«, der die jugoslawischen »rote[n] Ultramontanisten«[171] nicht widersprechen durften. Nachdem Krleža in der ersten Nummer seiner Zeitschrift ein Gedicht des einflussreichen Kommunisten und Schriftstellers Jovan Popović ironisierend umformulierte und als »naives Gedichtlein« bezeichnete, das jedoch kennzeichnend sei für das intellektuelle

---

168 So etwa bei den Zeitschriften *Književni savremenik* [Literarischer Zeitgenosse] und *Kultura*. Siehe Lasić, Sukob, S. 153.
169 Mladen Iveković, Hrvatska lijeva inteligencija, Bd. 1: 1918–1941, Zagreb 1970, S. 227.
170 In einem Kommentar anlässlich der ersten scharfen Polemiken gegen die Zeitschrift bezeichnete Krleža sowohl die rechten als auch die linken »Glaubenswächter« als »Müll, den unsere Zeitschrift hinwegfegen werde«. Miroslav Krleža, Svrha Pečata i o njojzi besjeda, in: Pečat 1–2, 1939, S. 119–128, hier S. 125; Lasić, Sukob, S. 182.
171 Lasić, Sukob, S. 152. Ähnlich auch Miroslav Egerić: »[...] die einheimische, orthodoxe Literaturlinke lebte in der Umarmung des großen Moskauer Gottes, hinter den Mauern des Kremls versteckt.«, in: O jednoj vanserijskoj knjizi, in: Kultura, 1971, S. 217–220, Zitat S. 219.

Niveau der Partei, verschärften sich die Polemiken.[172] Die gegen die Zeitschrift und seinen Herausgeber vorgebrachten Vorwürfe verliefen in erster Linie entlang der gängigen Beschuldigungen politischer Unzuverlässigkeit, des Trotzkismus und »falscher«, d.h. nicht auf dem Boden der Dialektik und des Materialismus stehender Kunstauffassungen.[173] Für den nach 1948 als Kominform-Anhänger inhaftierten Schriftsteller Radovan Žogović stellte diese Zeitschrift und die in ihr zum Ausdruck kommende Tendenz eine organisierte Negation der Arbeiterbewegung dar: »Die ›Pečat-Gruppe‹«, so Žogović in einem Artikel, habe sich als eine eigenständige Gruppe formiert,

> »einig in ihrem Hass gegenüber der Arbeiterbewegung und ihrer Theorie und Praxis, einig in ihrem Hass gegenüber der Einheit der fortschrittlichen Theorie und der fortschrittlichen Praxis, voller Hass gegenüber der realistischen Kunst, voller Hass gegenüber allen ehrenwerten Menschen und ihrer Moral.«[174]

Was den Schriftstellern um Krleža und seiner Zeitschrift fehle, seien der Glaube an den Fortschritt, der Optimismus und das Vertrauen in die Arbeiterklasse und ihre Organisationen.[175] Die Nähe zu den Aussagen von Andrej Ždanov, wonach die sowjetische Kunst eine »optimistische Kunst« sein müsse, ist nicht zufällig und verweist auf die intellektuelle Abhängigkeit zur Sowjetunion. Die Fürsprecher des sozialistischen Realismus waren disziplinierte Kader der KPJ, und diese war wiederum ein disziplinierter Teil der weltweit operierenden Komintern. Wie Foucault sagen würde: Die »Politik der Zwänge«, ausgeübt von einem mächtigen Zent-

---

172 In der Originalpassage des Gedichtes »Seljak« [Bauer] heißt es: »Es wird keine Grenzen mehr geben/Und keine Hungernden/Früchte des Ackers«. Krleža ›ergänzte‹ das Gedicht, indem er eine weitere, seiner Meinung nach passende Strophe hinzufügte: »Eine kleine Biene/Flog um die bunte Blume/Sie bleibt nicht stehen/Sie setzt sich nicht hin/Sie sammelt Honig, geschwind«. Krleža, Svrha, S. 121.
173 Lasić, Sukob, S. 203f.
174 Zitat nach Lasić, Sukob, S. 238.
175 Marko Ristić, Nesavremena razmatranja. Prilog dijalektičnom antibarbarusu, in: Pečat 2, 1940, S. 167–200, hier insb. S. 174.

rum, dessen Direktiven zudem als eine hinreichende ideologische Bedingung galten, konnte nicht umgangen werden, »da sie keine Zone im Schatten [ließ].«[176]

Innerhalb der Zone des kulturellen Produktionsfeldes indes beanspruchte die prominenteste Persönlichkeit der jugoslawischen Linken die Ausübung des »Mandat[s] des Intellektuellen«.[177] Krleža vertrat sein Recht, als Intellektueller nicht nur seiner Profession nachzugehen, sondern durch »eingreifendes Denken« auch aktiv an der Ausgestaltung von Denkprozessen und Wahrnehmungsstrukturen zu wirken, an der politischen Narration einer sozialen Bewegung, als deren Teil er sich sah. Ebenso wie Brecht ging es Krleža nicht um die Eroberung von Macht, »sondern um die Bildung von Gegenmächten im Bereich der Kultur.«[178] In seiner gegen den doktrinären Kunstbegriff der KP verfassten, über 150 Seiten langen Polemik *Der dialektische Antibarbar* [Dijalektički antibarbarus] offenbarte Krleža genau diesen Anspruch:

> »Ab heute verteidige ich die Würde der sozialen Tendenz vor den Dilettanten, und ich werde nicht eher nachgeben, ehe ich die Verwirrungen in den Begrifflichkeiten, den Einstellungen und literarischen Zuständen im Rahmen des dialektischen Flügels unserer linken, schönen und fortschrittlichen Literatur gelöst habe.«[179]

Darin versuchte Krleža vor allem, seinen Mitarbeiter Marko Ristić gegen die Vorwürfe des Trotzkismus zu verteidigen. Als Surrealist stellte dieser für die Parteitheoretiker einen besonders offensichtlichen und eklatanten Bruch mit der »einzigen Wahrheit, der Wahrheit der Arbeiterbewegung«[180] dar. Ein Autor, der in einem Text über das Para-

---

176 Zitate bei Foucault, Überwachen und Strafen, S. 176f.
177 Ingrid Gilcher-Holtey, Das Mandat des Intellektuellen. Karl Kautsky und die Sozialdemokratie, Berlin 1986.
178 Dies., Eingreifendes Denken, S. 122.
179 Miroslav Krleža, Dijalektički antibarbarus, in: Pečat 1, 1939, S. 73–232, hier S. 134.
180 So Edvard Kardelj, Zitat nach Lasić, Sukob, S. 230–234, hier S. 230. Zum allgegenwärtigen Trotzkismusverdacht der Surrealisten siehe Aleksandar Flaker, Poetika osporavanja. Avangarda i književna ljevica, Zagreb 1982, ins. S. 164–167.

dies nicht etwa die kommende sozialistische Weltordnung, sondern die »Welt des Kindes« als paradiesische Zukunftsvorstellung wählte, in der die Wirklichkeit noch nicht den »Gesetzen der Rationalität«, dafür aber »der Freiheit, der offenen Poesie und dem Spiel auf der Leinwand des Alltags« untergeordnet sei, konnte nur die Missgunst der politischen Kunstemissäre auf sich ziehen.[181] Der Versuch einer ultimativen Abrechnung ließ nicht lange auf sich warten. Zunächst noch in Form einer Gegenpolemik zu Krležas Text unter dem Titel *Die Barbarei von Krležas Antibarbar* [Barbarstvo Krležinog Antibarbarusa] durch den Schriftsteller Ognjen Prica,[182] danach auch durch hohe Parteifunktionäre wie etwa Milovan Đilas.[183] Selbst Tito griff in die Diskussion ein, was erstaunlich war, da er als großer Verehrer von Miroslav Krleža galt und eine definitive politische Verurteilung mied. Interessant in Pricas Text waren vor allem der stilistische Duktus und der Glaube an die Unfehlbarkeit der Sowjetunion:

> »Heute, wenn sich schon die Frage stellt: wer wird wen, wenn die Notwendigkeit besteht, alle Kräfte dahingehend zu bündeln, um eine starke und monolithische Partei zu erschaffen [...], steht jeder, der sich nicht diszipliniert unterordnet, auf der anderen Seite der Barrikade, auf der Seite der Feinde der Arbeiterklasse. Unsere Partei wird von Tag zu Tag stärker. Sie ist in der Lage, alles zu überrollen, was sich ihrer Entwicklung in den Weg stellt. Sie ist heute schon fähig [...] den Weg zu beschreiben, den auch die heroische bolschewistische Partei der Sowjetunion gegangen ist [...].«[184]

---

181 Zitate nach Novaković, Nadrealizam, S. 16.
182 Ognjen Prica (1899–1941), Schriftsteller, 1941 durch kroatische Faschisten erschossen und 1945 zum jugoslawischen Volkshelden [Narodni heroj Jugoslavije] ernannt. Sein Text erschien 1940 in der parteinahen Kulturzeitschrift *Izraz* [Ausdruck]. Siehe Lasić, Sukob, S. 220.
183 Dazu schrieb Milovan Đilas: »Die Abrechnung der Partei mit Krleža – ich selbst war einer der Initiatoren – sollte für beide Seiten von enormer Bedeutung sein. Sein Einfluß bei der Linken und in der Partei wurde dadurch nahezu ausgeschaltet, die Partei hatte damit ihre Bolschewisierung, ihre innere, geistige Vorbereitung für die künftige revolutionäre Rolle abgeschlossen.« Zitat aus Đilas, Jahre der Macht, S. 64f.
184 Abgedruckt in Lasić, Sukob, S. 226. Im Original erschienen unter dem Titel: T.T., Za čistoću i boljševizaciju partije, in: Proleter 15, 1940, H. 3–4, S. 9.

Die Auseinandersetzung von Miroslav Krleža mit der Kunstauffassung des sozialistischen Realismus konnte folgerichtig nur im Bruch mit der Partei enden.

Kulturfeld nach 1945
Mit dem faschistischen Überfall auf das Königreich Jugoslawien sollte sich dieser Konflikt in die Nachkriegszeit vertagen. Während sich ein großer Teil der jugoslawischen Linksradikalen aktiv in der Partisaninnen- und Partisanenbewegung engagierte, befand sich Miroslav Krleža in einer Art »innerem Exil«, insofern er sich während der gesamten Zeit des faschistischen *Unabhängigen Staates Kroatien* [Nezavisna Država Hrvatska] unter Hausarrest befand. Nach dem Zweiten Weltkrieg, während der ersten Phase der Machtkonsolidierung und bis zum Konflikt mit der Sowjetunion 1948 versuchte die politisch-ideologische Führung der KP, eine Art »realistische Volkskunst« als künstlerisches Leitmotiv und gleichzeitig als Reminiszenz an die gefallenen Kämpferinnen und Kämpfer des Volksbefreiungskrieges vorzugeben. Einerseits bewegte man sich mit diesem Konzept durchaus im ästhetischen Rahmen des sozialistischen Realismus, andererseits sollte aber auch ein für den multinationalen Staat Jugoslawien typisches und dauerhaftes Bestreben nach einer antifaschistischen Identität und Kontinuität seiner Völker sichtbar gemacht werden. Sowohl in dieser ersten Phase als auch in der unmittelbaren Zeit nach dem politischen Bruch mit der Sowjetunion war die Partei darum bemüht, ihr monolithisches Kunstkonzept als ein fortschrittliches und gleichzeitig einzig gültiges Kunstverständnis zu definieren. Auf dem fünften Kongress der KPJ 1948 konnte sich Radovan Žogović, schon in der Zwischenkriegszeit als doktrinärer Hardliner bekannt, deshalb immer noch in einem kulturkämpferischen Duktus gegen jegliche Novität wenden und den »Kampf gegen Dekadenz und Formalismus innerhalb der Kunst« als noch nicht ausgefochten betrachten.[185] Etwas großväterlicher argumentierte der Schriftsteller Marin Franičević, der

---

185 Zitat nach Lasić, Sukob, S. 253ff.

die jüngeren Kollegen »an die Hand« nehmen wollte, um ihnen das Schreiben beizubringen.[186]

Indes, die politischen Rahmenbedingungen hatten sich nach 1948 zu Ungunsten des konservativen Parteiflügels verändert. Innerhalb der Partei artikulierten vormals dogmatische Ideologen wie Milovan Đilas oder Edvard Kardelj[187] Gedanken, die auf eine zukünftig offenere Diskussionskultur in Jugoslawien hinwiesen. Auch war Jugoslawien darauf angewiesen, den Verlust des großen Verbündeten Sowjetunion nicht nur politisch-strategisch, sondern auch finanziell zu kompensieren. Allen voran die finanzielle Unterstützung durch die USA, die wiederum selbst pragmatische Gründe hatten, Jugoslawien zur Seite zu springen, war für den geplanten Wiederaufbau und das gesellschaftliche Modernisierungsprojekt von großer Bedeutung.[188] Neben geostrategischen Zugeständnissen an den Westen (Beendigung der Unterstützung der griechischen Partisaninnen und Partisanen, Kompromissbereitschaft in der Triest-Frage) konnte eine liberalere Kulturpolitik dabei nur hilfreich sein.

Diese intellektuelle Öffnung verlief nicht geradlinig, aber kontinuierlich. Zu den ersten kritischen Wortmeldungen zählte, nicht zuletzt aus Anlass der Kontroverse um den inkriminierten Parteiideologen Milovan Đilas, ein Aufsatz des Zagreber Soziologen Rudi Supek in der Zeitschrift *Pogledi* [Ansichten]. Supek, ein ehemaliger Resistance-Kämpfer und Buchenwaldhäftling, von der DDR mit dem Orden »Kämpfer gegen den Faschismus 1933–1945« ausgezeichnet, unternahm in seinem 1953 veröffentlichten Text »Warum gibt es bei uns keinen Meinungskampf« den Versuch, über eine allgemein kritische Bestandsaufnahme der intellektuellen Kultur Jugoslawiens auf notwendige Veränderungen hinzuweisen. Seine zentrale These war, dass der Konflikt Jugosla-

---

186 Ebenda, S. 250f.
187 Dazu meine Ausführungen in Kap. 2.1 und 2.2.
188 US-amerikanischen Angaben zufolge betrug das Finanzvolumen der Unterstützung zwischen 1949–1955 1,2 Milliarden Dollar. Siehe dazu ausführlich Tvrtko Jakovina, Socijalizam na američkoj pšenici (1948–1963), Zagreb 2002, hier v.a. S. 43f.; ders., Američki komunistički saveznik. Hrvati, Titova Jugoslavija i Sjedinjene Američke Države, Zagreb 2003.

wiens mit der Sowjetunion nur oberflächlich stattgefunden habe. Anstatt mit den ideologischen Prämissen des Stalinismus und seinen autoritären Methoden grundlegend zu brechen, habe die KPJ nur einen proklamatorischen, für das öffentliche Bild gedachten Bruch mit dem Stalinismus vollzogen. Es sei in Jugoslawien immer noch nicht möglich, offen und ohne Angst um mögliche berufliche Konsequenzen seine Meinung zu sagen. Andersdenkende würden ausgestoßen und als politische Unruhestifter betrachtet.[189] Sein Zagreber Kollege Milan Kangrga, Mitbegründer der Zeitschrift *Praxis* und seit spätestens Anfang der 1960er-Jahren einer der vehementesten linksradikalen Kritiker des jugoslawischen Sozialismus, hatte eine Nummer zuvor in der gleichen Zeitschrift das Problem der Ideologie aufgegriffen und als einen eminenten Entfremdungstatbestand des modernen Menschen ausgemacht. Gerade diese Art der Entfremdung würde in Jugoslawien, auch innerhalb der Kultur, als »Bremse für die progressive Entwicklung der sozialistischen Demokratie« wirken und *eo ipso* den Sinn des Marxismus, den Menschen zu befreien und zum »Zentrum der Problematik« zu erheben, verhindern.[190]

Kritik der Ideologie und Kritik des intellektuellen Monopols – aus diesen beiden Elementen artikulierte sich in den 1950er-Jahren die politische Narration der Häretiker im kulturellen Produktionsfeld des sozialistischen Jugoslawien.

Im Folgenden werden drei kulturelle Ereignisse thematisiert, die einerseits als Dammbrecher für die weitere Befreiung der Kunst wirkten und die andererseits auch eine intellektuelle Ausstrahlungskraft besaßen, sowohl innerhalb Jugoslawiens als auch außerhalb der Landesgrenzen. Beginnend mit der Künstlergruppe *Exat 51* aus Zagreb, die den sozialistischen Realismus innerhalb der bildenden Kunst vollständig verwarf, über die vielfach als »Meilenstein« für

---

189 Supek, Zašto kod nas nema borbe mišljenja?, S. 903–911; Vgl. auch Krunoslav Stojaković, Philosophie, Film, Theater, Literatur – der kritische Intellektuelle in Jugoslawien und die Studentenbewegung 1968, in: Angelika Ebbinghaus (Hrsg.), Die letzte Chance? 1968 in Osteuropa. Analysen und Berichte über ein Schlüsseljahr, Hamburg 2008, S. 149–162; ders./Boris Kanzleiter, 1968 in Jugoslawien, S. 19; Popov, Sukobi, S. 110f.
190 Kangrga, Problem ideologije, S. 792.

die intellektuelle Befreiung Jugoslawiens interpretierte Grundsatzrede von Miroslav Krleža auf dem Schriftstellerkongress 1953 in der slowenischen Hauptstadt Ljubljana bis zu den international renommierten Animationen der Zagreber Trickfilmschule wird ein geraffter Überblick künstlerischer Erneuerung in den jugoslawischen Fünfzigern gegeben. Sie waren Türöffner des beschleunigten Öffnungsprozesses der 1960er-Jahre.

Exat 51 als Dammbrecher
Am 18. Februar 1953 eröffnete eine Gruppe Zagreber Künstler in den Räumlichkeiten des Gewerkschaftshauses der Architektengesellschaft Kroatiens eine Ausstellung mit abstrakten und überwiegend geometrischen Bildern einheimischer Künstler. Damit wurde im sozialistischen Jugoslawien erstmals öffentlich eine Ausstellung initiiert, die eine bewusste Abkehr von jeglicher realistischen Tendenz in der Kunst intendierte. Zur Eröffnung der ersten Ausstellung dieser Gruppe, die nach ihrem Gründungsjahr als *EXAT 51* bezeichnet wurde, kamen knapp 2.500 Besucher in die Räume des Gewerkschaftshauses — eine für die Größe und den Entwicklungsstand Zagrebs beeindruckende Zahl. Die gleiche Ausstellung wurde auch in Belgrad vom 29. März bis zum 5. April gezeigt.[191] Im Begleitkatalog sicherten sich die Künstler gegenüber möglichen politischen Implikationen durch ein Vorwort des sowohl im kulturellen als auch politischen Feld arrivierten Schriftstellers Jure Kaštelan[192] ab. Doch Kaštelan bemühte sich keineswegs um eine diplomatische, den Kulturkadern genehme Argumentationsweise. Vielmehr schrieb er programmatisch von der dogmatischen, schablonenhaften Tradition, die »überwunden« und »zerschlagen« werden müsse. »Ich bin«, so Kaštelan abschließend, »für die Unruhe, für die Suche und das Talent.«[193] Diese talentierte Unruhe zu kanalisieren und dienstbar zu ma-

---

191 Zahlen nach Ivica Župan, Exat 51 i drug[ov]i. Hrvatska umjetnost i kultura u promijenjenim političkim prilikama ranih pedesetih godina 20. stoljeća, Zagreb 2005, S. 14ff.
192 Jure Kaštelan (1919–1990), Schriftsteller und aktiver Teilnehmer des Volksbefreiungskrieges.
193 Zitate nach Župan, Exat 51, S. 15f.

chen, sollte in der Folgezeit ein charakteristischer Wesenszug des jugoslawischen Systems werden. Da eine Rückkehr zur rigiden Kulturpolitik nicht mehr möglich war, unternahmen die ideologischen Kader den Versuch, das kulturelle Feld politisch und institutionell einzubinden, um sich seiner politischen Loyalität zu versichern.[194] So durften etwa mit Vjenceslav Richter, Ivan Picelj und Aleksandar Srnec drei der prägendsten Künstler aus dem Umkreis von *EXAT 51* 1949 den jugoslawischen Pavillon auf den internationalen Messen in Wien und Stockholm gestalten. Ein Jahr später vergab die jugoslawische Regierung auch an expressionistische Künstler aus Zagreb hochdotierte Staatsstipendien für Studienreisen nach Paris.[195] Insofern war die Aussage von Vjenceslav Richter aus dem Jahr 1979, es habe keinerlei »Verfolgungen« gegeben, stattdessen sei man sogar zu »vollwertigen Mitgliedern der Gesellschaft« geworden, zunächst einmal korrekt.[196] Zu den ersten Effekten der sich langsam entwickelnden liberalen Diskussionskultur zählten indes nicht nur die lavierenden und pragmatischen Verhaltensweisen des Parteiapparats, sondern, was evidenter war, auch die ersten inhaltlichen Auseinandersetzungen innerhalb des linksintellektuellen Milieus selbst. Einer der ersten, der sich dezidiert kritisch mit den ästhetischen Auffassungen von *EXAT 51* und abstrakter Kunst auseinandersetzte, war wiederum Rudi Supek. In einem Artikel von 1953 bezeichnete er die abstrakte Malerei als »natürliche Konsequenz des Dehumanisierungsprozesses bürgerlicher Kunst.«[197] Neben ersten Innovationen in der Malerei brachte die Periode der beginnenden 1950er-Jahre auch eine Intensivierung der Übersetzungstätigkeiten in Jugoslawien. Als kulturelle Ereignisse dienten dabei die erstmaligen Übersetzungen von Jean-Paul Sartre und Albert Camus. Sartres

---

194 Marković, Beograd, S. 321ff.; ders., Vom sozialistischen Realismus, S. 33; Župan, Exat 51, S. 14.
195 Župan, Exat 51, S. 116f.
196 Ebd., S. 30f.
197 Rudi Supek, Konfuzija oko astratizma, in: Pogledi 2, 1953, H.6, S. 415–421. Vgl auch ders., Umjetnost i psihologija, Zagreb 1958; ders., Das gespaltene Dasein des bürgerlichen Menschen, in: ders., Soziologie und Sozialismus, Freiburg im Breisgau 1966, S. 191–202.

Tote ohne Begräbnis und *Die respektvolle Dirne* erschienen 1951 in einer jeweiligen Auflage von 6000 Exemplaren, die ersten serbokroatischen Titel von Camus waren 1951 *Der Fremde*, 1952 *Die Pest* und 1958 *Der Fall*.[198]

Krležas Rede

Zu dieser Zeit meldete sich mit Miroslav Krleža erstmals wieder ein Schwergewicht des kulturellen Feldes zu Wort. Nach der Aussetzung des *Konfliktes auf der literarischen Linken* zu Beginn des Zweiten Weltkrieges und den politischen Veränderungen im Zuge des Kominform-Konflikts läutete Krleža mit seiner politischen Generalabrechnung auf dem 1952 in der slowenischen Hauptstadt Ljubljana stattfindenden Schriftstellerkongress das Ende des sozialistischen Realismus als politisch genehmer und geförderter Kunstform in der jugoslawischen Kulturszene ein. Von der Annahme ausgehend, dass der Kunst durch keinerlei Direktiven eine spezifische Art von Engagement verordnet werden könne, formulierte Krleža programmatische Gedanken zur zukünftigen Befreiung der Kunst von politischer Bevormundung. Der Stalinismus habe versucht, eine Kultur des »Nachplapperns« zu installieren und politisch zu legitimieren. Es sei unlogisch, so Krleža, »bewusst die Unwahrheit zu sagen, nur aus dem einen Grund, weil uns eine Art des Denkens aufgezwungen wurde, die nicht mit unseren ästhetischen Auffassungen übereinstimm[t].« Neben einer scharfen Polemik gegen Ždanov, dem er unterstellte, seine Ästhetik würde nur einem einzigen Leitgedanken dienen, nämlich dem politischen Erfolg der KPdSU, widmet sich Krleža auch den Versuchen der Sowjetunion, ihr Sozialismusmodell als hegemoniales Konzept allen Staaten überstülpen zu wollen. Diese Versuche seien »antimarxistisch« und durch keine fortschrittliche Theorie erklärbar.[199] Den Abschluss seiner Rede bildeten Entwürfe für eine zukünftige jugoslawische Kunst, innerhalb derer die sozialistischen und freiheitlichen Errungenschaften des Selbstverwaltungssozialismus

---

198 Župan, Exat 51, S. 122f.
199 Miroslav Krleža, Govor na kongresu književnika u Ljubljani, 5. oktobar 1952., in: ders., Eseji 1, Sarajevo 1973, S. 298–335, hier S. 311, 320, 328f.

thematisiert würden und die im Ausland im propagandistischen Sinne eingesetzt werden könnte. »Unsere sozialistische Literatur«, so führte er aus, solle »als künstlerische Propaganda im Ausland [...] mit ihren Werken beweisen, dass wir uns seit jeher für die künstlerische Schaffensfreiheit eingesetzt haben [...].«[200] Damit dürfte Krleža wohl in erster Linie den *Konflikt auf der literarischen Linken* im Auge gehabt haben, keineswegs aber die Linie und Auffassung eines Großteils des Parteiapparats und seiner kulturellen Kader. Dennoch wurde dieser Rede eine enorme, weil eben offizielle Bedeutung für die Liberalisierung des intellektuellen Lebens in Jugoslawien beigemessen. Offiziell deshalb, weil Krleža nach dem Bruch mit Stalin wieder in die Partei aufgenommen wurde und fortan als kulturelles Aushängeschild galt.[201] Und offiziell auch deshalb, weil sein Argumentationsstrang demjenigen der Partei ähnelte und nicht zuletzt als politische Abrechnung mit dem Stalinismus gedacht war.

Diese Aura des Offiziellen wiederum brachte Krleža auch scharfe Kritiken ein, insbesondere aus linksradikalen Kreisen wurde der Vorwurf der Instrumentalisierung bzw. der politischen Auftragsarbeit erhoben. So wurde das relativ lange Nachkriegsschweigen von Krleža dafür verantwortlich gemacht, dass nach 1945 »die Organisation«, so die Bezeichnung für den Parteiapparat, die »Hegemonie über den Geist« erringen konnte. Deshalb habe die jugoslawische Gesellschaft auch niemals ehrlich , sondern bloß deklarativ mit dem Dogmatismus gebrochen.[202] Ungeachtet solch scharfer Kritiken an der Tiefenwirkung der deklarierten Liberalisierung vergrößerte sich der intellektuelle Freiraum im Feld der kulturellen Produktion, entstanden innovative Projekte, deren Durchführbarkeit noch einige Jahre zuvor illusorisch gewesen wäre.

200 Ebd., S. 330.
201 Siehe dazu Đilas, Jahre der Macht, S. 68. Vgl. auch die Aussagen des Parteivorsitzenden der kroatischen Sektion des BdKJ, Vladimir Bakarić, O sukobu na ljevici, in: Kultura 1971, S. 235–243, hier insb. S. 236. Ferner Flaker, Poetika, S. 184; Popov, Sukobi, S. 113; Vasilije Kalezić, U ime čega pozivati na barikade, in: Polja 14, 1968, S. 25f.
202 Božidar Jakšić, Današnji smisao sukoba na književnoj levici, in: Kultura, 1971, S. 206–210, hier S. 207ff.

Zagreber Animationsfilme
Zu den auch international erfolgreichsten kulturellen Unternehmungen zählten die Produktionen der sogenannten *Zagreber Trickfilmschule* [Zagrebačka škola animiranog filma]. Ihre Besonderheit lag zum einen in der zeichnerischen und ästhetischen Komposition der Filme und zum anderen im Anspruch, gesellschaftliche Themen anzusprechen und kritisch-ironisch umzusetzen. Für Dušan Vukotić, einen der herausragenden Regisseure dieses Genres, beinhaltete die Animation alle Möglichkeiten und war weitreichender als der klassische Dokumentarfilm. »Die Animation«, so formulierte er den programmatischen Standpunkt der Zagreber Trickfilmer, sei nicht »dem Ballast physikalischer Gesetze« verpflichtet, sie sei keine »Sklavin der wortwörtlichen Realität«, und deshalb »imitiere« sie nicht, sondern »interpretiere« das Leben.[203] Die Interpretationen der Zagreber Trickfilmer waren jedoch trotz ihrer spezifischen Freiheiten klar umrissen und mit einer konkreten Botschaft versehen. Für den englischen Filmkritiker Richard Holloway offenbarte die Zagreber Schule ein Novum, sie »setze sich ein für Humanität [...]«, sie »versehe den Trickfilm mit einer Botschaft [...] aus der Wirklichkeit das Streben und Trachten des Menschen nach Höherem zu machen.«[204] In einer ersten Animation thematisierten die Zagreber Cartoonisten noch ein offiziell genehmes Thema, den Konflikt Jugoslawiens mit der Sowjetunion und den gescheiterten Versuch einer Föderation mit Albanien. Unter dem Titel *Veliki miting* [Großes Meeting] kreierten sie ein Szenario, in dem sich Frösche in Albanien treffen, um durch eine Mückenplage das jugoslawische Volk zu zwingen, sich den Direktiven der Sowjetunion zu unterwerfen.[205] Schon der Film *Rotkäppchen* von 1954 erhielt internationale Auszeichnungen, etwa auf dem Filmfestival in Berlin 1955. Die weitere Entwicklung beschleunigte sich 1957 nach der Fusion der Werbefirma »Interpublic« mit dem Film-

---

203 Dušan Vukotić, Scenarij crtanog filma, in: Zlatko Sudović (Hrsg.), Odabrani scenariji i knjige snimanja crtanih filmova Zagrebačke škole, Zagreb 1978, S. 15–22, hier S. 15.
204 Richard Holloway, Z = Zagreb. Die Filmstadt der Cartoonisten, Frankfurt/Main 1995, S. 9.
205 Ebd., S. 10.

studio »Zagreb film« zum zentralen Trickfilmstudio. Der Trickfilm *Premijera* [Premiere] des Regisseurs Nikola Kostelac, der sich ironisierend mit dem Snobismus »der feinen Gesellschaft« auf einer Opernpremiere beschäftigte, wurde 1957 zum ersten weltweiten Erfolg der Zagreber Schule, er erhielt z.B. auf dem Kurzfilmfestival in Oberhausen die Auszeichnung als »besonders wertvoll«.[206]

Neben der internationalen Anerkennung, wie etwa durch den italienischen Schriftsteller Salvatore Quasimodo, der diesen Zeichentrickfilm im Gegensatz zu den Realisationen von Disney aufgrund seiner Aktualität und Gesellschaftskritik als »einzigartig« bezeichnete, erlangten die Trickfilme auch die Anerkennung eines Teils der jugoslawischen Filmkritik, die sie als »unseren filmischen Stolz« bezeichnete.[207] Der konservative Teil der jugoslawischen Kulturöffentlichkeit indes verweigerte dem Zagreber Trickfilm zunächst die Anerkennung. Auch wenn einige Filme wie *Koncert za mašinsku pušku* [Konzert für ein Maschinengewehr, 1959] oder *Inspektor se vratio kući* [Der Inspektor kehrt heim, 1959] international ausgezeichnet wurden (London und San Francisco), bei den einheimischen Festivals kamen diese Filme nicht einmal in die offizielle Konkurrenz. Mit dem Film *Surogat* [Der Ersatz] von Dušan Vukotić, dem dafür 1962 als erstem Nichtamerikaner der Oscar verliehen wurde, erreichte die Zagreber Animationsschule aber ihren Höhe- und Wendepunkt.[208] Gleichzeitig bedeutete dieser Wendepunkt in der uneingeschränkten Popularität des animierten Films auch den Aufstieg des jugoslawischen Dokumentarfilms. Die offiziellen jugoslawischen Kulturrepräsentanten erteilten den Zagreber Animationsfilmern im November 1968, nach den Studentenprotesten und einem Klima allgemeiner Offenheit, zwar die *AVNOJ*-Auszeichnung für ihre Anstrengungen zur »Entwicklung der Sozialistischen Föderativen Republik Jugoslawien im Bereich des Films«, doch die allgemeine Skepsis gegenüber Künstlern und

---

206 Zlatko Sudović (Hrsg.), Pedeset godina crtanog filma u Hrvatskoj. Almanah 1922–1972, Zagreb 1978, S. 138.
207 So der Belgrader Filmkritiker Dragoslav Adamović, in: Ebd., S. 135.
208 Der Film ist teilweise im Internet einsehbar unter dem Link: http://www.zagrebfilm.hr/katalog_film_detail.asp?sif=1039&counter=20&sif_kat=2&modul=dragulji&serijal=

Intellektuellen blieb weiterhin bestehen und äußerte sich immer dann, wenn »eingreifendes Denken« über die von der Partei gezogene Demarkationslinie hinausragte.

3. Formierung des Neuen. Intellektuelle Aufbrüche in der jugoslawischen Kulturlandschaft

Die Verfasstheit des sozialistischen Jugoslawien bewegte sich in einem spezifischen Koordinatensystem, das durch eine pragmatische Liberalität sowie eine machtstrategisch induzierte Rigidität gekennzeichnet war. Das kulturelle Produktionsfeld, in dessen Grenzen sich ein linksradikales Milieu herausbildete, bot dabei aufgrund seiner kognitiven und sozialen Spezifika einen Raum, in dem sich das Mach- und Sagbare weitaus offener gestalten konnte als in klassischen, harten Politikbereichen wie etwa der Innen- und Außenpolitik, der Sicherheits- oder Wirtschaftspolitik.

Als linksradikales Milieu wird, auf halbem Wege Dieter Rucht folgend, ein »soziokultureller Erfahrungs- und Interaktionsraum« verstanden, dessen Mitglieder nicht notwendig gleichartige Lebens- und Berufsbedingungen, dafür aber eine »ausdrückliche *politische* Prägung« aufweisen. Die primäre »politisch-ideologische Charakteristik« ergebe sich, so Rucht, »[…] in erster Instanz aus der Abgrenzung von einer Mehrheitskultur, die als technokratisch, konservativ […]« etc. erfahren werde. Der zweitinstanzliche Widerstand hingegen, den Rucht in seiner Beschreibung für das bundesrepublikanische »linksalternative« Milieu der Siebzigerjahre als »Skepsis gegenüber der traditionellen und erst recht der orthodoxen (Alten) Linken aber auch der […] Neuen Linken im Allgemeinen« bezeichnet, müsste, um diesen Milieubegriff auf die Neue Linke der Sechzigerjahre anwenden zu können, insofern differenziert und aufgebrochen werden, als dass die erwähnte Skepsis der »Nach-Achtundsechziger« gegenüber revolutionären Idealen zwar zutrifft, aber die Kritik an der orthodoxen Linken ebenso inhärenter Bestandteile des »linksalternativen Milieus« der 1960er war und, Dieter Rucht schränkt es in seiner Charakterisierung auch selbst ein, »die Unterscheidung gegenüber der Neuen Linken der 1960er Jahre unscharf« ist.[209] Zwar ist dieses Konzept auf die westdeutsche Gesellschaft ausgerichtet, doch seine Bestimmungsmarken können durchaus und ohne Verlust an analytischer Klarheit auf die jugoslawischen Zustände im Untersuchungszeitraum ausgeweitet werden, insbesondere in ihrer Anwendung auf die linksradikalen Häretiker im kulturellen Produktionsfeld, denen sich diese Arbeit primär widmet. Darin bewegte sich grundsätzlich ein Personenkreis, dessen Tätigkeiten auf geistig-kreativen Arbeitsleistungen beruht. Diese häufig hochpolitisierten *Bildungsarbeiter* [prosvjetni radnici] wurden von einigen Zeitgenossen wie dem Philosophen Svetozar Stojanović oder dem Schriftsteller Dobrica Ćosić gar als »Intellektuelle Gemeinschaft« bezeichnet. Diese *Bildungsarbeiter*, mit dem Auftrag ausgestattet, die intellektuelle und ideelle Formung einer Gesellschaft im Sinne der proklamierten Staatsideologie aktiv mitzugestalten, standen unter permanenter, mal mehr, mal weniger ausgeprägter politischer Beobachtung.[210] Denn auch innerhalb des Bundes der Kommunisten herrschte ein durchaus skeptisches, wenngleich nicht so ausgeprägt negatives Intellektuellenbild wie in anderen sich kommunistisch bezeichnenden Par-

---

209 Einführend Dieter Rucht, Linksalternative Milieus und Neue Soziale Bewegungen in der Bundesrepublik. Selbstverständnis und gesellschaftlicher Kontext, in: Cordia Baumann/Sebastian Gehrig/Nicolas Büchse (Hrsg.), Linksalternative Milieus und Neue Soziale Bewegungen in den 1970er Jahren, Heidelberg 2011, S. 35–59, hier v.a. S. 38f.; Zur theoretischen Betrachtung vgl. auch die Arbeiten in: Sven Reichardt/Detlef Siegfried (Hrsg.), Das Alternative Milieu. Antibürgerlicher Lebensstil und linke Politik in der Bundesrepublik Deutschland und Europa 1968–1983, Göttingen 2010, insb. dies., Das Alternative Milieu. Konturen einer Lebensform, S. 9–24, und Dieter Rucht, Das alternative Milieu in der Bundesrepublik. Ursprünge, Infrastruktur und Nachwirkungen, in: Reichardt/Siegfried, das Alternative Milieu, S. 61–86.
210 Dazu Ron Eyerman, Toward a Meaningful Sociology of the Arts, in: ders./Lisa McCormick (Hrsg.), Myth, Meaning, and Performance. Toward a New Cultural Sociology of the Arts, Boulder/London 2005, S. 13–34, hier v.a. S. 28; ders./Andrew Jamison (Hrsg.), Music and Social Movements. Mobilizing Traditions in the Twentieth Century, Cambridge 1998, S. 108. Von »autoritärer Pädagogik« spricht der Belgrader Soziologe Nebojša Popov, Uvod, in: Praxis. Jun-lipanj 1968. Dokumenti, Zagreb 1971, S. XX.

teien vor.²¹¹ Die Besonderheit in Jugoslawien bestand darin, dass die Einschränkungen nie durchgreifend waren, dass es keine zentral organisierte und operierende Zensurbehörde gab und von Republik zu Republik unterschiedliche Parameter in der Beurteilung dessen, was »schädlich« sein könnte und was nicht, angelegt wurden.²¹² Die Kommunikation in Jugoslawien war insofern keine Einbahnstraße aus Direktiven von oben, sie bewegte sich in einem Beziehungsgeflecht disparater Akteure, insbesondere in der Periode zwischen 1960 und 1970.

Dabei war die linksalternative Intellektuellen- und Künstlerszene gerade in den 1960er-Jahren zu einem bunten und inspirativen Schauplatz konzeptioneller und inhaltlicher Suchbewegungen geworden. Im Kern ging es den Akteuren vor allem um eine Antwort auf die Frage: Hat die Kunst eine rein ästhetische Bestimmung, was einem elitär-bürgerlichen Kunstverständnis entspräche, oder aber findet sich die Bestimmung der Kunst in ihrer gesellschaftspolitischen Relevanz, kann sie demnach »nicht mehr die Flucht vor der Wirklichkeit« sein,²¹³ wie es der Zagreber Kunstphilosoph Danko Grlić formulierte? Jüngere Universitätsdozentinnen- und dozenten, Filmemacher, Theaterregisseure, Schriftstellerinnen und Schriftsteller und sonstige Kulturschaffende optierten vermehrt für eine progressive, eben nicht passive Rolle von Kunst und Wissenschaft. Sie sahen sich als Intellektuelle, deren Position innerhalb der Gesellschaft es zwingend erfordere, mit den Mitteln ihres eigenen »Feldes« und ihrer Kreativität zu den gesamtgesellschaftlichen Fragen der Zeit eingreifend und kritisch Stellung zu beziehen.²¹⁴ Sie

211 Branko Horvat, Razmišljanja o teoriji partije na sadašnjoj etapi socijalizma u Jugoslaviji, in: HDA–1220-CK SKH-D–3529, S. 23–28. Zur instrumentellen Rolle der Intellektuellen in der Sowjetunion siehe einführend Dietrich Beyrau, Intelligenz und Dissens. Die russischen Bildungsschichten in der Sowjetunion 1917–1985, Göttingen 1993; Richard Pipes (Hrsg.), The Russian Intelligentsia, New York 1961; zum künstlerischen Milieu ausführlicher Sheila Fitzpatrick, The Cultural Front. Power and Culture in Revolutionary Russia, Ithaca/New York 1992.
212 Dazu Calic, Geschichte Jugoslawiens, S. 211f.
213 Danko Grlić, Filozofija i umjetnost, Zagreb/Belgrad 1988, S. 22.
214 Der Begriff »Feld« stammt von Pierre Bourdieu und ist Teil eines komplexen theoretischen Durchdenkens künstlerisch-intellektuellen Handelns in-

verstanden sich als kritische und in die gesellschaftlichen Sinn- und Strukturzusammenhänge eingreifende Individuen. In dieser Rollenzuschreibung sahen sie den eigentlichen Wert und den tieferen Sinn ihrer professionellen Tätigkeit. Für den an der Universität Zagreb lehrenden Philosophen Gajo Petrović etwa machte gerade das Denken des Zukünftigen einen »wahrhaften Denker« aus, das »Denken der Revolution« wurde als Wesenskern seiner historischen Rolle ausgemacht.[215] Und sein Belgrader Kollege Ljubomir Tadić sah die Vollendung der sozialistischen Revolution nur »im Bündnis der revolutionären Philosophie mit der revolutionären Klasse« als reale Möglichkeit.[216] Aus beiden Aussagen lässt sich eine enge Verknüpfung mit grundsätzlichen Bestandteilen frühmarxistischer Konzeptionen und ihrem Ruf nach radikaldemokratischer Umorganisierung bestehender Verhältnisse herauslesen.

Neuere kulturhistorische Arbeiten zum sozialistischen Jugoslawien erblicken in der linksradikalen Kritik jedoch eine Art ideologischen Todesstoß für das System. Die eingeleitete Modernisierung und Liberalisierung der Gesellschaft samt der damit einhergehenden Konsumorientierung habe, so die These, in Korrelation mit ihren linksradikalen Kritikern die gesamte sozialistische Idee und das Klassenbewusstsein des Proletariats kontaminiert.[217] Ausgangspunkt dieser These ist zum einen, dass sich der jugoslawische Sozialismus spätestens mit den Wirtschaftsreformen Mitte der 1960er-Jahre unumkehrbar hin zu einer Konsumgesellschaft

nerhalb einer Gesellschaft. In dieser Arbeit wird nicht näher auf eine theoretische Diskussion dieses Ansatzes eingegangen, gleichwohl wird aber der Begriff als eine Art »Sammelbegriff« verstanden und in diesem Kontext zur Beschreibung intellektueller und künstlerischer Tätigkeit verwendet. Zur theoretischen Begründung siehe ausführlich Pierre Bourdieu, Kunst und Kultur, S. 309–447; ders., Meditationen. Zur Kritik der scholastischen Vernunft, Frankfurt/Main 2013, S. 210–246.

215 Zitate nach Gajo Petrović, Mišljenje revolucije. Od ontologije do filozofije politike, Zagreb 1978, S. 237; Radivoj Davidović, O društvenoj ulozi i obavezi intelektualca, in: Student, 20.10.1964, S. 2; Božidar Sekulić, Inteligencija i putevi duhovne izgradnje proletarijata, in: Polja 14, 1968, S. 33f.
216 Ljubomir Tadić, Inteligencija u socijalizmu, in: Filosofija 1, 1967, H.1/2, S. 75–84, hier S. 81.
217 Dimitrijević, Potrošeni socijalizam, 151f.

entwickelt habe, und zum anderen, dass die kulturelle Produktion seitdem vor allem durch ihren populären, konsumorientierten und den Westen adaptierenden Inhalt und Stil geprägt gewesen sei. Die linksradikale Kritik daran, mitsamt den Studentenprotesten, erscheint dabei als vollständiges Randphänomen, bestenfalls als eine wiederum vom Westen inspirierte Gegenkultur, als »theatrale ›Scheinrevolution‹.«[218] So attraktiv eine solch vereinfachende Argumentationslinie angesichts der zweifellos vorhandenen und im Laufe der Zeit immer dominanter auftretenden Konsumorientierung auch erscheinen mag, entspricht sie nicht der Komplexität historischer Entwicklungsprozesse. Nebenbei unterschlägt sie auch die kontinuierliche Präsenz und in bestimmten historischen Episoden auch gesellschaftliche Relevanz intellektueller Eingriffe einer genuin jugoslawischen radikalen Linken.

Das linksradikale Milieu verstand sich niemals als Systemopposition, seine Protagonistinnen und Protagonisten waren keine Dissidenten im Stile eines Milovan Đilas. Ihr eigener Anspruch an die Reichweite ihrer gesellschaftspolitischen Reflexionen und kulturellen Produktion war die Überführung der jugoslawischen Revolution aus der begrenzten politischen Sphäre in die Offenheit und Freiheit versprechende soziale Dimension, in der »die freie Entwicklung eines jeden die Bedingung für die freie Entwicklung aller« sei.[219] Die Verwunderung des Belgrader Historikers Predrag Marković darüber, dass sich diese Intellektuellen »kommunistischer« verhielten als die verantwortlichen Parteifunktionäre, ist dem Fehlschluss geschuldet, den Konflikt zwischen oppositionellen Intellektuellen und der Machtelite per se und grundsätzlich als einen Systemkonflikt zwischen Antikommunisten und Kommunisten verstehen zu wollen. Es ist dies eine Negierung der Möglichkeit einer linkssozialistischen Opposition und die Simplifizierung

---

218 Ebd., S. 35, 68f.
219 Zitat nach Karl Marx/Friedrich Engels, Das Kommunistische Manifest, in: dies., Gesammelte Werke, Bd.IV: Mai 1846-März 1848, Berlin (O) 1959, S. 459–493, hier S. 482. Mit einem ähnlichen Zugang Ernst Bloch, Freiheit und Ordnung. Abriß der Sozialutopien, Leipzig 1985; ders., Geist der Utopie, Frankfurt/Main 1971. Siehe ferner Heller, Philosophie des linken Radikalismus, S. 140–181.

von tiefgreifenden Konflikten innerhalb der Linken auf die Formel, wonach linke Opposition lediglich als interner Konflikt, als »Streit innerhalb der roten Familie« betrachtet werden könne.[220]

Die linksradikalen Häretikerinnen und Häretiker im kulturellen Produktionsfeld beanspruchten ein gesellschaftspolitisches Mandat, um ihre eigene Selbstverortung, ihr Selbstverständnis als kritische Beobachter und Kommentatoren der Zeitläufte einlösen zu können. Vor allem im Rahmen der Gesellschaftswissenschaften wähnte man die Dekade des Positivismus und der Legitimitätsbeschaffung für politische Eliten am Ende. An seine Stelle sollte eine aktive, ideologisch ungerichtete und antizipierend-kritische Weltsicht treten. Das gemeinsame Ziel, der demokratische Ausbau des jugoslawischen Sozialismus, könne, so die immer attraktiver und einflussreicher werdende Auffassung, nur über eine »revolutionärkritische«, niemals jedoch über eine »instrumentelle« Kritik erreicht werden.[221] Hieraus ergab sich demnach die logische Schlussfolgerung, dass in Jugoslawien ein instrumentelles Kritikverständnis, eine Kritik der Kosten-Nutzenkalkulation vorherrsche, was dem Fortschritt des Sozialismus im Wege stehe. Seinem proklamierten Selbstbild nach war aber der Bund der Kommunisten diejenige Organisation, die als kritische Vorhut der Gesellschaft den Weg zum Sozialismus ebnen sollte.

In ihrer öffentlichen Selbstdarstellung wie in der öffentlichen Fremdwahrnehmung wirkten diese Akteure wie ein Ensemble, das, folgt man etwa Erving Goffmann, »als eine Gruppe von Individuen« bezeichnet werden kann und das eng zusammenarbeiten musste, um eine gegebene Situationsbestimmung, die radikaldemokratische Begleitung und Reform der jugoslawischen Wirklichkeit, aufrecht zu erhalten.[222]

220 Vgl. Marković, Beograd, S. 377. Im Gegensatz dazu Gajo Petrović, Jugoslavenska filozofija danas, in: Filozofija 10, 1966, H. 4, S. 459–466, hier insb. S. 465.
221 Božidar Jakšić, Društvena kritika između revolucionarnog čina i instrumentalizma, in: Polja 14, 1968, S. 13f; Ähnlich auch Rade Kuzmanović, Portret pamfletiste, in: Student, 03.11.1964, S. 8.
222 Erving Goffmann, Wir alle spielen Theater. Die Selbstdarstellung im Alltag, München 2003, S. 86.

Die Einsicht in die Notwendigkeit strukturaler Änderungen war keine exklusiv-philosophische, im Gegenteil: Junge Theatermacherinnen ebenso wie die Regisseure des sich allmählich entwickelnden Dokumentar- und Spielfilms handelten im Sinne einer ähnlich motivierten Situationsdeutung. Die daraus resultierenden Implikationen für die Staats- und Parteieliten waren durchaus delikat, präsentierte sich doch ein solches Projekt zwar als Bejahung der sozialistischen Verfassungskonzeption,[223] gleichzeitig aber auch als Negation der Verfassungswirklichkeit eines Staates, dessen offizielle Selbstdarstellung einer »schonungslosen Kritik alles Bestehenden« verpflichtet war und die als instrumenteller Kritikansatz ja gerade durch das linksradikale Milieu infrage gestellt wurde. Noch 1954 hatte Edvard Kardelj anlässlich der Verabschiedung der neuen Verfassung proklamiert, dass »nichts, was geschaffen wurde [...]« so heilig sein dürfe, »dass es nicht übertroffen werden könnte oder durch etwas ersetzt, was noch fortschrittlicher, noch freier, noch menschlicher« sei.[224] Gerade aus diesem scheinbaren Widerspruch heraus entfalteten die Häretikerinnen und Häretiker ihren subversiven Charakter, machten sie es den politischen Machteliten so schwer, eine glaubwürdige Kritik an ihnen zu formulieren. Die Subversivität der jugoslawischen Kunst- und Kulturszene entfaltete sich als Widerstand gegen die alltägliche, politisch-kulturelle Praxis mittels eines deutlichen Bekenntnisses zur offiziellen, politisch-gesellschaftlichen Zielsetzung.[225] Nicht in der Unterhöhlung oder Abwertung des Selbstverwaltungssozialismus lag demnach die politische Sprengkraft, sondern in der expliziten Bejahung des Verfassungsgedankens. Somit erschienen nicht die kritischen Intellektuellen als potentielle

---

223 In der Verfassung von 1963 hieß es diesbezüglich explizit, dass »die unverletzbaren Grundlagen der Position und der Rolle des Menschen« gebildet werden durch »die Selbstverwaltung der arbeitenden Menschen« und »demokratische politische Beziehungen, welche dem Menschen die Realisierung seiner Interessen ermöglichen«. Zitate nach Verfassung der Sozialistischen Föderativen Republik Jugoslawien (SFRJ) von 1963, abgedruckt in: Kanzleiter/Stojaković, 1968 in Jugoslawien, S. 208f.
224 Zitat nach Popov, Sukobi, S. 106f.
225 Vgl. dazu einführend Agnoli, Subversive Theorie, S. 21.

Verfassungsfeinde, sondern die politische Machtelite. Auf einer tiefer liegenden Ebene, der Ebene von Macht- und Einflussmöglichkeiten, und damit untrennbar verbunden der Distinktions- und Definitionskämpfe innerhalb des kulturellen Produktionsfeldes, offenbarte diese Auseinandersetzung auch ihr grundsätzlich politisches Potential: Die Frage nach der Kommunikationsoffenheit innerhalb eines tendenziell monolithischen, Meinungsdiversität scheuenden Systems stand zur Debatte.

Der Ausgang dieses Konflikts hing nicht nur vom ›Wollen‹ und Engagement der intellektuellen Tabubrecher ab. Vielmehr bedurfte es eines externen Mitspielers, der kraft seiner politischen Autorität die Suchbewegungen des »Zukünftigen« zuließ und gegenüber der Tradition, den Bewahrern favorisierte.[226] Diese Stellung des mächtigen externen Mitspielers konnte in Jugoslawien aber nur die Kommunistische Partei bzw. der Bund der Kommunisten ausfüllen. In einer vor einigen Jahren erschienenen Festschrift hat der slowenische Philosoph Lev Kreft diese Meinungspluralität durchaus treffend als »geliehene« Artikulationsmöglichkeit bezeichnet, denn jede »öffentliche Intellektuellen- und Künstlerstimme« gehörte, so Kreft, im Endeffekt »dem öffentlichen Raum, und der öffentliche Raum lag im Besitz der Macht«.[227] Die Grenzen der Parteiliberalität markierten somit die Spannweite und die Bedingungen für die Artikulationsmöglichkeit von Künstlerinnen, Künstlern und Intellektuellen. Die besondere Position Jugoslawiens als politischer Puffer zwischen den ideologischen Blöcken ließ die Grenzen der inneren Demokratisierung und Pluralisierung in diesem Land großzügiger ausfallen als im ›realsozialistischen‹ Block.

226 Bourdieu, Regeln der Kunst, S. 370; Vgl. auch Gilcher-Holtey, Eingreifendes Denken, S. 9; dies., Theater und Politik. Bertolt Brechts ›Eingreifendes Denken‹, in: dies., Zwischen den Fronten. Positionskämpfe europäischer Intellektueller im 20. Jahrhundert, Berlin 2006, S. 117–151, hier v.a. S. 140.
227 Lev Kreft, Estetika i marksizam, in: Gordana Škorić (Hrsg.), Za umjetnost. Zbornik radova u čast Danku Grliću povodom dvadeset godina od njegove smrti, Zagreb 2004, S. 37–51, hier S. 41f.

Der hier durchscheinende »Konflikt um die Zukunft« (Pierre Bourdieu) barg insbesondere für die künftige Ausrichtung der Philosophie neue Freiheiten und Möglichkeiten. Der politische Konflikt der jugoslawischen Kommunisten mit der Sowjetunion eröffnete die Chance auf einen doppelt codierten Emanzipationsprozess. Die bisherigen Sachwalter und Interpreten des Marxismus, größtenteils in der Sowjetunion ideologisch geschult, verloren ihre Deutungshoheit. Für die junge Generation jugoslawischer Philosophen eröffnete sich dadurch der Raum für eine zunächst offiziell sogar erwünschte Häresie.[228] Der Kampf zwischen »Herrschenden« und »Beherrschten«, zwischen denen, die um ihre ideelle »Kontinuität« besorgt waren, und jenen, die um »Diskontinuität« und »Revolution« rangen, wurde in Jugoslawien vornehmlich als Folge notwendig gewordener, politischer Neujustierungen initiiert, und in ihnen errangen die Häretiker zunächst die wissenschaftliche Deutungshoheit. Zum anderen erweiterte sich der begonnene philosophische Emanzipationsprozess vom engen wissenschaftsinternen Bereich auf die Emanzipation von politischer Bevormundung durch den Staats- und Parteiapparat im Allgemeinen. War die philosophische Abgrenzung vom Sowjetmarxismus zunächst ein politisch erwünschter Effekt zur Legitimation des jugoslawischen Sozialismus, so verließen die jugoslawischen Philosophen aber mit dem Beginn einer immer grundsätzlicher werdenden Kritik der innerjugoslawischen Verhältnisse diesen Pfad des politischen Konsenses mit der Parteielite und forderten nunmehr die politische Orthodoxie heraus.

---

228 Bis 1948 dominierte die russische/sowjetische philosophische Literatur in Jugoslawien. Neben zwölf einheimischen Arbeiten aus diesem Bereich wurden 61 sowjetische Studien ins Serbokroatische übersetzt. Stalins *Kleine Geschichte der KPdSU/B* wurde etwa in einer Auflage von 350.000 Exemplaren gedruckt. Zahlen nach Marković, Beograd, S. 359. Zur Analphabetenrate und Bildungsentwicklung in Jugoslawien siehe Calic, Geschichte Jugoslawiens, S. 221f. Noch 1961 galten in Jugoslawien knapp 30% der über 15-jährigen Bevölkerung als Analphabeten. Siehe dazu HDA–1220-CK SKH-D–3529, S. 14.

3.1 Philosophie als Befreiungswissenschaft. Praxis und die »Negation der Negation«

»Marxistische Philosophie ist die der Zukunft,
also auch der Zukunft in der Vergangenheit; so ist sie,
in diesem versammelten Frontbewußtsein, lebendige,
dem Geschehen vertraute, dem Novum verschworene
Theorie-Praxis der begriffenen Tendenz.«[229]

Die ersten häretischen Ansätze innerhalb der jugoslawischen Philosophie begannen mit der Auseinandersetzung um das sowjetische Erbe und seiner spezifischen Interpretation der marxistischen Staats- und Gesellschaftstheorie. Der Dialektische Materialismus, die Widerspiegelungstheorie, die Staats- und Eigentumsfrage sowie die Organisation der Partei als Avantgarde der Arbeiterklasse und die Stellung des Individuums sowohl im Produktionsprozess als auch im gesellschaftlichen Ordnungssystem standen ab 1948 zur Disposition und wurden neu verhandelt.[230]

Nach dem politischen Bruch Jugoslawiens mit der Sowjetunion befand sich die Philosophie als akademische Disziplin noch im Fokus der politischen Erwartungshaltung, schließlich erhoffte bzw. erwartete die politische Führung der KPJ nichts weniger als eine wissenschaftliche, genauer: marxistisch-wissenschaftliche Rechtfertigung ihres politischen Vorgehens. Diese Rolle auszufüllen, gestaltete sich indes komplizierter als von der politischen Führung gedacht, hatte ein Großteil der älteren Philosophen doch in Russland bzw. der Sowjetunion studiert. Sie waren, sofern sie nicht zu den wenigen bürgerlichen Intellektuellen gehörten, überzeugte Anhänger der sowjetischen Philosophie und ihrer ökono-

---

229 Ernst Bloch, Das Prinzip Hoffnung, 3.Bde., hier Bd.1, Frankfurt/Main 1970, Vorwort, S. 8.
230 Dazu grundsätzlich Veselin Golubović, S Marxom protiv Staljina. Jugoslavenska filozofska kritika staljinizma 1950–1960, Zagreb 1985, S. 41–76; Vanja Sutlić, Bit i suvremenost. S Marxom na putu k povijesnom mišljenju, Sarajevo 1972.

misch-materialistischen Grundausrichtung.[231] In das intellektuelle Vakuum strömten daher vermehrt jüngere Philosophen, die gerade erst im Begriff waren, ihre Promotionen abzuschließen und eine Universitätskarriere zu beginnen. Ihre kritischen Reflexionen über die ideologische Devastation des Marxismus in der stalinistischen Sowjetunion unterlagen keinerlei politisch motivierter Einschränkung. Auf diesem Feld agierten sie tatsächlich im ›Einklang‹ mit der politischen Führung, die sich durch diese Arbeiten eine zusätzliche Legitimation erhoffte.[232] Wie brüchig dieser Einklang jedoch war, sollte sich alsbald zeigen. Kritisches Gedankengut im Dienste der politischen Selbstlegitimation zu fördern bzw. zu tolerieren – diese Liberalität kostete die Staats- und Parteiführung wenig. Die Ambitionen der aufkommenden jüngeren linken Intellektuellen jedoch, nicht nur die Sowjetunion aus der Perspektive eines revitalisierten Marxismus zu betrachten, sondern auch die politische Wirklichkeit Jugoslawiens mit den gleichen Instrumentarien und dem gleichen kritischen Impetus zu untersuchen, stießen bei der politischen Elite aber auf offenes Misstrauen. In der Folgezeit bildeten sich, mit je unterschiedlicher Publikationsdauer, unterschiedliche Foren, in denen diese jungen Häretikerinnen und Häretiker

231 Dazu Petrović, Jugoslavenska filozofija danas, hier v.a. S. 461; ders., Die jugoslawische Philosophie und die Zeitschrift *Praxis*, in: ders. (Hrsg.), Revolutionäre Praxis. Jugoslawischer Marxismus der Gegenwart, S. 7–21, hier S. 10–13; Miladin Životić, Socijalistički humanizam i jugoslovenska filozofija, in: Filosofija 2, 1968, H.1/2, S. 111–120. Vgl. auch die Bemerkungen von Milan Kangrga zum damaligen Doyen der jugoslawischen Philosophie Dušan Nedeljković, den Kangrga im Zusammenhang mit der Konferenz der jugoslawischen philosophischen Gesellschaft 1960 auf Bled als Vertreter der »orthodoxen« Schule bezeichnete. Kangrga, Šverceri vlastitog života, S. 23, 80; Stojanović, Kritik und Zukunft, S. 11. Siehe auch Ludvik Vrtačić, Der jugoslawische Marxismus. Die jugoslawische Philosophie und der eigene Weg zum Sozialismus, Freiburg/Breisgau 1975, hier v.a. S. 35–56.
232 Siehe u.a. die ausführlichen Aufsätze von Petrović, Filozofija u SSSR-u od oktobarske revolucije do 1938., I., S. 79–86, sowie ders., Filozofija u SSSR-u od oktobarske revolucije do 1938., II., in: Pogledi 2, 1953, H. 3, S. 149–159; Mihajlo Marković, Revizija filozofskih osnova marksizma u SSSR-u, Belgrad 1952; Vanja Sutlić, Politička situacija naše filozofije, in: Naši dani 118, 1962, S. 2. Eine Synthese der sowjetischen Philosophieentwicklung aus der Perspektive der jugoslawischen Linksphilosophie bietet Predrag Vranicki, Geschichte des Marxismus, Bd.2, Frankfurt/Main 1983, S. 568–684.

ihre wissenschaftlichen Arbeiten zur Diskussion stellen und ihre Kontroversen ausfechten konnten. Neben frühen Gründungen wie *Pogledi* [Sichtweisen] 1951 und *Naše teme* [Unsere Themen] 1952 avancierten die Zeitschriften *Filosofija*, *Gledišta* [Ansichten] und *Razlog* [Grund] zu wichtigen Orten kritischer Kommunikation. Zu einem kulturellen und intellektuellen Ereignis entwickelte sich jedoch seit ihrer ersten Nummer im Jahr 1964 die in Zagreb erscheinende Zeitschrift *Praxis*. Sie formierte nicht nur zu einem Gutteil den kognitiven Orientierungsrahmen jugoslawischer Linksradikaler, sondern wurde auch zum Inbegriff einer jugoslawischen, sozialistisch ausgerichteten Philosophie.

Wer waren die Köpfe hinter dieser Zeitschrift, die sogar in einem touristischen Länderatlas zu Jugoslawien aufgeführt wurde, wenn auch fälschlicherweise neben Milovan Đilas als »Systemopponent« verbucht?[233] Was war ihr Programm, wogegen richtete sich ihre Kritik, und wofür stand sie ein?

Zunächst kann festgehalten werden, dass weder die redaktionellen Mitarbeiter noch die durch sie initiierte Zeitschrift eine plötzliche, unerwartete oder neuartige Erscheinung darstellten. Es wurden bereits intellektuelle Vorläuferblätter wie *Pogledi* und *Naše teme* ebenso genannt wie einige der hauptsächlichen Protagonisten wie Rudi Supek, Gajo Petrović oder Milan Kangrga. Doch war der Erscheinungszeitraum dieser Periodika entweder zu kurz [Pogledi] oder aber sie gerieten redaktionell unter die Ägide parteigenehmer(er) Journalisten und Wissenschaftlerinnen und Wissenschaftler [Naše teme], sodass die intellektuelle Physiognomie sich deutlich veränderte und weniger Platz für eine offene und kritische Diskussion bot.[234] Die Initiatoren und leitenden redaktionellen Mitarbeiter beider Zeitschriftenprojekte veränderten trotz dieser anfänglichen Schwierigkeiten bei der Suche nach einem unabhängigen Publikationsort ihren kritischen Anspruch nicht. Mit Milan

233 Wilhelm Ziehr (Red.), Weltreise. Alles über alle Länder unserer Erde, Bd. 4: Europa: Polen, Tschechoslowakei, Ungarn, Rumänien, Jugoslawien, Bulgarien, Albanien, Griechenland, Zypern, München 1971, S. 265–331, hier S. 265.
234 Zum Verbot der Zeitschrift *Pogledi* wie auch zur Entwicklung innerhalb der Zeitschrift *Naše teme* vgl. die Ausführungen bei Kangrga, Šverceri vlastitog života, S. 19ff.; Popov, Sukobi, S. 115; ders., Sloboda i nasilje, S. 3f.

Kangrga und Vjekoslav Mikecin gehörten zwei spätere Autoren der *Praxis* schon zum Initiatorenkreis der *Naše teme*. Auch war der Soziologe Rudi Supek nicht nur Herausgeber der aufgrund seines Artikels zum Problem der Meinungsfreiheit verbotenen *Pogledi*, sondern später ebenfalls Redaktionsmitarbeiter der *Praxis* und Präsident des Organisationskomitees der Sommerschule auf Korčula. Die Konfrontation zwischen diesen jungen »Häretikern« und ihren »orthodoxen« akademischen Lehrern verschärfte sich seit Beginn der 1960er-Jahre. Formal einer akademisch-philosophischen Streit- und Diskussionskultur aufgeschlossen, erwiesen sich die älteren Philosophen aufgrund ihrer philosophischen Ansätze und Ansichten als immer weniger konsensfähig gegenüber den jüngeren Kolleginnen und Kollegen.

Ein erster, auch von einer nichtakademischen Öffentlichkeit wahrgenommener Konflikt zwischen beiden Lagern fand vom 10.–11. November 1960 im slowenischen Kurort Bled anlässlich des jährlichen Symposiums der *Jugoslawischen Gesellschaft für Philosophie und Soziologie* [Jugoslovensko udruženje za filozofiju i sociologiju] statt. Dem Rahmenthema »Probleme der Widerspiegelungstheorie« folgend, erhoben Philosophen wie Gajo Petrović, Milan Kangrga (beide von der Philosophischen Fakultät der Universität Zagreb), Mihailo Marković und Miladin Životić (beide von der Philosophischen Fakultät der Universität Belgrad) die als schöpferisch verstandene, menschliche Praxis zum Ausgangspunkt jedweder Gesellschaftsanalyse, womit sie auch ihren späteren Zeitschriftentitel vorwegnahmen, während die alte Philosophengarde um die Belgrader Universitätsprofessoren Dušan Nedeljković, Andrija Stojković und Vuko Pavičević die Widerspiegelungstheorie nach sowjetischem Vorbild verteidigten und zur Grundlage der historisch-gesellschaftlichen Bewegungsprozesse erklärten.[235] Für

---

235 »Die Widerspiegelungstheorie widerspricht offensichtlich dem Marxschen Begriff vom Menschen. Wichtiger noch: sie kann die Phänomene des Bewußtseins, des Wissens und der Wahrheit nicht befriedigend erklären«. Zitat nach Gajo Petrović, Wider den autoritären Marxismus, Frankfurt/Main 1967, S. 59; ders., Jugoslavenska filozofija, S. 461; ders., Die jugoslawische Philosophie, S. 12; Kangrga, Šverceri vlastitog života, S. 23f.; Popov, Sukobi, S. 116f.; Marković, Beograd, S. 369f.; Golubović, S Marxom; Sutlić, Bit i suv-

Gajo Petrović war die Widerspiegelungstheorie schlichtweg »unvereinbar« mit dem Marxismus und in ihrer reinen Form gänzlich unbrauchbar.[236] Sein Kollege Mihailo Marković kritisierte insbesondere den »mechanistischen Materialismus«, der keinen Platz für die schöpferische Tätigkeit des Menschen vorsehe. In seinem Vortrag »Die Praxis als grundlegende Kategorie der Erkenntnistheorie« warf er »vielen Marxisten« vor, sie hätten, gemessen an ihrer Praxis, Marxens Feuerbachthesen nicht verstanden, dabei seien diese lediglich »eine Zuspitzung von Ansichten, die er schon in den Ökonomisch-philosophischen Manuskripten detailliert ausgeführt« habe, ja mehr noch, die in der »Deutschen Ideologie, im Kapital und anderen Werken von Marx hervorgehoben wurden und auf die Engels und Lenin später hingewiesen haben«.[237] Die Widerspiegelungstheorie sei, so Marković weiter, für die marxistische Philosophie »untypisch«, sie würde »nicht im entferntesten das Neue ausdrücken, das Marx in die Philosophie eingebracht hat«,[238] nämlich die »praktische Tätigkeit konkreter, empirisch gegebener Menschen unter bestimmten historischen Bedingungen ihrer Existenz.«[239] Der erste große Richtungskonflikt innerhalb der jugoslawischen Philosophie entspann sich somit an grundsätzlichen Deutungsfragen. Er veranlasste die parteieigenen Konferenzspione zur resignierten Feststellung, diese Konferenz sei »wahrlich ein Chaos«[240] gewesen, und vor allem: Er legte den Grundstein

     remenost. In einer einflussreichen Belgrader Literaturzeitschrift wurde diese Konferenz gar als Aufeinandertreffen zwischen »philosophischen Denkern« und solchen, die lediglich Fachbuchwissen nachsagen, charakterisiert. Milan Damnjanović, Odraz i stvaralaštvo. Povodom zbornika ›Neki problemi teorije odraza‹, in: Književne novine 155, 1961, S. 1f.
236 Gajo Petrović, Istina i odraz, in: Jugoslovensko udruženje za filozofiju (Hrsg.), Neki problemi teorije odraza. Bled, 10.–11. novembra 1960. Referati i diskusija na IV. stručnom sastanku udruženja, Zrenjanin 1960, S. 27–32.
237 Mihailo Marković, Praksa kao osnovna kategorija teorije saznanja, in: Jugoslovensko udruženje za filozofiju (Hrsg.), Neki problemi teorije odraza, S. 11–25, hier S. 13.
238 Ebd., S. 16.
239 Ebd., S. 14.
240 Zitat nach Arhiv Jugoslavije [im folgenden AJ] – CK SKJ – VIII-II/2-B–177 (K–12), Stenografske beleške sa sednice Komisije za ideološka pitanja CK SKJ, održane na dan 2. novembra 1963. godine, S. 9.

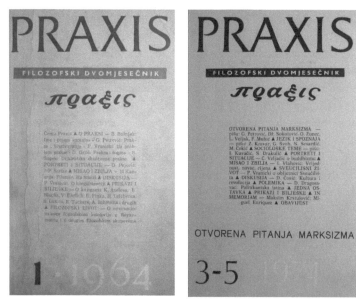

Titelblatt der ersten Nummer der *Praxis*

Titelblatt der letzten Nummer der *Praxis*

zur intellektuellen Affirmation dieser später gemeinhin als *Praxis*-Philosophie bezeichneten Denkströmung.

Ob aber die freie intellektuelle Betätigung in Jugoslawien jemals ein Niveau erreichte, von dem aus sie einzig kraft der »Autorität des Wissens und der Begabung« die »Autorität der Macht« ersetzen konnte, wie es Marković formulierte, dieser Frage soll im Folgenden nachgegangen werden.[241]

Begründung der Zeitschrift »Praxis«

Unter dem institutionellen Dach der *Kroatischen Philosophischen Gesellschaft* [Hrvatsko filozofsko društvo] kam es 1964 auf Initiative von Gajo Petrović zur Herausgabe der ersten Nummer der *Praxis. Philosophische Zweimonatsschrift* [Praxis. Filozofski dvomjesečnik]. Im Einleitungstext »Wozu Praxis« [Čemu Praxis] wurde die zukünftige Ausrichtung der Zeitschrift von der Redak-

---

241 Marković, Dialektik, S. 10.

tion als eine zwar »philosophische«, aber nicht »rein fachliche« skizziert, als eine vor allem auch »[…] über die aktuellen Probleme des jugoslawischen Sozialismus, der zeitgenössischen Welt und des Menschen in ihr […]« debattierende Zeitschrift, deren Ziel es sei, einen Beitrag zur »Entwicklung des authentischen, humanistischen Sozialismus« zu leisten.[242] Die Redaktion bestand ausschließlich aus Mitarbeitern der Zagreber Universität, in erster Linie der Fakultät für Philosophie und der ihr angeschlossenen Abteilung für Soziologie.[243] Zum erweiterten Redaktionsbeirat gehörten aber Wissenschaftler und Wissenschaftlerinnen aus dem gesamten Staatsgebiet, darunter die Belgrader Philosophen und Philosophinnen Mihailo Marković, Svetozar Stojanović, Zagorka Pešić-Golubović, Ljubomir Tadić und Miladin Životić. Seit 1966 bestand, aufgrund der Herausgabe einer regelmäßigen internationalen Ausgabe, zudem ein internationaler Redaktionsbeirat, dem u.a. Jürgen Habermas, Ágnes Heller, Henri Lefèbvre, Georg Lukács, Herbert Marcuse, Erich Fromm, Karel Kosík und Lucien Goldmann angehörten.

Nahezu alle Redaktionsmitglieder- und mitarbeiter befanden sich am Beginn ihrer universitären Laufbahnen, waren in den 1920er-Jahren geboren und häufig als Jugendliche schon derart politisiert, dass sie aufseiten der Partisaninnen und Partisanen gegen die faschistische Besatzung Jugoslawiens kämpften.[244] Eine besonderes biografisches Element wiederum hatte der Kulturtheoretiker Danko Grlić, der als vermeintlicher *Kominform*-Anhänger zwischen 1948/49 einige Monate auf der Strafinsel Goli otok verbrachte. Die Redaktion war aber auch ein ausgemachter Herrenclub, mit der Belgrader Soziologin Zagorka Pešić-Golubović gehörte nur eine Frau dem erweiterten Redaktionsbeirat an, und in zehn Erscheinungsjahren, darauf wies unlängst die Zagreber

---

242 Redakcija, Čemu Praxis?, in: Praxis 1, 1964, H.1, S. 3–6, hier S. 3.
243 Neben Gajo Petrović gehörten noch Branko Bošnjak, Danko Grlić, Milan Kangrga, Danilo Pejović, Rudi Supek, Ivan Kuvačić und Predrag Vranicki der Praxis-Redaktion an.
244 Aktive Teilnehmer am antifaschistischen Widerstand waren Danilo Pejović, Ivan Kuvačić, Rudi Supek in der französischen Résistance, Predrag Vranicki, Mihailo Marković und Ljubomir Tadić.

Philosophin Ankica Čakardić hin, veröffentlichte die Redaktion nur 15 von Frauen verfasste Texte.[245]

Innerhalb der Redaktion herrschte dennoch eine theoretische und thematische Diversität, insbesondere wenn auch die erweiterte Mitarbeiterschaft aus anderen jugoslawischen Universitäten hinzugezogen wird. Die Klammer, die diese Intellektuellen zusammenhielt und die Öffentlichkeit von der *Praxis*-Philosophie sprechen ließ, war ihr ideelles Bekenntnis zum Grundprinzip des sozialistischen Humanismus und die Betonung der frühmarxistischen Forderung nach einer »Entfesselung der Schöpfungskraft« eines jeden einzelnen Menschen. Dies implizierte sowohl die Freiheit der eigenen Schöpfungskraft als auch diejenige der Philosophie. Das Bekenntnis zur Praxis als einer Grundkategorie menschlichen Emanzipationsbestrebens war zugleich eine Anleitung zur eigenen Handlungsweise.[246] Sie war aber auch das zentrale Element und ein bestimmendes Kriterium in den theoretischen Auseinandersetzungen mit Problemstellungen, wie sie sowohl in staatssozialistisch als auch kapitalistisch verfassten Systemen zum Ausdruck kamen: gesellschaftliche Entfremdungszustände und ihre Überwindungsmöglichkeiten im Selbstverwaltungssystem oder die Bürokratiekritik, die sich in Jugoslawien bei einigen Autorinnen und Autoren zu einer allgemeinen marxistischen Staats- und Institutionenkritik entwickelte. Doch welches Praxis-Verständnis lag diesen Punkten zugrunde? Was war das Spezifische an dieser Zeitschrift, die an prominenter Stelle durch die offizielle sowjetische Philosophiezeitschrift *Voprosy filosofii* [Fragen der Philosophie] als »führendes Organ« der internationalen Neuen Linken bezeichnet wurde?[247]

---

245 Ankica Čakardić, Like a Clap of Thunder. Three Essays on Rosa Luxemburg, Belgrade 2019, S. 97.

246 Flechtheim spricht von einer Art »marxistischen Personalismus«, der sich innerhalb der Zeitschrift manifestiere. Siehe Ossip K. Flechtheim, Die Praxisgruppe und der Humanismus, in: ders. (Hrsg.), Marxistische Praxis, München 1973, S. 35–52.

247 Dimitrij I. Česnokov, Zaoštravanje idejno-političke borbe i suvremeni revizionizam, in: Praxis 6, 1969, S. 325–337, hier S. 326. Dazu auch Helmut Dahm, Das Ende der Evolution wider Willen, in: Studies in Soviet Thought 10, 1970, S. 167–203.

Praxisbegriff
Schon der italienische Marxist und Theoretiker der PCI [Partito Comunista Italiano] Antonio Gramsci hatte die Praxis als eminente Kategorie zur Mobilisierung der Massen definiert. Nicht in der Rezeption theoretischer Programme, sondern in der konkreten Handlung eines jeden Einzelnen liege, so Gramsci, die Möglichkeit einer Überwindung der bestehenden Verhältnisse. Der Arbeiterklasse obliege die Aufgabe, eine Identität zwischen Theorie und Praxis zu schaffen, eine Identität, in der die Theorie die Praxis ebenso perpetuiere, wie die Praxis die Theorie im geschichtlichen Emanzipationsprozess radikalisiere. Eben dieser Gleichklang sei, so Gramscis Argumentation, das kritische Moment in gesellschaftlichen Umbruchsituationen, er entscheide über Erfolg oder Misserfolg einer revolutionären Umwälzung.[248]

Bei den jugoslawischen *Praxis*-Autorinnen und Autoren lag das Zentrum des Begriffs nicht unmittelbar und ausschließlich in der revolutionären Rolle der Arbeiterklasse und der Verknüpfung von politischer Praxis und theoretischer Arbeit, sondern sie bildete den Ausgangspunkt jedweder menschlichen Handlung, die auf die Überwindung entfremdeter, dem Menschen oktroyierter »entmenschter«[249] Verhältnisse gerichtet war. Die Einheit von Theorie und Praxis bedeutete für sie nicht die Einheit zweier unterschiedlicher, sich grundsätzlich ausschließender oder ergänzender Kategorien menschlicher Handlung. Vielmehr war Praxis zugleich auch konkrete Theorie, ebenso wie Theorie immanente menschliche Praxis war. Theorie durfte demnach nicht zum pragmatischen Spielball politischer Praxis werden, ihr Wesenskern müsse vielmehr, so die Forderung, in einer eigenständigen, kritischen und revolutionären Korrektur der politischen Praxis liegen. Ausgehend von der etymologischen Bedeutung des Wortes

---

[248] Antonio Gramsci, Philosophie der Praxis, in: Christian Riechers (Hrsg.), Philosophien der Praxis. Eine Auswahl, Frankfurt/Main 1967, S. 129–181, hier S. 162; Wolfgang Abendroth, Vorwort, in: ebd., S. 8–10. Siehe ebenso Predrag Vranicki, Antonio Gramsci i smisao socijalizma, in: Praxis 4, 1967, H.4, S. 469–473; Karel Kosik, Gramsci i filozofija praxisa, in: Praxis 4, 1967, H.4, S. 474–478.

[249] Stojanović, Kritik und Zukunft, S. 25.

Praxis als einer gerichteten menschlichen Aktivität erfassten die Initiatoren der Zeitschrift diesen Begriff als zentrale Kategorie innerhalb des Marxismus. Die Welt zu verändern – dieser Marxsche Grundsatz wurde zum Ausgangspunkt der jugoslawischen Linksphilosophie. Der Praxis wurde die Aufgabe zugeschrieben, »die zukünftige Welt zu entdecken und zu realisieren«. Sie wurde als eine »revolutionäre und praktische menschliche Tätigkeit« mit dem Ziel gedeutet, die gegenwärtige Welt durch eine »revolutionäre und kritische Beziehung« gegenüber sich selbst als auch der Umwelt zu vermenschlichen.[250] Eine solche Verortung menschlichen Handelns war nicht nur sehr offen und in letzter Konsequenz ideologisch unverfänglich, sie war auch unabgeschlossen, permanent und vor allem: Sie war subjektbezogene Dialektik. Der Materialismus habe, so Branko Bošnjak von der Universität Zagreb in Anlehnung an Marx, »die Außenwelt [...] nur als Objekt verstanden [...], dem das Subjekt gegenübersteht, und nicht als die sinnliche menschliche Tätigkeit, nicht als Praxis, das heißt nicht als subjektive Handlung.«[251]

Indem nun die freie menschliche Handlung, verstanden als zielgerichtete und die Lebensumwelt ändernde Praxis, zum kategorischen Imperativ gesellschaftlichen Fortschritts erhoben wurde, reduzierte sich die führende Rolle elitärer, bewusstseinsbildender Metaorganisationen wie etwa der Kommunistischen Partei lediglich auf eine temporäre, in revolutionären Umbruchsituationen einende Kraft, deren Existenz niemals Selbstzweck oder Stellvertretercharakter annehmen dürfe. Nicht die politische Organisation, sondern der Mensch sei der entscheidende Träger gesellschaftlicher Veränderungen. Insofern bereite gerade der Historische Materialismus jenen Kräften den Boden, die im Marxismus lediglich »objektive, vom Menschen unabhängige gesellschaftliche Bewegungsgesetze« erblicken, die wiederum nur von starken und ideologisch geschul-

---

250 Branko Bošnjak, Ime i pojam Praxis, in: Praxis 1, 1964, H.1, S. 7–20, hier S. 17; Heller, Philosophie des linken Radikalismus, S. 153–158.
251 Branko Bošnjak, Betrachtungen über die Praxis, in: ders./Rudi Supek (Hrsg.), Jugoslawien denkt anders. Marxismus und Kritik des etatistischen Sozialismus, Wien 1971, S. 13–32, hier S. 27f.

ten Organisationen verstanden und gelenkt werden könnten.[252] Als Avantgarde der Arbeiterklasse fehle diesen Organisationen, insbesondere nach Übernahme der politischen Macht, aber ein entscheidendes Kriterium avantgardistischen Selbstverständnisses: die Fähigkeit zur eigenen Selbsthinterfragung, die kritische Reflexion der eigenen Existenz und ihrer Grundlagen. Das hypostatische Verhältnis zur politischen Praxis negiere die Rolle des Theoretischen als eminenter Grundlage marxistisch-revolutionärer Praxis, woraus, so Svetozar Stojanović, zwingend ein rein instrumentelles Praxisverständnis folge, das sich mit der Absicherung politischer Macht begnüge und die Organisation zum »Richter« über die Theorie erhebe.[253] Anders als Gramsci ging es den um die *Praxis* gruppierten Philosophen um eine Erweiterung bzw. Generalisierung des Praxis-Begriffs, der sowohl das Theoretische als auch das Politische zu einer untrennbaren Einheit verschmelzen sollte: Das Politische sollte theoretische Praxis ebenso bedeuten wie das Theoretische politische Praxis. Zugespitzt formuliert: Weder das Politische noch das Theoretische seien einzelne Bestandteile der Praxis, sie *sind* Praxis. Auf die tagespolitische Ebene gehoben – und hier streifen wir schon einen zweiten zentralen Themenkomplex der *Praxis* – kann und muss die menschliche Praxis die gegenwärtige Wirklichkeit sowohl des kapitalistischen als auch staatssozialistischen Ordnungssystems aufdecken, sie müsse folgerichtig zum Kern des gesellschaftlichen Seins durchdringen, um den manipulativen »Schein« des Ist-Zustands, die Welt der »Pseudokonkretheit« zu durchbrechen um zur konkreten Welt zu gelangen. Die nachhaltigste Analyse dieses Prozesses hat wohl der Prager Philo-

252 Životić, Socijalistički humanizam, S. 111; ders., Marksizam - pozitivistička ili negativistička filozofija?, in: Gledišta 6, 1965, H.10, S. 1359–1371, hier: S. 1362. Ähnlich auch Zoran Vidojević, Avangardnost kao jedinstvo političke i teorijske dimenzije komunističkog pokreta, in: Filosofija 5, 1971, S. 145–154, insb. S. 146f. Vgl. auch die Ausführungen des tschechischen Philosophen Karel Kosik, Individuum i historija, in: ders., O dilemama suvremene povijesti, hrsg. von Ante Lešaja, Zagreb 2007, S. 167.
253 Stojanović, Kritik und Zukunft, S. 13; Vgl. auch Mladen Čaldarović, Demokratske institucije i revolucionarni kontinuitet, in: Praxis 3, 1966, H.3, S. 77–81. Zur avantgardistischen Selbstkritik siehe Bürger, Theorie der Avantgarde, S. 35.

soph Karel Kosík, der selbst im internationalen Beirat der *Praxis* saß, in seiner Studie *Dialektik des Konkreten* geliefert. Dort heißt es:

> »Die wirkliche Welt, die durch die Pseudokonkretheit verborgen wird [...] ist nicht eine Welt der wirklichen Verhältnisse im Gegensatz zu unwirklichen Verhältnissen [...], sondern die Welt der menschlichen Praxis. [...] Die Welt der Wirklichkeit ist keine säkularisierte Vorstellung vom Paradies, einem fertigen und zeitlosen Zustand, sondern ein Prozeß, in dem Menschheit und Einzelner ihre Wahrheit realisieren: sie verwirklichen die Vermenschlichung des Menschen. [...] Die Destruktion der Pseudokonkretheit vollzieht sich also 1. als revolutionär-kritische Praxis der Menschheit, die identisch ist mit der Humanisierung des Menschen [...], und 2. als dialektisches Denken, das die fetischisierte Welt des Scheins auflöst [...].«[254]

Es wird erkennbar, dass die Zielsetzung der menschlichen Praxis in der Überwindung der »Scheinwelt« liegen sollte, was nichts anderes bedeutete als die Aufhebung der Entfremdung. Somit war auch die normative Seite des Begriffs angesprochen, denn nur eine »humane und revolutionäre« Praxis konnte demnach »richtige Praxis [sein]«. Eine solche Praxis, so Predrag Vranicki, könne als »konkrete Vernunft« bezeichnet werden, alles »antihumane« sei dagegen »antipraxis«.[255] Auf die politische Agenda übertragen, entstand somit ein konkretes, den sozialen Folgewirkungen nach aber äußerst anspruchsvolles Menschenbild. Wenn der Mensch *per se* ein Wesen der Praxis war und diese wiederum im marxistischen Sinne eine »Idee der Revolution« darstelle, dann folgt daraus, dass jeder Mensch auch ein Revolutionär sein müsse, um als menschliches

---

254 Zitat nach Karel Kosik, Dialektik des Konkreten. Eine Studie zur Problematik des Menschen und der Welt, Frankfurt/Main 1971, S. 18f. Hervorhebungen im Original. Eine serbokroatische Übersetzung folgte schon 1967, kurz nach der dritten tschechoslowakischen Ausgabe.
255 Bošnjak, Ime i pojam, S. 19; Predrag Vranicki, Uz problem prakse, in: Praxis 1, 1964, H.1, S. 35–42.

Gattungswesen seine vollständige Bestimmung erfüllen zu können.[256] Anders ausgedrückt, in der »Vermenschlichung alles Bestehenden« wurde die große Aufgabe und Dimension der menschlichen Praxis gesehen.[257] Es verwundert nicht, dass diese theoretischen Gedanken und Distinktionsversuche auch innerhalb der Studentenschaft rezipiert, diskutiert und popularisiert wurden. Auf dem zweiten Arbeitstreffen der jugoslawischen Philosophiestudenten im April 1965 in Zagreb schlug sich dieser Problemaufriss in den einzelnen Referaten besonders stark nieder.[258] Neben der auffallend subjektzentrierten, revolutionär-politischen Deutung menschlicher Praxis existierte ein zweiter Strang, dessen Betonung in erster Linie auf den Freiheitsbegriff abzielte und die Aufhebung von Zwangs- und Unterordnungsverhältnissen einforderte. Diese Lesart stand unmittelbar mit der Entfremdungsproblematik im Zusammenhang, hier zeitigte sich die Praxis als ein Befreiungsakt des Menschen und, was in der ersten Deutungsperspektive nicht expliziert wurde, nicht nur als Möglichkeit der Befreiung, sondern als ein Seinszustand, dessen vollkommene Existenz die Freiheit selbst ist. Es gebe, so Gajo Petrović, »keine Praxis ohne Freiheit«, genauso wenig wie es ein »freies Sein« geben könne, das nicht »Praxis« sei.[259] Etwas konkreter formuliert hieß dies, dass der Mensch als ein Wesen der Praxis nur dann überhaupt als ein Mensch existieren könne, wenn er uneingeschränkt frei sei. Und nur unter der Voraussetzung dieser Freiheit könne er seiner gattungsmäßigen Bestimmung nach ein Wesen der Praxis sein.

---

256 Zitat nach Bošnjak, Betrachtungen über die Praxis, S. 28f.; Milan Kangrga, Praxis und Kritik. Betrachtungen zu Marx' Thesen über Feuerbach, in: Petrović, Revolutionäre Praxis, S. 95–109; ders., Marksovo shvaćanje revolucije, in: Književne novine 388, 1968, S. 5, 8, 9, hier S. 5 u. 8; Sreten Petrović, Marks kao etičar, in: Vidici 83, 1964, S. 7.
257 Bošnjak, Betrachtungen, S. 30.
258 Jure Juras, Drugo radno savjetovanje studenata-filozofa Jugoslavije, in: Kritika. Časopis za kulturu, umjetnost i društvena pitanja 3, 1965, S. 97–112.
259 Petrović, Wider den autoritären Marxismus, hier v.a. S. 114.

Der Intellektuelle
In diesem dialektischen Verhältnis wird die Komplexität der *Praxis*-Philosophie deutlich. Zugleich eröffnet es den Horizont für ein weiteres Element dieser Philosophie, nämlich der grundsätzlichen »Negation des Bestehenden«, verstanden als »sinnvolle, schöpferische Vermittlung«, um das Zukünftige, Utopische und immer wieder aufs Neue zu realisierende Projekt eines »positiven Humanismus« zu erreichen, dessen Kern eben nicht nur in der Aufhebung des Privateigentums, sondern in der allumfassenden Befreiung des Menschen von »höheren Gewalten, seien diese nun ideeller oder materieller Natur«, liege.[260] Hier trafen sich nicht nur philosophische Konzeptionen, die mit dem Utopie-Modell von Ernst Bloch korrespondierten und zu einer verstärkten Auseinandersetzung mit dem Anarchismus vor allem innerhalb der jugoslawischen Studentenschaft führten. Das gesamte theoretische Konzept unterlag der Prämisse der subjektiven Verantwortung des Wissenschaftlers und Philosophen für die Realisierung ihrer Inhalte.[261] Dahinter verbarg sich ein Intellektuellenbild, dessen Zuschnitt zwar bei den einzelnen Autorinnen und Autoren nicht identisch ausgestaltet war, aber letzten Endes zwischen der unterschiedlichen Betonung von theoretischem und praktischem Engagement oszillierte. In jedem Fall sollte die Arbeit des Intellektuellen eine die Gegenwärtigkeit betreffende Relevanz besitzen. Dieses intellektuelle Selbstverständnis, das Alex Demirović in seiner grundlegenden Studie über die Theoretiker der Frankfurter Schule als »nonkonformistisch« bezeichnete, be-

---

260 Kangrga, Praxis und Kritik, S. 101; Danko Grlić, Praxis und Dogma, in: Petrović, Revolutionäre Praxis, S. 110–124, hier v.a. S. 112f; Miladin Životić, Proletarischer Humanismus. Studien über Mensch, Wert und Freiheit, München 1972, v.a. S. 48f; Vranicki, Geschichte des Marxismus, Bd.1, S. 105f; Der Begriff »positiver Humanismus« findet sich u.a. bei Veselin Golubović, Komunizam je humanizam, in: Kritika 3, 1965, H.4, S. 3–12, hier: S. 5f.
261 Zur Bloch-Rezeption in Jugoslawien siehe Arno Münster, Ernst Bloch. Eine politische Biographie, Darmstadt 2004, S. 391, 399; Milan Damnjanović, Blohova filozofija anticipacije, in: Književne novine 155, 1960, S. 5; Dragan Jeremić, Nihilizam, utopija i konkretni humanizam, in: Filosofija 1, 1967, H.1/2, S. 37–43; Ernst Bloch, Marx kao mislilac revolucije, in: Praxis 6, 1969, H.1/2, S. 16–18.

trachtete schon den alleinigen Denkvorgang als Ausdruck einer privilegierten Stellung innerhalb der Gesellschaft. Das Privileg sinnhaft auszufüllen, es nicht der »Nichtigkeit« preiszugeben, wurde zur Aufgabe eines »wahrhaften Intellektuellen«.[262] Doch was genau machte diesen »wahrhaften« Intellektuellen aus? Was war sein Zuschnitt, und in welchem Verhältnis stand er zur restlichen Gesellschaft mit ihren sozialen und politischen Triebkräften? Mit diesen Fragen haben sich aus dem Kreis der *Praxis* am ausführlichsten Gajo Petrović und sein Belgrader Kollege Ljubomir Tadić beschäftigt. Konkretes intellektuelles Engagement sah für Petrović vor allem das Durchdenken der Möglichkeiten einer zukünftigen Befreiung des Menschen vor:

> »Ein Denker ist nicht deshalb ein Denker, weil er am politischen Alltagsleben oder an politischen Diskussionen teilnimmt. Ein Denker handelt nur dann verantwortlich, wenn er durch sein Denken auf die grundlegenden Probleme und die grundlegenden Möglichkeiten seiner Zeit Antworten findet. Er ist heute nur dann verantwortungsvoll, wenn er die Möglichkeit einer wahrhaft menschlichen, befreiten Gesellschaft denkt, die Möglichkeit einer revolutionären Veränderung der Welt, in der wir leben.«[263]

Eine andere Akzentuierung wählte hingegen Tadić, wenn auch die praktische Zielsetzung die gleiche blieb. Bei ihm konnte der Intellektuelle nur dann revolutionär sein, wenn sich sein Handeln im und aus dem direkten Kontakt mit der Arbeiterklasse, dem historischen Subjekt der Revolution, konstituierte:

> »Ohne die Berührung mit der Praxis, d.h. mit dem Teil des Volkes, der organisch-historisch für den Kampf gegen die Mächte der Entfremdung und Unterdrückung bestimmt ist, bleibt die intellektuelle

---

262 Alex Demirović, Der ›nonkonformistische‹ Intellektuelle. Die Entwicklung der Kritischen Theorie zur Frankfurter Schule, Frankfurt/Main 1999, S. 65f; Ähnlich schon Davidović, O društvenoj ulozi, S. 2.
263 Petrović, Mišljenje revolucije, S. 239; Željko Falout, Antinomije revolucije, in: Kultura, 1971, H.13/14, S. 221–224. Kritisch dazu Danilo Pejović, Socijalizam i inteligencija, in: Praxis 1, 1964, H.2, S. 214–227.

Kritik GESELLSCHAFTLICH MACHTLOS. Die intellektuelle Tätigkeit bleibt entweder ›reflexive Philosophie‹ oder Hegels ›Welt der Bildung‹, wenn sich der ›Logos‹ nicht mit der ›Praxis‹ verbindet, um die ›Praxis‹ zum Prinzip zu erheben [...].«[264]

Hinter diesen partiellen Unterschieden lag ein gemeinsames Anliegen, das darauf gerichtet war, die bestehende gesellschaftliche Realität als veränderbar und veränderungswürdig zu entlarven, und sie skizzierten die Möglichkeiten des Intellektuellen, diese Potentiale in subjektives Handel zu übersetzen. Es war zudem eine Konsequenz des Praxis-Begriffs, denn wenn diese Kategorie kein »*Zustand*«, sondern ein »kontinuierlicher, lebendiger *Prozeß* der Veränderung und Umformung« sein sollte, dann konnte ihre eigene intellektuelle Tätigkeit ihrem eigenen theoretischen Sinn nach ebenfalls nur darauf ausgerichtet sein, die vorgefundenen Zustände einer permanenten Kritik und Veränderung zu unterziehen. In Lichte der soziologischen und historischen Fachliteratur, die sich den Intellektuellen anhand spezifischer Konstellationsanalysen nähert, changiert dieses intellektuelle Selbstbild zwischen dem »spezifischen Intellektuellen« Foucaultscher Prägung (insbesondere während des theoretischen Richtungsstreits innerhalb der jugoslawischen Philosophie), dem Brechtschen Ansatz eines »Eingreifenden Denkens«, und, im Abschluss während der Studentenproteste vom Juni 1968, eines »revolutionären Intellektuellen«, der sich in die Kämpfe derjenigen einschaltete, »in deren Namen er das Wort ergriff«.[265]

Wie in den nachfolgenden Teilkapiteln noch gezeigt werden soll, beschränkte sich dieses intellektuelle Selbstbild keineswegs

---

264 Tadić, Inteligencija, S. 81. Hervorhebungen im Original; Jakšić, Današnji smisao, S. 207.
265 Zitate nach Grlić, Praxis, S. 113. Hervorhebungen im Original. Zur theoretischen Einordnung und Analyse des Intellektuellen siehe vor allem Gilcher-Holtey, Eingreifendes Denken, Zitat S.13; dies., Theater und Politik. Bertolt Brechts ›Eingreifendes Denken‹, in: dies. (Hrsg.), Zwischen den Fronten. Positionskämpfe europäischer Intellektueller im 20. Jahrhundert, Berlin 2006, S. 117–151; dies. Nachwort, in: dies. (Hrsg.), Voltaire. Die Affäre Calas, S. 249–287.

auf die Personen aus dem Umkreis der *Praxis*-Redaktion, es war Ausdruck eines allgemeineren Intellektuellenverständnisses innerhalb der radikalen Linken, das aber maßgeblich durch die Philosophie und den Glauben an ihre emanzipatorischen Möglichkeiten beeinflusst wurde. In einem weitaus größeren Maße als etwa in Westeuropa, wo ja vor allem der Soziologie die Rolle einer gesellschaftskritischen Wissenschaft zukam, legte man in Jugoslawien die Hoffnungen auf die Philosophie als Befreiungswissenschaft.[266] Dieser Anspruch wurde nicht nur von außen an die Philosophie herangetragen, er resultierte vielmehr direkt aus dem eigenen philosophisch-theoretischen Zugang. Indem »die Bedeutung des Theoretischen in den historischen Kämpfen« als »wesentlich und unersetzbar« hervorgehoben wurde, nahm die eigene philosophische Arbeit Züge eines geistig-politischen Befreiungsakts an. Die Philosophen (und durch sie inspiriert auch andere Häretiker des kulturellen Produktionsfeldes Jugoslawiens) verstanden ihre eigene Arbeit als Form eines »avantgardistischen Protestes«, der den »Zusammenhang von Autonomie und Folgenlosigkeit« für die gesellschaftliche Emanzipation entlarven sollte.[267] Weder für die Philosophie noch für die Kunst konnte (und sollte) das Paradigma einer sich selbst überlassenen, von den gesellschaftlichen Grundfragen abgekapselten Kultursphäre gelten. An Eingriffsgelegenheiten für engagierte Intellektuelle mangelte es in den Sechzigerjahren ohnehin nicht. Geräuschlos und im harmonischen Gleichschritt verliefen diejenigen Unmutsbekundungen, denen sich auch die offizielle Politik anschließen konnte, etwa in der Verurteilung des Vietnamkriegs als einer »schrecklichen, vernichtenden und beschämenden« Aggression auf ein freiheitsliebendes Volk, wie es in einem Solidaritäts-

---

266 Die Soziologie als eigenständige Wissenschaft etablierte sich in Jugoslawien erst im Laufe der Fünfzigerjahre, und auch dies unter erschwerten Bedingungen, galt sie doch als bürgerliche Wissenschaft. Zur Arbeit und den Schwierigkeiten siehe Rudi Supek, Imamo li sociologiju i gdje je ona?, in: Praxis I, 1964, H.2, S. 289–291; ders., Soziologie und Sozialismus, S. 13–22 und S. 40–58; Ivan Kuvačić, Postoji li kriza u sociologiji?, in: Praxis II, 1974, H.3–5, S. 403–410.
267 Zitat (1) nach Vranicki, Geschichte des Marxismus, Bd.1, S. 91; Zitat (2) nach Bürger, Theorie, S. 29.

brief des Bundes der Kommunisten Kroatiens hieß.[268] Konfliktiv wurde es jedoch, sobald die staatsoffizielle Seite aus pragmatischen Erwägungen nicht oder nur unzureichend reagierte. Dies lässt sich anschaulich an den Ereignissen in Polen und der ČSSR nachzeichnen. Die jugoslawische radikale Linke hatte auf beide Ereignisse unmittelbar und im Rahmen ihrer Möglichkeiten weitreichende Eingriffe in die gesellschaftliche Berichterstattung und politische Bewertung vorgenommen. Während sich die Reaktionen auf die so genannten »Märzunruhen« in Polen vor allem in mehreren, von der *Praxis*-Redaktion und ihrem Beirat gemeinsam verfassten Protestschreiben niederschlug, die in exponierten Publikationen der jugoslawischen Öffentlichkeit zugänglich gemacht wurden, unterzog man die Okkupation der Tschechoslowakei durch die Warschauer Pakt Staaten einer ideologischen Analyse und Kritik. Die Niederschlagung der polnischen Studentenbewegung und die Entlassung namhafter Universitätsprofessoren, begleitet von einem unangenehmen antisemitischen Diskurs der polnischen KP, wurde vor allem als Begrenzung des Rechts auf Meinungsfreiheit und repressive Einmischung der staatlichen Administration perzipiert. Der Protestbrief, von Gajo Petrović und Rudi Supek im Namen der Redaktion verfasst und von internationalen Wissenschaftlern und Wissenschaftlerinnen wie Kostas Axelos, André Gorz, Jürgen Habermas, Ágnes Heller, Henri Lefebvre, Georg Lukács, Herbert Marcuse oder Aldo Zanardo unterschrieben, wurde an den polnischen Botschafter in Jugoslawien, an diverse polnische Politiker sowie an alle gängigen jugoslawischen Tageszeitungen verschickt. Auch die Serbische Philosophische Gesellschaft richtete einen offenen Brief aus Protest gegen die polnischen Ereignisse an die Öffentlichkeit, der neben den Initiatoren der Philosophischen Fakultät, auch von maßgeblichen Kunst- und Kulturschaffenden unterschrieben wurde.[269]

---

268 HDA–1220-CK SKH-D–3837: Proglas solidarnosti sa borbom Vijetnamskog naroda Konferencije Saveza komunista Hrvatske, bl. 1–2.
269 Vgl. dazu die detaillierte Dokumentation dieser Ereignisse in: Redakcija, U povodu događaja u Poljskoj, in: Praxis 5, 1968, H.3, S. 233–255.

Im tschechoslowakischen Fall überwog hingegen neben der moralischen Entrüstung darüber, dass ein souveräner Staat mit Waffengewalt daran gehindert wurde, eine eigene Gesellschaftskonzeption zu verwirklichen, die Analyse der ideologischen Hintergründe und zukünftiger Möglichkeiten sozialistischer Demokratisierung. Aus diesen eindringlichen Texten sprach nicht nur eine Art finaler Abrechnung mit der Sowjetunion, sondern auch die existentielle Frage nach der Zukunft der sozialistischen Bewegung. Zwar habe die UdSSR mit dem Einmarsch in die Tschechoslowakei ihren nichtsozialistischen Charakter aufs Neue bewiesen, aber gerade für den internationalen Sozialismus sei der Schaden immens. Er resultiere aus einer Gleichzeitigkeit der ideologischen Interessen sowohl Westeuropas als auch der Ostblockstaaten, respektive der Sowjetunion: Der Stalinismus habe, so etwa Danko Grlić in mehreren Artikeln zu den Vorfällen in Prag, erkannt, dass die Bemühungen der Tschechoslowakei um eine Verbindung zwischen Sozialismus und Demokratie fruchtbar und eine vitale Gefahr für das autokratische Modell seien. Diese »panische Angst« habe nur eine logische Konsequenz zeitigen können, nämlich den Aufmarsch »der Panzer als einzigem Argument gegen den humanen und demokratischen Sozialismus.«[270] Der liberal-kapitalistisch verfasste Westen hingegen habe nun ein weiteres Argument mehr, um auf die angebliche Unvereinbarkeit von Sozialismus und Demokratie hinzuweisen, indem er großspurig die sowjetische Okkupation verurteile.[271] Die Kritiken

270 Zitat nach Danko Grlić, Marginalije uz Čehoslovačku i nove tendencije u Socijalizmu, in: Književne novine 340, 1968, S. 8f, hier S. 8; ausführlicher ders., Nove tendencije u Socijalizmu, in: Praxis 6, 1969, H.1–2, S. 316–324; auf deutsch: ders., Neue Tendenzen im Sozialismus, in: Otmar Hersche (Hrsg.), Bericht aus Europa, Zürich 1969, S. 9–20.
271 Grlić, Neue Tendenzen, S. 13–16. Aus einer ähnlichen Perspektive verfasste auch der deutsche Liedermacher Franz-Josef Degenhardt sein dem Prager Frühling gewidmetes Lied »Zu Prag«, wo er die heuchlerische Trauer des Westens thematisiert: »Denn hört euch diese Typen an, die Vorsitzenden der Aufsichtsräte, die Vorstände und Herren der Konzerne, und deren Sachwalter auf Regierungs- und anderen –bänken. Sie sind empört, weil der Aufbau des Sozialismus gehemmt worden ist zu Prag. […] Nein, wir hören genau hin. Die sagen ›das goldene Prag‹. Und wenn die Gold sagen, meinen die Gold, die Herren, die den Vorfall in der Schweinebucht peinlich, den Vorfall in Santa Domingo gelungen, den Vorfall in Griechenland überhaupt nicht

an der Niederschlagung des Prager Frühlings führten zu einer definitiven Negation jedweden sozialistischen Charakters der UdSSR. Sie reihten diese Vorgänge gleichberechtigt in eine Linie mit der stalinistischen Zwangskollektivierung, den Säuberungen während der Dreißigerjahre als auch den Niederschlagungen der Aufstände in der DDR und Ungarn ein.[272] Das intellektuelle Engagement der jugoslawischen Philosophen wurde von ihren tschechoslowakischen Kollegen mit sehr viel Lob und Wohlwollen begleitet, so etwa von dem Politikwissenschaftler Miroslav Kusý, der auf einem gemeinsamen jugoslawisch-tschechoslowakischen Symposium ausdrücklich darauf hinwies, dass es gerade die »jugoslawischen Kollegen« waren, die das tschechoslowakische Projekt von Beginn an unterstützt hätten.[273] Und sie gehörten auch zu denjenigen, die den Einmarsch der Warschauer-Pakt-Staaten noch am selben Tag, am 21. August 1968, in einem öffentlichen Protestbrief, der auch an den jugoslawischen Staatspräsidenten Tito verschickt wurde, verurteilten:

»Dieser unrechtmäßige Akt der sowjetischen Regierung und der Kommunistischen Partei der Sowjetunion stellt einen furchtbaren Schlag für alle sozialistischen Kräfte weltweit dar [...]. Er erschwert das Ende der amerikanischen Aggression in Vietnam und wird in Zukunft als Ausrede für weitere Aggressionen dienen. Die Zukunft der weltweiten sozialistischen Bewegung erfordert, dass der antisozialistische und antidemokratische Charakter dieser militärischen Okkupation auf energischste offengelegt wird. [...] Wir

benennen. Nein, mit diesen Herren [...] teilen wir nicht unsere Wut über den Sieg der Panzer zu Prag.« Veröffentlicht als LP unter dem Titel Degenhardt Live. Lieder von und mit Franz Josef Degenhardt, Polydor 1968.
272 So Svetozar Stojanović in einer Wortmeldung auf dem gemeinsamen Symposium jugoslawischer und tschechoslowakischer Philosophen, in: Simposij jugoslovensko-čehoslovačkih filosofa. Savremeni trenutak socijalizma. Održan u Opatiji od 5. do 7. decembra 1968. godine, in: Filosofija 3, 1969, H.2, S. 5–96, hier: S. 32. Weiter heißt es bei ihm: »Ich möchte darauf hinweisen, dass die stalinistische Gesellschaft für mich keinerlei Ansätze des Sozialismus trägt, sondern eine neue Klassengesellschaft darstellt – den Etatismus.« Ebd.
273 Wortmeldung von Miroslav Kusý, in: Simposij jugoslovensko-čehoslovačkih filozofa, S. 12.

erklären unsere volle Solidarität mit den tschechoslowakischen Völkern, mit den progressiven und sozialistischen Kräften dieses Landes und mit der Kommunistischen Partei der Tschechoslowakei, die einen glänzenden Kampf für die Verwirklichung eines authentischen Sozialismus führen.«[274]

Auch innerhalb der jugoslawischen Studentenbewegung, ebenso wie in den inhaltlichen und ideellen Suchbewegungen in anderen Bereichen des linksradikalen Milieus, engagierten sich diese Intellektuellen gemäß ihrer selbst proklamierten Rollenzuweisung im Brechtschen Sinne »eingreifend«. Davon blieb auch die Betrachtung ihres eigenen Untersuchungsgegenstands nicht verschont.

Philosophieverständnis
Ihr Philosophieverständnis zielte auf eine Umdeutung sowohl ihres Gegenstands als auch ihrer inneren Struktur ab; hinterfragt wurde die akademische Aufteilung der Philosophie in Subdisziplinen ebenso wie die traditionelle Rollendefinition der Philosophie als einer Deutungswissenschaft.[275] Gegenstand der Philosophie sollte weder die Betrachtung metaphysischer Seinsdeutungen (verstanden als eine Kritik an der bürgerlichen Philosophie) noch eine positivistische Systemlegitimation (wie in den staatssozialistischen Systemen) sein, sondern die konkrete und permanente Kritik des Heutigen zur Eröffnung des Horizonts für das zukünf-

274 Učesnici Korčulanske ljetne škole svjetskoj javnosti, in: Praxis 6, 1969, H.1–2, S. 307–309, hier insb. S. 307f. Der Protestbrief wurde u.a. unterschrieben von Herbert Marcuse, Lucien Goldmann, Zádor Tordai, Ágnes Heller, Eugen Fink, Iring Fetscher, Jürgen Habermas, Ossip K. Flechtheim und Serge Mallet.
275 Zu den unterschiedlichen, als Teilaspekte der Philosophie betrachteten Subdisziplinen vgl. Nicholas Bunnin (Hrsg.), The Blackwell Companion to Philosophy, Oxford 1998; Zum so verstandenen Gegenstand der Philosophie Arno Anzenbacher, Einführung in die Philosophie, Freiburg im Breisgau 2002 (8. Aufl.), S. 35f. Dagegen Predrag Vranicki, Moral i historija, in: Knijževne novine 346, 1969, S. 1f; ders., Filosofija u našem vremenu, in: Filosofija 2, 1968, H.1/2, S. 97–104; ders., Philosophie in unserer Zeit, in: Petrović (Hrsg.), Revolutionäre Praxis, S. 82–91; Petrović, Autoritärer Marxismus, S. 163 f; Marković, Dialektik, S. 8.

tige menschliche Zusammenleben. In Analogie zu den philosophischen Betrachtungen von Marx oblag der Philosophie also die »rücksichtslose Kritik alles Bestehenden«, sie sollte die Welt nicht mehr interpretieren, sondern »ändern«. Für den *Praxis*-Kreis war diese Selbstdeutung ein zentrales Motiv ihres eigenen intellektuellen Engagements. Untersucht man ihre Arbeiten nach diesem marxistischen Leitmotiv, so findet sich in beinahe jeder philosophischen Abhandlung ein Bezug zu diesem Axiom. Dabei spielte vor allem in Zagreb die kritische Auseinandersetzung mit Fichte, Schelling, Hegel und dem Deutschen Idealismus ebenso wie die Berufung auf Karl Korsch oder Georg Lukács eine entscheidende Rolle für die kritische Betrachtung des eigenen philosophischen Gegenstands. Die Tradition, in der sich diese linksphilosophische Gruppierung verortete, liest sich von daher wie das Who is Who der weltgeschichtlichen Geisteshäresie. Im Vorwort zu seinem Philosophenlexikon von 1982 stellte Danko Grlić nicht nur seine eigene Betrachtungsweise einer »authentischen Philosophie« zusammenfassend dar, sondern zählte gleichzeitig auch all die geistigen Vorreiter dieses philosophischen Anspruchs auf, die aufgrund ihrer geistigen Tätigkeit irgendwann in Konflikt mit den herrschenden Mächten ihrer Zeit geraten waren, so

> »[...] dass die authentische Philosophie heute – so wie immer in ihrer Geschichte – die Negation des bloßen Daseins ist, und gleichzeitig dasjenige Medium, in welchem die Zukunftsvision ihr konzentriertes Abbild findet. Deshalb verharrt sie niemals beim Bestehenden, sie ist auf der Suche nach dem, was noch nicht ist, und deshalb war und ist sie auch immer denjenigen ein Dorn im Auge, die das Bestehende konservieren möchten, deshalb wurde sie immer enthusiastisch vom Zukünftigen getragen. In dieses Zukünftige ist ihre gesamte eigene Geschichte eingeschrieben: sie wurden auf dem Scheiterhaufen verbrannt (Bruno, Vanini), sie verrotteten in den Gefängnissen (Campanella, R. Bacon, Boetije, Diderot, Gramsci, Lenin, Morus, Occam u.a.), sie wurden verfolgt, verdammt, kastriert, als Sklaven verkauft, der Gottlosigkeit angeklagt, von allen Regimen und allen Seiten als Häretiker gejagt, als diejenigen, die die Jugend vergiften und Zweifel sähen (Abèlard, Aristoteles, Bayle,

Bloch, Cardanus, Descartes, Engels, Epiktet, Fichte, Fries, Fromm, Froschhammer, Galilei, Grotius, Helvetius, Kołakowski, La Mettrie, Leisegang, Lukács, Marx, Mehring, Pico della Mirandolla, Morus, Occam, Platon, Pomponazzi, Protagora, Proudhon, Roscelin, Rousseau, Ruge, Russel, Seneca, Siger od Brabanta, Sokrates, Spinoza, Stirner, Telesio, Teodor Ateist, Roland, Unamuno, Voltaire u.a.), und rar sind diejenigen, denen nicht wenigstens ein Werk auf einem der zahllosen Indexe verbotener Bücher gelandet ist.«[276]

In diesem Sinn wurde argumentiert, dass die Philosophie nicht lediglich ein akademisches Fach sein könne, wolle sie ihre historische Aufgabe, ihre eigentliche Existenzberechtigung erfüllen: die »permanente radikale Forderung nach einer Überwindung des Bestehenden zugunsten der wahrhaften Realität«, und dass, so Milan Kangrga, sei »die Forderung der Selbstnegation.«[277] Auch an diesem Punkt bewegten sie sich im Rahmen der philosophischen Grundlegungen der frühmarxistischen Schriften. Die Erwartung der Selbstnegation als Befreiungsakt lag in der dort beschriebenen dialektischen Verbindung von Philosophie und Arbeiterklasse. »Wie die Philosophie im Proletariat ihre materiellen, so findet das Proletariat in der Philosophie seine geistigen Waffen«, hatte Karl Marx in seiner *Kritik der Hegelschen Rechtsphilosophie* geschrieben, und die Emanzipation des Menschen, des Proletariers, könne sich folgerichtig »nicht verwirklichen ohne die Aufhebung des Proletariats«, und das Proletariat könne »sich nicht aufheben ohne die Verwirklichung der Philosophie.«[278] Bei den Autorinnen und Autoren der *Praxis* wurde dieses dialektische Prinzip hingegen weni-

---

276 Zitat und Hervorhebungen nach den Angaben bei Milan Kangrga, Spekulacija i filozofija. Od Fichtea do Marxa, Belgrad 2010, S. 320, FN 218. Das Original von Grlić erschien in erster Auflage 1968 unter dem Titel »Leksikon filozofa« in Zagreb. Kangrga zitiert nach der Ausgabe von 1982.
277 Milan Kangrga, Marx i realizacija filozofije, in: Danas, 20.12.1961, S. 1, 10, hier S. 10.
278 Originalzitat bei Karl Marx, Zur Kritik der Hegelschen Rechtsphilosophie, Leipzig 1986, S. 378ff. Eine historisch-theoretische Einordnung findet sich bei Iring Fetscher, Von Marx zur Sowjetideologie. Darstellung, Kritik und Dokumentation des sowjetischen, jugoslawischen und chinesischen Marxismus, Frankfurt/Main/Berlin/München 1973, S. 59f.

ger als Gesetzmäßigkeit denn als Kritikprinzip angewandt. Selbst in einer klassenlosen Gesellschaft könne, so der allgemeine Tenor, nicht von einem konfliktfreien und vollkommen harmonischen Zustand ausgegangen werden, deshalb gelte das Prinzip der dialektischen Kritik permanent.[279] In dem Maße, in dem die Philosophie als revolutionäre Praxis aufgewertet wurde, verlor die Organisation, der im klassischen Marxismus-Leninismus die diesbezügliche Führungsrolle zufiel, ihren Exklusivitätsanspruch. So ist es kaum verwunderlich, dass sich innerhalb des Bundes der Kommunisten die widerständigen Stimmen mehrten und die Polemiken zunahmen.[280] Die Partei als Akteur wurde in die zweite Reihe versetzt, und insbesondere den kognitiven Zugriff verschoben die Philosophen auf ihr eigenes Terrain. Nicht mehr die Partei sollte die Arbeiterklasse und die gesamte Menschheit in eine bessere Zukunft führen, sondern die Philosophie als tagtägliche Anleitung kritischen Denkens, ohne vorgegebene Denkmatrizen und in permanenter Bewegung und selbstreflexiver Auseinandersetzung:

> »Eine der wichtigsten Lehren, welche die Redakteure der Praxis aus ihren Beobachtungen zogen, bestand in der Einsicht, daß das Schicksal unserer Welt mit der Entwicklung unserer Philosophie eng verknüpft ist [...], in der die Philosophie der Gedanke der Revolution sein soll, rücksichtslose Kritik alles Bestehenden, humanistische Vision einer wirklich menschlichen Welt, inspirierende Kraft revolutionären Handelns.«[281]

279 Marković, Dialektik, S. 43; Kangrga, Praxis und Kritik, S. 101. Siehe auch Željko Korač, Lob der philosophischen Vernunft, in: Petrović (Hrsg.), Revolutionäre Praxis, S. 25–33, hier v.a. S. 32f.Taras Kermauner, Filosofija i društvo, in: Danas, 6.12.1961, S. 1, 4; Danilo Basta, Moć i nemoć filozofije, in: Polja 14, 1968, H.114/115, S. 13; aktuell Mikulić, Politički nagon, S. 106.
280 Vgl. an dieser Stelle dazu beispielhaft Milentije Popović, Neke savremene tendencije i pojave u našem političkom životu, in: Socijalizam 9, 1966, S. 1375–1392.
281 Zitat nach Gajo Petrović, Die jugoslawische Philosophie, S. 15; ähnlich argumentieren auch Milan Kangrga, Der Sinn der Marxschen Philosophie, in: ebd., S. 50–69, insb. S. 61; ders., Plodna djelatnost Jugoslavenskog udruženja za filozofiju, in: Filozofija 10, 1966, H.4, S. 467–479, v.a. S. 468; Božidar

Zu den wortmächtigsten und in den Polemiken mit der Staats- und Parteielite nachdrücklichsten Akteure zählte der in Zagreb lehrende Milan Kangrga. Schon in seiner 1963 veröffentlichten Dissertationsschrift über das *Ethische Problem im Werk von Karl Marx* bewegte er sich auf einer subversiven Deutungsposition zur herkömmlichen Betrachtung von Ethik und Moral innerhalb der marxistischen Philosophie.[282] Die Essenz, die Kangrga aus seinen Betrachtungen zog, war eine Handlungsanleitung zur systemischen Änderung zeitgenössischer Gesellschaften auf der Grundlage klassischer Texte des Marxismus – in erster Linie jener des frühen Marx, die aus Sicht nicht nur der *Praxis*-Redaktion aus politpragmatischen Gründen durch die kommunistischen Organisationen negiert wurden. Noch in seinem 2010 posthum erschienenen Werk *Spekulation und Philosophie* erläuterte Kangrga diese Position. Das Kernproblem, mit dem sich Marx beschäftigt habe und mit dem sich jegliche »authentische« Philosophie beschäftigen müsse, liege in der Überwindung vorgefundener, nicht-humaner Verhältnisse, die sich in einer entfremdeten, sich gegenseitig perpetuierenden Beziehungsstruktur zwischen Mensch und Arbeit sowie Mensch und Umwelt zeigten. Den »Kern unseres entfremdeten Lebens« zu erklären, so Kangrga, sei der originäre Anspruch von Karl Marx gewesen.[283]

Entfremdungsparadigma
Die intensive Auseinandersetzung mit Entfremdungsproblemen moderner Gesellschaften stellte in den 1960er-Jahren sicherlich keine jugoslawische Eigentümlichkeit dar, wo sie aus der beobachteten Diskrepanz zwischen verlautbarter Selbstverwaltung und tatsächlicher Teilhabe resultierte, sondern korrespondierte mit

---

Sekulić, Marksizam i proletarijat, in: Naši dani, 1968, H.296, S. 3; Vranicki, Geschichte des Marxismus, Bd.1, S. 83f.

282 Milan Kangrga, Etički problem u djelu Karla Marxa. Kritika moralne svijesti, Zagreb 1963; ders., Socijalizam, moral i komformizam, in: Danas 6, 1966, H.1/2, S. 75–83; Petrović, Marks kao etičar; Životić, Proletarischer Humanismus, S. 67–77.

283 Kangrga, Spekulacija i filozofija, S. 356–369, hier v.a. S. 359; ders., Marx i realizacija filozofije, S. 1; Petrović, Autoritärer Marxismus, S. 132–134.

der Entwicklung der marxistischen Theorie innerhalb der Neuen Linken weltweit.[284] Durch die Problematisierung der gesellschaftlichen Entfremdungsverhältnisse aus einem offiziell sozialistisch konzipierten System heraus verstanden es die *Praxis*-Philosophen indes weitaus radikaler, dieses Thema als ein universales Problem zeitgenössischer Gesellschaften zu behandeln. Die Existenz entfremdeter Beziehungen sei zum einen ein Problem sowohl der kapitalistisch als auch der staatssozialistisch verfassten Systeme. Entfremdete Beziehungen bestünden nicht nur im Produktionsprozess als Ausdruck entfremdeter Arbeit, sondern weiteten sich auf alle Bereiche des menschlichen Lebens aus – auf den kulturellen, sozialen und alltäglichen Lebensraum bis hin zur Selbstentfremdung als finalem Akt gesellschaftlicher Dehumanisierung.

An dieser Stelle bewegte sich die *Praxis*-Philosophie in einem doppelt codierten Theorieproblem, denn zum einen verortete man sich natürlich als Teil der historischen Arbeiterbewegung, insofern galt letzten Endes die Arbeiterklasse als dasjenige historische Subjekt, dem die Revolutionierung und Humanisierung der gesellschaftlichen Verhältnisse oblag. Andererseits aber lag in den Arbeiten dieser Autorinnen und Autoren die Betonung auf der »schöpferischen« Kraft eines jeden Individuums. Und gerade in der Problematisierung der Entfremdungsverhältnisse war nicht in erster Linie von der Arbeiterklasse die Rede, sondern von einem allgemein menschlichen Problem, in dem die Arbeiterklasse nur einen Teil, wenn auch in der stärksten Ausprägung dieser Humanisierungsproblematik darstellte.[285] Die Konzentration lag auf der

---

284 Dazu Gilcher-Holtey, Phantasie, S. 55 f; dies., Kritische Theorie, S. 228f. Insofern ist die Aussage von Milan Kangrga, die jugoslawische *Praxis* habe den eigentlichen Beitrag zur Revitalisierung des Marxismus geleistet, sicherlich zu optimistisch. Vgl. dazu Popov, Sloboda i nasilje, S. 29; Mihailo Marković, Marxist Philosophy in Yugoslavia, in: ders./Robert S. Cohen (Hrsg.), The Rise and the Fall of Socialist Humanism. A History of the Praxis-Group, Nottingham 1975, S. 14–40, hier insb. S. 31f.

285 Eine moderate Kritik daran übte etwa Božidar Sekulić in einem vor dem Hintergrund der Studentenbewegung entstandenem Artikel: »Auf die Entfremdung und ihre Allgegenwärtigkeit, sowohl im Menschen als auch in seiner Umgebung, auf die Befreiung des Menschen hinzuweisen, dass sind Aufgaben der Philosophie, doch sie befreien sie nicht von der entscheiden-

subjektiven Dimension. Ihrer habe die Philosophie sich anzunehmen. Gerade darin lag auch der Kern der gegen den Ökonomismus vorgetragenen Kritik:

> »Vollkommen verlassen von einer Philosophie, die seinerzeit eine reale Perspektive zur Humanisierung der Welt offenbarte, von einer Philosophie, die sich seit Lenins Tod nur noch durch Sterilität, Wiederholung und eine an Absurdität grenzende Ignoranz gegenüber den menschlichen Problemen auszeichnet [...], verliert der heutige Mensch, von einem unvorstellbaren Martyrium zerrissen, auch die letzte Spur seiner Menschlichkeit, seine gesamte Humanität.«[286]

Die Grundintention des Marxismus, die »Vermenschlichung« des Menschen durch eine allumfassende Humanisierung der menschlichen Lebensverhältnisse, erforderte einen theoretischen Spagat zwischen Klassenbefreiung und Befreiung des Individuums. Alle Verhältnisse, in denen der Mensch untergeordnet und in denen seine subjektive schöpferische Freiheit nicht gewährleistet war, spiegelten, so die Prämisse, einen Entfremdungstatbestand wider.[287] Ins Zentrum dieser Lesart rückte die Auffassung vom Menschen als einem schöpferischen Gattungswesen, als einem Wesen der Praxis, dessen lebensweltliche Physiognomie sich in einem permanenten Emanzipationsprozess durch den Menschen selbst befand. Der Mensch gestalte seine Umwelt und sich selbst als soziales Wesen, aus eigenem Antrieb heraus. Sein Handlungsideal sei, ebenso wie das der Philosophie, die »Abschaffung aller Formen der Entfremdung«.[288] Wo blieb aber im Rahmen dieser Anschauungen der Platz für die Arbeiterklasse als einer entmündigten und ausgebeuteten sozialen Klasse, die durch die Exploitation ihrer Produktivkraft erst

 den Aufgabe: von der ›Realisierung der Philosophie‹ durch die ›Abschaffung des Proletariats‹.« Sekulić, Marksizam, S. 3.
286 Danko Grlić, Neki problemi suvremenog poimanja revolucije, in: Danas, 3.1.1962, S. 9.
287 Stojanović, Kritik und Zukunft, S. 24f; Marković, Dialektik, S. 10, 57f, 65.
288 Branko Bošnjak, Filozofija kao utjeha, 2. dio, in: Književne novine 356, 1969, S. 10; Gajo Petrović, Pitanje o čovjeku i Karl Marx, in: Danas, 24.5.1961, S. 35.

den Mehrwert und somit die Voraussetzungen für das Funktionieren des Kapitalismus schuf? In Anbetracht der Neujustierung des Marxismus im theoretischen Korpus der Neuen Linken spielte die Arbeiterklasse nicht mehr in erster Linie als ausgebeutete Klasse eine Rolle, sondern wurde aufgefasst als eine besonders unterprivilegierte, den Entfremdungsprozessen am stärksten ausgelieferte Gesellschaftsschicht. Sie wurde vermehrt nicht mehr als eine ökonomische, sondern als anthropologische Kategorie verstanden und analysiert. Ihr oblag es, die bestehende bürgerliche Welt einer »radikalen Negation« zu unterziehen, einer permanenten schöpferischen Kritik zwecks ihrer humanistischen Überwindung:

>»Ja, das Proletariat wird sich seiner eigenen Klassenunterdrückung bewusst, aber auch mehr als das: es wird sich seiner menschlichen Unterdrückung bewusst [...]. Wenn es lediglich um die Klassenunterdrückung ginge, dann würde ein Klassenwechsel an der Macht ausreichen, es wäre nicht mehr eine Änderung des Weltsystems, die Destruktion der bürgerlichen Welt. [...]. Das Proletariat als Träger dieses Bewusstseins, das identisch mit dem allgemeinen gesellschaftlichen Sein ist, ist im höchsten Maße von seinen menschlichen Möglichkeiten entfernt. Der unmenschliche Charakter der bürgerlichen Welt findet im Proletariat seine stärkste Ausprägung [...]. Das Proletariat ist [...] die historische Menschheit, der Proletarier ist der historische Mensch.«[289]

Aus dem angeführten Zitat lassen sich mehrere Stränge herausfiltern, die charakteristisch für die *Praxis*-Philosophie waren. Neben der Erweiterung bzw. Umdeutung des Klassenbegriffs zu einer anthropologischen Kategorie beinhaltete vor allem der hier angeführte Gegenstand – die Entfremdung in der bürgerlichen Gesellschaft – eine subtil vorgetragene, in seinem Kern jedoch radikale Kritik am staatssozialistischen System sowjetischer Prägung. Der Wechsel von Klassen im Machtapparat bringe, so der zitierte Autor, keinen Wechsel im System, ebenso wie dieser Punkt nur die politische

---

289 Zitat nach Lino Veljak, Marxov pojam revolucije, in: Praxis 11, 1974, H.3–5, S. 303–316, hier S. 307 u. S. 309.

Revolution darstelle und keine soziale. Die Revitalisierung dieses Bestandteils der marxistischen Theorie zielte in Jugoslawien weitaus mehr als in der westlichen Neuen Linken auf eine explizite Kritik staatssozialistischer denn auf eine Kritik bürgerlich-kapitalistischer Systeme. Im Kapitalismus sei Entfremdung eine systeminhärente Erscheinung, daher kein besonderes, theoretisch zu analysierendes Problem, sondern ein immanenter Ausdruck kapitalistischer Produktionsweise. Ihr in staatssozialistischen Systemen als omnipräsent lokalisiertes Auftreten sei dagegen das eigentliche politische Problem. Der Anspruch des Sozialismus liege in der Aufhebung der Entfremdung, dies sei seine historische Aufgabe. Und gerade deshalb müsse »These von der Gegenstandlosigkeit« der Entfremdungsproblematik in sozialistisch verfassten Gesellschaften »ganz entschieden« die These gegenübergestellt werden, nach der »das Entfremdungsproblem ein zentrales Problem des Sozialismus« sei.[290] Den Fokus auf den Menschen zu richten, sei, so Ernst Bloch, der mit den jugoslawischen Philosophen sympathisierte, keine Novität. Vielmehr stelle der Perspektivwechsel eine notwendige Rückkehr zum originären Marxismus dar, der nur allzu lange durch die führenden Theoretiker der Dritten Internationale und ihrer stalinistischen Adepten zugunsten eines statischen, starren und undialektischen »Vulgärmaterialismus« unterschlagen worden sei.[291] Im Staatssozialismus entweder ein dem »gegenwärtigen Kapitalis-

---

290 Predrag Vranicki, Der Sozialismus und das Problem der Entfremdung des Menschen, in: Supek/Bošnjak (Hrsg.), Jugoslawien denkt anders, S. 57–72, insb. S. 61f. u. S. 72; ders., Socijalizam i problem alijenacije, in: Praxis 1, 1964, H.2, S. 228–239; ders., Geschichte des Marxismus, Bd.1, S. 94–99; Zagorka Pešić-Golubović, Socijalizam i humanizam, in: Praxis 2, 1965, H.1, S. 3–14; Petrović, Autoritärer Marxismus, S. 132ff; Veljko Cvjetičanin, Suvremeni svijet i socijalistička revolucija, in: Praxis 6, 1969, H.1/2, S. 217–226, hier S. 218.

291 So Ernst Bloch, der zu den aktivsten internationalen Sympathisanten der jugoslawischen Linksphilosophie zählte. Siehe z.B. Ernst Bloch, Tübinger Einleitung in die Philosophie 2, Frankfurt/Main 1964, S. 72. Ganz generell ders., Geist der Utopie; ders., Das Prinzip Hoffnung. Aus jugoslawischer Perspektive etwa Zagorka Pešić-Golubović, Sozialismus und Humanismus, in: Supek/Bošnjak (Hrsg.), Jugoslawien denkt anders, S. 75–92; Vranicki, Geschichte des Marxismus, Bd.2, S. 1071–1099; Milan Kangrga, Praksa – vrijeme – svijet, Belgrad 1984, S. 82–110; Cvjetičanin, Suvremeni svijet, S. 217f.

mus« ähnliches System oder gar, wie im Hinblick auf die chinesischen Verhältnisse, die Verwirklichung einer »negativen Utopie« im Sinne von Aldous L. Huxley oder George Orwell zu sehen, war eine Folge dieser Kritik.[292]

Staatskritik
Die Betonung des Entfremdungsaspektes innerhalb der marxistischen Theorie eröffnete auch neue Möglichkeiten in der kritischen Auseinandersetzung mit den bestehenden staatssozialistischen Systemen. Die Abwendung von der rein ökonomisch fundierten Marxismusdeutung implizierte eine fundamentale Kritik an den grundsätzlichen Werten und dem grundsätzlichen Charakter des etatistischen Sozialismus. Die Krise des Marxismus sei ein direktes Resultat dieser Politik, und deshalb könne nicht mehr von der Alternative »Sozialismus oder Kapitalismus« gesprochen werden, sondern es müsse in erster Linie die Frage »Etatismus oder Sozialismus« gestellt werden.[293] Der Sozialismus könne, insbesondere aufgrund des historischen Umstands, dass in ökonomisch unterentwickelten bzw. wenig entwickelten Staaten mit seiner Realisierung begonnen wurde, nicht mit ökonomischen Fakten in die Systemkonkurrenz mit dem entwickelten Kapitalismus treten. Das ›Faustpfand‹, welches ihn auch für den Westen attraktiv machen könne, liege nicht in der »Überwindung der *materiellen* Armut«, sondern in der »Überwindung der *menschlichen* Armut«, was im Umkehrschluss bedeuten sollte: Nicht die Verstaatlichung des Produktionssektors mache eine sozialistische Revolution aus, ihr Kern und ihre Anziehung liege in der Befreiung des Menschen aus Zwangsverhältnissen.[294] Damit sei auch ein wichtiger Punkt

---

292 Predrag Vranicki, Philosophie in unserer Zeit, in: Petrović (Hrsg.), Revolutionäre Praxis, S. 82–91, hier S. 90 (Zitat 1), zuerst erschienen in Filosofija 2, 1968, H.1–2, S. 97–204; Svetozar Stojanović, Od primitivnog ka razvijenom komunizmu, in: Filosofija 1, 1967, H.4, S. 5–18, hier S. 7 (Zitat 2).

293 Svetozar Stojanović, Mogućnost socijalističke revolucije danas, in: Praxis 6, 1969, H.1/2, S. 190–204, hier S. 191; ders., Der etatistische Mythos des Sozialismus, in: Supek/Bošnjak (Hrsg.), Jugoslawien denkt anders, S. 163–178, v.a. S. 163f.

294 Ders., Sloboda i demokracija u Socijalizmu, in: Praxis 1, 1964, H.2, S. 203–213, hier S. 204, Hervorh. im Original; Životić, Miladin, Humanistička pro-

hinsichtlich der Stellung bzw. Wertschätzung des Individuums angerissen, denn eine tatsächliche und durchgehende Befreiung des Subjekts sei noch nirgends realisiert worden, weder im Kapitalismus, wo ein »übersteigerter Individualismus« vorherrsche, und noch weniger im Stalinismus, wo die Überbetonung des Kollektivs jegliche individuelle Regung verunmöglicht habe.[295]

Mehr noch als im bürgerlich-kapitalistischen Westen sei im staatssozialistischen Osten die Existenz von rigorosen Unterdrückungszuständen und systematischer Ausbeutung ein grundlegendes Problem. Während der Westen zumindest einige demokratische Werte der Französischen Revolution implementiert habe, verrate das stalinistische Regime nicht nur grundlegende Postulate des Sozialismus, sondern falle sogar weit hinter den Entwicklungsstand des Westens zurück. Für die marxistische Theorie ergebe sich das Problem, dass diese Zustände unter der expliziten Berufung auf den Marxismus geschähen, dass das sowjetische System als ein sozialistisches, gar kommunistisches propagiert werde. Eine auf den Kern abzielende Kritik dieses Systems vom marxistischen Standpunkt sei somit unabdingbar, um die Diskreditierung der Theorie durch die stalinistische Praxis aufzuheben. Der Stalinismus habe, so der *common sense* unter den jugoslawischen Linksphilosophen, »im Namen von Marx und des Marxismus die menschenverachtendsten Gräuel« begangen, und deshalb könne eine Revitalisierung des »authentischen« Marxismus nur als »konsequente Stalinismuskritik« erfolgreich sein.[296] Zu den zentralen Funktionsprinzipien des Stalinismus gehöre neben der Fetischisierung von Staat und Bürokratie vor allem auch die Unterdrückung jeglicher individu-

---

blematika u marksizmu i savremenoj zapadnoj filozofiji, in: Vidici, 1964, Nummer 84/85, S. 5.
295 Kosik, O dilemama, S. 167.
296 Zitate nach Veljko Korač, Nekoliko savremenih zapažanja o savremenosti Karla Marxa, in: Praxis 6, 1969, H.1/2, S. 77–80, hier S. 77 (Zitat 1) und 79 (Zitat 2); Fuad Muhić, O četiri dimenzije staljinizma, in: Naši dani 326, 1969, S. 6 f; Stojanović, Kritik und Zukunft, S. 10. Vgl. auch Pešić-Golubović, Sozialismus und Humanismus, S. 77 f; Gajo Petrović, Philosophie und Revolution. Modelle für eine Marx-Interpretation. Mit Quellentexten, Hamburg 1971, S. 216; ders., Filozofija i revolucija. Dvadeset snopova pitanja, in: Praxis 6, 1969, H.1/2, S. 89–95.

eller schöpferischer Regung. Es sei schon ausreichend darauf hingewiesen worden, so Rudi Supek,

> »[...] dass der Stalinismus auf der politischen Ebene einen dogmatischen Widerstand des ›sozialistischen Staates‹ gegenüber der sozialistischen Gesellschaft bedeutet, auf der ökonomischen Ebene den Widerstand zwischen einer streng zentralisierten und geplanten Wirtschaft und den Produktionsgemeinschaften, auf der sozialen Ebene zwischen einem institutionalisierten Willen und der Initiative des Einzelnen und der Kollektive, auf der kulturellen Ebene zwischen der Idee einer ›weisen Führung‹ und der schöpferischen Freiheit.«[297]

Auf allen Ebenen erscheint das stalinistische System als Negativfolie einer emanzipatorischen, demokratischen und letzten Endes humanen Gesellschaftsordnung. In Anbetracht der diagnostizierten Diskrepanz zwischen freier Selbsttätigkeit des schöpferischen Subjekts in der marxistischen Theorie und der realexistierenden Position des Menschen im Staatssozialismus wurde dessen Legitimität *en grosso* bezweifelt. Der Mensch sei nach wie vor weit entfernt von seiner »Vermenschlichung«. Immer noch sei er nicht in die Phase seiner geistigen Befreiung als der Voraussetzung zur notwendigen materiellen Freiheit gelangt.[298] Neben die allgemeine, auf die philosophisch-theoretische Ausrichtung der Sowjetunion abzielende Kritik trat eine besonders intensiv und offen vorgetragene politische Kritik im Zuge der Invasion der Warschauer-Pakt-Staaten in die Tschechoslowakei und den Ereignissen, die zur Absetzung polnischer Professoren vom universitären Lehrbetrieb führten. Das intellektuelle Selbstverständnis der Mitarbeiter und Mitarbeiterinnen der *Praxis* prägte ihre politische Positionierung. Neben der Wortergreifung zugunsten der Studierenden während der Juni-Proteste 1968 waren diese beiden Ereignisse wichtige

---

297 Rudi Supek, Dijalektika društvene prakse, in: Praxis 1, 1964, H.1, S. 54–65, hier S. 54.
298 Kangrga, Spekulacija i filozofija, S. 353–355; Bloch, Prinzip Hoffnung; Vranicki, Philosophie in unserer Zeit, S. 90; Dazu kritisch und anerkennend zugleich Hans Heinz Holz, Logos spermatikos. Ernst Blochs Philosophie der unfertigen Welt, Darmstadt 1975, insb. S. 14f.

Gradmesser für die Relevanz der eigenen theoretischen Standpunkte in der politischen Realität. Gleichzeitig war die Stalinismuskritik nicht nur das unumstrittene und allgemein akzeptierte Grundverständnis der Zeitschrift, sondern auch der am wenigsten kontroverse Teil im Binnenverhältnis zwischen der Philosophie und dem jugoslawischen Staats- und Parteiapparat. Indes, immer dann, wenn die Kritik der sowjetischen Unzulänglichkeiten auf die innerjugoslawischen Verhältnisse übertragen wurde, reagierte die offizielle Linie nervös, polemisierte öffentlich gegen »konterrevolutionäre« und »revisionistische« Tendenzen innerhalb der *Praxis* oder erschwerte (besser: verunmöglichte) deren Arbeit durch die Kürzung notwendiger Finanzmittel zum Erhalt der Zeitschrift.[299]

Stalinismuskritik

Der antistalinistische Impetus der jugoslawischen Marxistinnen und Marxisten setzte sich aus zwei Bestandteilen zusammen: einer philosophischen und einer politisch induzierten Kritik. Die philosophisch-theoretischen Stützen des Stalinismus wurden einer gründlichen Revision unterzogen, seinem »positivistischen« Geschichtsbild wurde das Ideal einer »rücksichtslosen Kritik alles Bestehenden« entgegengesetzt. Auf einer allgemeinen Ebene verstanden die *Praxis*-Philosophen unter Marxismus vor allem Gesellschaftskritik, weshalb sie sich auch vehement gegen die Widerspiegelungstheorie stellten und jedwedem historischen Determinismus in der Entwicklung zu einem kommunistischen Idealzustand skeptisch gegenüberstanden. Eine solche Interpretation war in ihren Augen nur der Versuch, Machtbeziehungen zu verschleiern, um die desaströse Gegenwart durch den Glauben an eine gerechte Zukunft zu ersetzen:

> »Daher kann das, was heute besteht, kein Reich der Askese und der Herrschaft mediokrer Geister sein, das uns morgen in ein Reich des

---

299 Zu den eklatanten Finanzproblemen der Zeitschrift siehe den Bericht von Gajo Petrović, Dvije i po godine Praxisa, in: Praxis 4, 1967, H.1/2, S. 260–274, insb. S. 269ff; ders., Još dvije godine Praxisa, in: Praxis 6, 1969, H.1/2, S. 345–355, insb. S. 348.

Überflusses und der Freiheit führen könnte; es kann daher auch keine Kaserne sein, die uns dereinst in geistige Freiheit versetzen könnte; auch keine Herrschaft durch ideelle Direktiven, getroffen hinter geschlossenen Türen; keine Herrschaft der Denunziation und moralisch minderwertiger Spitzel, die uns dann einmal zu selbständigen Persönlichkeiten heranbilden könnte; auch nicht ein Reich des Hasses, das uns dereinst der Liebe nahebrächte; nicht ein Reich der Polizei, das in Zukunft die Freiheit ermöglichte oder etwa ein Reich des Inhumanen, das die Pforten zum Humanen eröffnete.«[300]

Das Heilsversprechen einer besseren, humaneren und alle glücklich machenden Zukunft, das im orthodoxen Sowjetmarxismus als Kompensation für die Unzulänglichkeiten, Ungerechtigkeiten und Repressionen der Gegenwart herhalten musste, wich einem grundlegenden Fokus auf die Gegenwartskritik. Der sowjetische Verweis auf die Zukunft stelle, so die weitverbreitete Überzeugung, einen ideologischen Tatbestand zur Verdeckung tatsächlicher Machtverhältnisse dar und diene der Vertuschung des realen, antisozialistischen Charakters des sowjetischen Gesellschaftssystems. Die erkenntnistheoretische Fundierung des sowjetischen Systems basiere auf dem Konzept der »Widerspiegelung«, was, so argumentierte etwa Danko Grlić, nicht nur »unmarxistisch«, sondern geradezu »antimarxistisch«, da undialektisch sei. Dieses Konzept tauge lediglich zur ideologischen Rechtfertigung der Parteiherrschaft und der Zementierung des gegenwärtigen Ist-Zustands: Es sei bürgerlich, denn, ganz im Gegensatz zur Grundposition des Marxismus, der ja gerade auf eine Veränderung der Welt abziele, trachte die bürgerliche Ideologie nach einer Konservierung des Bestehenden.[301] Und in der Tat, aus den Schriften von Karl Marx war eine statisch-eindimensionale, objektive Übereinstimmung –

---

300 Zitat nach Danko Grlić, Sozialismus und Kommunismus, in: Supek/Bošnjak, Jugoslawien denkt anders, S. 93–114, hier S. 96f; ders. Socijalizam i komunizam, in: Praxis 1, 1964, H.2, S. 163–171; Gajo Petrović, Filozofija i politika u socijalizmu, in: Praxis 1, 1964, H.2, S. 269–280, hier: S. 274ff; Stojanović, Od primitivnog, S. 5f. Siehe auch Höpken, Sozialismus und Pluralismus, S. 58f.
301 Danko Grlić, Marksizam i umjetnost, Zagreb 1979, S. 22f.

Widerspiegelung – zwischen »Sein« und »Bewusstsein« nicht ableitbar, vielmehr ist dort von einer scheinbaren, verfremdeten Spiegelung dieses Verhältnisses die Rede, deren realer Charakter erst durch ihre kritische Analyse erkennbar gemacht werden könne.[302] Die Widerspiegelungstheorie bildete einen Teilbereich des ideologischen Legitimitätskanons, dessen Zentrum im Konzept des Historischen Materialismus lag. Für das sowjetische System zu einer zentralen ideologischen Kategorie geworden, propagierte dieser die zwangsläufige, auf objektiven Entwicklungsgesetzen basierende Entwicklung zum Kommunismus. Auch hier verwiesen die Autorinnen und Autoren der *Praxis* auf die Inkompatibilität zwischen der Konzeption einer materialistischen Geschichtsauffassung bei Marx, deren Wesen gerade in der Ablehnung einer »Konstruktion der Zukunft« und der Bejahung einer sich mit den realen gesellschaftlichen Tatsachen immer neu orientierenden Kritik lag, und dem kategorischen und abgeschlossenen System des Historischen Materialismus sowjetischer Prägung.[303] In ihren wissenschaftstheoretischen Bemühungen, den Marxismus vom Ballast der »durchgeplanten Prophezeiung« zu befreien, spielte zudem die Skepsis gegenüber kybernetischen Modellen und positivistischen Wissenschaftsinterpretationen eine präjudizierende Rolle. Wurde die Kybernetik, also die Vorstellung einer durchgehenden gesellschaftlichen Planbarkeit, im Modernismusdiskurs noch zur wünschbaren »Zukunftsvision« auserkoren, bemühten sich die jugoslawischen Linksphilosophen darum, den Marxismus von seiner »positivistischen Verlotterung« durch die Vertreter der Zweiten

---

302 Vgl. einführend den konzisen Überblick von Wolfgang Fritz Haug, Abbild, in: Historisch-Kritisches Wörterbuch des Marxismus, Bd.1: Abbau des Staates bis Avantgarde, hrsg. von Wolfgang Fritz Haug, Berlin 1994, S. 7–21. Zum historischen Referenzpunkt des sowjetischen Standpunktes avancierte indes eine Formulierung von Lenin: »Unsere Empfindungen, unser Bewußtsein sind nur das *Abbild* der Außenwelt, und es ist selbstverständlich, daß ein Abbild nicht ohne das Abgebildete existieren kann.« Ebd., S. 14. Ferner Bloch, Tübinger Vorlesung, S. 61.

303 Siehe Wolfgang Küttler/Alexis Petrioli/Frieder Otto Wolf, Historischer Materialismus, in: Historisch-Kritisches Wörterbuch des Marxismus, Bd.6/1: Hegemonie bis Imperialismus, hrsg. von Wolfgang Fritz Haug, Berlin 2004, S. 316–334.

Internationale und des Stalinismus zu befreien.[304] Im Umkreis der *Praxis*-Redaktion wurde die Möglichkeit der Realisierung einer konfliktlosen kommunistischen Zukunftsgesellschaft mit kritischer Distanz betrachtet. Diese Vision wurde eher als potentielle Gefahr für das Projekt einer humanen Gesellschaftsordnung verstanden, denn diesem Konzept lag schließlich auch die Vorstellung eines nicht mehr entwicklungsfähigen, abgeschlossenen Endzustands zugrunde, was dem Grundsatz permanenter Kritik, einer »Negation der Negation« als Voraussetzung zur Schaffung »immer humanerer Verhältnisse« entgegenstand. Auch an dieser Stelle auf Marx verweisend, wurde gegen die positivistische Ausrichtung der stalinistischen Marxrezeption argumentiert. Kritik und Bewegung, so Andrija Krešić, Mitglied des Redaktionsrates und Philosophieprofessor an der Belgrader Universität, seien Wesensmerkmale der marxistischen Idee. Daraus ergebe sich zwingend auch seine grundsätzliche Ausrichtung darauf, jegliche Formen der Ausbeutung und Unterdrückung zu beenden, und zwar »ohne Unterlass, sobald sie in Erscheinung treten, unabhängig von ihrem institutionellen Charakter.«[305]

Der Stalinismus habe nicht nur die marxistische Theorie in eine »vulgärmaterialistische« Ideologie verwandelt, sondern trete allgemein als eine Negativphilosophie auf, indem er die Philosophie

304 Životić, Marksizam – pozitivistička ili negativistička filozofija, S. 1359; Danko Grlić, Contra dogmaticos, Zagreb 1971, S. 24f; Mihailo Marković, Gesellschaft, in: Hendrik Bussiek (Hrsg.), Sechs konkrete Utopien, Frankfurt/Main 1970, S. 15–43, hier insb. S. 15 u. S. 18. Zur Entwicklung der Kybernetik vor allem in Westeuropa und Nordamerika siehe den Themenschwerpunkt »Verwissenschaftlichung der Politik nach 1945« im Archiv für Sozialgeschichte 50, 2010.
305 Zitat nach der Wortmeldung von Andrija Krešić, gehalten auf dem Simposij jugoslovensko-čehoslovačkih filosofa: Savremeni trenutak socijalizma. Održan u Opatiji od 5. do 7. decembra 1968. godine, in: Filosofija 3, 1969, S. 5–96, hier S. 36.; Stojanović, Kritik und Zukunft, S. 31; ders., Sloboda i demokracija u socijalizmu; Höpken, Sozialismus und Pluralismus, S. 58f. Siehe auch die auf dem sechsten Symposium der Kroatischen Philosophischen Gesellschaft am 17. und 18. Dezember 1966 vorgebrachten Thesen, abgedruckt in: Boris Kalin, Socijalizam i etika. Bilješka uz simpozij Hrvatskog filozofskog društva, in: Danas. Časopis studenata Filozofskog fakulteta u Zagrebu 6, 1966, H.1/2, S. 73f., hier v.a. S. 74.

zu einem funktionalen Instrument, einer positivistischen Rechtfertigungsideologie degradiere. Dabei liege die Wirkmächtigkeit des Marxismus, so der Soziologe Veljko Korač, gerade in der dialektischen Methode »als einer rationalen Kritik alles Bestehenden« begründet. Ohne dieser seiner »revolutionären geistigen Waffe [...] die ›alles Bestehende‹ negiert«, verwandele sich der Marxismus »in einen vulgären Positivismus und Pragmatismus, er wird zu einer Apologie ›alles Bestehenden‹ [...].« Diese Apologie habe gerade der Stalinismus »für alle sichtbar bestätigt [...].«[306]

Sowohl der eigene, aus dem Begriff der Praxis abgeleitete Handlungsanspruch als auch die damit zusammenhängende Wesensbeschreibung der Philosophie als einer kritischen und problemorientierten Wissenschaft befand sich somit in einer konfrontativen Beziehung zur stalinistischen Weltsicht: Die *Praxis*-Philosophie bediene sich der Dialektik, sie sei daher revolutionär und marxistisch; der Stalinismus dagegen bediene sich des Pragmatismus und funktionalisiere die Philosophie in eine ihm genehme Legitimierungsdisziplin um. Die jugoslawische Philosophie habe, indem sie die Befreiung des Menschen in den Mittelpunkt ihrer theoretischen Überlegungen stelle, nicht nur einen wesentlichen Beitrag zur Rückkehr von der »Karikatur zum Original«[307] geleistet, sondern durch ihre marxistische Kritik am staatssozialistischen System und seinen Ideologemen auch dessen Klassencharakter offenbart. Der Arbeitsbegriff in der Sowjetunion sei, so Miladin Životić, geradezu darauf ausgelegt, eine Klassengesellschaft zu zementieren, indem er der Arbeit eine metaphysische Bedeutung beimesse. Wenn der »arbeitende Mensch« zum höchsten Gut des Systems emporgehoben werde, da er ja nun für einen »nationalen Arbeiterstaat« produziere, dann verberge sich hinter einer solchen »Arbeitsidolatrie« nicht nur der Zweck, die »Arbeiter*klasse*« auf dem Niveau einer »*Klasse*« zu halten, sondern auch die Ab-

---

306 Zitat nach Željko Korač, Marksizam je kritika svega postojećeg, in: Vidici 86, 1964, S. 7; Ferner Stojanović, Kritik und Zukunft, S. 9; Životić, Humanistička problematika, S. 5; Grlić, Praxis und Dogma, S. 112; Gajo Petrović, Sinn und Möglichkeit des Schöpfertums, in: ders. (Hrsg.), Revolutionäre Praxis, S. 159–173.
307 Petrović, Autoritärer Marxismus, S. 6.

kehr vom ursprünglichen Ziel der Arbeiterklasse: »sich selbst als Klasse zu überwinden [...] und die *Arbeit selbst* als die Erzeugung von Reichtum für andere aufzuheben.«[308] Auch die Diktatur des Proletariats wurde in diesem Zusammenhang kritisch hinterfragt und auf ideologische Verfremdungszusammenhänge hin untersucht. Dieser ›Übergangsphase‹ von Kapitalismus zu Sozialismus fehle es nicht nur an einer elaborierten theoretischen Auseinandersetzung, die sich ihren möglichen Implikationen widmen würde.[309] Die Diktatur des Proletariats berge auch eine Gefahr für die sozialistische Entwicklung schlechthin. Allein schon die Tatsache, dass die Sowjetunion so auf diese Periode insistiere, müsse zu einer kritischen Prüfung führen.

Die Quintessenz, die aus diesen kritischen Betrachtungen zur Diktatur des Proletariats gezogen wurde, bestand aus einer teilweisen Revision ihrer historischen Notwendigkeit und ihrer Trennung vom Begriff des Sozialismus. Eine solche Phase, die die Gefahr eines willkürlichen Machtmissbrauchs impliziere, könne lediglich als notwendige ›Anfangsphase‹ der revolutionären Umgestaltung toleriert werden.[310] Sie könne nicht Ausdruck einer sozialistischen Gesellschaft sein, da diese »eine Vereinigung freier Persönlichkeiten« sei, in der es weder »ausbeutende« noch »ausgebeutete Klassen« gebe. Außerdem sei der Sozialismus keine statische Gesellschaftsordnung, sondern ein Prozess, der auf die Aufhebung »entfremdete[r] Arbeit«, »entfremdete[r] Gesellschaftsverhältnisse«, »entfremdeten Bewußtseins« und »entfremdeter Bedürfnisse« ziele.[311] Hinter der These von der Diktatur des Proletariats verstecke sich ein ausgeprägter Staatsfetisch. Der Arbeiterklasse werde suggeriert, sie habe nun im »Arbeiterstaat« ihre eigene, »intime Geschichte« materialisiert, die Menschheit befinde sich nun in einer »postre-

---

308 Zitat nach Životić, Proletarischer Humanismus, S. 84 f; Korač, Marksizam, S. 7.
309 Rudi Supek, Marx i revolucija. Uvodna riječ, in: Praxis 6, 1969, H.1/2, S. 6–15, hier S. 8.
310 Petrović, Philosophie und Revolution, S. 217; ders., Filozofija i politika, S. 271.
311 Gajo Petrović, Kritika u socijalizmu, in: Praxis 2, 1965, H.3, S. 468–481, hier S. 471 (Zitat 1); Životić, Proletarischer Humanismus, S. 41 (Zitat 2), 70f.

volutionären Epoche«, und weitere revolutionäre Veränderungen seien nicht mehr notwendig.[312]

Revolutionsbegriff und Bürokratiekritik
Die Staatsskepsis war nur ein weiterer Ausdruck der Grundauffassung von der »Negation der Negation« als einer eminenten Voraussetzung kritischen Denkens, und sie weitete sich weit über den engeren philosophischen Bereich auf das gesamte linksintellektuelle Milieu Jugoslawiens aus. Gerade die Kulturszene sah im Staat eine bürokratische Metainstitution, die ihnen die freie künstlerische Betätigung, wenn schon nicht verbot, so doch in vielen Fällen erschwerte und mit mannigfaltigen Hürden versah. Deshalb waren es gerade die jugoslawischen Künstlerinnen und Künstler, die an einer Fortführung der Revolution interessiert waren und die theoretischen Anstrengungen der Philosophie aktiv begleiteten, den Prozess von der politischen zur sozialen Revolution zu analysieren und zu ebnen. Der dahinterstehende Revolutionsbegriff stellte die »schöpferischen Fähigkeiten« des Menschen in den Vordergrund und betonte die innere Logik einer immer weitergehenden »Humanisierung« der Lebensverhältnisse, die sich zwingend aus dem dialektischen Prinzip des Marxismus ergebe. Diesen Möglichkeiten stünden aber bürokratische Machtapparate entgegen, deren Wesenskern in der Usurpation der Revolution und der Beschneidung der freien menschlichen Betätigung liege. In diesem Revolutionsbegriff überschnitten sich theoretische Überlegungen zum Charakter einer sozialistischen Revolution als auch praktische Erwägungen über Reichweite und Tiefenwirkung bürokratischer Institutionen als einer dem Menschen von außen aufgetragenen »Disziplinargewalt«.[313]

Die Kernrevision, die an dieser Stelle vorgenommen wurde, betraf eine bisherige Selbstverständlichkeit der »Alten Linken«: dass die Frage der Revolution in erster Linie eine Frage der politischen

---

312 Grlić, Contra dogmaticos, S. 122.
313 Zur generellen Bürokratiekritik und ihrer Tradition im Marxismus siehe Vranicki, Geschichte des Marxismus, Bd.1, S. 77f. Zur Funktionsweise Foucault, Überwachen und Strafen, S. 176f. und S. 228f.

Machtübernahme durch die Partei der Arbeiterklasse sei – und die Diktatur des Proletariats eine logische institutionelle Folge. Nimmt man hingegen etwa den Revolutionsbegriff von Milan Kangrga zur Grundlage, so wird Revolution in erster Linie als eine historische Konstante menschlicher Weltveränderung wahrgenommen, der das menschliche Bedürfnis nach einer Humanisierung der Lebensumstände zugrunde liegt. Sie wird als immanenter Ausdruck menschlicher Praxis gesehen. Im Marxismus gebe es, so Kangrga, folgerichtig auch keine Theorie der Revolution. Er sei dennoch eine »revolutionäre Theorie«, denn er impliziere eine dialektisch begründete Kritik bestehender Verhältnisse.[314] Hinter so viel Vorsicht und philosophischer Distinktion verbarg sich eine Fundamentalkritik bisheriger Errungenschaften staatssozialistisch verfasster Systeme sowie eine Analyse ihrer inneren Machtverhältnisse. Den Ausgangspunkt dieser Überlegungen bildete die Einsicht, dass es bisher nirgendwo, weder in Jugoslawien und noch weniger in den staatssozialistischen Systemen des europäischen Ostens, zu einer konsequenten Fortführung der Revolution gekommen sei: Das bisher Erreichte erschöpfe sich in der Ersetzung eines politischen Herrschaftssystems durch ein anderes.

Innerhalb dieses neuen politischen Apparats habe sich eine neue Elite eingerichtet, der an einer Fortführung der Revolution, ihrer Überführung in die soziale Revolution, nicht gelegen sei. Das Hauptanliegen dieser »Neuen Klasse«, der Bürokratie, bestehe in der Konservierung des Bestehenden, und um dieses Zieles Willen bediene sie sich aller möglichen Formen der politisch-sozialen Repression. In der angesprochenen Kritik an der These von der Diktatur des Proletariats wurde theoretisch auf den neuen Klassencharakter des staatssozialistischen Systems hingewiesen. Die Bürokratie, nunmehr alleiniger Eigentümer der Produktionsmittel in Form von Staatseigentum, stelle als neuer »Kollektiveigentümer« einen zentralisierten Ersatz des bisherigen Privateigentümers dar. An seiner statt beute nun die

---

314 Kangrga, Marksovo shvaćanje revolucije, S. 5, 8f.; ders., Spekulacija i filozofija, S. 13–34. Vgl. auch Ljubomir Tadić, Socijalistička revolucija i politička vlast, in: Književne novine 340, 1968, S. 5, 8f.

staatliche Bürokratie den Arbeiter aus.[315] Doch neben der ökonomischen Ausbeutung trete auch und gerade die Entfremdung als Charakteristikum staatssozialistischer Arbeits- und Lebensverhältnisse auf. Ihre spezifische Funktions- und Organisationsweise widerspreche den elementarsten Zielen des Sozialismus, denn, um Funktionieren und ihre Machtbasis aufrecht erhalten zu können, produziere die Bürokratie nicht nur eine dogmatisch-legitimatorische Weltsicht, deren Interpretation allein den Staatsinstitutionen obliege. Sie personalisiere durch die Schaffung und Überhöhung einer charismatischen Führungsfigur als politischem Fixpunkt die Macht. Sie hebe sie auf ein theologisches Niveau. In einer solchen Situation – Ljubomir Tadić führte als Beispiele derart verfasster Bürokratien »nazifaschistische Diktaturen« und »quasi sozialistische Einrichtungen, bekannt unter dem Namen Stalinismus« an – bleibe kein Platz für die menschliche Praxis, der Mensch bleibe außen vor, verkomme zu einer statistischen Größe, derer sich die Bürokratie nach Bedarf bediene.[316]

Für die *Praxis*-Philosophinnen und Philosophen war es deshalb folgerichtig und aus ihrer theoretischen Perspektive naheliegend, den Staat als Institution schlechthin in Frage zu stellen bzw. seine historisch bedingte Negation einzufordern. Wenn nur »jenseits des Bürokratismus« die Möglichkeiten menschlicher Emanzipation und Schöpfungsfreiheit lägen, wenn der Mensch nur im Prozess des Absterbens des Staates seine Fähigkeiten frei entfalten könne, dann müsse der Sozialismus, verstanden als freie Assoziation freier Produzenten, daran aktiv teilnehmen – dann ist er entweder Ausdruck dieser Staatsnegation »oder er ist kein Sozialismus«.[317] Die erwähnte Fortsetzung des politischen Revolutionsaktes hin zur

315 Stojanović, Der etatistische Mythos, S. 168.
316 Dragoljub Mićunović, Marksova kritika birokratije, in: Danas, 2. August 1961, S. 4; ders., Tajna moć birokratije, in: Vidici 121, 1968, S. 3; Ljubomir Tadić, Birokratija postvarena organizacija, in: Knjževne novine 311, 1967, S. 5; 8; ders., Marksizam i izgradnja novog svijeta, in: Naši dani 19, 1962, H.119, S. 2; Ivan Kuvačić, Über die Schablonisierung des Lebens, in: Supek/Bošnjak (Hrsg.), Jugoslawien denkt anders, S. 151–160, v.a. S. 156f.
317 Kangrga, Sinn der Marxschen Philosophie, in: Petrović (Hrsg.), Revolutionäre Praxis, S. 68 (Zitat 1), und Miladin Životić, Vreme kraja ideala ili kraja ideologije, in: Filosofija 3, 1969, H.1, S. 21–42, hier S. 33 (Zitat 2). Vgl. auch

sozialen Revolution, ihre generische Verbindung, gerann zur Voraussetzung der Überwindung gesellschaftlicher Metainstitutionen. Der bürokratische Korpsgeist hingegen repräsentiere das Hindernis, das dieser dialektischen Notwendigkeit im Wege stehe. Das Wesen der Revolution, so Kangrga, könne nicht durch den bloßen politischen Akt beschnitten werden, denn dann sei es keine Revolution mehr.[318] Eine Revolution im »vollsten und umfassendsten«, d.h. im sozialistischen Sinne könne nur eine integrale und permanente Umwälzung gegebener Verhältnisse und die Überwindung menschlicher Mittelbarkeit sein:

»Nur die sozialistische Revolution, die nicht die Ersetzung einer Form der Ausbeutung durch eine andere, progressivere, sondern die Aufhebung aller Ausbeutung, die Überwindung aller Formen der Selbstentfremdung des Menschen erstrebt, ist Revolution im tiefsten und vollsten Sinne.«[319]

Kritik und Verteidigung der Selbstverwaltung
Eine schon von Marx und Engels angedachte Möglichkeit dieser Überwindung liege, im Prinzip der Selbstverwaltung.[320] In ihr wurde der positive Kern des jugoslawischen Systems erblickt. Dennoch führte gerade dieser Punkt zu einer veritablen politischen Auseinandersetzung mit der Staats- und Parteiführung. So wie in

---

Milan Kangrga, O metodi i domašaju jedne kritike, in: Praxis 1, 1964, H.2, S. 293–306, hier insb. S. 305.
318 Milan Kangrga, Politička i socijalna revolucija, in: Filosofija 1, 1967, H.3, S. 63–80; ders., Marksovo shvaćanje.
319 Zitat nach Petrović, Philosophie und Revolution, S. 293. Aus dem Kreis der *Praxis*-Autoren hat sich vor allem Gajo Petrović mit der Frage der Revolution ausführlich beschäftigt. Vgl. dazu auch ders., Mišljenje revolucije, S. 63–87.
320 Das System der Selbstverwaltung genoss auf Seiten der jugoslawischen Linken uneingeschränkte Popularität. So wurde Mitte der Siebzigerjahre eine sechsbändige Anthologie mit allen bedeutenden Theoretikern und Texten zum System der Selbstverwaltung bzw. Arbeiterselbstverwaltung veröffentlicht, darunter Texte von Marx, Engels, Lenin, Lukács, Luxemburg, Korsch, Pannekoek usw. Siehe Miloš Nikolić/Vladimir Štambuk (Hrsg.), Samoupravljanje i radnički pokret, Bd.1–6, Belgrad 1973ff.

den anderen Bereichen der philosophischen Auseinandersetzung mit den Grundlagen und Perspektiven des sozialistischen Gesellschaftsprojekts beanspruchten sie als Intellektuelle auch hier das Recht, »eingreifend« und kritisch die jugoslawische Wirklichkeit zu betrachten sowie auf Perspektiven und Notwendigkeiten einer weitergehenden Demokratisierung hinzuweisen. Ungeachtet ihres grundsätzlichen Standpunktes, dass Theorie und Praxis zu einer Synthese gerinnen müssten, offenbarte sich an dieser Stelle aber eine qualitativ anders gelagerte politische Einschätzung durch das Establishment des Bundes der Kommunisten und seine ausführenden Organe.

In den Augen der politischen Elite war es ein maßgeblicher Unterschied, ob über die anthropologisch inspirierte Erweiterung des Revolutionsbegriffs debattiert wurde oder reale Unzulänglichkeiten und Versäumnisse des jugoslawischen Sozialismus beleuchtet wurden. Der kritische Standpunkt zeigte hier seine realpolitische Relevanz und gleichzeitig die ihm durch das ideologische Monopol gesetzten Grenzen. Nimmt man sowohl das intellektuelle Selbstverständnis als auch den Kritikbegriff der jugoslawischen Philosophie in Augenschein, so offenbart sich eine grundsätzliche Differenz zwischen intellektuellem Anspruch und politischer Wirklichkeit. Für die Philosophie stellte die Kritik eine unantastbare Denkform dar, sie konnte und durfte ihrem Wesen nach nicht »funktional«, »konstruktiv oder destruktiv«, »tendenziös oder nicht tendenziös« betrachtet werden. Sie konnte auch nicht als eine »post facto«-Kritik ihre Berechtigung erlangen. Wirkliche Kritik müsse, so die Argumentation, immer anwesend sein, sie müsse zum Prinzip erhoben werden als eine »revolutionäre Tat«.[321]

Die Subversivität dieser Kritik offenbarte sich in Jugoslawien an der grundsätzlichen politischen Übereinstimmung mit den proklamiertn Staatszielen. Die Autorinnen und Autoren der *Praxis* traten als die eigentlichen Verfassungspatrioten im Konflikt mit den Verfassungsgebern auf. Demzufolge, so Gajo Petrović,

---

321 Zitate nach Jakšić, Društvena kritika između revolucionarnog čina i instrumentalizma, S. 13.

»[...] bedeutet die Forderung nach schonungsloser Kritik alles Bestehenden in unseren Verhältnissen keinen Aufruf zum Kampf gegen den jugoslawischen Sozialismus. Wenn man die schonungslose Kritik alles Bestehenden proklamiert, so heißt das, daß es nichts gibt, was außerhalb des Bereichs der Kritik bleiben dürfte oder könnte, daß es nichts gibt, was von einer kritischen Untersuchung ausgenommen werden müßte oder sollte. Was für ein Ergebnis die kritische Untersuchung zeitigen wird, was sich als unhaltbar, also unmittelbar zu verneinen, und was sich als positiv, also als zu behalten und zu fördern ausweisen wird, das kann niemand im Voraus bestimmen oder vorhersagen. Demnach bedeutet schonungslose Kritik alles Bestehenden nicht, alles, was ist, in nihilistischer Weise zu verwerfen, sondern es bedeutet im Gegenteil die Anstrengung, möglichst tief und vielseitig alle Entwicklungsmöglichkeiten des tatsächlich Seienden zu erfassen.«[322]

Aus diesen Zeilen wird zum einen die Prämisse deutlich, dass die Tendenz des Denkens als einer menschlichen Aktivität nicht geplant, vorherbestimmt oder funktionalisiert werden darf. Es wird auch direkt auf die Proklamation des Parteitheoretikers Kardelj hingewiesen, nach der es ein offiziell fixiertes Recht eines jeden Jugoslawen sei, »schonungslose Kritik« zu üben. Dieser Hinweis diente als Einforderung des verfassungsmäßig garantierten Rechts auf Meinungsfreiheit, eine Seite des in der Verfassung garantierten »Recht[s] auf Selbstverwaltung«.[323] Dieser Hinweis war aber auch eine Reaktion auf politische Angriffe auf kritische Intellektuelle, denen die Möglichkeit kritischen und unabhängigen Denkens beschnitten werden sollte. Eine enge Bindung an die Verfassung stellte die reale gesellschaftliche Hierarchie in Frage, sie unterminierte das Machtmonopol des BdKJ.

Unter dem Banner des Selbstverwaltungssozialismus versammelten sich somit zwei diametral entgegengesetzte Selbstbetrachtun-

---

322 Petrović, Philosophie und Revolution, S. 244.
323 Ustav Socijalističke Federativne Republike Jugoslavije, Belgrad 1963, S. 7ff. Eine deutsche Übersetzung findet sich bei Kanzleiter/Stojaković, 1968 in Jugoslawien, S. 208f.

gen: Hier die Avantgardepartei der jugoslawischen Arbeiterklasse, deren Selbstverständnis auf dem Prinzip der Führung beruhte, dort das kritische Gewissen der Intellektuellen, die sich keinerlei Weisungen verpflichtet fühlten und die radikaldemokratische Intention der Selbstverwaltung zum Prinzip ihrer eigenen Praxis erhoben. Der Gedanke der Selbstverwaltung beinhalte, so die Hoffnung der Philosophen, die Einsicht in die Notwendigkeit freiheitlicher menschlicher Selbstorganisation als Grundvoraussetzung für die Humanisierung menschlicher Beziehungen und Lebensverhältnisse. Alle Formen institutionalisierter Metaorganisationen oder ideologischer Überbauten wie Staat oder Partei seien anachronistische Überbleibsel des kapitalistisch-bürgerlichen Zeitalters oder, wie im Fall des sowjetischen Staatssozialismus, ideologische Verfremdungen. Die gegenwärtigen Gesellschaften befänden sich allesamt in einem existentiellen Widerspruch: Einem immer größeren technischen und ökonomischen Fortschritt stehe ein immer hoffnungsloserer Mensch gegenüber, dessen Existenz schärfer als je zuvor durch Entfremdung, Verdinglichung seiner Arbeitsleistung, Unterdrückung, Recht- und Perspektivlosigkeit gekennzeichnet sei. Die Überwindung dieser Verhältnisse liege in einer durchgreifenden, demokratischen Implementierung des Selbstverwaltungsprinzips. Noch unter dem Eindruck der internationalen Studentenbewegung und ihrer Kernforderung nach *autogestión*, die im Selbstverwaltungssozialismus Jugoslawiens ebenfalls ganz oben auf der studentischen Agenda stand, formulierte Milan Kangrga dieses Prinzip 1968 zur Frage von »Selbstverwaltung oder Barbarei«:

> »Wie wir sehen, gerinnt das Prinzip der Selbstverwaltung zum alleinigen Ausweg aus den Widersprüchen der gegenwärtigen Gesellschaft, aber auch der Welt insgesamt, und das beinhaltet die Notwendigkeit einer Revolutionierung aller bestehenden Strukturen und Lebensformen, sowohl des Kapitalismus als auch des stalinistischen Bürokratismus – mit anderen Worten: die Notwendigkeit des Selbstverwaltungssozialismus.«[324]

---

324 Zitat nach Kangrga, Marksovo shvaćanje, S. 8 (Hervorhebungen durch K.S.); ders., Politička i socijalna revolucija, insb. S. 80; Životić, Socijalistički huma-

Während sich beinahe alle um die *Praxis* gruppierten Autorinnen und Autoren ausführlich mit den theoretisch-philosophischen Grundlagen und Traditionen des Selbstverwaltungssystems beschäftigten, wurde den konkreten Ausgestaltungs- und Aushandlungsformen zumeist nicht so viel Aufmerksamkeit zuteil. Aus dem *Praxis*-Kreis lassen sich vor allem Mihailo Marković, der Zagreber Soziologe Rudi Supek und, mit Abstrichen, Svetozar Stojanović nennen.[325] Allen gemeinsam ist vor allem die Bewertung der bisherigen sozialistischen Bewegungen bzw. der daraus hervorgegangenen Staaten als nicht kompatibel mit dem Selbstverwaltungsgedanken. Die einzige Ausnahme bildete freilich das jugoslawische Modell des Selbstverwaltungssozialismus, dem man die Intention nicht absprechen wollte, den Gedanken der Selbstverwaltung in die gesellschaftliche Praxis implementieren zu wollen. Es mangelte durchaus nicht an positiven, teilweise euphorischen Lobgesängen auf das jugoslawische Modell. So bemerkte Vjekoslav Cvjetičanin noch 1971, nach den Erfahrungen der jugoslawischen Studentenproteste, geradezu frenetisch:

> »Die Selbstverwaltung ist eine der bedeutendsten Errungenschaften unseres Jahrhunderts. […] Das jugoslawische Selbstverwaltungssystem ist bis jetzt das bedeutendste soziale Experiment, in dem man die Widersprüche, die für die allgemeine gesellschaftlich-ökonomische Entwicklung der modernen Welt charakteristisch sind, zu lösen versucht. […] Die Selbstverwaltung ist die Keimzelle der wahren menschlichen Geschichte […]. Die politischen Revolutionen

---

nizam, S. 113f; Supek, Marx i revolucija, insb. S. 14; Vranicki, Moral i historija, S. 2; Korač, Nekoliko savremenih zapaženja, S. 78; Svetozar Stojanović, Moralnost revolucionarne avangarde kao historijska pretpostavka socijalizma, in: Praxis 3, 1966, H.1, S. 70–76.

325 Mihailo Marković, Socijalizam i samoupravljanje, in: Praxis 1, 1964, H.2, S. 172–188; Rudi Supek, Čovjek – proizvođač i automatizacija. Marginalije uz neka suvremena gledišta, in: Naše teme 1960, H.2, S. 226–239; ders., Protivrječnosti i nedorečenosti jugoslovenskog samoupravnog socijalizma, in: Praxis 8, 1971, H.3–4, S. 347–372; ders., Participacija, radnička kontrola i samoupravljanje, Zagreb 1974; Svetozar Stojanović, Između ideala i stvarnosti, Belgrad 1969.

waren Prolegomena und einzelne Vorformen der sozialen Revolution, deren Wesen in der Realisierung der Selbstverwaltung liegt.«[326]

Das Problem lag hier in der diagnostizierten Diskrepanz von Anspruch und Wirklichkeit, Theorie und Praxis. Die Ursache dieser Differenz zwischen linksradikalen Kritikerinnen und Kritikern und der Partei lag im vornehmlich technischen Verständnis der Arbeiterselbstverwaltung durch den BdKJ und die Beschränkung auf lediglich formale Aspekte der Arbeitsorganisation, sodass bestimmte Elemente wirtschaftsdemokratischen Verfahren entsprachen. Doch in der zentralen Frage der Stellung des Individuums/ des Arbeiters und der Arbeiterin im Produktionsprozess selbst seien keine Fortschritte gemacht worden, so die Kritik, »die Maschine« werde auch weiterhin »nicht dem Menschen« angepasst, sondern »der Mensch« solle auch in Jugoslawien der Maschine angepasst werden.[327]

Eine der notwendigen Voraussetzungen zur Entfaltung des Selbstverwaltungsprinzips sahen seine philosophischen Theoretikerinnen und Theoretiker auf der politisch brisanten Ebene der Partei selbst. Zwar habe die jugoslawische KP den notwendigen ersten Schritt gemacht und sich zu einem Bund umorganisiert, daraus müsse aber eine Dehierarchisierung der inneren Struktur folgen, insbesondere im Meinungsbildungsprozess und im Verhältnis zu anderen gesellschaftlichen Organisationen. Niemand habe in einem selbstverwalteten System das Recht auf ein Meinungsmonopol. Diese Kritik ist umso interessanter, als ein Großteil der *Praxis*-Redaktion und ihrer auswärtigen Mitarbeiter selbst Mitglieder des Bundes der Kommunisten waren und sie somit auch die eigene Position innerhalb des Meinungsbildungsprozesses zu stärken versuchten.[328] Der praktischen Umsetzung des Selbstver-

---

326 Veljko Cvjetičanin, Die Entwicklung der Selbstverwaltung in Jugoslawien, in: Supek/Bošnjak, Jugoslawien denkt anders, S. 237–254, hier S. 238.
327 Pešić-Golubović, Sozialismus und Humanismus, S. 87f. Vgl. auch den Redebeitrag von Ljubomir Tadić, in: Simposij jugoslovensko-čehoslovačkih filosofa, S. 55; Marković, Pojam, S. 46.
328 Stojanović, Kritik und Zukunft, S. 163–178; Andrija Krešić, Politischer Absolutismus, Anarchie und Autorität, in: Supek/Bošnjak (Hrsg.), Jugoslawien

waltungssozialismus stehe insbesondere die Dualität zwischen Staats- und Parteiapparat auf der einen und den Selbstverwaltungsorganen auf der anderen Seite entgegen. Staats- und Parteiapparat als Einrichtungen klassischer Macht stünden *qua definitionem* den Organisationsformen der freien und basisdemokratischen Selbstverwaltungsbeziehungen entgegen. Die konkrete, »integrierte« Selbstverwaltung sei hingegen auf drei Ebenen angesiedelt: in den Arbeiterräten in den Fabriken, in sogenannten rätedemokratisch konzipierten ›Vermittlergremien‹, die sich sowohl territorial (Stadträte, Kommunalräte) als auch vertikal (branchenspezifische Räteinstitutionen) erstrecken sollten, und in Selbstverwaltungsinstitutionen auf der Ebene der Gesamtgesellschaft. Der als problematisch erkannte Mangel an Informationen und Wissen innerhalb des Produktionsprozesses sollte durch eine längere Ausbildung und Spezialkurse der Arbeiterinnen und Arbeiter aufgefangen und beseitigt werden. In jedem Fall dürfe dieser Mangel nicht als Alibi zur Aufrechterhaltung einer politischen Überwachung durch die Parteibürokratie missbraucht werden.[329]

Der Konfrontationskurs mit dem jugoslawischen Herrschaftsapparat, insbesondere nach den Studentenprotesten vom Juni 1968, nahm an dieser Stelle besonders Fahrt auf, denn allein die Existenz gesellschaftlicher Überbauten, die den Entscheidungsfindungsprozessen der Selbstverwaltungsorgane entzogen sind, würden das System der Selbstverwaltung konterkarieren und missachten:

> »Es braucht nicht betont zu werden, daß ein entwickeltes System der Selbstverwaltung unvereinbar ist mit der Bespitzelung der eigenen Bürger und der Aufrechterhaltung einer großen Miliz und Armee, hauptsächlich für den Gebrauch im Inneren.«[330]

Die Einlösung des verfassungsmäßig garantierten Rechts eines jeden Jugoslawen auf Selbstverwaltung war also nur durch das Ab-

---

denkt anders, S. 179–192; Predrag Vranicki, Država i partija u Socijalizmu, in: Knijževne novine 312, 1967, S. 5.
329 Alle Angaben nach Marković, Gesellschaft, S. 36–39. Vgl. auch ders., Socijalizam i samoupravljanje, S. 172–188.
330 Ebd., S. 39.

sterben des Staats- und Parteiapparats zu haben. Insofern war die Frage des als liberal geltenden Parteitheoretikers Veljko Vlahović an die Herausgeber der Belgrader Universitätszeitung *Gledišta*, »wir«, d.h. die Partei, »haben den Eindruck, das ihr [...] so tut, als wüsstet ihr nicht, wer hier die Macht in den Händen hält«, keineswegs bloß rhetorischer Natur; sie stellte eine politische Warnung an die Adresse kritischer Intellektueller dar.[331]

Sommerschule auf Korčula
Die 1963 zunächst in der Hafenstadt Dubrovnik, ab 1964 dann bis zu ihrer Einstellung 1974 im jährlichen Turnus auf der Adriainsel Korčula organisierte Sommerschule entwickelte sich im Laufe der Zeit zu einem auch im internationalen Maßstab markanten Begegnungs- und Diskussionsforum vornehmlich (aber nicht ausschließlich) linksradikaler Denkerinnen und Denker aus aller Welt, aus Ost und West. Hierzu zählten Jürgen Habermas, Ernst Bloch, Herbert Marcuse, Arnold Künzli, Wolfgang Leonhard, Hermann Weber, Alfred Sohn-Rethel, Henri Lefebvre, Lucien Goldmann, Kostas Axelos, Leszek Kołakowski, Karel Kosik, György Lukács, Ágnes Heller, Norman Birnbaum, Ernest Mandel, Pierre Broué, Daniel Guérin, Robert S. Cohen und viele andere mehr. Doch nicht nur Wissenschaftlerinnen und Wissenschaftler suchten die Insel auf, um an den Debatten teilzunehmen, auch Akteure aus Kunst und Kultur, vor allem auch Studentinnen und Studenten kamen nach Korčula, um zu debattieren oder einfach nur bekannte Figuren der internationalen Linken zu treffen.

Entstanden ist die Schule auf Betreiben von Rudi Supek, der, pragmatisch genug, um zu erkennen, dass für eine staatliche Finanzunterstützung das Konzept vor allem eine bildungspolitische Komponente haben musste, die Schule als Zusatzqualifikation für Lehrerinnen und Lehrer sowie angehende Akademiker und Akademikerinnen konzipierte. Als »philosophisch-soziologisches Seminar« fand vom 28. Juni bis 10. Juli 1963 die erste Sitzung in Dubrovnik statt. Zum Oberthema »Fortschritt und Kultur« sprachen neben den einheimischen Rednern auch international be-

---

331 Zitat nach Popov, Sloboda i nasilje, S. 20.

Mihailo Marković im Gespräch mit Herbert Marcuse auf der Korčula Sommerschule, August 1968.

kannte Gäste wie Erich Fromm, Henri Lefebvre, Lucien Goldmann, Adam Schaff sowie John Somerville und Norman Maier. Die Einladungspolitik, Gäste aus Ost und West einzuladen, sollte in allen weiteren Sitzungen beibehalten werden und trug zum Eindruck bei, dass sich auf Korčula, wie nur an wenigen anderen Orten der Welt, »eingreifende Intellektuelle« über die Blockgrenzen hinweg treffen und diskutieren konnten. Dem von Gajo Petrović in der zweiten Nummer der *Praxis* formulierten Leitkonzept nach sollte die Schule als »freie nationale und internationale Tribüne zeitgenössischer marxistischer Theorie« fungieren.[332]

Das Programm wurde in der Folge immer umfangreicher und gesellschaftspolitisch engagierter. Die zweite Sitzung 1964 fand zum Thema »Sinn und Perspektiven des Sozialismus« statt. Neben dem einheimischen *Who is Who* der Philosophie und Soziologie

---

332 Gajo Petrović, Riječ unaprijed, in: Praxis 1, 1964, H.2, S. 147–150, hier S. 149.

sprachen Henri Lefebvre (»Über einige Kriterien der gesellschaftlichen Entiwcklung im Sozialismus«),³³³ Howard L. Parsons (»Sozialismus und Demokratie«),³³⁴ erstmals auch Herbert Marcuse (»Perspektiven des Sozialismus in der fortgeschrittenen Industriegesellschaft«),³³⁵ Serge Mallet (»Die Neue Arbeiterklasse und der Sozialismus«),³³⁶ Karel Kosík (»Dialektik der Moral und Moral der Dialektik«),³³⁷ Erich Hahn (»Sozialismus und Ideologie«),³³⁸ Albert W. Levi (»Literatur und Politik«)³³⁹ sowie erneut Lucien Goldmann.³⁴⁰ Die nachfolgenden Sommerschulen widmeten sich Themen wie »Was ist Geschichte« (1965), »Schöpfertum und Verdinglichung« (1967), »Marxismus und Revolution« (1968), »Macht und Humanismus« (1969), »Hegel und unsere Zeit – Lenin und die Neue Linke« (1970), »Utopie und Wirklichkeit« (1971), »Sozialismus und Entwicklung« (1972), »Freiheit und Gleichheit« (1973) sowie »Kunst in der technologischen Welt« im Jahr 1974, als die Veranstaltung infolge anhaltender politischer Angriffe zum letzten Mal abgehalten wurde. Sowohl in der einheimischen als auch in der internationalen Presse genoss die Sommerschule ein hohes Ansehen, was sich in einer Vielzahl von Pressebeiträgen niederschlug.³⁴¹

333 Henri Lefebvre, O nekim kriterijima društvenog razvoja i socijalizma, in: Danilo Pejović/Gajo Petrović (Hrsg.), Smisao i perspektive socijalizma, Zagreb 1965, S. 13–24.
334 Howard L. Parsons, Socijalizam i demokracija, in: ebenda, S. 72–86.
335 Herbert Marcuse, Perspektive socijalizma u razvijenom industrijskom društvu, in: ebenda, S. 167–177.
336 Serge Mallet, Nova radnička klasa i socijalizam, in: ebenda, S. 178–192.
337 Karei Kosik, Dijalektika morala i moral dijalektike, in: ebenda, S. 284–297.
338 Erich Hahn, Socijalizam i ideologija, in: ebenda, S. 298–307.
339 Albert William Levi, Književnost i politika, in: ebenda, S. 317–332.
340 Lucien Goldmann, O strogosti i imaginaciji u socijalističkoj misli, in: ebenda, S. 345–354.
341 Zu Überblickszwecken seien lediglich folgende einheimischen Beiträge genannt: Mileta Pavlov, »Letnja filozofsko-sociološka škola u Korčuli. O progresu, socijalizmu i kulturi«, in: Dnevnik, 14.07.1963; »Korčula – grad filozofije. Književnici, političari i filozofi o smislu i perspektivama socijalizma«, in: Politika, 08.06.1964; Aleksandar Tirnanić, »U svijetu se širi interesiranje za autentičnu Marksovu misao. ›Korčulanska ljetna škola‹ jučer, dans i sutra«, in: Borba, 05.09.1965; Prvoslav Ralić, »Posle Korčulanske letnje filozofske škole. Filozofija o slobodi«, in: Komunist, 14.09.1967; Aleksa Buha, »Peto zasjedanje korčulanske ljetne filozofsko-sociološke škole (Korčula od

Im Zeitraum zwischen 1963 und 1974 war die Schule lediglich 1966 nicht geöffnet. Der Grund lag in einer ersten öffentlichen Kampagne gegen die Zeitschrift *Praxis* und somit auch gegen die Organisatoren der Schule, die zwar allen voran vom Bund der Kommunsten Kroatiens ausgetragen wurde, doch die politische Rückendeckung von Josip Broz Tito genoss. In der Öffentlichkeit besonders scharf positionierte sich Vladimir Bakarić, einflussreichster Politiker der kroatischen Kommunisten, Partisanenkämpfer und Titos Vertrauensperson. Auf einer weithin beachteten Rede, die er Anfang Mai 1966 in Sarajevo hielt, stellte Bakarić zunächst einmal eine ideologische Nähe zwischen den Autorinnen und Autoren der *Praxis* und Imre Nađ in Ungarn oder Milovan Đilas her, um sowohl die einheimischen Philosophen als auch ihre internationalen Gäste als verwirrte Relikte vergangener ideologischer Auseinandersetzungen zu bezeichnen:

»Tatsache ist doch, dass sich diese ›Großdenker‹, wie ihr ja wisst, auf der Korčula Schule mit einer ganzen Reihe von Leuten versammeln, von denen ein guter Teil Marxisten sind, sie sich aber in einer schweren Etappe des Sozialismus nicht zurechtgefunden haben, enttäuscht waren, Jugoslawien ihnen aber den Glauben an den Sozialismus wiedergab. Für [diese Leute] waren wir der Leucht-

14–24.8.1968.)«, in: Pregled 9, 1968, S. 341–349; Staniša Novaković, »Moć i čovečnost. Šesto međunarodno zasedanje Korčulanske ljetne škole«, in: Politika, 07.09.1969; Zvonimir Lisinski, »Završila Korčulanska ljetna škola«, in: Vjesnik, 26.08.1970; Dušan Pajin, »Korčulanska letnja škola«, in: Gledišta 10, 1971, S. 1383–1400; Željko Falout, »IX. Korčulanska ljetnak škola. Filozofi između filozofije i društva«, in: Telegram, o. Datum, 1972, S. 12–13; »Rad ovogodišnje Korčulanske škole. Vanpartijska pozicija filozofije«, in: Komunist, 08.10.1973. An deutschen Pressebeiträgen seien erwähnt: Paul Lendvai, »Wieviel Freiheit kann der Sozialismus ertragen? – Philosophengespräch auf Korčula«, in: Die Tat, 09.09.1967; Arnold Künzli, »Marxismus im Trockendock von Korčula«, in: Tages-Anzeiger, 09.11.1968; Rolf Volmann, »Hegel als Revolutionsphilosoph. Nachtrag von der philosophischen Sommerschule in Korčula«, in: Stuttgarter Zeitung, 03.09.1970; Rolf Volmann, »Ende aller Utopien? Die philosophische Sommerschule in Korčula: Das Problem von Theorie und Praxis«, in: Die Zeit, 11.09.1971; Klaus Podak, »Wichtig, daß sie stattgefunden hat. Philosophen und Soziologen treffen sich zur Sommerschule in Korčula«, in: Süddeutsche Zeitung, 15./16.09.1973.

turm. Ihren Fähigkeiten nach konnten sie dem Sozialismus in seiner neuen Etappe nichts geben, stattdessen hielten sie sich an uns fest. Das ist zwar sehr positiv, und wir sollten es nicht unterschätzen. Aber um neue Wege zu beschreiten, dafür, so fürchte ich, geben sie nichts her.«[342]

Die Partei habe bisher, so Bakarić, auf »administrative Maßnahmen« verzichtet, stattdessen hätten sich führende Parteikader, allen voran die beiden Mitglieder des kroatischen Zentralkomitees Savka Dabčević-Kučar und Miko Tripalo, bemüht, im Diskussionsprozess auf die Philosophinnen und Philosophen einzuwirken. Er selbst habe gar während einer Debatte auf der Sommerschule 1964 zum Thema »Perspektiven des Sozialismus« diskutiert und darauf hingewiesen, dass sie sich irren und einer »proamerikanischen Orientierung« nachhängen würden. Unter dem Deckmantel der schonungslosen Kritik alles Bestehenden seien aber einige der »reaktionärsten Texte« entstanden, »die je in Jugoslawien geschrieben und gedruckt« worden seien.[343] Auch in den Parteigremien wurden vorab Materialien angefertigt, die beweisen sollten, dass es sich bei den Organisatoren der Schule um im Kern gegen den jugoslawischen Sozialismus gerichtete Theoretiker handelte, die sich gegen die antibürokratischen und antistalinistischen Errungenschaften und Positionen des Bundes der Kommunisten in Stellung bringen würden.[344] Flankiert wurden diese parteioffiziellen Stellungnahmen und Drohungen von einer medialen Berichterstattung, die wesentliche Momente dieser Argumentation aufnahm.[345]

Die von Vladimir Bakarić erwähnten »administrativen Maßnahmen« wurden schließlich doch ergriffen, und zwar auf eine für

---

342 »Izlaganje dra Vladimira Bakarića u Sarajevu«, abgedruckt in: Bilten 4, 1966, H.6–7, S. 1–27, hier S. 24.
343 Ebd., 25f.
344 Siehe beispielsweise »O nekim gledanjima i stavovima u časopisu Praxis«, in: Bilten 4, 1966. H.3, S. 33–53; »Diskusija o časopisu Praxis u komisiji za idejna pitanja GK SKH Zagreb«, in: Bilten 4, 1966, H.5, S. 29–69.
345 Als Beispiel sei genannt Vlatko Pavletić, »Umjesto kritike – zluradа destrukcija«, in: Vjesnik, 16.05.1966, S. 2.

Ernst Bloch auf der Korčula Sommerschule, August 1968.

das jugoslawische System durchaus typische Art und Weise – die Schule wurde 1966 nicht etwa verboten, potentielle Gäste auch nicht mit Einreiseverboten und ähnlichem belegt. Stattdessen wurden der Schule bei den jährlich vergebenen Zuschüssen aus dem Kulturetat keine ausreichenden Mittel zugeteilt, was das Organisationskomitee dazu veranlasste, einen Brief an die eingeladenen Teilnehmerinnen und Teilnehmer zu schreiben, um sie über die Absage zu informieren. Darin hieß es:

»An die Teilnehmer der IV. internationalen Sitzung der Sommerschule von Korčula: Aufgrund unvorhergesehener Ereignisse, die außerhalb unseres Einflusses liegen und eine Situation hergestellt haben, in der eine erfolgreiche Arbeit unserer Schule in Frage gestellt wird, wird die diesjährige Sitzung ›Schöpfertum und Verdinglichung‹ abgesagt und auf das kommende Jahr verschoben.«[346]

Die erschwerten Bedingungen, unter denen die Organisatoren der Schule arbeiten mussten, fielen in diesem Fall mit der 1966 eingeleiteten Wirtschafts- und Gesellschaftsreform zusammen, die mit dem Sturz des Innenministers Aleksandar Ranković ohnehin schon enormes, vor allem innerparteiliches Konfliktpotential aufwies. Obschon als gesellschaftliche Demokratisierung angekündigt, stieß der wirtschaftspolitische Liberalisierungsprozess auf explizite Kritik innerhalb der jugoslawischen Linken.[347] Die Reaktion des Bundes der Kommunisten wiederum entsprach keineswegs dem reklamierten Anspruch einer nunmehr demokratisierten Debattenkultur. Stattdessen wurden Kritiker des neuen Wirtschaftskurses *en bloc* als verkappte Stalinisten, Etatisten, Ranković-Anhänger oder Bürokraten gebrandmarkt. Dies traf insbesondere die Intellektuellen aus der *Praxis*-Redaktion und ihrem Umkreis und damit auch die Existenz der Sommerschule auf Korčula.

Nur vor diesem Hintergrund ist die Posse um die Vergabe des Božidar-Adžija-Buchpreises für außerordentliche wissenschaftliche Leistungen auf dem Gebiet der Gesellschaftswissenschaften zu bewerten. Im April 1966 erhielten mit Milan Kangrga, für seine Dissertation *Das ethische Problem im Werk von Karl Marx*, und Gajo Petrović, für sein Buch *Philosophie und Marxismus*, zwei weithin bekannte Initiatoren, Autoren und Redaktionsmitglieder der *Praxis* den Buchpreis.[348] Daraufhin startete zunächst das kroatische ZK unter Federführung von Bakarić eine Diffamierungskampagne. Mit der Entscheidung der Jury, so Bakarić, sollten weniger wissenschaftliche Leistungen honoriert werden als eine ausgeklügelte, antistaatliche und antisozialistische Kampagne. Das Ergebnis war

---

346 Zitat nach »Upravni odbor Korčulanske ljetne škole: Svim učesnicima IV. međunarodnog skupa Korčulanske ljetne škole«, abgedruckt in: Praxis 3, 1966, H.4–6, S. 861; siehe auch Lešaja, Praksis orijentacija, S. 93.
347 Mihaljević, Lebwohl, Avantgarde, S. 283–293.
348 Zur Jury-Begründung siehe: »Obrazloženja nagrada naučnim radnicima«, in: Vjesnik, 29.04.1966.

Ernst Bloch und Herbert Marcuse auf der Korčula Sommerschule, August 1968.

die Absetzung des Vorsitzenden der Buchpreiskommission Većeslav Holjevac auf einer Sondersitzung des kroatischen Parlaments am 24. Juni 1966. Als offizielle Begründung wurde angeführt, dass die Vergabe des Buchpreises an Petrović und Kangrga eine »verdeckte politische Aktion« gewesen sei, mit dem Ziel, die »Bedeutung und den Sinn des Weges, auf dem unsere Gesellschaft sich fortentwickelt«, zu verhöhnen.[349] Nun war Holjevac aber nicht irgendjemand, sondern Partisanenkämpfer der ersten Stunde, Träger der höchsten Staatsorden, ehemaliger Bürgermeister der Stadt Zagreb

[349] »Kamuflirana politička akcija. Republičko vijeće Sabora oštro osudilo dodjeljivanje dviju nagrada ›Božidar Adžija‹«, in: Vjesnik, 25.06.1966; »Politička akcija ne može se servirati kao naučna ocena. Povodom odluke o nagrađivanju naučnih radnika u Hrvatskoj«, in: Politika, 26.06.1966; »Politička akcija kamuflirana velom naučnogh rada. Republičko vijeće Sabora Hrvatske oštro osudilo rad odboira za dodjelu nagrada ›Božidar Adžija‹«, in: Borba, 25.06.1966.

Rud Supek während der Korčula Sommerschule am Rednerpult, August 1968.

sowie Mitglied des ZK des kroatischen Bundes der Kommunisten. Seine Absetzung zeigt deutlich, wie nervös der Parteiapparat auf Kritik des neuen Wirtschaftskurses reagierte und wie hoch er die potentielle Gefahr eines linken Gegendiskurses einstufte, dass er sogar bereit war, angesehene Persönlichkeiten aus den eigenen Reihen politisch zu opfern, nur um einige linke Intellektuelle aus dem *Praxis*-Umfeld in die Schranken zu weisen.

Flankiert wurde dieses politische Machtspiel vom Versuch, eine theoretisch-ideologische Rechtfertigung für das politische Eingreifen der Partei herzuleiten. Die Kommission für Gesellschaftswissenschaften beim ZK des BdKJ organisierte zu diesem Zweck am 21. Juni 1966 ein internes Symposium, um über das Beziehungsgeflecht zwischen dem Bund der Kommunisten und wissenschaftlicher Forschung zu beratschlagen. Das Ergebnis waren mehrere Beiträge, die in der vom BdKJ herausgegebenen Theoriezeitschrift *Socijalizam* [Sozialismus] veröffentlicht wurden. Im Kern äußerten sich die Autorinnen und Autoren zugunsten eines stärkeren Einschaltens der Partei in gesellschaftstheoretische Debatten, sprachen sich auch gegen die Trennung von Wissenschaft und Politik aus. Gegenwärtig, so der Tenor, sei die Partei mit der Aufgabe überfordert, adäquate Antworten auf dissonante Töne zu finden, weshalb verstärkt Zuflucht in administrativen Maßnahmen gesucht werde. Nur durch eine aktivere Rolle des BdKJ, argumentierte beispielsweise der Belgrader Universitätsprofessor Najdan Pašić, könne eine schädliche öffentliche Entscheidung wie etwa die Preisverleihung an die beiden *Praxis*-Autoren vermieden werden.[350]

Reaktionen des Staats- und Parteiapparats
Die Haltung der politischen Machtzentren Jugoslawiens gegenüber den Intellektuellen aus dem Umkreis der *Praxis* war in ihrer Gesamtschau dennoch ambivalent. Möglichkeiten, die Arbeit der Zeitschrift und ihrer Herausgeber zu erschweren, sie in der Öffentlichkeit zu desavouieren oder gänzlich unmöglich zu machen, boten sich zuhauf, waren vielfältig und dem ideellen Monopolanspruch der Partei entsprechend politisch induziert. Wann sie gezogen wurden und in welcher Intensität, hing nicht selten von innen- und außenpolitischen Faktoren ab.

Negative Zuschreibungen wie »Philosöphchen«, »Anarcho-Liberale« oder »philosophische Schmierereien« standen auf der Tagesordnung, wenn es darum ging, die Arbeit der Redaktionsmitglieder und ihrer Mitarbeiter zu disqualifizieren.[351] Bereits 1963

---

350 Najdan Pašić, Prevladavanje pozitivističkog odnosa nauke i ideologije, in: Socijalizam 9, 1966, H.10, S. 1295–1300, hier S. 1296ff; siehe auch Miloš Nikolić, Savez komunista i razvoj teorijske misli, in: ebenda, S. 1286–1295; Leo Mates, SKJ i sloboda naučnog stvaralaštva, in: ebenda, S. 1301–1306; Aleksandar Fira, Samoupravljanje i razvijanje društvenih nauka, in: ebenda, S. 1306–1309; Veljko Vlahović, Uloga SKJ u razvoju naučne misli, in: ebenda, S. 1309–1314; Latinka Perović, Pojave institucionalizacije naučnog i političkog rada, in: ebenda, S. 1314–1316; Milka Minić, Uslovi demokratizacije naučnog života, in: ebenda, S. 1316–1319.
351 Diese Bezeichnungen finden sich bei Božidar Jakšić, Praxis i Korčulanska ljetna škola, in: Popov (Hrsg.), Sloboda i nasilje, S. 167–232, hier S. 193. Vgl. auch Prvoslav Ralić, Društveni smisao zahteva za bezobzirnom kritikom svega postojećeg, in: Socijalizam 8, 1965, H.2, S. 234–241.

diskutierte die Ideologische Kommission beim ZK BdKJ über die »Lage und einige aktuelle Probleme in der Entwicklung der Philosophie.« Ungeachtet der Tatsache, hieß es in den Ausführungen des Kommissionsmitglieds Kiro Hadživasilev, dass die meisten Philosophen Mitglieder des BdKJ seien, sei es vom Standpunkt des Zentralkomitees nahezu unmöglich, »mit der Mehrheit dieser Genossen eine gemeinsame Sprache zu finden.« Vielmehr befinde man sich »auf unterschiedlichen, ja gegensätzlichen ideellen Positionen.«[352] In der Frage der Konsequenzen, die man daraus zu ziehen habe, offenbarte sich auch auf dieser Sitzung der Zwiespalt von Repression und Liberalität. Während Hadživasilev innerhalb der jugoslawischen Philosophie zwar eine »kraftvolle unmarxistische, ja antimarxistische« Tendenz zu erkennen glaubte, sich in den Konsequenzen, die aus solch einer Bewertung zu ziehen seien, jedoch vorsichtig und gegen »administrative Mittel« aussprach, diese gar als »schädlich« bezeichnete und an das ZK appellierte, keine Mittel anzuwenden, die »die Freiheit des Gedankens und die Freiheit der Wissenschaft« beeinträchtigen könnten, sprach sein Kollege Milojko Drulović zwar von der Notwendigkeit einer »politischen Bewertung«, lobte jedoch gleichzeitig die bisherigen Ergebnisse der Philosophie als »großen Erfolg«, außerdem könne man ja »mit allen Kommunisten« in Ruhe reden.[353]

Dieses Lavieren kann als ein langjähriges, nicht nur im Umgang mit dem *Praxis*-Umfeld angesiedeltes Verhalten der jugoslawischen Staats- und Parteiführung ausgemacht werden. Es ist zum einen eine Konsequenz des pragmatisch-theoretischen Umschwenkens nach dem Kominform-Konflikt, und es ist eine direkte Konsequenz aus den zentralen programmatischen Dokumenten des jugoslawischen Staats, die sich aufgrund ihres direktdemokratischen Grundverständnisses in einer dauerhaften Dualität mit den Führungsorganen befanden. Wie kompliziert und im Grunde unideologisch sich diese Diskussionen um das Für und Wider politischer Konsequenzen intern teilweise abspielten, zeigte sich im weiteren Verlauf der beschriebenen Sitzung. In den Ausführun-

---

352 Zitate nach AJ, Stenografske beleške CK SKJ, S. 3.
353 Ebd., S. 4, 10.

gen von Stane Kavčič, einem slowenischen Kommissionsmitglied, wurde zwar eine kritische Bestandsaufnahme der ideellen Orientierung eines Teils der jugoslawischen Philosophinnen und Philosophen vorgenommen, gleichzeitig aber auch die Möglichkeit eines unorthodoxen Mehrwerts für den eigenen politisch-ideellen Horizont erörtert, der Vorwurf einer überstrapazierten Rezeption bürgerlicher Wissenschaftler wurde nicht mehr generell erhoben und negativ konnotiert. Die grundlegende Orientierungsschwäche der jugoslawischen Philosophie liege nicht in ihrer Einstellung zur bestehenden gesellschaftlichen Ordnung begründet, sondern darin, dass sich ein Teil entweder zu sehr an der »Geschichte der marxistischen Philosophie [sic!]« orientiere oder sich »in irgendeinem abstrakten Humanismus, in irgendeiner religiösen, philosophischen Ethik« verliere, was zu zwei zentralen Aktionsprinzipien des Bundes der Kommunisten führen müsse: der Auseinandersetzung mit denjenigen, »die glauben, dass der Ausweg in einer nie endenden, hilflosen und hysterischen Polemik mit den Überbleibseln des Bürokratismus« liege, und jener dogmatisch-orthodoxen Strömung, »die der Meinung ist, dass die einzige Möglichkeit einer konstruktiven Entwicklung der Philosophie« darin liege, »ebenfalls eine hilflose, manchmal sogar hysterischere Polemik mit bestimmten Ansichten der bürgerlichen Philosophie« zu führen. Die ideelle Leitlinie des Bundes der Kommunisten erscheint aus dieser Perspektive als eine gemäßigte, ja geradezu pragmatische Moderation unterschiedlicher philosophischer Weltsichten, für die man eine »maximale Toleranz« zeigen müsse.[354] Die unterschiedliche politische Bewertung der intellektuellen Offenheit in einem Parteigremium wie der Ideologischen Kommission, die ja geschaffen worden war, um eine ideologische Leitlinie zu benennen und über ihre Durchführung zu wachen, zeigt an, wie wenig ausgeprägt der Konsens innerhalb des Bundes bezüglich der zu gewährenden Meinungsfreiheit bzw. ihrer Grenzen war. In einer Replik auf die Ausführungen von Kavčić merkte der Kommissionsvorsitzende Veljko Vlahović an, Kavčićs Äußerungen seien wohl nicht repräsentativ für die Leitlinie der slowenischen Genossen, denn wäre sein Kol-

---

354 Ebd., S. 12, 14, 16.

lege Boris Ziherl anwesend gewesen, hätte die Bewertung sicherlich anders ausgesehen. Und sie sah in der Tat anders aus, sie fiel nicht nur kritisch, sondern geradezu denunziatorisch aus. Boris Ziherl, hochrangiger Funktionär und bis 1964 Direktor des Instituts für Soziologie, Politische Wissenschaften und Journalismus an der Universität Ljubljana, echauffierte sich in seinem Kommentar zum zusammengestellten Sitzungsmaterial nicht nur darüber, es sei zu liberal verfasst und ziehe die falschen Schlussfolgerungen. Vielmehr sprach er einer ganzen philosophischen Richtung, die er abschätzig »abstrakte anthropologische Philosophie« nannte, die ideelle Verwurzelung innerhalb der marxistischen Theorie und des jugoslawischen Sozialismus ab. Als Beispiel für diese antimarxistischen Tendenzen wurde ein in Dubrovnik abgehaltenes Symposium genannt, das auf »Initiative der ›Zagreber‹ und ›Belgrader‹ Schule« initiiert worden sei. Damit verknüpft wurde die Frage, ob es richtig sei, dass auch »[...] Iring Fetscher, einer der führenden Mitarbeiter in der Adenauerschen antimarxistischen Administration«, anwesend war. Die zweite Frage betraf die intellektuellen Bezugspunkte der jugoslawischen Philosophinnen und Philosophen. Sie mündete in einer extrem dogmatisch-politischen Abrechnung:

> »Wo schulen sich unsere Philosophen, und warum ist Westdeutschland zum wahren Mekka der ›Zagreber Schule‹ geworden? [...] Es wäre sehr interessant, ihre Texte mit den Texten westdeutscher Philosophen zu konfrontieren, seien es jene aus der Heidegger-Schule, oder jene aus der ehemaligen Gruppe um die ›Zeitschrift für Sozialforschung‹ [...], die heute zu einem Gutteil mit der Zeitschrift ›Der Monat‹, hinter der die Amerikaner stecken, zusammenarbeiten. [...] Das sind die Quellen, aus denen die Philosophen der ›Zagreber Schule‹ und einige, ihnen gleichgesinnte Philosophen aus Sarajevo, Belgrad und Ljubljana, ihre ›Argumente‹ gegen die materialistische Philosophie [...] ziehen, [...] daraus ziehen sie ihre konfusen Theorien über die Praxis [...].«[355]

---

355 AJ–507-A-CK SKJ-VIII-II/2-B–177: Nekoliko napomena na rubu Pregleda stanja i nekih aktuelnih problema razvoja naše filozofije, Bl. 3f.

Aus dieser Argumentation sticht eine andere Qualität der Kritik heraus. Es ging hier nicht um eine diskursive Auseinandersetzung, vorrangiges Ziel war die politische Disqualifikation einer linksradikalen Denkströmung innerhalb des jugoslawischen Geisteslebens. Die Behauptung, Iring Fetscher sei Mitarbeiter eines »antimarxistischen Dienstes« innerhalb der Adenauer-Administration, ebenso wie die Diskreditierung des Frankfurter Instituts für Sozialforschung zeugen von der persönlichen Desavouierung einzelner Wissenschaftlerinnen und Wissenschaftler, an denen ein Exempel statuiert und deren öffentliche intellektuelle Tätigkeit unmöglich gemacht werden sollte. Dies waren die beiden Grenzpole, innerhalb derer sich die Auseinandersetzung der Partei mit den eingreifenden Intellektuellen abspielte. Dass die hartgesottenen Dogmatiker innerhalb der Partei sich letzten Endes nicht durchsetzen konnten, spiegelt nicht nur die Demission des autoritären Innenministers und Polizeichefs Alexander Ranković 1966 wider, sondern auch der Umstand, dass der angegriffene Iring Fetscher regelmäßiger Gast der Sommerschule auf Korčula war und zum Redaktionsbeirat der internationalen Ausgabe der *Praxis* gehörte. Die Geister, die der BdKJ sowohl mit der Einführung des Selbstverwaltungsprinzips als auch mit seiner eigenen formalen Demokratisierung heraufbeschwor, erfassten die eigenen Reihen und kollidierten mit dem intuitiven Machtbewusstsein der Altrevolutionäre innerhalb des Bundes. Dieser jedoch war, wie aus der Diskussion um die Einschätzung der philosophischen Entwicklung ersichtlich, kein monolithischer Block mehr, weder an der Basis noch, was entscheidender war, im internen Beurteilungsprozess in den höchsten Parteigremien. Die obige Diskussion resultierte aus einem Bericht des damaligen Sekretärs der Ideologischen Kommission Miloš Nikolić, der in seinen Ausführungen eine insgesamt erstaunlich positive Bewertung lieferte, die Entwicklung sogar als eine direkte und begrüßenswerte Folge des »allumfassenden und freien Schöpfertums [...] im sozialistischen Jugoslawien« rühmte, die »befreit von stalinistischen Schemata« sei, sodass sich insbesondere nach der serbokroatischen Veröffentlichung der Frühwerke von Marx und Engels eine »anthropologisch-humanistische« Marxdeutung habe entwickeln können.[356]

Zu den Polemiken und geheimen Dossiers, deren Inhalt ambivalent ausfiel, gesellte sich eine ungleich subtilere, ihren Konsequenzen nach aber deutlich folgenreichere Methode des ideologischen Muskelspiels: Hier instrumentalisierte und missbrauchte die politische Elite das Selbstverwaltungssystem im Sinne eines konstruierten Interessenkonflikts zwischen der steuerzahlenden Bevölkerung und den Herausgebern der *Praxis*. Die Finanzierung der Zeitschrift erfolgte, folgt man den Rechenschaftsberichten der Herausgeber an die Kroatische Philosophische Gesellschaft, zum größten Teil aus öffentlichen Geldern, die bei verschiedenen Einrichtungen der kommunalen und wissenschaftlichen Selbstverwaltungsgremien Jugoslawiens beantragt werden mussten. So widersetzte sich etwa der »Fonds zur Förderung der Herausgebertätigkeit in der Sozialistischen Republik Kroatien« einer vorher genehmigten finanziellen Unterstützung mit dem Hinweis, der Charakter der Zeitschrift sei so breit angelegt, dass zur Finanzierung Bundesmittel beantragt werden müssten. Der »Bundesfond zur Förderung wissenschaftlicher Tätigkeiten« wiederum bewilligte für das Jahr 1966 anstatt der beantragten Summe von 12,5 Millionen Dinar lediglich ein Viertel, weshalb auch keine Honorare an die Autorinnen und Autoren ausgezahlt werden konnten.[357] Vorhergegangen war diesem Genehmigungsmarathon eine der ersten größeren öffentlichen Polemiken zwischen Autoren aus dem Umkreis der Zeitschrift und offiziösen Kritikern, die 1965 im Parteiblatt *Borba* ausgefochten wurde. Den vermeintlichen Anlass dazu gab ein Artikel des an der Universität Belgrad lehrenden Philosophen Miladin Životić über »Sozialismus und Massenkultur«, in dem er sich kritisch über die Kommerzialisierung der Kulturproduktion äußerte und dem Bund der Kommunisten eine ideelle Mitschuld an dieser

---

356 AJ–507-A-CK SKJ-VIII-II/2-B–177: Pregled stanja i nekih aktuelnih problema razvoja naše filozofije, Bl. 1–36, hier Bl. 4 (erstes und drittes Zitat), 2 (zweites Zitat) und 6.
357 Zahlen nach Petrović, Dvije i po godine, S. 269–271.

Entwicklung unterstellte.[358] Daraufhin veröffentlichte die *Borba* nicht nur eine Polemik gegen diesen Artikel, sondern auch Leserbriefe, in denen scheinbar besorgte Bürgerinnen und Bürger sich darüber beschwerten, dass aus ihren finanziellen Mitteln eine solche Zeitschrift und solche Professoren bezahlt würden. Und nicht nur das: ›Einfache‹ Bürger brachten in diesen Briefen ihre tiefe Besorgnis darüber zum Ausdruck, dass besagter Professor »auch in anderen Arbeiten ›unmarxistische‹ Ansichten vertrete«, dass er die zeitgenössische jugoslawische Wirklichkeit ignoriere und, was besonders »traurig und besorgniserregend« sei, dass solche Professoren »unsere studentische Jugend« erzögen. Die Angestellte Jelena Lukić aus Belgrad machte sich beispielsweise Sorgen um das Seelenheil ihrer Nichte, die an der Belgrader Universität Philosophie studiere und sich bei ihr angeblich »über die Vorlesungen und Ansichten einiger Lehrender« beklagte, unter denen sich auch Životić befand.[359] Auffallend war jedoch, dass die sozio-professionelle Zusammensetzung der besorgten Leserinnen und Leser penibel alle möglichen Schichten der jugoslawischen Gesellschaft abbildete, vom einfachen Metallarbeiter bis hin zum Gymnasiallehrer. Wie Nachforschungen der *Praxis*-Mitarbeiter und der »Philosophiegruppe des Studentenbundes an der Philosophischen Fakultät« in Belgrad – eine Art Fachschaft – jedoch zeigten, existierte ein Großteil dieser Menschen gar nicht. Diese aller Wahrscheinlichkeit nach initiierte Leserbriefaktion in der *Borba* sollte zeigen, dass sich die Philosophen und die von ihnen vertretenen philosophischen Ansichten nicht mit den Ansichten der jugoslawischen Bevölkerung deckten, ihnen vielmehr entgegengesetzt und »fremd« seien und, in letzter Konsequenz, einen Missbrauch der solidarischen Selbstverwaltungsstrukturen und der von ihnen genehmigten Gelder darstellten. Sie dokumentiert zudem ein instrumentelles Demokratieverständnis des Bundes, das sich paternalistisch als Zugeständnis, Gutmütigkeit

---

358 Miladin Životić, Socijalizam i masovna kultura, in: Praxis 1, 1965, H.2, S. 258–268.
359 Zitate nach Redakcija, Riječ ima Borba, in: Praxis 2, 1965, H.3, S. 507–516, hier S. 507 (erstes Zitat) und S. 511 (zweites Zitat).

oder ›großherzige‹ Gewährung freier Meinungsäußerung äußerte, und nicht als Verfassungsrecht.[360]

Die Stellung der Philosophie durchlief, betrachtet man sie vom *Kominform*-Konflikt in der unmittelbaren Nachkriegszeit bis zur Mitte der 1970er-Jahre, mehrere Stadien. Im Rahmen einer groben Klassifizierung kann von einer Transformation vom ›Lieblingskind‹ über die Emanzipationsphase bis hin zum ›Problemkind‹ gesprochen werden, dessen subversives Potential sich für die herrschende Elite am nachdrücklichsten im intellektuellen Engagement während der studentischen Juni-Proteste offenbarte.[361] Die Folgewirkungen dieser Umbrüche waren die finanzielle Knebelung und somit Liquidation sowohl der Zeitschrift *Praxis* als auch der Sommerschule auf Korčula im Jahr 1974. Sie stellten, zusammen mit der ein Jahr später erfolgten Abberufung von acht Belgrader Universitätsprofessorinnen- und professoren, einen vorläufigen Höhepunkt der staatlichen Repression gegenüber dem linksradikalen Milieu dar.

3.2 Wider den Heros. Die »schwarze Welle« überrollt den Partisanen

Als die internationale Protestbewegung im Jahr 1968 ihrem Höhe- und Wendepunkt entgegen schritt, überraschte das offizielle Jugoslawien mit einer Filmproduktion, die zu diesem Zeitpunkt kaum hätte antiquierter ausfallen können. Gleichzeitig war es wohl die kostspieligste Filmproduktion, die die jugoslawische Kinematografie jemals realisiert hat: Internationale Stars wie Anthony Dawson, Curd Jürgens, Hardy Krüger, Orson Welles und Yul Brynner strickten, zusammen mit der ersten Riege einheimischer Schauspieler, actionreich und mit ausgiebiger pyrotechnischer Begleitung an der cineastischen Ehrenrettung der heldenhaften Partisaninnen und Partisanen. Der Film *Bitka na Neretvi* [Die Schlacht an der Neretva], von Titos Lieblingsre-

---

360 Vgl. dazu die Redebeiträge von Budislav Soškić und Veljko Vlahović, in: AJ–507-A-CK SKJ-VIII-II/2-B–177: Stenografske beleške, S. 21f. und S. 50–54.
361 HDA–1220-CK SKH-D–3270: Sastanak Jugoslovenskog udruženja filozofa u Opatiji, S. 52.

gisseur Veljko Bulajić 1969 in Szene gesetzt, setzte ein Ausrufezeichen hinter das offizielle Filmverständnis der jugoslawischen Staats- und Parteielite, die sich in den vorangegangenen Jahren nur zu oft mit renitenten Autorenfilmen hatte auseinandersetzen müssen. Dieser Film, dessen thematischen Grundstock die 1943 am Fluss Neretva in Bosnien-Herzegowina erfolgte Kriegswende zugunsten der jugoslawischen Volksbefreiungsarmee gegen die faschistische deutsche Okkupationsarmee und ihre einheimischen Verbündeten bildet, errichtete dem von Tito so innig geliebten Genre des Partisanenfilms just zu dem Zeitpunkt ein Denkmal, als sich innerhalb der jugoslawischen Filmdebatten die Kritik an solch epischen Darstellungen des Partisanenkampfes im Zenit befand.

Flankiert wurde diese Filmproduktion von einer insbesondere seit den Studentenprotesten im Juni 1968 verstärkten Gängelung junger Filmregisseure durch offizielle Kulturfunktionäre und Parteiinstanzen. Die negativ konnotierte Bezeichnung *Crni talas* [Schwarze Welle] avancierte zum Synonym für all jene Filme, die sich auf eine neue, subversive Art und Weise sowohl der zeitgenössischen jugoslawischen Realität als auch der Kriegsvergangenheit näherten. Dabei ist im Nachhinein nicht eindeutig zu klären, wer hinter dieser deutungsmächtigen Wortschöpfung stand. Öffentliche Popularität erreichte sie jedenfalls mit dem im August 1969 veröffentlichten Themenheft »Crni val u našem filmu« [Die schwarze Welle in unserem Film] der wöchentlichen Beilage »Reflektor« in der Parteizeitung *Borba*. Der Autor dieser umfangreichen polemischen Betrachtungen, Vladimir Jovičić, seines Zeichens Vorsitzender der Kommission für ideologische Fragen beim Bund der Kommunisten Serbiens, setzte sich darin (stellvertretend für die Gesamtpartei) mit einigen ästhetischen Charakteristika des *Neuen jugoslawischen Films* auseinander und interpretierte sie als immanent negativ und systemgefährdend. Dazu bediente er sich auch der Aussagen anderer Intellektueller, Künstlerinnen und Künstler, die zumindest eine reservierte Meinung gegenüber den filmischen Innovationen ihrer Kollegen hegten. Als ein durchgängiges Motiv dieser Filme erblickte Jovičić eine allumfassende Negativität und Ausweglosigkeit, die

Botschaft sei antihumanistisch und ihre Regisseure würden sich folgerichtig auf eine »immer drastischere Kollision mit denjenigen ästhetischen, ethischen und gesellschaftlichen Werten« zubewegen, die einem »wahrhaften Kunstwerk« immanent sein müssten. Welche Werte das sein sollten, wurde zwar nicht genauer spezifiziert, doch das Zurschaustellen von »Gewalt«, »moralischen Grenzfällen«, »sozialer Armut« oder »Laszivität« gehörte Jovičić zufolge nicht zum Repertoire eines »wahrhaften Kunstwerks« – und vor allem nicht des Films, dem er zuschrieb, potentiell die »ideell-ästhetisch engagierteste Kunstform« zu sein, was die Regisseure des *Neuen jugoslawischen Films* nicht einzulösen vermochten.[362] Um seine These der grenzwertigen Negativität und eines alles überschattenden Pessimismus zu untermauern, bemühte Jovičić sogar ausländische Kritiker. Die Negativität, die aus den jugoslawischen Filmen spreche, sei untypisch für Jugoslawien und seine Bewohner, die im Ausland als lebensfroh und optimistisch gesehen würden. Die Jugoslawen seien doch »so vital«, zitiert Jovičić Bosley Crowther, den künstlerischen Direktor von Columbia Film und Filmkritiker bei der *New York Times*, deshalb könne man im Ausland nicht verstehen, warum die Filme »so bitter, so dunkel« seien. Und auch der jugoslawische Schauspieler Bekim Fehmiu, selbst in einigen Filmen als Darsteller agierend, wurde mit einer Aussage zitiert, deren Kern eine ähnliche Tendenz aufwies: »Warum nur so viel Pessimismus«, wunderte er sich, niemals hätten die Jugoslawen besser gelebt, dennoch erscheine ihnen »alles schwarz vor Augen«.[363]

Die *Borba* veröffentlichte somit einen Text, in dem es kaum Hinweise auf eine ideologisch motivierte oder ideologisch argumentierende politische Abrechnung gab. Vielmehr ging es hauptsächlich um das nach Außen getragene Bild der jugoslawischen Gesellschaft, das Anstoß in der Parteihierarchie erregte. Auch die bedeutende und politisch einflussreiche Zagreber Wochenzeitung

---

362 Zitate nach Vladimir Jovičić, »›Crni val‹ u našem filmu«, in: Borba Reflektor, 03.08.1969, S. 2–8. Siehe auch Bogdan Tirnanić, Crni talas, Belgrad 2008, S. 102–106; Aleksandar Petrović, Novi film II. 1965–1970. Crni film, Belgrad 1988, S. 270–275.

363 Jovičić, Crni val, S. 4.

Vijesnik u srijedu [Nachrichten am Mittwoch] störte sich am Außenbild, das mit den Filmen transportiert würde: »Gewalt, Beleidigungen, Hurerei und Schmutz« seien die Zutaten des *Neuen jugoslawischen Films*.[364] Der Berliner Philosoph Boris Buden trifft den Kern, wenn er argumentiert, dass das politische Establishment Jugoslawiens vor allem die vermeintliche Außenwirkung zum Anlass einer grundlegenden Abrechnung nahm, weshalb Jovičić auch einen westlichen Filmkritiker zitierte, der in Jugoslawien in erster Linie einen fröhlichen Streichelzoo zu erblicken glaubte.[365]

Doch war nicht nur der Wunsch des jugoslawischen Staatsapparats ausschlaggebend, die eigene Wirklichkeit schöner darzustellen, als sie war. Hinter dieser Polemik verbarg sich auch die tatsächliche Absenz einer offiziellen, ideologisch induzierten Kulturdoktrin, weshalb sich politische Abrechnungen häufig in stereotypen Nebensächlichkeiten oder ästhetischen Plattitüden manifestierte. Geradezu paradigmatisch für das mangelnde Interesse und Wissen des Parteiapparats und der meisten von ihm gesteuerten Kritikerinnen und Kritikern am *Neuen jugoslawischen Film* waren die Beurteilungen des Films *Uzrok smrti ne pominjati* [Die Todesursache wird nicht erwähnt] des Regisseurs Jovan Živanović aus dem Jahr 1968, der sowohl als »antinational und antiserbisch« als auch als an einer »primitiven nationalen Romantik« krankend beschrieben worden ist.[366]

Neuer jugoslawischer Film
Seit dem Ende der 1950er-Jahre entwickelte sich eine zunehmend sozialkritisch orientierte Generation junger Filmemacher, die innerhalb der – im internationalen Vergleich – recht unterent-

364 Zitiert nach Petrović, Novi film, S. 209.
365 »Thus we have the official position of the Party on cultural issues at the time drawing its arguments from an identification with a Western-Orientalist gaze that imagine Yugoslavia as an exotic realm of authentic enjoyment of life and natural vitality.« Zitiert nach Boris Buden, Shoot It Black! An Introduction to Želimir Žilnik, in: Gal Kirn/Dubravka Sekulić/Žiga Testen (Hrsg.), Surfing the Black. Yugoslav Black Wave Cinema and its Transgressive Moments, Maastricht 2012, S. 170–178, hier S. 173.
366 Zitat nach Bogdan Tirnanić, Jugoslovenski film 1969, in: Gledišta 10, 1969, H. 11, S. 1539–1554, hier S. 1542.

wickelten Kinematografie Jugoslawiens bis dahin geltende Tabus brach, sich ästhetisch-inhaltlichen Innovationen öffnete und sich aus dem Fundus zeitgenössischer theoretischer Konzepte und philosophischer Welteinsichten bediente.[367] Der in Jugoslawien zum sozialistischen Blockbuster geronnene Partisanenfilm erschien nunmehr als antiquiertes, ideologisch verbrämtes Lehrstück in Sachen Brüderlichkeit und Einheit. An seiner statt bediente sich die aufkommende Generation jugoslawischer Regisseure internationaler Trends, allen voran italienischer und französischer Provenienz. Die positivistisch gedachte Zukunftsnarration des Partisanenzeitalters sollte abgelöst werden durch nicht selten existentialistisch inspirierte, von negativen Helden getragene Alltagsbeschreibungen der jugoslawischen Wirklichkeit:

> »Unsere Geschichten sind nicht heiter, sie bieten keine glücklichere Welt an, unsere Helden sind nicht schön, großgewachsen, mit blondem Haar, ihre komplexen, unzufriedenen und unglücklichen Persönlichkeiten gehen Wege ohne Ausgang. [...] Pessimismus, Entfremdung, Snobismus, Formalismus, Dandytum, Zynismus, Perspektivlosigkeit, Epigonentum, verlogene Interpretationen des Lebens im Sozialismus – das ist der Stoff unserer Filme.«[368]

In Umkehrung der staatsoffiziellen Betrachtung der sozialistischen Wirklichkeit offenbarte diese Wesensbeschreibung des *Neuen jugoslawischen Films* genau jenen Anspruch, den das staatsnahe Intellektuellen- und Kulturestablishment Jugoslawiens den linksradikalen Häretikerinnen und Häretikern im Feld der kulturellen Produktion abzusprechen gedachte: die Auseinandersetzung mit der konkreten Wirklichkeit. Das obige Zitat entsprach durchaus jenem Blick auf die jugoslawischen Problemlagen, wie sie auch in den Beiträgen der Mitarbeiterinnen und Mitarbeiter um die Zeit-

---

367 Für einen Überblick der Entwicklung der jugoslawischen Kinematografie siehe Sergio Germani, Jugoslavija – misterije organizma, in: up@underground 17/18, 2010, S. 265–291.
368 Zitat nach Mihailo P. Ilić, Serbian Cutting, Belgrad 2008, S. 282.

schrift *Praxis* formuliert worden waren.³⁶⁹ Dieses Verhältnis zwischen Künstlerinnen und Künstlern, Philosophinnen und Philosophen war selbstverständlich fluid, doch die gegenseitige Rezeption, das »reichhaltige Gewebe von Korrespondenzen«, wie Deleuze und Guattari es ausdrückten, blieb ein evidentes Merkmal dieses Verhältnisses. Die beispielsweise vom tschechoslowakischen Philosophen Karel Kosík, der im linksradikalen Milieu Jugoslawiens ein enormes Ansehen genoss und eine hohe Rezeption erfuhr, eingeforderte »Destruktion der Pseudokonkretheit« weist eine zwingende praktische Nähe auf zur zitierten Formulierung, »verlogene Interpretationen des Lebens im Sozialismus« aufzudecken, aufzuzeigen und zu de-mystifizieren.³⁷⁰

Es lässt sich aber nicht nur eine Nähe zwischen linksradikaler Philosophie und den Ansatzpunkten des *Neuen jugoslawischen Films* auf dem Niveau der kognitiven Wahrnehmung und Anwendung nachweisen, sondern auch die Wahrnehmung der eigenen Profession resultierte aus einer kritischen Selbstbetrachtung, wie sie auch allgemein in avantgardistischen Konzepten eingefordert wurde. Der Impetus und missionarische Veränderungswille korrespondierte im Film – wie in der Philosophie – mit der autoreflexiven Zuschreibung, zu einer besonders auserwählten und zur Umwälzung der Verhältnisse prädestinierten Kunstform zu gehören.³⁷¹ An Vorbildern aus der historischen Avantgarde des beginnenden 20. Jahrhunderts mangelte es nicht, gerade die Pioniere

---

369 In diese Richtung argumentiert auch Greg DeCuir, Jr., Jugoslovenski crni talas. Polemički film od 1963. do 1972. u Socijalističkoj Federativnoj Republici Jugoslaviji, Belgrad 2011, S. 27–39. Kritisch dazu v.a. Gal Kirn, New Yugoslav Cinema – A Humanist Cinema? Not Really, in: ders./Dubravka Sekulić/Žiga Testen (Hrsg.), Surfing the Black. Yugoslav Black Wave Cinema and its Transgressive Moments, Maastricht 2012, S. 170–178; ders., Crni talas kao umjetnički izraz *Praxisa*?, in: Dragomir Olujić Oluja/Krunoslav Stojaković (Hrsg), Praxis. Društvena kritika i humanistički socijalizam, Belgrad 2016, S. 250–260.
370 Zitat nach Kosik, Dialektik des Konkreten, S. 15 und 19; Gilles Deleuze/Félix Guattari, Was ist Philosophie, Frankfurt/Main 2000, S. 236.
371 Etwa beim bekannten Belgrader Filmkritiker Bogdan Tirnanić, Jugoslovenski film, S. 1540; ähnlich auch der Kritiker Žika Bogdanović, Dve teze i jedna antiteza. Ono što jugoslovenskom filmu nedostaje jeste tradicija a ne istorija, in: Mladost, 29.12.1965, S. 7.

des Films hatten sich äußerst euphorisch über die Möglichkeiten des neuen Mediums geäußert, teilweise verbunden mit dem triumphalen Gefühl, an die Stelle des Theaters getreten zu sein. Die auch in der jugoslawischen Filmkritik inflationär zitierte Aussage von Lenin, wonach die Filmkunst von allen Künsten die wichtigste sei, war zwar politisch-praktisch intendiert, wollte doch Lenin in erster Linie auf die neuen Möglichkeiten zur Propagierung der jungen Sowjetrepublik hinweisen, doch dahinter stand auch eine radikale Umkehr des bisherigen bürgerlichen Form-Inhalt-Verständnisses, die von Künstlern wie Sergei Eisenstein[372], Wladimir Majakowski[373] oder Dziga Vertov[374] ausging und sich inspirierend auf junge Cineasten der Nachkriegszeit auswirkte. Der innerhalb der jungen Cineasten der Sechzigerjahre einflussreiche italienische Filmtheoretiker Guido Aristarco betrachtete politische Abstinenz innerhalb der Kunst und insbesondere im Kino als »eine wesentlich konservative und damit reaktionäre Funktion«.

Daraus sprach ein ähnlich gelagerter politisch-sozialer Anspruch, den schon Sergei Eisenstein Mitte der Dreißigerjahre an den Film richtete, als er formulierte:

»Nur der sowjetische Film, das künstlerische Spiegelbild des Lebens unseres einzigartigen Landes, hat es sich zum Ziel gemacht, all das zu zeigen, was der Film der anderen Länder nicht zeigen darf; dort zu reden, wo jener schweigt; zu kämpfen und zum Kampf aufzurufen, während jener dazu verurteilt ist, die sozialen Gegensätze zu vertuschen und das Volk mit verlogener Sentimentalität einzuschläfern.«[375]

372 Sergei Michailowitsch Eisenstein (1898–1948), russischer Regisseur und Filmtheoretiker. Zu seinen bekanntesten Filmen zählen ›Streik‹ [1925], ›Panzerkreuzer Potemkin‹ [1925] und ›Oktober‹ [1927].
373 Wladimir Wladimirowitsch Majakowski (1893–1930), russischer Schriftsteller, bedeutender Vertreter des Futurimus und Mitbegründer der Linken Künstlerfront.
374 Dsiga Wertow (1895–1954), russischer Filmtheoretiker und Dokumentarist. Zu seinen bekanntesten Filmen zählen ›Kino-Auge‹ [1924] und ›Der Mann mit der Kamera‹ [1929].
375 Zitat (1) nach Guido Aristarco, Marx, das Kino und die Kritik des Films, München 1982, S. 16, Zitat (2) nach Sergei Eisenstein, Die wichtigste aller

Dass gerade der cineastische Visionär Eisenstein zu einem Opfer der stalinistischen Zensur wurde, machte ihn erst Recht zu einer künstlerischen und moralischen Autorität für junge, die Zeitläufte kritisch kommentierende Regisseure. Sie transportierten grundlegende Zugangsweisen der historischen Avantgardebewegung in die zeitgenössischen Foren des kulturellen Diskurses und stellten sich somit in ihre Tradition. Alle wesentlichen Elemente dieser Tradition manifestierten sich in den Werken des *Neuen jugoslawischen Films*, angefangen beim Diskurs über das Verhältnis zum politischen Engagement in der Kunst, der Aufhebung/Umkehrung der idealistischen Autonomiedoktrin traditionell-bürgerlicher Kunstinterpretation bis hin zum Rezipientinnen- und Rezipientenschock, wie er sich vor allem in der Form des negativen Helden materialisierte.[376] In einer Filmkritik aus dem Jahr 1967 stellte Slobodan Novaković, als Filmkritiker eine Autorität in der jugoslawischen Filmwelt, den *Neuen jugoslawischen Film* in eben diese historische Tradition. Seinem Urteil nach bewegten sich die filmischen Novitäten Jugoslawiens, insofern sie gelungen waren, »entlang jener offenen künstlerischen Pfade, die durch Künstler wie Eisenstein, Pudovkin, Dowschenko, Dsiga Wertow« geebnet wurden und deren Markenzeichen im moralischen und ideologischen Standpunkt, der den Zuschauer herausfordert, liege.[377]

Auf den Aspekt des gesellschaftlichen Konservatismus zielten auch die Verfasserinnen und Verfasser eines 1966 veröffentlichten Offenen Briefes ab, in welchem sie die dominante jugoslawische

---

Künste, in: ders., Gesammelte Aufsätze, hrsg. von Lothar Fahlbusch, Zürich 1961, S. 7–14, hier S. 7. Zu Eisenstein weiterführend Anna Bohn, Film und Macht. Zur Kunsttheorie Sergej M. Eisensteins, 1930–1948, München 2003; Oksana Bulgakowa, Sergej Eisenstein. Eine Biographie, Berlin 1998.

376 Vgl. Bürger, Theorie der Avantgarde, S. 24–35, 124; ders., Kritik der idealistischen Ästhetik; Amos Vogel, Film als subversive Kunst. Kino wider die Tabus – von Eisenstein bis Kubrick, Hamburg 2000, S. 138; zur jugoslawischen Rezeption etwa Rudolf Sremec, Oktobar u sovjetskoj kinematografiji, in: Filmska kultura 11, 1967, H.55/56, S. 1–8, hier v.a. S. 8; Slobodan Novaković, Naša decenija: 1960–1969., ili: Teze za razgovor o jugoslovenskom filmu, in: Filmska kultura 13, 1969, H.68/69, S. 42–50, hier S. 45.

377 Slobodan Novaković, »Filmovi oktobra« [1967], abgedruckt in: ders., Trilogija o filmu (i još ponečem), Belgrad 1993, S. 76–81, hier S. 77.

Filmindustrie beschuldigten, mit ihren Produktionen gesellschaftspolitisch reaktionär zu handeln:

»Die paternalistische Produktion müßiger Filme zum Zwecke der ›Erholung und Entspannung der Arbeiter und Arbeiterinnen‹ dient jenen reaktionären Kräften, die den Bürger und die Bürgerin als lediglich passiven Körper betrachten, denen die Gesellschaft, nach einem anstrengenden Arbeitstag, billige Unterhaltung [...] als geistige Nahrung anzubieten hat.«[378]

Zu den Unterzeichnerinnen und Unterzeichnern dieses Offenen Briefes gehörten insgesamt 49 Persönlichkeiten aus der Filmbranche, darunter bekannte Regisseure und Filmkritikerinnen und Filmkritiker wie Dušan Makavejev, Živojin Pavlović, Vatroslav Mimica, Ante Peterlić, Aleksandar Petrović, Lordan Zafranović, Vojislav Kokan Rakonjac , Želimir Žilnik, Emilija Bogdanović oder Ranko Munitić.

Am Anfang stand der Dokumentarfilm
Seinen Ursprung hat der *Neue jugoslawische Film* im Genre des Dokumentarfilms. Junge Amateur- und Dokumentarfilmer lehnten die bisherigen Produktionen als ideologisch und ästhetisch suggestiv ab und plädierten für eine subtilere, kritischere Darstellung der Wirklichkeit. Es ist kein Zufall, dass die meisten dieser Dokumentarfilme nicht in den großen Produktionshäusern der jugoslawischen Filmindustrie, sondern in selbst initiierten Kinoklubs wie dem *Kinoklub Beograd* oder dem *Kinoklub Moša Pijade* in Zagreb entstanden sind.[379] Vor allem der Belgrader Kinoklub

378 »Za jednu drugačiju kinematografiju«, in: Gledišta 7, 1966, H.8–9, S. 1147–1154, hier S. 1148.
379 Dazu Hrvoje Turković, Filmske pedesete, in: Hrvatski filmski ljetopis 11, 2005, S. 122–131, hier S. 123f. Siehe auch Tomislav Brčić, Fenomen i kultura kinoklubova šezdesetih godina i utjecaj novih tendencija na festival GEFF, in: up&underground 11/12, 2007, S. 27–75; einen guten Überblick bietet zudem Ana Janevski, We Cannot Promise To Do More than Experiment! On Yugoslav Experimental Film and Cine Clubs in the 60s and 70s, in: Kirn/Sekulić/Testen, Surfing the Black, S. 46–77. Zeitgenössisch Žika Bogdanović, Složeni putevi filmske kulture, in: Mladost, 15.12.1965, S. 7; DeCuir, Jr., Ju-

entwickelte sich seit seiner Gründung Mitte 1951 zum Mittelpunkt einer subkulturellen, mit ererbten Traditionen brechenden Generation junger Filmemacher, die sich von der filmischen ›Stammkultur‹ des Nachkriegsjugoslawien distanzierten und ihre eigenen, opponierenden Projekte zu realisieren versuchten. Die inhaltliche Ausrichtung der in diesem Umfeld entstandenen Filme kreiste um eine Erweiterung der Darstellung von Gesellschaft mithilfe einer stärkeren Fokussierung auf das gesellschaftlich als entfremdet wahrgenommene Individuum sowie um die Entschleierung zentraler Identitätspunkte des neuen politischen Systems durch ihre Kontrastierung mit lebensweltlichen Realitäten. Der frühe russische Revolutionsfilm war dabei die Folie, vor der sich sowohl der inhaltliche als auch der ästhetische Zugriff ausbildete. Marko Babac, einer der Mitbegründer des Belgrader Kinoklubs und als Szenarist und Regisseur selbst Teil des *Neuen jugoslawischen Films*, schilderte viele Jahre später in seiner Nachbetrachtung diese Beziehung wie folgt:

»In der Kinothek haben wir zum ersten Mal die russischen Revolutionsfilme gesehen und wir verliebten uns in ihre Regisseure: Sergei Eisenstein, Vsevelod Pudovkin, Dsiga Wertow, Alexandar Dovzhenko. [...] Sie haben uns eine neue, uns unbekannte Filmsprache eröffnet, voll mit Assoziationen, Metaphern und Symbolen.«[380]

Einer der ersten Dokumentarfilme aus diesem Umkreis, der 1956 von Aleksandar Petrović gedrehte Film *Uz druga je drug* [Genossen halten zueinander], behandelte das erste Mal und sehr zaghaft den Facettenreichtum menschlicher Beziehungen während der Kriegszeit.[381] Ein vorausgegangener Versuch aus dem Jahr 1946, als schon das Szenario zum geplanten Film *Ja sam kriva* [Ich bin schuld] von Vladimir Pogačić vom zu diesem Zeitpunkt noch be-

---

goslovenski crni talas, S. 41–45; Miodrag Milošević, Vreme kino-klubova, in: Yu Film danas 26, 2013, H. 1–2, S. 71–76; Dušan Stojanović, Kino-klubovi mladih kod nas, in: ebenda, S. 77–80; Žika Bogdanović, Bekstvo sa utabanih staza, in: ebenda, S. 93–95.
380 Marko Babac, Kino-Klub ›Beograd‹. Uspomene, Belgrad 2001, S. 25.
381 Petrović, Novi film II, S. 18ff.

stehenden und zentral geführten *Komitee für die Kinematografie der Regierung der FVRJ* [Komitet za kinematografiju vlade FNRJ] abgelehnt wurde, scheiterte schon im Ansatz mit der Begründung, das Szenario würde den »gesamten Kampf des Proletariats gegen die profaschistische Reaktion und den gesamten Volksbefreiungskrieg« auf ein psychologisches Problem, auf die »Illustration eines individuellen Liebesfalls einer Revolutionärin und eines Spions« reduzieren.[382] Die Nähe zum Diktum des sozialistischen Realismus, wonach der Einzelne nichts, das Kollektiv aber alles sei, ist in dieser Beurteilung nicht zu übersehen. Diese zentralistische Filmbehörde wurde zwar noch im gleichen Jahr aufgelöst und deren Kompetenz auf die einzelnen, in den Republiken angesiedelten Produktionsfirmen übertragen. Darüber hinaus sollte mit einem 1956 erlassenen Filmgesetz die Mitbestimmung der Filmemacherinnen und Filmemacher innerhalb dieser Produktionsfirmen gestärkt werden, sodass die Rolle von Produzenten lediglich in der Vermarktung der Filme, nicht aber in der inhaltlich-ästhetischen Intervention liegen sollte. Doch auch nach dieser als Übergang von der ›Administration‹ zur Selbstverwaltung bezeichneten Phase bestand das Spannungsfeld zwischen dem künstlerischen Wollen und Können fort. Ungeachtet dieser unangenehmen Erfahrung mit einer Zensurbehörde, etablierte sich Vladimir Pogačić später dennoch als Regisseur und vor allem als langjähriger Direktor des jugoslawischen Filmarchivs in Belgrad, dem er von 1954 bis 1981 vorstand.

Eine der ersten größeren, öffentlich geführten Kontroversen löste die 1962 aufgenommene, knapp viertelstündige Dokumentation *Parada* [Aufmarsch] von Dušan Makavejev aus. Inhaltlich setzte sich Makavejev darin mit den Feierlichkeiten zum Ersten Mai auseinander, ästhetisch und szenisch formulierte er jedoch eine subtile Kritik an ihrer Mythologisierung, nahm die Banalität ihrer Vorbereitungen ins Blickfeld und untermalte diese mit donnernder Revolutionsmusik. Neben den von der Partei organisierten Staffeln und Fahnenträgerinnen- und Fahnenträgern sieht man umherlaufende Schweine und Hühner, die von ihren Be-

---

382 Zitat nach Tirnanić, Crni talas, S. 15.

sitzern über die städtischen Plätze gejagt werden, als wäre es ein ganz normaler Markttag; den kalten Morgenstunden versuchen die abkommandierten Fahnenträgerinnen- und träger zu trotzen, indem sie sich in die Staats- und Parteifahnen wickeln. Für Gesprächsstoff sorgten jedoch vor allem diejenigen Aufnahmen, die das Banner der »Brüderlichkeit und Einheit« und das Leninporträt, vom Winde gebeutelt und kaum lesbar auf den Fassaden hängend, festhielten.[383] Die konservative Presse und ihre Filmkritik gingen sofort auf diesen kurzen Dokumentarfilm los und beschuldigten seinen Regisseur, auf unanständige Art und Weise »die Aura dieses Feiertages« durch »nebensächliche Späße, oberflächliche Allusionen und Witze« zu beschädigen. Das, so einer der Kritiker, »sei keine Plattform, auf der man über Kunst reden« könne.[384] In dieser für einen Dokumentarfilm untypischen Montage auf den ersten Blick nebensächlicher »Späße« zu einem Ganzen, das den größten Feiertag der jugoslawischen und internationalen Arbeiterklasse dekonstruierte, erkannte die serbische Filmgenehmigungsbehörde die dahinter stehende Kritik an der ideologischen Orchestrierung durch den Staats- und Parteiapparat. Das verhängte Aufführungsverbot wurde erst zurückgenommen, nachdem der Film um 26 Filmmeter als besonders unpassend qualifizierten Materials ›bereinigt‹ worden war.

Der neue Partisanenfilm
Die beginnenden Sechzigerjahre stellten für die staatlichen Behörden ohnehin den Anfang einer Zeit vermehrter, in diesem Ausmaß nicht gekannter Kontroversen mit jungen Künstlerinnen und Künstler dar. Der Fall der Filmtrilogie *Kapi, vode, ratnici* [Tropfen, Wasser, Krieger] der jungen Belgrader Regisseure Živojin Pavlović, Marko Babac und Kokan Rakonjac aus dem Jahr 1962 zeigte dabei stellvertretend die zukünftige Entwicklung der Beziehungen zwischen avantgardistischen Regisseuren und

---

383 *Parada*: Szenario und Regie: Dušan Makavejev. Länge: 9,58 Min., Dunav-Film, Belgrad 1962. http://www.youtube.com/watch?v=rWXd4Cbel98&playnext=1&list=PL08F4BEBB7AE61CA5.
384 Zitat nach Ilić, Serbian Cutting, S. 214.

staatlichen Behörden, einer Beziehung, die durch mannigfaltige Kursänderungen und Unwägbarkeiten, somit auch Unvorhersehbarkeiten gekennzeichnet war. In dieser Trilogie wurden drei Liebesgeschichten aus der Zeit des Zweiten Weltkriegs thematisiert, allesamt ohne den ansonsten zu erwartenden zukunftsoptimistischen Plot. Im Gegenteil: Die Geschichte *Žive vode* [Lebendiges Wasser] von Pavlović thematisierte die Flucht eines jungen Mannes, der dabei auf eine junge Frau trifft, beide verlieben sich ineinander, doch der Flüchtige wird von seinen Jägern getötet. Alles ohne ein einziges gesprochenes Wort. Diese Trilogie wurde zunächst vom in der bosnisch-herzegowinischen Hauptstadt Sarajevo ansässigen Filmproduktionsunternehmen *Sutjeska film* produziert, nicht zuletzt in der Hoffnung, damit in die offizielle Konkurrenz des jährlich in der istrischen Küstenstadt Pula stattfindenden jugoslawischen Spielfilmfestivals gelangen zu können. Die bosnisch-herzegowinische Republikkommission für die Filmüberprüfung hingegen verhängte nach ihrer Sichtung ein Aufführungsverbot, was das Produktionshaus dazu veranlasste, da es sich um eine serbisch-bosnisch-herzegowinische Koproduktion handelte, den Film an die serbische Zensurbehörde zu schicken, um doch noch eine Aufführungserlaubnis zu erhalten. Mit dem positiven Bescheid aus Belgrad wurde der Film tatsächlich nach temporären Verbot in das offizielle Programm des Festivals aufgenommen, wo er sehr positive Kritiken erhielt. Die nachträgliche Berichterstattung fiel ebenfalls sehr positiv aus. Insbesondere der Umstand, dass es sich um einen Debütfilm bisheriger Amateure handele, der es in die offizielle Konkurrenz des bedeutendsten jugoslawischen Filmfestivals geschafft habe, zeuge nicht nur von der »Courage« der Jury, sondern zeige auch, »dass die Neuen kommen, und mit ihnen auch eine Jury, die ihnen Gehör verschafft«.[385] Selbst in eher konservativen Printmedien wie dem Zagreber *Vjesnik u srijedu* [Nachrichten am Mittwoch] oder der Parteizeitung *Borba* erschienen lobende Besprechungen, die

---

385 Babac, Kino-Klub, S. 280–283; Ilić, Serbian Cutting, S. 217; Tirnanić, Crni talas, S. 32f.

vor allem die Anschlussfähigkeit dieser jungen Regisseure an die internationale Filmszenerie hervorhoben:

> »Es ist wohl überflüssig zu erwähnen, dass die Unterzeichner dieser drei überraschenden Geschichten, der Reihe nach, treue Anhänger des modernen Filmausdrucks sind, die mit Begeisterung Godard, Truffaut, Antonioni und Bergman geguckt haben [...], die Buñuel, Welles, Visconti, Renoir lieben – die alten und die neuen Anführer der kurzen, aber verführerischen Filmgeschichte.«[386]

Die erste Phase der inhaltlichen und ästhetischen Neupositionierung fokussierte dabei stark auf eine Erneuerung des Kriegsfilmgenres. In diesem zum Blockbuster geronnenen Genre siedelte sich ein Großteil der jugoslawischen Filmproduktion an; zeitgenössischen Schätzungen zufolge wurden im Zeitraum von 1947 bis 1969 125 Filme gedreht, die sich entweder explizit mit dem Krieg und der Kriegszeit oder den sozio-psychologischen Folgewirkungen des Krieges beschäftigten.[387] Trotz dieser immensen Produktionsflut fehle es aber, so die vorgetragene Kritik, an einer »künstlerisch adäquaten« filmischen Betrachtung des Volksbefreiungskriegs. Die »Jugoslawische Vereinigung der Filmregisseure und Szenaristen« organisierte Ende 1960 gar ein Symposium zu diesem Thema, denn es herrschte Einigkeit darüber, dass die bisherigen Filme zumeist »oberflächlich«, »konfliktlos«, »geradlinig« und »unglaubwürdig« seien.[388] Als unzureichend wurde vor allem

---

386 Der Artikel stammt von Mića Milošević und erschien am 29. Juli 1962 unter dem Titel »Festival postaje uzbudljiv«, zitiert nach Babac, Kino-Klub, S. 285.
387 Zahlen nach Ranko Munitić, Od ›Slavice‹ do ›Neretve‹. Jugoslavenski film o revoluciji, in: Filmska kultura 13, 1969, H.66/67, S. 1–48. Vukašin Mićunović zählte, indem er eine engere Definition an die Kategorie Kriegsfilm setzte, für den Zeitraum von 1947 bis 1960 bei einer Gesamtproduktion von 134 Filmen über 40 zum Thema des Volksbefreiungskriegs, was einem Drittel der gesamten Produktion entsprach. Siehe Vukašin Mićunović, Tematika domaćeg filma, in: Filmska kultura 5, 1960, H.21/22, S. 1–9.
388 Hrvoje Lisinski, Ratna tema u našem filmu, in: Razlog 1, 1961, H.1, S. 106–110, hier insb. S. 107; vgl. auch in der Tendenz ähnlich Emilija Bogdanović, Novi pristupi. Jugoslovenski ratni film danas, in: Mladost, 23.11.1966, S.17; Razgovor o domaćem filmu, in: Delo 10, 1964, H.3, S. 340–362 und H.6,

die ästhetische Darstellung der Protagonistinnen und Protagonisten empfunden, insbesondere die Gegenüberstellung von Kollaborateuren und Partisaninnen und Partisanen oder das eindimensionale Bild des weisungshörigen, kaltblütigen blonden Deutschen. Aber auch die Partisaninnen und Partisanen selbst seien unvollständig, als Individuen unwirklich gestaltet, ebenso wie das gesamte zwischenmenschliche Beziehungsgeflecht in Kriegszeiten. Der bisherige Zugang zu diesem politisch hochsensiblen Thema wurde als »Revolutionskitsch« verworfen, der sich dabei noch nicht einmal mit der Revolution, sondern lediglich mit dem Krieg beschäftige.[389]

Die Kritik an der Darstellung der Partisaninnen und Partisanen als antifaschistische Fabelwesen markierte den Einstiegspunkt. Ihre realitätsfernen und romantisierenden Auftritte auf den Bildschirmen der Nation seien hochgradig entmenschlicht und geschichtsvergessen, mehr Maskerade denn realistischer Ausdruck des blutigen antifaschistischen Widerstandes. Einer der erfolgreichsten Regisseure und umtriebigsten Kritiker der gängigen Partisanenfilme war der 1933 im westserbischen Šabac geborene Živojin Pavlović. In einem programmatischen Beitrag in der Kulturzeitung *Danas* formulierte er 1961 seine grundlegende Kritik am Partisanengenre wie folgt:

> »Ihnen [den bisherigen Kriegsfilmen, K.S.] nach zu urteilen, haben die Revolutionäre nicht WAHRHAFTIG in Kerkern verfaulen müssen, sie sind weder GESTORBEN noch haben sie GETÖTET, in diesen Filmen scheint es, als esse der Mensch kein Brot, als schlafe er nicht, als trage der Mann kein Glied zwischen den Beinen, als habe er kein Hirn im Kopf: von Jahr zu Jahr verordnet unsere Kinematografie auch dem hinterletzten Kaff eine Modenschau gebügelter Uniformen auf trainierten Körpern ausstaffierter

S. 847–886; Žika Bogdanović, Na leđima tigra (od papira?) ili: Ratni film kao funkcija ideologije, in: Gledišta 9, 1968, H.10, S. 1368–1377; Živojin Pavlović, Laž o revoluciji, in: Danas, 17.07.1961, S. 17; Munitić, Od ›Slavice‹ do ›Neretve‹; Ilić, Serbian Cutting, S. 232f.

389 Zitat nach Pavlović, Laž S. 17; ähnlich auch Vladimir Roksandić, Svijet u filmovima Živojina Pavlovića, in: Studentski list, 5.3.1968, S. 10; Lisinski, Ratna tema, S. 106; Mićunović, Tematika, S. 5.

Salonschönheiten. [...] Statt REVOLUTIONÄRER KUNST erhalten wir REVOLUTIONSKITSCH.«[390]

Dem so inflationär thematisierten Volksbefreiungskampf fehle der Mensch, war die Botschaft hinter diesen polemischen Ausführungen: In ihm würden weder die Leiden der Revolutionäre noch menschliche Grenzsituationen in Kriegszeiten thematisiert; die Filme ersparten sich die Thematisierung gesellschaftlich provozierender Exzesse wie Vergewaltigungen oder Nahrungsmitteldiebstahl. Stattdessen würde ein heuchlerisches Bild des Krieges gezeichnet, ein Bild der reinen und heldenhaften Männlichkeit, wie es nicht nur im sozialistischen Realismus zum Ausdruck kam. Die Intention hinter dieser Kritik war keineswegs darauf ausgerichtet, den Antifaschismus der Partisaninnen und Partisanen oder die Notwendigkeit des Volksbefreiungskrieges infrage zu stellen, vielmehr insistierten die Regisseure und Teile der Filmkritik auf der Notwendigkeit, eine allumfassende und kritische Darstellung des Kriegs leisten zu müssen, in dem Grenzhandlungen und der Tod zentrale Elemente sind. Der Vorwurf des existentialistischen Zugangs resultierte aus der erkennbaren und expliziten inhaltlichen Beschäftigung mit dem Tod und dem Töten, und zwar nicht in seiner positiven Wendung als heldenhafter Akt der Revolution, sondern als individuelle Erfahrung und Sinnfrage ohne zwingend positiven Ausgang.[391] Anstatt an der »pathetischen« Befreiungsepik bisheriger Produktionen, so die studentische Filmkritikerin Emilija Bogdanović, orientiere sich der neue Zugang am »subjektiven Horizont des Kriegserlebnisses«, in dem die »Dilemmata des Einzelnen [...] anerkannt werden [...].«[392] Es entwickelte sich ein immer

---

390 Pavlović, Laž o revoluciji. Hervorhebungen im Original.
391 Zur grundsätzlich positiven Einstellung gegenüber dem ›NOB‹ siehe Lisinski, Ratna tema, S. 106; Bogdanović, Novi pristupi, S. 17. Die Beschäftigung mit dem Tod hat u.a. Aleksandar Petrović als ein zentrales Merkmal des ›Neuen jugoslawischen Films‹ bezeichnet, seit 1961 habe die Tragik im jugoslawischen Film das »Bürgerrecht« erhalten: »Ab 1961 erscheint der Tod [...] als realer Inhalt des jugoslawischen Films. Der jugoslawische Film freundete sich mit der Welt des Niedergangs an.« Petrović, Novi film, S. 331f.
392 Bogdanović, Novi pristup, S. 17.

größeres Bedürfnis danach, das Individuum auch als Individuum zu betrachten und zu behandeln, ohne zwingend oder exklusiv auf eine kollektive Metaebene abzuheben, in der der Einzelne in den Dienst der gemeinsamen und als gerecht empfundenen Sache eingegliedert wird und sich in ihr auflöst.

Pavlovićs im Jahr 1963 gedrehter Film *Grad* [Stadt], der aus einer Trilogie voneinander getrennter, aber thematisch verwandter Geschichten bestand, wurde gar zum ersten in der Geschichte des sozialistischen Jugoslawiens offiziell verbotenen Film, und zwar aufgrund einer Anzeige durch die eigene Produktionsfirma *Sutjeska film* beim Kreisgericht Sarajevo, das den Film am 26. Juli 1963 für jedwede öffentliche Projektion verbot, mit der politischen Begründung,

> »dass der betreffende Film in seiner ersten Geschichte das Leben als sinnlos darstellt [...], in der zweiten Geschichte das Leben ebenfalls als sinnlos erachtet, und die Figur des Direktors Slavko als einen blasierten Typ [...], dessen Herzprobleme ein Ergebnis seiner Zusammenarbeit mit den Kommunisten seien, um in der dritten Geschichte die jugoslawische Stadt in einem negativen Licht zu präsentieren, so dass sich die Frage aufdrängt, ob es sich überhaupt lohnt, in solch einer Stadt zu leben, die so negativ ist, dass alle Kneipen voll mit gesellschaftsfeindlichen Elementen sind [...], und dass alles in Gänze mit der Absicht gedreht worden ist, die sozialistische Entwicklung Jugoslawiens in einem negativen Licht zu zeigen [...].«[393]

In der Darstellung des künstlerischen Direktors der Produktionsfirma hieß es lapidar, die »Filmarbeiter haben mit diesem Film keine Existenzberechtigung erlangt.« Der Film sei »verfehlt« und »politisch schädlich«, was auch die »Filmarbeiter selbst eingesehen« hätten. Und Mustafa Đulizarević, Präsidiumsmitglied des bosnisch-herzegowinischen Jugendverbandes, zog Parallelen zu ähnlichen Filmen aus dem Westen:

---

393 Okružni sud Sarajevo, predmet K–446/63. Zitiert nach der Quellenangabe bei Tirnanić, Crni talas, S. 39.

»Im Namen des Zentralkomitees des Jugendverbandes der Sozialistischen Republik BiH glaube ich, dass der Film *Grad*, sowohl in seiner ideellen Orientierung, beziehungsweise Desorientierung, als auch in seiner künstlerischen Realisierung eine äußerst erfolglose Zusammenstellung zahlreicher dekadenter und intellektualistischer Annahmen aus dem Westen darstellt.«

Neben dem Vorwurf westlicher Dekadenz spielten vor allem die nichtadäquate Thematisierung des Krieges und der pessimistische Grundton, den der Film transportiere, eine entscheidende Rolle in der Argumentation der Kritiker. Den Pädagogen Đorđe Čekrlija etwa haben »ganz besonders diejenigen Sequenzen des Films getroffen, die sich mit dem Volksbefreiungskrieg beschäftigen und die an einer Stelle das Bild von Ivo Lola Ribar[394] zeigen [...].« All dies sei, so führte Čekrlija weiter aus, »ungezogen und tendenziös«. Die Sorge des Regisseurs Pjer Majhrovski war, »dass in allen drei Geschichten die verbindende Naht aus der Idee besteht, in unserer Nachkriegsgeneration keinen hellen Punkt zu erblicken«, stattdessen herrsche »eine allgemeine Verlorenheit, Isoliertheit von der Welt und ihren Problemen«.[395]

Hatte sich Pavlović schon in der letztlich positiv aufgenommenen Trilogie *Kapi, vode, ratnici* mit seinem Beitrag *Žive vode* dem Krieg als einer prinzipiell entmenschlichenden Ausnahmesituation angenähert, ohne große Schlachten und Siege, dafür aber als »Existenzkampf auf Leben und Tod«[396], wie es lobend in einer Zagreber Studentenzeitung hieß, so führte er diesen Zugriff auch in seinem 1966 aufgenommenen, thematisch verwandten Werk *Povratak* [Rückkehr] weiter, wo es um die gesellschaftliche Entfremdung eines zurückkehrenden Kriegsteilnehmers geht. Dieser Film, der im Gegensatz zu *Grad* zwar nicht verboten, jedoch nachträglich aus dem Repertoire der jugoslawischen Kinos entfernt wurde, bildete den Übergang von der Kriegs- zur Friedenszeit und

---

394 Ivan ›Ivo Lola‹ Ribar (1916–1943), Mitglied des kommunistischen Jugendverbandes ›SKOJ‹, 1943 bei einem Bombenangriff ums Leben gekommen.
395 Alle Zitate nach Babac, Kino-Klub, S. 316f.
396 Roksandić, Svijet, S. 10.

somit auch eine Auseinandersetzung mit den lebensweltlichen und vor allem sozialen Problemen des gesellschaftlichen Subjekts in der Frühphase des jugoslawischen Selbstverwaltungssozialismus.[397]

Aus dem Umfeld des Belgrader Kinoklubs beschäftigte sich neben Pavlović vor allem Puriša Đorđević mit der Kriegsthematik und dem Volksbefreiungskampf. Đorđević, Jahrgang 1924, nahm als Mitglied der kommunistischen Jugendorganisation SKOJ aktiv am Partisanenkampf teil, weshalb bei ihm vor allem die unmittelbare Kriegszeit und in ihr das gesamte Facettenreichtum zwischenmenschlicher Beziehungen ebenso wie das revolutionäre Pathos des Einzelnen eine zentrale Rolle einnahmen. Seine Filme *Devojka* (1965) [Mädchen], *San* (1966) [Traum], *Jutro* (1967) [Der Morgen] und *Podne* (1968) [Mittag] stellten allesamt den Versuch dar, zwischen den entgegengesetzten Polen von Liebe und Hass zu vermitteln, um die dynamischen und oftmals widersprüchlichen sozialen Zwischentöne des Lebens herauszuarbeiten. Seine Figuren waren weder übermäßig positiv, »heldenhaft«, noch aufreizend negativ gezeichnet, sie sollten ›Normalos‹ in einer gesellschaftlichen Ausnahmesituation sein. Dass zu dieser Normalität außergewöhnlich schwierige Lebensumstände gehörten, denen auch die Partisaninnen und Partisanen unterworfen waren, diesem Ausschnitt aus der sozialen Wirklichkeit verweigerten sich aber prominente Vertreter nicht nur des politischen, sondern auch des kulturellen Feldes. Der an der Belgrader Theaterakademie als Dozent tätige Film- und Theaterregisseur Vjekoslav Afrić, aktiver Teilnehmer am antifaschistischen Widerstand und Begründer des *Theaters der Volksbefreiung* [Kazalište narodnog oslobođenja], einer Kulturtruppe, die in den befreiten Gebieten Theateraufführungen organisierte, kehrte beispielsweise die programmatisch gemeinte Polemik von Pavlović geradezu um, indem er, auf die zerlumpten und ausgehungerten Figuren in den Filmen von Pavlović und Đorđević anspielend, ausführte:

---

397 Vgl. dazu Bogdan Tirnanić, Živojin Pavlović ili o sudbini izdvojenog lika, in: Delo 31, 1967, H.6, S. 744–754; Roksandić, Svijet, S. 10; Zur scharfen Kritik an diesem Film vgl. die Aufzeichnungen in AJ–507-A-CK SKJ-VIII-II/2-B–179: Komisija za ideološki rad, S. 4f.

»Vielleicht erscheint es unglaublich und unwahrscheinlich, dennoch ist es wahr, dass wir sogar in den schwersten Stunden des Kampfes rasiert und gepflegt aussahen.«[398]

Auch wenn aus dieser Aussage vor allem eine kommunistische Selbstwahrnehmung als moralisch-asketische, auch äußerlich als Vorbild handelnde Avantgardebewegung sprach, so war doch einem so prominenten Autor durchaus bewusst, dass die darin enthaltene Werkkritik sich nicht lediglich auf einer die Alltagsästhetik des Partisanen berührenden Ebene abspielte, sondern als eine in der Öffentlichkeit vorgetragene Kritik am *Neuen jugoslawischen Film*.[399]

Während sich in den hier angeführten Filmen die Kritik am Vorwurf einer zu negativ gezeichneten Beschreibung vor allem der männlichen Partisanen entfaltete, konnte die Darstellung der ›anderen Seite‹, also derjenigen der Kollaborateure mit den Besatzungsmächten, nicht negativ genug sein. Als beispielhaft dafür kann der Film *Čovek iz hrastove šume* [Der Mann aus dem Eichenwald] von Miodrag Popović aus dem Jahr 1964 angeführt werden, der sich mit all jenen subjektiven Beweggründen seines Helden beschäftigt, die ihn dazu brachten, sich der serbischen, monarchistisch-nationalistischen Četnik-Bewegung anzuschließen und zu einem gefürchteten Massenmörder zu werden. Die vom Regisseur als ausweglos, von seiner Dorfgemeinschaft entfremdet und mit emotionalen Komplexen behaftet beschriebene Lebenssituation seines Helden Maksim, die ihn dazu bewog, Halt und Anerkennung bei den Četniks zu suchen, stieß beim kulturpolitischen Establishment Jugoslawiens als Verharmlosung einer konterrevolutionären und feindlichen Armee auf strikte Ablehnung. Auch die Wende im Plot, die Weigerung Maksims, die Liebe seines Lebens, eine mit den Partisanen sympathisierende Frau aus seinem Umfeld, zu töten, wurde nicht als legitimer Versuch empfunden, auch in einer solchen Figur menschliche Regungen und Gefühle zu thematisieren, sondern als Parteinahme des Regisseurs für sei-

---

398   Zitat nach den Angaben bei Tirnanić, Crni talas, S. 52.
399   Ebd., S. 53.

nen Filmhelden und somit für einen Teil der innerjugoslawischen Kollaboration während des Zweiten Weltkriegs.[400]

Künstlerischer Durchbruch und inhaltliche Kontroversen
Ein wichtiges Ereignis für den *Neuen jugoslawischen Film*, seine Außenwahrnehmung ebenso wie seine inhaltlich-ästhetische Positionierung, war die 1965 abgehaltene, zwölfte Auflage des jugoslawischen Filmfestivals in Pula, auf dem nahezu alle relevanten Regisseure in der offiziellen Konkurrenz auftauchten. Sie bekamen nicht nur alle wichtigen Auszeichnungen des Festivals, darunter die *Große goldene Arena* [Velika zlatna arena] für Vatroslav Mimicas *Prometej s otoka Viševice* [Prometheus von der Insel Viševic] für den besten Film und eine *Silberne Arena* [Srebrna arena] für Živojin Pavlovićs Regieleistung im Film *Sovražnik* [Feind], im Rahmenprogramm debattierten auch nahezu alle maßgeblichen Akteure der jugoslawischen Film- und Intellektuellenszene über die Entwicklung der jugoslawischen Kinematografie, insbesondere über ihre ideelle Präokkupation. Aus den veröffentlichten Aufzeichnungen dieser Debatten wird deutlich, dass der Grundkonsens einer Notwendigkeit gesellschaftlichen Engagements nicht entlang des Gegensatzes von ›Staat‹ und ›Kunst‹ verlief, sondern entlang eines kritischen und undogmatischen Zugriffs auf zeitgenössische und historische Konfliktfelder der jugoslawischen Gesellschaft. Die Breite der Debatte reichte von den eher grundsätzlichen Anmerkungen des zum erweiterten Redaktionsbeirat der *Praxis* gehörendem Belgrader Philosophen Svetozar Stojanović, inwiefern der jugoslawische Film »die ideologischen Scheuklappen von der sozialistischen Gesellschaft« reiße und inwiefern er die »sozialistischen Mythen« zerstöre, bis hin zur optimistischen Behauptung des Filmkritikers Slobodan Novaković, das Festival habe einen »interessanten Schritt hin zur Figur des erniedrigten (hilflosen) Menschen« gemacht. Dušan Stojanović, Filmtheoretiker und akti-

---

400 Kritisch zum Film vor allem Antun Žvan, Ne znamo što od filma hoćemo, in: Razlog 4, 1964, H.6, S. 519–527; vgl. weiterhin AJ–507-A-CK SKJ-VIII-II/2-B–179: Komisija za ideološki rad; wohlwollende Kritiken finden sich bei Bogdan Tirnanić, Srpska trilogija, in: Susret, 17.11.1964, S. 11; ders., Crni talas; Ilić, Serbian Cutting.

ver Begleiter des *Neuen jugoslawischen Film* seit seiner Entstehung, konstatierte angesichts des großen Erfolgs auf dem Filmfestival, man könne nun »ruhigen Gewissens sagen, [Jugoslawien] hat einen thematisch freien und interessanten Film.«[401]

Seine inhaltlich-ästhetische Affirmation zog indes auch eine verschärfte Polemik nach sich. Einer der Hauptangriffspunkte des künstlerischen und politischen Establishments lag in der Kontrastierung des dargebotenen filmischen Inhalts mit der als überwiegend erfolgreich beschriebenen Gesellschaftsentwicklung Jugoslawiens. Diese Debatte sollte, wie erwähnt, im Syntagma *Crni talas* ihre diskursiv wirkmächtige Zuspitzung finden.

Ihre philosophisch-theoretische Grundierung erfuhr diese Kontroverse im allgemeinen Vorwurf, die linken Häretiker innerhalb des kulturellen Feldes würden sich zu sehr an existentialistischen, will heißen zukunftspessimistischen Konzepten orientieren, die so gar nicht zum zukunftsorientierten Marxismus passten und, obschon sich radikal gebärend, den Horizont bürgerlicher Zeitgeistkritik nicht überschritten. Dieser Argumentationsstrang war keineswegs ein Spezifikum jugoslawischer Kulturbürokraten. Der in der westdeutschen Linken einflussreiche marxistische Philosoph Hans-Heinz Holz beispielsweise hatte Mitte der 1970er-Jahre eine marxistische Kritik der ideologischen Grundpfeiler der *Neuen Linken* unternommen, die im Vorwurf ihres Unvermögens mündete, »Kritik in eine politische Theorie einmünden zu lassen.«[402] Der jugoslawische Kulturphilosoph Sreten Petrović, selbst eher wohlgesonnener Kommentator der radikalen Linken und ihrer künstlerischen Produktionen, äußerte sich in einem 1964 veröffentlichten Beitrag in der einflussreichen Belgrader Studierendenzeitung *Student* ebenfalls dahingehend. Die moderne Kunst, somit auch die Filmkunst, sei »in ihren Lösungen, die sie anbietet, grundsätzlich pessimistisch«, der Existentialismus sei »die theoretische Plattform

---

401 Zitate nach Dvadeseta godina Jugoslovenskog filma, in: Gledišta 6, 1965, H.10, S. 1285–1358, hier S. 1290 (erstes Zitat), S. 1330 (zweites Zitat) und S. 1298 (drittes Zitat).
402 Hans-Heinz Holz, Die abenteuerliche Rebellion. Bürgerliche Protestbewegungen in der Philosophie – Stirner, Nietzsche, Sartre, Marcuse, Neue Linke, Darmstadt/Neuwied 1976, S. 8.

der modernen Kunst«.[403] Das schier allgegenwärtige Schreckgespenst des Existentialismus gerann zu einem weitverbreiteten Phänomen, das nicht nur in der Kunst ein düsteres und pessimistisches Bild produziere, sondern auch den Kern der jugoslawischen *Praxis*-Philosophie bilde. Der im Kontext der Auseinandersetzungen um die *Praxis* bereits erwähnte Staats- und Parteifunktionär Boris Ziherl bezeichnete Sartres *Kritik der dialektischen Vernunft* gar als deren »Katechismus«.[404] So undifferenziert Ziherls Aussage auch gewesen sein mag, so wirkmächtig entfaltete sie sich im politischen Vorwurf des Nihilismus, dessen ideelle Grundlage im durch die *Praxis*-Redaktion verbreiteten Grundsatz einer »schonungslosen Kritik alles Bestehenden« loziert wurde.

Innerhalb der konservativen Kulturfunktionäre Jugoslawiens kam die Erkenntnis, dass es sich in der Beziehung zwischen Kunst und Geisteswissenschaften, allen voran der Philosophie, um ein weites, aber nach ähnlichen ideellen Beobachtungsprinzipien operierendes Feld handele, verhältnismäßig frühzeitig. Die Ideologische Kommission beim Zentralkomitees des Bundes der Kommunisten Jugoslawiens spielte als ideologische Speerspitze der Partei eine wichtige Rolle in der Formulierung parteioffizieller Standpunkte. Unter dem durchaus programmatisch zu verstehenden Sitzungsthema »Über die ideellen Probleme des einheimischen Films« hob die Kommission auf ihrer Sitzung Ende 1963 ausdrücklich hervor,

> »[…] dass bestimmte ideelle Auffassungen unseres filmischen Schaffens und der Filmkritik mit adäquaten ideellen Tendenzen anderer Bereiche unsers kulturellen Lebens, einschließlich der Philosophie und der Gesellschaftswissenschaften, konform gehen.«[405]

---

403 Sreten Petrović, Moderna umetnost i arhaično, in: Student, 25.02.1964, S. 7.
404 AJ–507-A-CK SKJ-VIII-II/2-B–177: Nekoliko napomena, bl. 3f.
405 AJ–507-A-CK SKJ-VIII-II/2-B–179: Informacija o sastanku sa grupom filmskih radnika komunista održanom u Komisiji za ideološki rad CK SKJ, S. 1–19, hier S. 3; zum Nihilismusvorwurf vgl. Jeremić, Nihilizam, insb. S. 38; in Anlehnung an die zu dieser Problematik verfassten Gedanken von Lukács siehe auch Aristarco, Marx, S. 47f.; Georg Lukács, Ästhetik, Neuwied 1972; Holz, Die abenteuerliche Rebellion, S. 117f.

Aus dieser Bestandsaufnahme wird ersichtlich, dass die kommunikative Verbundenheit, das reichhaltige Gewebe zwischen Kunst und Philosophie für den Bund der Kommunisten nicht nur als eine Frage der professionellen Zuordnung als *prosvjetni radnici*, als Kulturarbeiterinnen und Kulturarbeiter, sondern als eine Frage der ideellen Zusammengehörigkeit und wechselseitigen intellektuellen Beeinflussung perzipiert wurde.

Die Vorwürfe der Negativität und eines schädlichen westlichen Einflusses weisen zudem eine auffällige Nähe zu einer Rede des Staatspräsidenten Tito auf, die er zu Beginn des Jahres 1963 auf dem VII. Kongress des Bundes der Sozialistischen Jugend Jugoslawiens hielt und in welcher er zu zeitgenössischen Erscheinungen der jugoslawischen Kunst- und Kulturszene Stellung bezog. Darin beschwerte sich Tito insbesondere über die inhaltliche Abgehobenheit zeitgenössischer Künstlerinnen und Künstler, die in ihren Werken vieles behandelten, nur nicht die jugoslawische Realität:

»Ich habe nichts gegen die schöpferische Suche nach Neuem, […], denn dies ist notwendig und gut. Aber ich bin dagegen, dass wir das Geld der Gemeinschaft für sogenannte modernistische Werke ausgeben, die nichts mit künstlerischem Schöpfertum zu tun haben, geschweige denn mit unserer Wirklichkeit. […] Bietet unsere Wirklichkeit denn nicht genug Material für eine schöpferische und künstlerische Arbeit? Und genau ihr schenkt ein Großteil unserer jungen Künstler am wenigsten Aufmerksamkeit. Sie fliehen in die Abstraktion, anstatt unsere Wirklichkeit zu zeigen. […] Was sagt uns das? Das zeigt uns die Ideenlosigkeit und den Anarchismus eines, zum Glück kleinen Teils unserer kulturellen Arbeiter, aber auch einiger verantwortlicher Kommunisten, und den Verlust der Kriterien, was für unseren gesellschaftlichen Fortschritt tragbar und was untragbar ist.«[406]

Sieht man von einigen ideellen Relikten des sozialistischen Realismus ab, die in diesen Ausführungen in der Forderung durchscheinen, ein Kunstwerk müsse zwingend die Realität widerspiegeln,

---

406 Zitat nach Tirnanić, Crni talas, S. 35.

so ist vor allem eine Gegenwehr gegen die Darstellung von Entfremdungstatbeständen zu erblicken, die als abstrakt und unvereinbar mit der jugoslawischen Wirklichkeit gedeutet wurden. Die nachträglich formulierten negativen Beurteilungen von Pavlovićs Film *Grad*, insbesondere die Initiative der Produktionsfirma, ihren eigenen Film vorsorglich anzuzeigen und verbieten zu lassen, können sowohl als ideologischer Gehorsam gegenüber den Ausführungen des Staatspräsidenten gelesen werden, aber auch als eine in der Folgezeit oft anzutreffende Konfliktkonstellation zwischen aufgeschlossen-modernen Kulturrepräsentanten und ihrem konservativen Widerpart.[407]

Auf besagter Sitzung der ideologischen Kommission nahmen neben den obligatorischen politischen Mitgliedern auch bekannte Vertreter der Filmbranche teil. Neben dem schon erwähnten Regisseur Veljko Bulajić nahmen u. a. Žika Mitrović, ebenfalls bekannt für seine klassisch-epischen Kriegsfilme,[408] und der Comic-Zeichner und Mitbegründer der Zagreber Trickfilmschule Dušan Vukotić teil. Zu diesem Zeitpunkt waren schon acht Produktionen des *Neuen jugoslawischen Films* entweder mit einem temporären Aufführungsverbot oder mit einem umfassenden Produktions- und Aufführungsverbot belegt worden.[409] Die Konsultierung der genannten Regisseure diente den Kommissären als Argumentationsgrundlage für zukünftige Auseinandersetzungen, denn im Sitzungsprotokoll wurde explizit hervorgehoben, dass die »Mehrzahl der Teilnehmer das Aufführungsverbot der besagten Filme ausdrücklich unterstützt[e]«, und dass sowohl die

---

407 Siehe dazu den bei Marko Babac angeführten Konflikt mit den Regisseuren Babac, Pavlović und Rakonjac um die Nominierung und Auszeichnung ihrer ersten Filmtrilogie *Kapi, vode, ratnici*, in: Babac, Kino-klub, S. 280–283.
408 Als Beispiel sei sein 1964 gedrehter Filme *Marš na Drinu* [Der Marsch an die Drina] genannt, für den er auf dem Pula-Filmfestival 1964 die ›Goldene Arena‹ für die beste Regie bekam.
409 Dabei handelte es sich um drei Spielfilme *Grad* [Regie: Kokan Rakonjac], *Povratak* [Rückkehr, Regie: Živojin Pavlović], *Čovek iz hrastove šume* [Der Mann aus dem Eichenwald, Regie: Mića Popović] sowie die Dokumentarfilme *Kafana* [Kneipe, Regie: Krsto Skanata], *Zadušnice* [Requiem, Regie: Dragoslav Lazić], *Parada* [Regie: Dušan Makavejev] und *Resni človek* [Der echte Mensch, Regie: Vlado Kristl].

»unkritische« Übernahme westlicher Filmrichtungen als auch die »unkritische Annahme und Übernahme bestimmter ästhetischer und philosophischer Thesen« durch die anwesenden Regisseure negativ beurteilt worden sei. »Die Genossen Stole Janković, Veljko Bulajić, Dušan Vukotić und Žika Mitrović« hätten betont, »dass die betreffenden Filme unter dem ideellen und ästhetischen Einfluss einiger zeitgenössischer Richtungen innerhalb der Weltkinematografie aufgenommen« wurden, ohne zu prüfen, wie der Kommissionsvorsitzende Veljko Vlahović nahelegte, was innerhalb dieser internationalen Tendenzen »gut« und was »schlecht« sei.[410] Zur Kritik aus Staats-und Parteiapparat gesellte sich somit der strukturkonservative und arrivierte Flügel aus dem kulturellen Produktionsfeld, der nicht zuletzt aus dem Blickwinkel einer Konkurrenz um begrenzte Fördermittel argumentierte. Sieht man von Dušan Vukotić ab, so befanden sich mit Stole Janković, Žika Mitrović und Veljko Bulajić drei Größen des traditionellen Partisanenfilms in Opposition zu ihren jüngeren Kollegen, es entwickelte sich ein nahezu idealtypischer Konflikt zwischen »Häresie« und »Orthodoxie«, dessen Ausgang nicht nur durch feldinterne Mechanismen, sondern auch durch allgemeinpolitische Prämissen gerichtet und beeinflusst werden sollte und wurde.

Linke Kunst vs. Politik in der Kunst
Die gegenseitige Durchdringung und Beeinflussung von Politik bzw. politisch eingreifendem Denken und einem künstlerischen Werk wurde von den Akteuren innerhalb des Feldes kultureller Produktion hingegen differenzierter, wenn nicht sogar bewusst zurückhaltender formuliert. Ein ebenso in der Öffentlichkeit als auch in der Partei bekannter Soziologe wie der in Ljubljana lehrende Veljko Rus, dessen Zeitschrift *Perspektive* 1963 vom slowenischen Zentralkomitee als »ideologisch unannehmbar« bewertet und ab-

---

410 AJ–507-A-CK SKJ-VIII-II/2-B–179: Komisija za ideološki rad (14.12.1963). Informacija o sastanku sa grupom filmskih radnika komunista održanom u komisiji za ideološki rad CK SKJ, S. 1–19, hier S. 12 (erstes Zitat), S. 4 (zweites Zitat), S. 8 (drittes Zitat) und S. 7 (viertes Zitat); vgl. auch die kritische Situationsbetrachtung bei Aleksandar Petrović, Situacija jugoslovenskog modernog filma, in: Delo 10, 1964, H.4, S. 577–598.

gesetzt worden war, erblickte erst unter dem Einfluss des Prager Frühlings eine gegenseitige Durchdringung im kulturellen Feld:

> »In der ČSSR wurde uns vor Augen geführt, dass Kultur gleichzeitig auch Politik sein kann, die Kultur hat sich als Politik formiert, womit sowohl eine politische Kultur als auch eine kulturelle Politik geboren wurden. Das Dilemma ›Kultur oder Politik‹ wurde überwunden.«[411]

Auch der Zagreber Soziologe und *Praxis*-Autor Ivan Kuvačić hatte erst 1969 auf einem Symposium zum Thema »Die Lage der Philosophie in unserer Gesellschaft« der Kunst eine öffentlich eingreifende Rolle bescheinigt, als praktische Umsetzung der Philosophie:

> »Die Philosophie lebt und wächst zwischen denen, die die Zukunft antizipieren, sie wirkt im Interesse der unterdrückten Schichten. Das sind unterschiedliche gesellschaftliche Gruppierungen. Heute kann man, wenn von einer Gruppierung die Rede ist, die Künstler als solche betrachten.«[412]

Diese Einschätzung, wonach sich die Philosophie auch innerhalb des Künstlermilieus bewege und entwickle, hatte ihren Ursprung in der philosophischen Seinszuordnung, die der Kunst zugeschrieben wurde. Nicht nur die konkrete, auf unmittelbare gesellschaftliche Verhältnisse gerichtete Kritik galt als immanenter Bestandteil eines Kunstwerks, sondern die generelle Unruhe und das permanente Experiment wurden zum eigentlichen Wesenskern der Kunst emporgehoben.[413] Der Kunst bzw. Kultur allgemein wurde eine – unausgesprochen – durchaus romantische

---

411 Wortmeldung von Veljko Rus, in: Simposij jugoslovensko-čehoslovačkih filozofa, S. 30; zur Zeitschrift *Perspektive* siehe ders., Revija Perspektive in teorija in praksa, in: Teorija in praksa 41, 2004, H. 1–2, S. 132–151.
412 HDA–1220-CK SKH-D–3270: Položaj filozofije u našem društvu danas, S. 48.
413 Sreten Petrović, Umetnost, moral, društvo, in: Student, 10.11.1964, S. 7; ähnlich auch Celestin Sardelić, Studenti i kultura, in: Polja 14, 1968, S. 11; grundlegend zu diesem Komplex Grlić, Filozofija i umjetnost, S. 100–109.

Note verliehen, sie sollte zwar nonkonformistisch und radikal, aber auch ideologisch ungebunden und politisch ›rein‹ sein. Vor allem in den studentischen Periodika kam zusehends eine Unterscheidung zwischen »nicht authentischer« und »authentischer« Kultur in Mode, erstere als funktionalisiertes »Instrument des Staates und der Partei zur Erziehung der Massen« verstanden, während künstlerische Authentizität als »gesellschaftlich-kultureller Ausdruck des befreiten Individuums« zum Zielpunkt künstlerischen Ausdrucks avancierte.[414] Über die Kriterien, die authentische Filmkunst ausmachen und sie vom konservativen Unterhaltungsmodell unterscheiden, wurden breite Debatten geführt. Und immer ging es dabei um eine Gegenüberstellung konservativer und avantgardistischer Werkzugänge.[415]

Anfang der 1970er-Jahre veröffentlichte der Studentenaktivist Hrvoje Turković, der sich in den 1960ern als Filmkritiker in den einschlägigen Jugendzeitungen und -zeitschriften Jugoslawiens einen Namen als vehementer Fürsprecher des *Neuen jugoslawischen Films* gemacht hatte, ein Interpretationsmodell, das den Unterschied zwischen administrativer und subversiver Kunst anhand ihres Umgangs mit offiziellen und inoffiziellen Vorschriften und Regeln theoretisch einzuordnen versuchte. Dem als konservativ bezeichneten Modell ordnete Turković eine ontologische, rein funktionale und »handwerkliche« Beschäftigung mit der Kunst zu. Ihr Wesensmerkmal sei die Anwendung bestehender, politisch gesetzter und von der Mehrheitsgesellschaft unkritisch anerkannter Normen und Verhaltensweisen auf das Kunstwerk. Im Gegensatz zum handwerklichen, affirmativen Modell stehe das methodologische, »künstlerische« Modell, das nach einer Änderung der vorgefundenen, politisch gesetzten und gesellschaftlich affirmierten Werte und Normen strebe. Diese Tätigkeit sei »normensetzend«

---

414 Sardelić, Studenti i kultura, S. 11; kritisch dazu Boris Hudoletnjak, Zbiljnost socijalizma i kultura, in: Polja 14, 1968, H.115/116, S. 27–28.
415 »Sineasti u mračnoj šumi«. Razgovor s Brankom Ivandom, in: Prolog 3, 1970, H.9, S. 69–73.

und verhalte sich gegenüber den bestehenden dominanten Wertkriterien »*künstlerisch*«.[416]

Diese beiden Modelle, so Turković, kämpften um die Dominanz innerhalb einer gegebenen Kultur:

> »Die ontologisch orientierte Kultur wird eine Kultur stabiler Normen sein [...]. Freiheit wird über ihre Anpassungsfähigkeit definiert. Fragen der Freiheit im Verhältnis zu den Normen werden überwiegend nicht gestellt. [...] Die methodologisch orientierte Kultur wird eine Kultur des normativen Relativismus, des normativen Pluralismus und einer ausgeprägt dynamischen Normenablösung sein. Die Freiheit wird anhand der Möglichkeit der Normenrevision, die der Unfreiheit anhand der Beschränkung dieser Möglichkeit gemessen. Individualität affirmiert sich im Widerstand zum Bestehenden und der Begründung von eigenen Normen.«[417]

Was Turković hier unter dem Banner der Freiheit in die Betrachtung des Selbstverständnisses von Kunst und Kultur einbrachte, findet sich in Pierre Bourdieus Arbeiten zum kulturellen Feld wieder, und zwar insbesondere in der Frage, wie sich etablierte, feldinterne Prozesse ändern lassen und durch welche Akteure dies geschehen kann.[418] Die Rekrutierung solcher Akteure erwies sich als ein spannungsreiches Unterfangen, in dem es sowohl gegen die arrivierten Kulturarbeiter und machtpolitisch agierende Politikerinnen und Politiker zu bestehen galt als auch gegen das zumeist passive und auf Unterhaltung ausgerichtete Zuschauerverhalten.

Aus diesen Unterscheidungen sprach die Schwierigkeit einer Grenzziehung zwischen ›politisch‹ und ›unpolitisch‹, die sich etwa dann zeigte, wenn es im Dialog mit westeuropäischen oder anglo-

---

416 Hrvoje Turković, Filmska pravila i sloboda stvaralaštva, in: Filmske sveske 11, 1972, H.3, S. 165–183, hier S. 176. Auch in seinen späteren Arbeiten bedient sich Turković dieser Unterscheidung, wenn auch mit einer etwas modifizierten Zielsetzung. Siehe Hrvoje Turković, Što je to eksperimentalni film, in: Zapis. Glasilo Hrvatskog filmskog saveza 10, 2002, S. 28–38.
417 Turković, Filmska pravila, S. 177.
418 Bourdieu, Das literarische Feld; Winter, Kunst des Eigensinns; Reckwitz, Gleichförmigkeit und die Bewegtheit des Subjekts.

amerikanischen Kolleginnen und Kollegen darum ging, konkrete Bestandteile eines engagierten Films zu benennen oder gar zu definieren. Während die jugoslawischen Regisseure aus dem Umfeld des *Neuen jugoslawischen Films* den Faktor Politik aus dem Blickwinkel einer durch den Staat gesteuerten Politisierung von Kunst und Kultur interpretierten und damit einen spezifischen Ideologiestil anprangerten, der sie in ihrer eigenen Schaffenskraft und ihrem eigenen Engagement einengte, argumentierten ihre Gesprächspartner aus dem Westen für eine konkrete Politisierung, da in liberal-kapitalistisch verfassten Gesellschaften die totale Entpolitisierung der Kunst zum hegemonialen Allgemeinplatz geronnen sei. In den Ausführungen des im radikalen linken Milieu breit rezipierten Kunstphilosophen Danko Grlić, die er anlässlich eines zu Beginn der 1970er-Jahre abgehaltenen internationalen Symposiums über die jugoslawische Kinematografie formulierte, wird das ›politische‹ als etwas Offizielles, Ideologisiertes und dem Staat Dienendes verstanden:

> »Meiner tiefsten Überzeugung nach kann ein politischer Film, solange er auf dem Niveau der Politik bleibt, solange er innerhalb der politischen Sphäre sich bewegt, nicht radikal sein, und zwar oft genau dann, wenn er glaubt, dass er am radikalsten ist, denn er destruiert nicht das, was er meint zu destruieren, sondern trägt bloß neue Ziele, neue Programme, neue Ideologien hinein, und für diese neuen ideologischen Kämpfe um die Macht bedient er sich mehr oder weniger der gleichen Mittel, derer sich auch sein Gegenpart bedient.«

Stattdessen, so seine These, müsse sich der Film des politischen Überbaus entledigen, erst dann könne er tatsächlich human wirken:

> »Der gegenwärtige Film ist, sofern er diese Tendenzen aufzeigt, also Tendenzen der Befreiung von dem, was als politisch verstanden wird, erst dann gesellschaftlich, menschlich engagiert. Man könnte

sogar sagen: Je weniger politisch engagiert, desto mehr menschlich engagiert [...] ist der Film.«[419]

Diese Auffassung stellte keine Minderheitenmeinung innerhalb der radikalen Linken dar, sie speiste sich aus einer tiefen Skepsis gegenüber der offiziösen Parteipolitik, die als verkrustet und dogmatisch wahrgenommen wurde. Auch für den Cannes- und Oscar-Preisträger Aleksandar Petrović lag das Engagement des jugoslawischen Films in der Abkehr vom Politischen begründet:

> »Es ist eine Tatsache, dass ein Teil der progressiven Künstler im Westen für eine Politisierung der Kunst eintritt. In den sozialistischen Ländern ist die Position dagegen umgekehrt – die Künstler kämpfen um eine Entpolitisierung der Kunst.«[420]

Diese Diskussion zeigte, worum es dem *Neuen jugoslawischen Film* generell ging, nämlich um Ideologiekritik. Eine Kritik, die für sich in Anspruch nahm, den ideologischen Schleier des Staats- und Parteiapparats zu entlarven, der die Gegenwärtigkeit der jugoslawischen Gesellschaft verdecke. Daher auch die scheinbare Ablehnung des Politischen, denn auch im vergleichsweise liberalen und offenen Klima Jugoslawiens wurde Politik in der Kunst vor allem als gesellschaftlicher Integrationsmechanismus verstanden, weniger als berechtigtes politisches Eingreifen in gesellschaftliche Zustände.[421] Wenn also das Politische als etwas Kunstfernes, weil diese Entfremdendes artikuliert wurde, so geschah dies in erster Linie in Form einer Ideologiekritik am Staat mit seinem funktionalen Interpretationsmonopol. Daraus leitete sich aber dezidiert keine Marxismuskritik ab, der, analog zu den Debatten im Um-

---

419 Redebeitrag von Danko Grlić, in: »Film u društvenim konfrontacijama«, in: Gledišta 12, 1971, S. 177–235, hier S. 192 (erstes Zitat) und S. 183 (zweites Zitat).
420 Redebeitrag von Aleksandar Petrović, in: ebenda, S. 202; zum divergierenden Ideologiebegriff von beispielsweise Guido Aristarco siehe Aristarco, Marx, S. 79f.
421 Vgl. dazu Eyerman, Toward a Meaningful Sociology of Arts, S. 28; ähnlich auch M. Vlajčić, Pitanja o položaju umetnosti, in: Student, 22.9.1964, S. 6.

kreis der *Praxis*, als etwas Befreiendes und Subversives verstanden wurde. Kunst und Marxismus standen in dieser Lesart in einer Art Verwandtschaftsverhältnis, beide zeichneten sich durch ihr kritisches Potential aus, und beiden falle die Rolle zu, bestehende Verhältnisse in Frage zu stellen, Positionen zu radikalisieren, kognitive Orientierungen zu schärfen und umwälzend zu wirken.

Dabei wurde der *Neue jugoslawische Film* anfangs auch von Kommentatorinnen und Kommentatoren aus dem Umfeld der radikalen Linken als unpolitisch kritisiert. Als Gründe wurden sowohl strukturale Unzulänglichkeiten der jugoslawischen Filmförderung als auch persönlicher Opportunismus der Regisseure angeführt.[422] Eine deutliche Kritik formulierte beispielsweise der slowenische Philosoph und Kulturkritiker Taras Kermauner, der den Regisseuren »Infantilismus« vorwarf. All diese Filme seien »gegen die Erwachsenenwelt gerichtet, gegen diejenigen, die in der Wirklichkeit stehen«, woraus eine unzumutbare »Gleichstellung zwischen jenen, die sich der Wirklichkeit angepasst haben, und denjenigen, die sie durch eine revolutionäre Aktion ändern« wollen, gemacht werde.[423] Ein weiterer Vorwurf, der ähnlich auch an die Adresse der *Praxis* gerichtet wurde, betraf die ausbleibende bzw. mangelnde Auseinandersetzung mit den ökonomischen Voraussetzungen des jugoslawischen Sozialismus. Die Regisseure des *Neuen jugoslawischen Films* drehten Filme, so Kermauner, als wäre in Jugoslawien der Kommunismus schon verwirklicht, und als würde die »Ökonomie nicht mehr auf das Leben der Menschen einwirken«. Darum blieben sie auch auf der Ebene der Subjektbetrachtung, statt sich mit den gesellschaftlich induzierten Ungleichheitsbeziehungen, also mit der der politischen Ökonomie zu beschäftigen.[424] Kermauner stellt sich in dieser Kritik bewusst

---

422 Zur Kritik am mangelnden Engagement der Regisseure vgl. Hrvoje Lisinski, Neki problemi našeg kratkometražnog filma, in: Razlog 1, 1961, H.2, S. 161–169; den Fokus auf die strukturalen Unzulänglichkeiten legt Vicko Raspor, Dokumentarni film i naša stvarnost, in: Filmska kultura 5, 1961, H.21/22, S. 25–44.
423 Taras Kermauner, Idejnost filmskog novog talasa, in: Delo 9, 1963, H.1, S. 75–98, hier v.a. S. 97. Ähnlich Raspor, Dokumentarni film, S. 41–44.
424 Kermauner, Idejnost, S. 83.

gegen die Akzentuierung des Subjekts, denn der Bezugspunkt engagierter Filme müsse die Gesellschaft bzw. die Arbeiterklasse als historisches Subjekt der »revolutionären Aktion« sein.

In einer der seltenen filmtheoretischen Analysen zur Rolle des Arbeiters und der Arbeiterin stellte der Belgrader Filmkritiker Bogdan Tirnanić 1971 dem *Neuen jugoslawischen Film* ein vernichtendes Urteil aus. Seiner Meinung nach offenbare sich in ihm ein ausgesprochenes Desinteresse an den Problemen der Arbeiterklasse, was zum einen an seiner »Selbstverliebtheit und verlogenen Größe« liege und zum anderen an der gesamtkulturellen Tendenz Jugoslawiens, die Arbeiterklasse in ihren Werken zu ignorieren. Lediglich in den Arbeiten von Dušan Makavejev und Živojin Pavlović gebe es eine adäquate Beschäftigung mit der Arbeiterklasse, denn diese Regisseure stellten die Frage der Relation zwischen dem Allgemeinen und dem Einzelnen, und es sei klar, so Tirnanić weiter, dass es

> »kein bedeutenderes Ziel gibt als das Glück des Menschen-Unmittelbaren Produzenten, der zwar noch kein Vogel ist, der es aber werden kann in einer anderen, besseren, humaneren und würdigeren Daseinsstruktur. Dies ist das Ziel, dem wir uns hingegeben haben und das wir erreichen werden. Um jeden Preis.«[425]

Obschon sowohl Kermauner als auch Tirnanić die Arbeiterklasse thematisieren bzw. thematisiert wissen wollen, unterscheiden sich ihr Zugriff und das Problemverständnis fundamental. Kermauner sieht den Film nicht als Medium an, das der Arbeiterklasse eine Verbesserung der Lage anbieten könnte, während Tirnanić sowohl in seiner philosophischen Grundaussage als auch in seinem Bestreben, die Bedeutung des Mediums Film für die Arbeiterklasse zu betonen, sehr nah am Avantgardediskurs entlang argumentiert und wiederum mit der politischen Ökonomie wenig anfangen kann.

Die der Filmkritik zugrundeliegenden Bewertungskriterien entsprangen dem Glauben an eine besonders exponierte gesell-

---

425 Bogdan Tirnanić, O tome kako je jugoslovenski radnik predstavljen u jugoslovenskom filmu, ili da li je čovek tica ili paragraf?, in: Polet 3, 1971, H.25–27, S. 37–42, Zitate S. 37 (erstes Zitat) und S. 42 (zweites Zitat).

schaftliche Stellung des Mediums Film, und sie resultierten aus einer der historischen Avantgarde entlehnten Rollenzuweisung an die Kunst im Allgemeinen. In Analogie zum Philosophieverständnis aus dem Umkreis der *Praxis*, wonach sich die Philosophie vom »Denken der Revolution« zum »revolutionären Denken« entwickeln müsse, erblickten auch die Akteure des alternativen Filmmilieus ihre künstlerische Berufung in einer permanenten Revolutionierung des formalen und inhaltlichen Zugriffs ihres Mediums. Nur so könnten das Wesen und das Bewusstsein der Gesellschaft transformiert werden:

> »Die künstlerische Praxis [...] muss sich als ein progressiver Teil des gesellschaftlichen Bewusstseins affirmieren – d.h., die künstlerische Freiheit muss permanent anhand des eigenen Werkes bestätigt werden, anhand des Dokumentarfilms. [...] Der Dokumentarfilm stellt eine große Chance, aber auch eine große Herausforderung für die jugoslawische Kinematografie dar – er ist, gleichzeitig, auch eine Herausforderung für den gegenwärtigen revolutionären Prozess in unserer Gesellschaft, er ruft uns zur aktiven Teilnahme an ihm auf.«[426]

Diese aktive Teilnahme am als gegenwärtig empfundenen revolutionären Prozess der jugoslawischen Gesellschaft spitzte sich stellenweise zur primären Handlungsmaxime des eigenen künstlerischen Schaffens zu. Für Želimir Žilnik, dem wohl dezidert politischsten Regisseur des *Neuen jugoslawischen Films*, war der Film lediglich ein Mittel zum Zweck. Der Film stelle keinen Eigenwert dar, sondern solle vor allem als eine künstlerische Kritikform der gegenwärtigen Gesellschaft wirken. In einem Interview mit der Belgrader Jugendzeitschrift *Susret* vom April 1968, noch vor der Besetzung der Belgrader Universität im Juni desselben Jahres, an der er sich aktiv beteiligte, stellte er sein Werk in den unmittelbaren Dienst des kommunistischen Gesellschaftsprojekts. Die Filmkunst, so Žilnik in diesem Gespräch, interessiere ihn nicht,

---

426 Petrović, Mišljenje revolucije, S. 65 (erstes Zitat), und Slobodan Novaković, Naš dokumentarni film danas, in: Filmska kultura 7, 1963, H.33, S. 25–30, hier S. 26 u. 30 (zweites Zitat).

vielmehr mache er Filme, »weil wir noch nicht im Kommunismus« seien, als Hinweis darauf, was diesbezüglich noch »zu erledigen« wäre.[427] Seine Filme lesen sich dementsprechend als Anklage eines Systems, das seinen Bürgerinnen und Bürgern die proklamierten Rechte vorenthalte und sozialen Fortschritt lediglich als Zukunftshinweis nutze. Gleichzeitig aber trügen die proklamierten Rechte praktische Implikation in sich, denn sie setzten voraus, dass die proklamierte Realität des jugoslawischen Sozialismus nur eine Übergangsrealität sei, deren Überwindung notwendig ihrer marxistischen Begründung entspringe.

Der politisch-philosophische Rahmen, in dem sich Žilniks Filme verorten lassen, entsprang der Kontroverse um den Charakter der jugoslawischen Revolution und um die Frage, ob diese lediglich politischer oder auch sozialer Natur sei. Die von Žilnik vorgetragene Kritik und sein Hinweis, »noch nicht im Kommunismus« zu leben und deshalb solche Filme machen zu müssen, standen in einer grundsätzlichen Übereinstimmung mit der Einschätzung der radikalen Linken, die gegenwärtige Gesellschaftsformation Jugoslawiens lediglich als Ergebnis einer politische Revolution zu begreifen, der die soziale Revolution, die endgültige Aufhebung des Klassenantagonismus und der ihn bedingenden Entfremdungszusammenhänge folgen müssten. Insbesondere Žilniks Dokumentarfilme beschäftigten sich eindringlich mit dieser Diskrepanz und untersuchten das Leben sozial marginalisierter gesellschaftlicher Gruppen. In einem seiner frühen Dokumentarfilme, dem *Žurnal o omladini na selu - zimi* [Journal über die Landjugend – im Winter], begleitet er seine Protagonistinnen und Protagonisten, Jugendliche aus den Dörfern der nordserbischen Provinz Vojvodina, bei ihrem Zeitvertreib und filmt allerlei Grotesken, so vor allem die vollkommene Abwesenheit politischen Interesses dieser ›sozialistischen Landjugend‹, was durch exzessiven Alkoholgenuss überkompensiert wird. Allgegenwärtig ist vor allem eins: der Wunsch dieser jungen Menschen, dem einengenden und pers-

---

427 »Filmska ›umetnost‹ me ne interesuje.« Želimir Žilnik. Razgovor vodio Bogdan Tirnanić, in: Susret, 03.04.1968, S. 17.

pektivlosen Dorfleben zu entfliehen.[428] In seinem folgendem Film *Pioniri maleni* [Jungpionire], der im Titel auf ein bekanntes jugoslawisches Kinderlied rekurriert, thematisierte Žilnik das Schicksal sozial vernachlässigter Kinder und Teenager. Auch hier wurde eine gesellschaftliche Gruppe dargestellt, die über keinerlei politische Artikulationsmöglichkeiten verfügte und der elementare Existenzvoraussetzungen vorenthalten wurden. Allein schon die Titelwahl ist einer subversiven Kontrastierung von Realität und Proklamation entsprungen, galt doch dieses Lied als patriotisches Bekenntnis der jugoslawischen Jungpioniere zum Staat und zur jugoslawischen Revolution, aber auch als Ausdruck der besonderen Verbundenheit und Fürsorge des Systems gegenüber den Kleinsten der Gesellschaft.[429] Die Verquickung dieses Titels mit einem sozialpolitisch höchst brisanten Thema wies dabei nicht nur auf das Kinder- und Jugendproblem hin, sondern sollte darüber hinaus auf die Diskrepanz zwischen politischer Willensbekundung und gesellschaftlicher Realität hindeuten. Es war im Prinzip die Einlösung jener Tito-Forderung von 1963, als dieser beim Jugendkongress gegen unliebsame, »modernistische« Tendenzen innerhalb der Kunst polemisierte, ihnen den Wirklichkeitsbezug aberkannte und über den sich gerade entwickelnden *Neuen jugoslawischen Film* festhielt, dass »viele dieser Filme keinen Bezug zur Realität« hätten.[430] Der Realitätsbezug von Žilnik indes wandte sich einem brisanteren Feld zu, der politischen Kritik junger Intellektueller am Zustand des jugoslawischen Staatswesens und seiner bürokratischen Verformung. Aus seiner filmischen Begleitung der jugoslawischen Studentenbewegung vom Juni 1968 resultierten zwei Produktionen, deren Intentionen zunächst grundverschieden waren: Der Dokumentarfilm *Lipanjska gibanja* [Juni-Bewegungen],

---

428 *Žurnal o omladini na selu - zimi*. Szenario und Regie: Želimir Žilnik, Länge: 15 Min., 35mm, schwarz-weiß, Neoplanta Film, Novi Sad 1967. Ein kurzer Filmausschnitt findet sich auf http://zilnikzelimir.net/sr/zurnal-o-omladini-na-selu-zimi, aufgerufen am 11.06.2022.

429 *Pioniri maleni mi smo vojska prava, svakog dana ničemo ko zelena trava* - Szenario und Regie: Želimir Žilnik, Länge: 18 Min., 35mm, schwarz-weiß, Neoplanta Film, Novi Sad 1968.

430 Zitat nach Tirnanić, Crni talas, S. 35.

während der Unruhen und der Besetzung der Belgrader Universität aufgenommen, ist eine vom Autor unkommentierte Dokumentation, gedacht als Gegenöffentlichkeit zur offiziellen Berichterstattung, die den streikenden Studentinnen und Studenten und den mit ihnen sympathisierenden Intellektuellen konterrevolutionäre Absichten unterstellte und dementsprechend in den Medien darstellte.[431] In Žilniks Film kamen die beteiligten Akteure zu Wort, wurden Bilder aus der besetzten Universität gezeigt, die Protestakteure, ihre Redebeiträge sowie hauptsächlichen Forderungen vor Ort eingefangen. Als spezifisches Zeitzeugnis und Ausdruck der studentischen Protestperformance war vor allem die Aufnahme des Schauspielers Stevo Žigon bemerkenswert, der, in die Rolle von Robespierre schlüpfend, im Innenhof der besetzten Philosophischen Fakultät in Belgrad dessen Rede zur Verteidigung der Republik rezitierte. Die dabei unter frenetischem Applaus dokumentierten Passagen der Anklage der Lasterhaftigkeit ehemaliger Revolutionäre, die »[…] mit allen Lastern und allem Luxus der ehemaligen Höflinge Parade machen […]«, korrespondierten mit einem der bekannteren studentischen Plakate, auf dem »Nieder mit der roten Bourgeoisie« stand.[432] Wie politisch delikat Aufnahmen aus dem Inneren der besetzten Universität sein konnten, zeigte sich daran, dass anderen Filmemachern, etwa Dušan Makavejev, sowohl die Aufnahmen als auch das technische Gerät beschlagnahmt wurden.

Der zweite Akt in Žilniks filmischer Thematisierung der Studentenbewegung war ein explizit wertender, politisch eingreifender Kommentar, sowohl in Bezug auf den Bezugsrahmen der Studentinnen und Studenten als auch in Relation zum gesellschaftlichen Ist-Zustand Jugoslawiens. Der 1969 unter dem Titel *Rani radovi* [Frühe Werke] gedrehte Film zeichnete die studentische Euphorie der 1960er-Jahre nach, Žilniks Kamera begleitete die Protagonis-

---

431 Siehe das Interview von Boris Kanzleiter und Krunoslav Stojaković mit Želimir Žilnik, geführt am 29.08.2007 in Novi Sad, abgedruckt in: dies., 1968 in Jugoslawien, S. 153–159, insb. S. 156ff.
432 *Lipanjska gibanja*. Szenario und Regie: Želimir Žilnik, Länge: 10 Min., 35mm, schwarz-weiß, Neoplanta Film, Novi Sad 1968. Der betreffende Filmausschnitt findet sich unter http://www.youtube.com/watch?v=ikpNK4jJie8, aufgerufen am 11.06.2022.

ten, drei junge Männer und eine junge Frau, beim Versuch der Revolutionierung der überwiegend bäuerlichen Massen im ländlichen Serbien.[433] Mit einer Bilderästhetik, die Hoffnungslosigkeit und Zurückgebliebenheit vermitteln sollte, näherte sich Žilnik den permanenten Schwierigkeiten der ›Jungrevolutionäre‹, ihr historisches Revolutionssubjekt zu politisieren und für die Revolution zu aktivieren. Stattdessen verlieren sich Optimismus und Elan immer häufiger in gegenseitigen Schuldzuweisungen und Eifersüchteleien, was schließlich, nachdem sie ihr Scheitern eingesehen haben, ein tragisches Ende nimmt. Die junge Frau, der Žilnik in einem Akt der Subversion den Namen Jugoslava gab, wird von ihren ehemaligen Genossen ermordet, da sie Zeugenschaft über das revolutionäre Scheitern geben könnte. Doch neben dieser individuellen Gewalttat enthält Žilniks Plot auch den impliziten Vorwurf, die Ideale der jugoslawischen Revolution und das sozialistische Jugoslawien (personifiziert durch Jugoslava) seien durch die eigenen Revolutionärinnen und Revolutionäre verraten worden. Er entwirft ein Szenario, in dem das Projekt des selbstverwalteten sozialistischen Jugoslawien aufgrund der revolutionären Trägheit seiner Erbauerinnen und Erbauer verraten und zu Grabe getragen wurde. Der emanzipatorische Vorsatz, die Überführung der politischen in eine soziale Revolution mit und durch die Selbstverwaltung, ist nicht eingelöst, sondern durch politisches Kalkül beseitigt worden. Sowohl die unschuldige Jugoslava als auch das unschuldige Jugoslawien wurden als Opfer berechnender Politokraten gezeigt. Žilniks politisch-künstlerischer Widerstand gegen die triste Realität wurde nichtsdestotrotz mit einer Sympathiebekundung für die sozialistische Selbstverwaltung verbunden. Davon zeugt auch der Titel des Films, der auf die marxistischen Frühschriften abhob, die im Kontext der Marx-Rezeption im Umkreis der *Praxis* populär waren und den theoretischen Grundstock linker Gesellschaftskritik bildeten. In *Rani radovi* bewegte sich Žilnik auf luzide Art und Weise im Zwischenraum der Thematisierung politischer Probleme, Anspielungen auf soziale und gesellschaftliche Verwerfungen sowie

---

433 *Rani radovi*. Regie: Želimir Žilnik, Szenario: Želimir Žilnik/Branko Vučićević, Länge: 87 Min., 35mm, schwarz-weiß, Neoplanta Film, Novi Sad 1969.

verschlüsselten Botschaften, etwa in der Figur von Jugoslava – alles in allem »eher Eisenstein als Shakespeare«, so der Filmtheoretiker Amos Vogel.[434] Auch der Regisseur selbst verteidigte die von seinen Protagonisten durchlebten Problemlagen als notwendige Aktion, die nicht extremistisch sei, sondern Ausdruck eines allgemein wünschenswerten »eingreifenden Denkens«.[435]

Die Turbulenzen, die dieser Film nach sich zog, deuten darauf hin, dass auch die verantwortlichen Staats- und Parteistellen seine politische Subversivität erkannten und dementsprechend als Angriff auf ihre revolutionäre Integrität betrachteten. In einem Kommentar des Bundes der Kommunisten zu einer Materialsammlung, die 1969 vom Verband jugoslawischer Filmregisseure angefertigt worden war, hieß es zunächst trocken: »In einigen unserer Filme, analog zu anderen Kunstbereichen, scheint die Tendenz durch, die Bedeutung und Größe unserer Revolution zu degradieren.«[436] Doch auch hier ließ sich die für das Vorgehen der jugoslawischen Behörden typische Handlungsverzögerung erkennen. Denn *Rani radovi* kam zunächst regulär in die jugoslawischen Kinos, und erst nach einigen Monaten kam eine erste gerichtliche Verfügung über das Verbot des weiteren Vertriebs im Inland.[437] Verschärft wurden die innerjugoslawischen Schwierigkeiten paradoxerweise durch eine der größten Auszeichnungen, die die damalige jugoslawische Kinematografie zuerkannt bekam: Bei der Berlinale 1969 erhielt *Rani radovi* den Goldenen Bären für den besten Film. Die Popularität des *Neuen jugoslawischen Films* im westlichen Ausland wurde Ende der Sechzigerjahre nicht mehr

---

434 Vogel, Film als subversive Kunst, S. 344f. Ferner Tirnanić, Jugoslovenski film, S. 1546; Ilić, Serbian Cutting, S. 231.
435 Emilija Bogdanović, »Ne ravnodušni«. Intervju sa Želimirom Žilnikom, in: Mladost, 05.12.1968, S. 22f.
436 Zitiert nach einem Resümee des Präsidiums des SKJ vom 27.10.1969, abgedruckt in: Stanje i problemi u jugoslavenskoj kinematografiji, S. 25.
437 Die Aussage des Belgrader Filmkritikers, der Film sei niemals verboten worden, stimmt lediglich rein formal. Statt eines offiziellen Filmverbots erging eine Unterbindung jeglicher öffentlichen Projektion/Distribution. Siehe Milutin Čolić, Crni film ili kriza autorskog filma, in: Filmska kultura 14, 1970, H. 71, S. 3–25, hier insb. S. 13.

als positives Signal, sondern als Beweis seiner ideologischen Abweichung verstanden. Die Juroren der westlichen Filmfestivals zeichneten bestimmte Produktionen aus Jugoslawien vor allem deshalb aus, »weil sie in ihnen die totale Kritik des Sozialismus erkennen«, und diese Kritik diene den westlich-kapitalistischen »gesellschaftlichen und politischen Interessen«.[438] Nur zwei Jahre zuvor, 1967, konnten noch vereinzelt Stimmen vernommen werden, die in den internationalen Erfolgen des *Neuen jugoslawischen Films* den Beginn seiner »vollständigen Affirmation«, auch im Inland, erkennen wollten.[439]

Ähnlich gestaltete sich die Situation um Dušan Makavejev, der zum Zeitpunkt der Studentenproteste nicht nur schon einige Dokumentar- und Spielfilme gedreht hatte, sondern ein profilierter Akteur der künstlerischen und intellektuellen Subkultur Jugoslawiens war. Der Umstand, dass gerade Makavejev zu einem der Filmkuratoren während der einwöchigen Universitätsbesetzung durch die anwesenden Streikenden gewählt worden war, deutete zumindest auf zwei Sachverhalte hin: Erstens, dass die Studentinnen und Studenten ihn als Teil der Bewegung wahrnahmen, und zweitens, dass er sich selbst als Teil der Bewegung verstand und deshalb an den kulturellen Manifestationen in der besetzten Universität teilnahm. In einem 2007 mit Dušan Makavejev geführten Interview schilderte dieser sowohl die Stimmung als auch die politische Grundausrichtung und emotionale Erwartung der Anwesenden wie folgt:

»Am ersten Abend des Universitätsstreiks war ich an der Philosophischen Fakultät damit beauftragt, einen Film vorzuführen. [...] Ich sollte also einen Film vorführen, nach Wunsch der Studenten sollte es Panzerkreuzer Potemkin sein. [...] alles lief im Innenhof der Philosophischen Fakultät ab, drei- bis viertausend Leute haben an diesem Abend den Film gesehen. Das ist ja ein Stummfilm, und in dem Moment, als im Untertitel ›Nieder mit der Schreckensherr-

---

438 Stanje i problemi u jugoslavenskoj kinematografiji, S. 25. Siehe auch Munitić, Živi leš, S. 29.
439 Dragoslav Adamović, U znaku samokritike, in: NIN, 09.07.1967, S. 10.

schaft‹, ›Nieder mit der Diktatur‹ erschien, schrien viertausend Kehlen unisono ›Nieder!!‹. Das war eine Lautstärke, die man in ganz Belgrad vernehmen konnte, und das Belgrader Stadtkomitee der Kommunistischen Partei befand sich in direkter Nähe zur Philosophischen Fakultät [...].«[440]

Die Hoffnung auf ein libertäres sozialistisches Gesellschaftsmodell wurde mit der Forderung eines größtmöglichen, persönlichen und künstlerischen Freiraums verknüpft. Die gegenseitige Bedingtheit dieser beiden Positionen lässt sich an der beschriebenen Szene aus der besetzten Belgrader Universität festmachen. Sie lässt sich aber auch an einigen wesentlichen Punkten des filmischen Zugriffs von Makavejev beschreiben, insbesondere in seiner kompromisslosen und radikalen Einforderung eines individuellen Freiheitsanspruchs, der in unmittelbarer Wechselwirkung zur politischen Metaebene stand. Diese wiederum übte die letztendliche Verfügungsgewalt über das Wohl und Wehe künstlerischer und individueller Selbstverwirklichungschancen aus.

Aus der Riege der bedeutendsten Regisseure des *Neuen jugoslawischen Films* stach Makavejev, insbesondere was seine internationale Rezeption und Bekanntheit betraf, eindeutig heraus. Politisch galt er als jemand, der sich zwar auf eine subtile, aber emotionale Art und Weise für das antistalinistische Projekt eines humanistischen Sozialismus einsetzte.[441] Bogdan Tirnanić, jahrelanger Wegbegleiter der meisten Regisseure bewertete die politische Disposition Makavejevs durchaus treffend, als er schrieb, dass es »eine Übereinstimmung der Harmonie zwischen seiner [Makavejevs, K.S.] eigenen Existenz und dem Sinn der Weltrevolution« ge-

---

440 Interview des Autors mit Dušan Makavejev vom 25.08.2007 in Belgrad, abgedruckt in: Kanzleiter/Stojaković, 1968 in Jugoslawien, S. 160–168, hier S. 167f.

441 Nina Power, Blood and Sugar. The Films of Dusan Makavejev, in: Film Quarterly 63, 2010, H.3, S. 42–51; Sezgin Boynik, On Makavejev. On Ideology. The Concrete and the Abstract in the Readings of Dusan Makavejev`s Films, in: Kirn/Sekulić/Testen, Surfing the Black, S. 106–169; Lorrain Mortimer, Terror and Joy. The Films of Dusan Makavejev, London 2009; Raymond Durgnant, WR. Mysteries of Organism, London 1999.

geben habe.[442] Als Vehikel zur Zielerreichung sah Makavejev dabei vor allem die Befreiung zwischenmenschlicher Beziehungen von moralischen und politischen Restriktionen. Die Popularität Makavejevs innerhalb der politisierten Studentinnen und Studenten Jugoslawiens kam nicht von ungefähr.

Während den meisten Produktionen des *Neuen jugoslawischen Films* der Vorwurf des ausweglosen Pessimismus gemacht wurde, wurden Makavejevs Produktionen eine als inhärent wahrgenommene Botschaft der utopischen Möglichkeit menschlicher Emanzipation und Selbstbestimmung zuerkannt. Dabei wurden seine Filme keineswegs ›sanfter‹ behandelt als diejenigen seiner Kollegen. Im Gegenteil: Restriktionen gegen ihn und sein filmisches Schaffen existierten sogar im westlichen Ausland, das sich sonst gerne als Hort der Wahrung demokratischer Rechte und künstlerischer Freiheiten gebärdete und eine moralische Überlegenheit beanspruchte. Sein 1971 abgedrehter Film *WR. Mysterien des Orga(ni)smus*, der anhand der Theorien des marxistischen Sozialpsychologen und Sexualforschers Wilhelm Reich den ideologischen Dogmatismus staatssozialistischer Systeme behandelte, wurde im westlichen Ausland ebenso zensiert wie in Jugoslawien selbst. In den USA wurde er als pornografisch eingestuft und überwiegend in Sexkinos gezeigt; in Großbritannien sollten diejenigen Stellen, in denen eine Erektion zu sehen war, nachträglich geschwärzt werden.[443] In Jugoslawien hingegen waren es nicht die Sexszenen, die für Unmut sorgten, sondern der politische Inhalt und seine ästhetische Verarbeitung. Während also die westlichen Zensoren Angst vor der sexuellen Freizügigkeit hatten, fürchteten sich ihre jugoslawischen Kollegen vor den politischen Implikationen. Die Subversivität in Makavejevs Botschaft lag gerade darin, dass sie beide Systeme als Repressionsorgane entlarven wollte:

---

442 Tirnanić, Crni talas, S. 113.
443 Boris Buden, Behind the Velvet Curtain. Remembering Dušan Makavejevs W.R. Mysteries of Organism, in: Afterall 18, 2008.
URL: http://www.afterall.org/journal/issue.18/behind.velvet.curtain.remembering.dusan.makavejevs, zuletzt aufgerufen am 10.10.2012.

»Both capitalism and communism [...] had accepted that sex [...] needs freedom. But Reich's point – and the very idea at the centre of Makavejev's W.R. – is exactly the opposite, namely, that freedom needs sex, or, more precisely, that a healthy sexual life of the masses is a precondition for the development of a free society.«[444]

Für Makavejev selbst kamen die Reaktionen nicht unerwartet, weder diejenigen des Publikums noch diejenigen des politischen Establishments:

»Ich habe den Eindruck, dass der Film gleichermaßen sowohl diejenigen beunruhigt, die in einer direkten Verbindung zur Macht stehen, als auch diejenigen, die charakterlich dafür disponiert sind. Das bedeutet, dass jeder ehrliche Stalinist, jeder ehrliche Puritaner, jeder ehrliche Katholik diesen Film nicht tolerieren kann, und zwar aus dem einfachen Grund, weil er keinerlei Bezug zu dem Film hat.«[445]

Zu denjenigen, die Makavejevs Worten zufolge in keinerlei Bezug zum Film standen, gehörten die Vertreterinnen und Vertreter der Veteranenorganisation *Verband der Vereinigten Kämpfer des Volksbefreiungskrieges* [Savez udruženja boraca Narodnooslobodilačkog rata] aus Novi Sad, die sich 1971 in einem offenen Brief gegen den Film wandten und ein gerichtliches Verbot anstrengten. Ihrer Meinung nach war die gesamte Filmcrew an der Verwirklichung eines »antisozialistischen, antiselbstverwalterischen und feindlichen Films« beteiligt, der »alle moralischen und materiellen Werte« der jugoslawischen Selbstverwaltungsgesellschaft beleidige und »die kommunistische Gesellschaft« negiere.[446]

---

444 Zitat nach ebenda. Eine ähnliche Beurteilung findet sich auch in einem frühen Interview mit Makavejev in der Zagreber Zeitschrift *Razlog*. Siehe »I to nevrtenje filma deo je moje slobode, ono je i dalje samo njihova nesloboda«. Dušan Makavejev o *Misteriju organizma*, Wilhelmu Reichu, Staljinu, tajnoj policiji, ljubavi itd., in: Razlog 4, 1971, H.14, S. 34–41, hier S. 39.
445 Ebd., S. 36
446 Tirnanić, Crni talas, S. 130.

Es ist schon andernorts darauf hingewiesen worden, dass die Repressionszyklen in Jugoslawien keinerlei Muster aufwiesen, das es ermöglichte, genauer zu bestimmen, wo die Linie ideologisch-politischer ›Verfehlungen‹ angelegt wurde oder wie diese verlief, so dass von Zeit zu Zeit auch kritische Betrachter der Zeitläufte, zu denen Dušan Makavejev gehörte, die Lage überhaupt nicht einzuschätzen wussten und die Phase administrativen Drucks oder administrativer Verbote, insbesondere nach der Absetzung von Innenminister Ranković und dem Umbau des Staatssicherheitsdienstes, als endgültig abgeschlossen betrachteten. Ende 1967 beschrieb Makavejev eine neue Qualität der Einsamkeit, die sich eingestellt habe, seitdem der politisch-administrative Druck weggefallen sei. Es sei augenscheinlich, so Makavejev,

> »dass der Gewaltapparat, der die Filmproduktion kontrolliert, in seiner ursprünglichen Form nicht mehr besteht. [...] Wir genießen nicht mehr die angenehme Einsamkeit des verstoßenen Propheten, sondern die UNGEMÜTLICHE EINSAMKEIT DES FREIEN MENSCHEN [...].«[447]

Im gleichen Jahr, es lief das 14. Filmfestival in Pula, räumten die Vertreter des *Neuen jugoslawischen Films* tatsächlich nahezu alle Preise ab, darunter auch Makavejev selbst. Aleksandar Petrović bekam die *Goldene Arena* für seinen Film *Skupljači perja*,[448] Puriša Đorđević für seinen Film *Jutro* die *Silberne Arena*, beide teilten sich zudem eine *Goldene Arena* für das beste Szenario; Živojin Pavlović bekam die *Silberne Arena* für seine Regie im Film *Buđenje pacova* [Das Erwachen der Ratten], fast alle an diesen Filmen beteiligten Schauspielerinnen und Schauspieler wurden ebenfalls ausgezeichnet und, was unter Filmemachern besonders prestigeträchtig war, der Kritikerpreis, den eine Fachjury aus bekannten Filmkritikern wie u.a. Hrvoje Lisinski, Bogdan Tirnanić und Žika Bogdanović ver-

---

447 Zitat nach Novi jugoslovenski film, S. 1353.
448 In der deutschen und englischen Übersetzung heißt der Film nicht »Die Federsammler«, wie im serbokroatischen Original, sondern *Ich traf sogar glückliche Zigeuner* [I even met happy gypsies].

gab, ging an Makavejev für seinen Film *Ljubavni slučaj ili tragedija službenice PTT* [Ein Liebesfall]. Vor diesem Hintergrund war die obige positive Einschätzung von Makavejev verständlich. In dieser Zeit bewegte sich Jugoslawien in der Tat auf einem künstlerischen und politischen Niveau, das nicht nur für die östliche Hemisphäre als einzigartig betrachtet werden darf. Die filmtheoretische Rezeption des *Neuen jugoslawischen Films* schwappte endgültig nach Westeuropa über, in der Zeitschrift *Filmkritik* erschienen Besprechungen der neuesten Produktionen dieser als »Belgrader Schule« bezeichneten Filmrichtung, die, so Siegfried Schober, der Rezensent von Makavejevs *Liebesfall*, »neue und überraschende Impulse zu Theorie und Praxis einer bewußt und kritisch im Gesellschaftlichen und Politischen situierten Filmarbeit« geben könnten. Makavejevs Film habe diesbezüglich »fundamentale Qualitäten«, die ihn »[...] in den Rang des Beispielhaften« heben.[449]

Diskussionen über die gesellschaftspolitische Rolle und Funktion des Films bzw. Kinos wurden auch mit internationalen Gästen geführt. Im Oktober 1969 trafen einander in Lovran, einem Küstenstädtchen in Istrien, jugoslawische und italienische Regisseure und Filmkritiker, um sich zum Thema »Der Film als Gewissen der Gesellschaft« auszutauschen. Dieses Treffen erschien dem Bund der Kommunisten interessant genug, um einen ausführlichen Bericht zur Veranstaltung anfertigen zu lassen. Anwesend waren bekannte Namen: Guido Aristarco, marxistischer Filmkritiker aus Italien; Gianni Toti, Redaktionsmitglied des von der italienischen KP herausgegebenen Magazins *Vie Nuove* [Neue Wege], sowie Aggeo Savioli, Filmkritiker der italienischen Parteizeitung *L'Unità*.

Den Ausführungen des Verfassers des Parteiberichts zufolge habe dieses Treffen positive Wirkungen erzielt, insbesondere die umfangreichen Marxismuskenntnisse der italienischen Filmkritiker könnten sich positiv auf die jugoslawischen Kolleginnen und Kollegen auswirken, die, so der Berichtsverfasser, in ihrem Wunsch, unkonventionell sein zu wollen, gegenüber der marxisti-

---

449 Siegfried Schober, Ein Liebesfall, in: Filmkritik 12, 1968, H.3, S. 203–205, hier S. 203.

schen Theorie einen »sanften Widerstand« pflegten.[450] In den Beiträgen der italienischen Teilnehmer habe ein gemeinsamer Nenner in der Annahme gelegen, dass Kunst parteiisch sein und sich der Sache des Proletariats annehmen müsse. Ein Teil der Filmkritik, urteilte zum Beispiel Aristarco, sehe »hinter jeder Intervention eine Art Schdanowismus«, dabei sei es für eine progressive Kunst essentiell, sich mithilfe der von Marx aufgestellten theoretischen Grundlagen für die Belange des Proletariats einzusetzen.[451] Slobodan Novaković, als dem *Neuen jugoslawischen Film* wohlgesonnener Filmkritiker eine wichtige publizistische Stimme, behauptete hingegen, dass sich die jugoslawische Kinematografie vor allem mit der sozialistischen Praxis beschäftige, die marxistische Theorie sei hingegen längst »gelesen und umgesetzt«.[452] Hrvoje Turković als Korrespondent der Zagreber Studentenzeitung *Studentski list* sprang seinem arrivierten Belgrader Kollegen mit der provokanten Feststellung zur Seite, die ideologisierte Argumentationsweise der italienischen Gäste entspringe dem Umstand, dass sie sich in Italien in einer »vorrevolutionären Situation« befänden, während der jugoslawische Film in einem »postrevolutionären Kontext« entstehe.[453] Die Befreiung von ideologischen Überresten in der jugoslawischen Kinematografie sei, so Novaković, »Teil der sozialistischen Praxis in Jugoslawien«.[454] Das Ergebnis dieser filmischen Befreiung seien unkonventionelle Filme, deren Ästhetik durch den Autor, sprich den Regisseur, bestimmt werde. Der unkonventionelle ästhetische Ausdruck wiederum, hinter dem die negative Zuschreibung *Crni talas* stand, traf in Jugoslawien aber durchaus auf ein kritisches Publikum.

---

450 Zitat nach HDA - Bestand: 1220 – CK SKH – D 3855: »Film – savest društva«. Stručna služba Predsjedništva SKJ. Aktuelni politički pregled 9, 1969, S. 19–30, hier S. 30.
451 Ebd., S. 21f.
452 Ebd., S. 22.
453 Ebd., S. 23.
454 Ebd., S. 29.

Rezeption des Publikums
Trotz aller Erfolge, die der *Neue jugoslawische Film* bei Teilen der jugoslawischen, aber auch internationalen Filmkritik genoss, war seine Reputation beim inländischen Publikum nicht eindeutig positiv. Der intendierte Rezipientenschock saß tief und ›beraubte‹ das filmisch konservative Auditorium ihrer bekannten positiven Helden aus den bisherigen jugoslawischen Produktionen. Obwohl die Fachjury beim Filmfestival in Pula 1962 einige filmische Novitäten mit Preisen auszeichnete, habe den Auftritt der Regisseure ein wahres »Pfeifkonzert« des Publikums begleitet, so stand es zumindest in der großen und renommierten Belgrader Tageszeitung *Politika*.[455]

Diese ästhetische und inhaltliche Diskrepanz zwischen Massenpublikum und avantgardistischen Künstlern war ein viel diskutiertes Problem und diente zu unterschiedlichen Zeitpunkten als Argument konservativer Kulturverantwortlicher, die vermeintlich übergroße Selbstreferentialität der Filmemacher in einen generellen Gegensatz zum Publikum zu bringen. Die Rezeption der Publikumsproblematik entwickelte sich in den 1960er-Jahren zu einem virulenten Problem, das dem Konfrontationskurs der politisch-kulturellen Elite Jugoslawiens zusätzliche Nahrung lieferte. Zum drastischen Zuschauerrückgang in den jugoslawischen Kinosälen gesellte sich die politisierte Debatte um dessen Ursachen. Wie zu erwarten, verliefen die Antworten in diametral entgegengesetzte Richtungen, je nach Rednerposition die Schuld entweder bei den Regisseuren oder aber bei den politischen Eliten suchend. Die Wochenzeitung *Vjesnik u srijedu* etablierte sich dabei als Sprachrohr derjenigen, die Grund für rückläufige Zuschauerzahlen in erster Linie bei den Filmemachern suchten und eine direkte Verbindung zwischen dem *Neuen jugoslawischen Film* und der Krise des Kinos herstellten: »Es muss betont werden, dass sich der Zuschauerrückgang mit dem Erscheinen des sogenannten ›schwarzen Films‹ deckt«, wetterte der Korrespondent Drago Tović. Die Zuschauer blieben dem Kino fern, weil sie keine Lust hätten, sich immer wieder die gleichen Geschichten anzusehen, in denen eine

---

455 Zitiert nach Babac, Kino-Klub, S. 292.

»Kritik an allem und jedem« geübt werde.[456] Wie im Falle der Leserbriefe gegen den Belgrader Philosophen Milorad Životić bestand ein Strang der Argumentation darin, die Filmemacher öffentlich als Schmarotzer und Diversanten zu denunzieren, die auf Kosten der Gesellschaft wertlose Filme machten: »Die Führung des Filmverbandes«, so Tović, wünsche keine Debatte über Sinn und Unsinn des *Neuen jugoslawischen Films*, denn »in seinen Reihen sitzen die profiliertesten Vertreter dieser ›Welle‹, die schon hunderte Millionen verschlungen hat, die Gesellschaft hingegen erhält als ›Gegenleistung‹ schwere ideologische Diversionen.« Darüber habe sogar das Präsidium des Bundes der Kommunisten Jugoslawiens beraten.[457] Dass ein politisches Organ wie das Parteipräsidium darüber debattiert hatte, wird wie selbstverständlich als ein Argument für die Schwere des Vergehens verstanden, und nicht etwa als verfassungswidriger Versuch, politischen Druck auf die Filmschaffenden auszuüben. Darüber hinaus wurden die Regisseure in einen Widerspruch zur gesellschaftlichen Selbstverwaltung und somit zur Gesellschaft selbst gesetzt, da ihnen vorgeworfen wurde, mithilfe gesellschaftlichen Eigentums gegen die Gesellschaft zu agieren.

Die Regisseure hingegen kritisierten die Filmförderung, die Repertoirepolitik der Kinos und das aufkommende Medium Fernsehen. Die geringen Zuschauerzahlen seien zwar real, aber nicht, weil die Zuschauer den *Neuen jugoslawischen Film* ablehnten, sondern weil die Filme es gar nicht in die Kinos schafften. In einem von der Redaktion der Filmzeitschrift *Filmska kultura* [Filmkultur] aufgestellten Vergleich für das Jahr 1967 wurde aufgeführt, dass von 1078 gezeigten Filmen lediglich 136 aus einheimischer, 942 hingegen aus ausländischer, überwiegend US-amerikanischer (212 Filme), sowjetischer (130 Filme) und französischer (132 Filme) Produktion stammten. Dennoch hätten die jugoslawischen Filme mit 85.000 Zuschauern im Jahr 1967 nur unmerklich schlechter abgeschnitten als die ausländischen mit 94.000 Zuschauern.[458]

---

456 Zitiert nach Petrović, Novi film, S. 284f.
457 Ebd., S. 295.
458 Zahlen nach »Stanje i problemi u jugoslavenskoj kinematografiji«, in: Filmska kultura 13, H.68/69, S. 1–22, hier v.a. S. 3f.

Ein anderer, auf die gesellschaftliche Verfasstheit abzielender Diskussionsstrang stellte die Frage, ob im sozialistischen Jugoslawien die sozioökonomischen Voraussetzungen überhaupt ausreichend entwickelt seien, um den Inhalten des *Neuen jugoslawischen Films* die nötige Aufmerksamkeit zu schenken. Die Kritik der Filmemacher an den vermeintlich mangelnden gesellschaftlichen Voraussetzungen war kein Novum der ausgehenden Sechzigerjahre. Schon ein halbes Jahrzehnt zuvor war dasselbe Argument bemüht worden, in ihm bündelte sich sowohl eine gewisse Selbstgerechtigkeit gegenüber der Gesellschaft als auch eine berechtigte Kritik an den defizitären demokratischen Beteiligungsmöglichkeiten innerhalb des jugoslawischen Selbstverwaltungssystems. Im Rahmen einer 1964 in Belgrad abgehaltenen Gesprächsrunde prominenter Filmemacher, Philosophinnen und Philosophen argumentierten die Teilnehmer, dass der Bevölkerung die materielle Grundlage fehle, um die verfassungsmäßig garantierten Freiheitsrechte auszuüben. Damit schlossen sie die Thematisierung der sozialen Frage im *Neuen jugoslawischen Film* an die Kritik des Demokratiegehalts des gegenwärtigen politischen Systems an:

»[…] die proklamierte gesetzliche Freiheit erfordert Zeit und eine materielle Basis, um zu einer wirklichen menschlichen Freiheit zu werden.«[459]

Des Weiteren kritisierten die versammelten Künstler den kleinbürgerlichen Habitus der jugoslawischen Bevölkerung, der es unmöglich mache, eine kritische Sicht auf die jugoslawischen, sowohl kollektiven als auch individuellen Realitäten zu werfen. Dušan Makavejev, der nur wenige Jahre später mit seinen Filmen vor allem internationale Erfolge feiern durfte, resümierte beinahe resignierend:

---

459 Zitat nach »Razgovor o domaćem filmu«, in: Delo 10, 1964, H.3, S. 340–362, hier S. 341.

»[…] mit ihrem kleinbürgerlichen Geist wünscht sich die ›čaršija‹ keine Auseinandersetzung mit dem eigenen Leben.«[460]

Das Rezipientenproblem bestand auch in der Folgezeit fort, und es oszilierte weiterhin zwischen der Kritik an den staatlich-gesellschaftlichen Institutionen, denen eine Mitschuld an der mangelnden kritischen Masse in der Bevölkerung zugesprochen wurde, als auch an der Bevölkerung selbst, der eine zu große Passivität und Kritiklosigkeit vorgeworfen wurde. Im Vorfeld des Filmfestivals in Pula veröffentlichten 1965 zahlreiche Regisseure eine gemeinsame Erklärung, in der wiederholt eine Kritik am Publikum formuliert wurde, das keinerlei Interesse an den vitalen Fragen »über das menschliche Schicksal, über die Grundlagen und den Sinn des menschlichen Lebens« habe. Dies sei aber für die Filmkunst unabdingbar: »Authentisches Schöpfertum verlangt und setzt ein aktives Publikum voraus – den kritischen Zuschauer.«[461] Stattdessen be- und vergnüge sich das Publikum mit zweitklassigen und inhaltsleeren Zeitvertreib-Filmen, deren Sinn und Zweck einzig und allein die Ablenkung der Bevölkerung von den gesellschaftspolitisch dringenden Fragen sei.

Diese ›Fürsorglichkeit‹ gegenüber der Bevölkerung wurde als ideologischer Trick betrachtet, um die ohnehin verbreitete Passivität der Zuschauer im Sinne der herrschenden politischen Hegemonie zu verfestigen. Nichts sei für das System demnach angenehmer als eine vergnügte und gut unterhaltene Masse. Diese interessiere sich nicht für die eigene Lebenswirklichkeit, stelle keine kritischen Fragen und vor allem keine Fragen nach den Verantwortlichen; sie sei an der Struktur der sozialen Machtverhältnisse desinteressiert. Um diesen apathischen Geisteszustand der Publikumsmassen zu erhalten, bedürfe es, so die Unterzeichnerinnen und Unterzeichner der Erklärung, nicht einmal eigener jugoslawischer Produktionen, dafür gebe es ja Hollywood. Dieser Hinweis auf die US-ameri-

---

460 Ebd., S. 352. Der Begriff ›čaršija‹ bezeichnet ein kleinbürgerliches, vor allem städtisches Milieu.
461 Zitat nach »Za jednu drugačiju kinematografiju«, in: Razlog 5, 1965, S. 99–106, hier S. 100. Ebenfalls abgedruckt in Gledišta 7, 1966, H.8–9, S. 1147–1154.

kanischen Filme resultierte einerseits aus dem stetig steigenden Import amerikanischer Unterhaltungsfilme, die knapp zwei Jahre später zur dominanten Kinogröße Jugoslawiens avancierten. Andererseits verdeutlicht er die künstlerisch-ideelle Haltung dieser jungen Filmemachergeneration, die sich entlang einer der zentralen Grundprämissen der radikalen Linksphilosophie Jugoslawiens bewegte, nämlich, dass die Entfremdungsproblematik nicht nur ein Problem kapitalistischer, sondern vor allem auch ein Problem sozialistischer Gesellschaften sei. In diesem Kontext figurierte das Hollywood-Kino als Chiffre für konservatives und mit der bürgerlichen Staatsideologie im Bunde stehendes Kino.[462] In den Augen des *Neuen jugoslawischen Films* funktionierte der etatistische Sozialismus ebenfalls lediglich über den Modus intellektueller Ruhigstellung seiner Bevölkerung. Der *Neue jugoslawische Film* müsse hingegen anders, nämlich gesellschaftlich engagiert sein:

> »Der Film als ein integraler menschlicher Ausdruck kann sich nicht von all dem lossagen, was zum Ausdruck ›als solchem‹ dazu gehört – und dies ist die Einnahme eines Standpunktes gegenüber moralischen, sozialen und auch politischen Fragen.«[463]

Dieses gesellschaftliche Engagement fußte wiederum auf einem Kunst- und Kulturverständnis, das innerhalb der *Praxis* um die Distinktion zwischen »authentischer Kunst« und »Massenkultur« kreiste. Schon 1964 hatte das Belgrader Redaktionsmitglied der *Praxis*, der Philosoph Miladin Životić, in einem Beitrag Grundlegendes zum Verhältnis zwischen »authentischer« bzw. »wahrer« Kultur und »Massenkultur« geschrieben. Grundlegend deshalb, weil im Grunde nahezu alle Autorinnen und Autoren der *Praxis* Ähnliches schrieben, was sich wiederum als Konsens im linksradikalen Teil des kulturellen Produktionsfeldes verfestigte. Im zweiten Heft der *Praxis* schrieb Životić 1964:

---

462 »Film u društvenim konfrontacijama«, in: Gledišta 12, 1971, S. 177–235.
463 »Za jednu drugačiju kinematografiju«, S. 102.

»Massenkultur entfremdet den Menschen von seiner persönlichen Wahrnehmung der Umwelt, von seiner persönlichen Schaffenskraft, entfremdet ihn vom Bedürfnis, eine persönliche Erfahrung und Wahrnehmung der Wirklichkeit zu haben. [...] Diese Kultur unterdrückt das Bedürfnis nach einer persönlichen Beziehung zur Wirklichkeit, und damit zerstört sie die Grundlage, auf der Humanismus überhaupt möglich ist.«[464]

Die auch von den Filmregisseuren so häufig benutzte Bezeichnung »authentische Kultur«, die Životić auch als Volkskultur bezeichnete, um dem Vorwurf des Elitismus zu entgehen, sei hingegen zentral für die Verwirklichung des Sozialismus, denn »nur diese Kultur ist identisch mit dem Kampf für den Sozialismus, denn der Kampf für den Sozialismus ist nichts anderes als ein Kampf um eine Gesellschaft authentischer, ganzheitlicher Persönlichkeiten.«[465]
Die Problematik in der Beziehung zwischen real existierender Publikumsskepsis und den gesellschaftspolitischen Postulaten linker Kulturproduzenten blieb dennoch unaufgelöst, denn sie implizierte strukturelle Änderungen in den Sozialbeziehungen, die über die primären Eingriffsmöglichkeiten der Filmemacher hinausgingen. An dieser Stelle setzte die offizielle Parteikritik an. Indem sie einen grundsätzlichen Gegensatz zwischen Publikum und Filmemachern konstruierte, wurde letzteren nicht nur die Relevanz abgesprochen, sondern auch ihre Partizipation an den von der Gesellschaft zur Verfügung gestellten Fördermittel in Frage gestellt.

Repression und Kontrolle
Das Ende der 1960er-Jahre markierte den Beginn einer restaurativen Ära, deren Eckpunkte aus einer Aufwertung der Parteiherrschaft und der Beschneidung künstlerisch-intellektueller Freiheit bestanden. Die These des Regisseurs Aleksandar Petrović, dessen Filme zu den national und international erfolgreichsten zählten, die Abrechnung mit dem *Neuen jugoslawischen Film* sei lediglich

---

464 Zitat nach Miladin Životić, Socijalizam i masovna kultura, in: Praxis 1, 1964, H. 2, S. 258–268, hier S. 263.
465 Ebd., S. 265.

ein »Vorspiel der Abrechnung mit einem liberaleren Verständnis von Gesellschaft und Kultur« gewesen, ist sicherlich richtig und kann ausgeweitet werden auf andere Bereiche des kulturellen Lebens, die zum gleichen Zeitpunkt Opfer einer beinahe synchronisierten Repressionswelle wurden.[466]

Vor dem Hintergrund der politischen Abrechnung mit der Studentenbewegung und allen ihr nahestehenden Intellektuellen aus dem Kunst- und Kulturmilieu veränderten sich auch die Bedingungen und Möglichkeiten freier schöpferischer Produktion. Ab Ende der 1960er-Jahre gerieten all diejenigen Projekte, die in einem ideellen Zusammenhang mit der Bewegung standen oder von Staatsseite so interpretiert wurden, in den Generalverdacht staatszersetzender Aktivitäten. Žilniks *Rani radovi* firmierte hierbei nur als ein prominentes Opfer dieser repressiven Kursänderung. Da es keine tatsächliche Zensurbehörde oder offizielle Kulturideologie in Jugoslawien gab, waren die Kriterien staatlicher Eingriffe nicht nur sehr unterschiedlich, sondern offenbarten einen an kurzfristige politische Entwicklungen gekoppelten, rein instrumentellen Charakter. Diese als Repression anhand kurzfristiger politischer Erwägungen zu bezeichnende Vorgehensweise kannte keinen generellen Standpunkt, sie folgte kiner festen ideologischen Doktrin. Sie war opportunistisch und instrumentell.[467] Prominent ist in diesem Zusammenhang der Fall des jungen Belgrader Filmstudenten und Regisseurs Lazar Stojanović und seines 1971 als Diplomarbeit an der Belgrader Akademie der Künste eingereichten Films *Plastični Isus* [Plastik-Jesus]. Die Handlung dieses Films spielte mit allerlei Allegorien und versteckten Botschaften auf eine ideologische Nähe zwischen Nazismus, Stalinismus und, was wohl ausschlaggebend für die einsetzende Repression samt Inhaftierung des Regisseurs gewesen sein dürfte, auch des Titoismus an. In mehreren Bildsequenzen flimmern nacheinander Porträts von Adolf Hitler, dem kroatischen Ustaša-Führer Ante Pavelić, den serbischen Četniks

---

466 Petrović, Novi film, S. 350.
467 Boris Buden sieht in dieser Kritikform sogar den Ausdruck einer »toten Gesellschaft«, die sich mit der Kunst um ein möglichst wohlwollendes Abbild der Realität streitet. Siehe Buden, Shoot It Black, S. 172 und S. 174f.

und eben Josip Broz Tito über den Bildschirm. Der ›Held‹ dieses Films, der beschäftigungslose Zagreber Filmregisseur Tom, versucht sein Glück in der Metropole Belgrad und überlebt mehr schlecht als recht durch die Hilfe seiner zahlreichen Geliebten, bis zu dem Zeitpunkt, als er aus Eifersucht ermordet wird. Dazwischen ist der Film garniert mit nahezu allen Tabubrüchen, die sich eine Gesellschaft der frühen Siebzigerjahre nur vorstellen konnte: Neben der Totalitarismusschelte ist Tom nackt zu sehen, ebenso ist in diesem Film die erste Schwulenszene im jugoslawischen Kino gedreht worden, ausschweifend thematisiert werden zudem die Promiskuität und das Sexualleben generell. Der Film barg somit eine ganze Menge Konfliktstoff, auch ohne die Bildsequenzen mit Hitler, Pavelić und Tito.[468]

In der auf diese Repression folgenden Zeitspanne reagierten Teile der radikalen Linken mit einem verstärkten Profilierungsversuch als Hüter revolutionärer Ideale. Für den cineastischen Teil der in der Studentenbewegung politisierten Studierenden stellte sich die Frage des Verhältnisses von Film, kommunistischem Ideal und Ideologiekritik direkter als bei den meisten inzwischen renommierten Filmautoren, wiewohl auch hier die Überzeugung vorherrschte, dass ein authentisches filmisches Werk in erster Linie über seinen künstlerischen Wert zu definieren sei. Insbesondere nach dem Scheitern der Studentenbewegung und der beginnenden Repression sowohl gegenüber ihren »politischen Führern« als auch gegenüber ihr nahestehenden Künstlerinnen und Künstlern wurde die Auseinandersetzung zwischen Ideologie und ideeller Ausrichtung gesucht, um auf die fortgeschrittene Devastation des Kommunismus durch die politischen Eliten hinzuweisen. Davon zeugte auch ein Beitrag von Hrvoje Turković, der 1971 unter dem Titel »Thesen über den kommunistischen Film und über die kommunistische Filmkritik« erschien – mitten in der Kampagne gegen Dušan Makavejev, Želimir Žilnik, Lazar Stojanović und andere Protagonisten des *Neuen jugoslawischen Films*. Turković plädierte darin eindringlich dafür, den Film nur nach seinem künstlerischen

---

468 Siehe dazu die abgedruckten Filmdialoge in der Jugendzeitschrift Vidici 17, 1971, H.147, S. 4f.

Wert zu beurteilen. Gleichzeitig versuchte er, die kommunistische Gesellschaftsidee gegenüber ideologischen Vereinnahmungen abzugrenzen. Der Text beinhaltet nahezu alle Elemente, derer sich das linksradikale Milieu in seinen Abgrenzungsbestrebungen gegenüber der Staatsideologie bediente. In Analogie zu den Bemerkungen des Philosophen Životić zur Massenkultur argumentierte Turković, dass den Kommunismus der »vermenschlichte Mensch« ausmache, und somit sei jeder künstlerische Film als Ausdruck authentischer Schaffenskraft explizit auch ein »kommunistischer Film«.[469] Auf die Filmkritik bezogen konnte »eine kommunistische Filmkritik« nur diejenige sein, die den Film »vom Standpunkt seiner Menschlichkeit« beurteile, die »sprachlich geistvoll und mitfühlend« sei. Filmverbote, die es nun immer häufiger gab, seien, so Turković, »ein Akt der dunkelsten Reaktion«, die ihnen zugrundeliegende Filmkritik sei folgerichtig eine »reaktionäre«, antikommunistische.[470]

Trotz dieses aufkeimenden Widerstands gegen die zunehmenden Repressionen verlor das jugoslawische Kino ab den 1970er-Jahren an politisch-sozialer Subversivität. Einige der wichtigsten Protagonisten wanderten zumindest zeitweise aus Jugoslawien aus. Dušan Makavejev wurde aus dem Bund der Kommunisten Jugoslawiens ausgeschlossen und ging in die USA, Želimir Žilnik trat aus der Partei aus und ging vorübergehend in die Bundesrepublik.

3.3 »… für ein authentisches Theater, oder: das Absterben des Schauspiels«

Während die vergleichsweise junge Filmkunst von sentimentalen Rekursen auf die eigene Vergangenheit überwiegend befreit war und stattdessen die Zukunft als die ihr angemessene Zeitform wählte, wurzelte das Selbstbild des Theaters oftmals, und beileibe nicht nur in kulturkonservativen Kreisen, in der vermeintlich glorreichen Vergangenheit. Auch deshalb blickten nicht wenige Liebhaberinnen und Liebhaber des Theaters skeptisch und des-

---

469 Zitate nach Hrvoje Turković, Teze o komunističkom filmu i o komunističkoj kritici filma, in: Polet 3, 1971, H.25–27, S. 105.
470 Ebd.

pektierlich auf die Kinematografie. Für den französischen Schriftsteller und Literaturnobelpreisträger von 1921, Anatole France, materialisierte sich im Kino »[...] zwar noch nicht das Ende der Welt, aber das Ende der Zivilisation.«[471] Diesem zivilisatorischen Kollaps stellte France das Theater als Ort feierlicher, beinahe transzendentaler Geisteserfahrung entgegen. Seinen eigenen Premierenbesuch in einem Theater beschrieb er als erhabenen Moment, als grundlegende Erfahrung in seinem noch jungen Leben: »[...] Ich glaubte«, so versicherte France den Leserinnen und Lesern seiner Aufzeichnungen,

> »am Tag der Vorstellung würde die Sonne niemals untergehen. [...] ich stand Todesängste aus, daß wir zu spät kommen könnten [...]. Endlich waren wir da, die Platzanweiserin führte uns in eine rot ausgeschlagene Loge [...]. Die Feierlichkeit der drei Schläge auf der Bühne, auf die eine tiefe Stille folgte, bewegte mich. Das Aufgehen des Vorhangs war für mich wahrlich der Übergang von einer Welt in eine andere.«[472]

Anatole France wäre in den 1960er-Jahren von jungen, unkonventionellen und progressiven Protagonistinnen und Protagonisten der Theaterszene zumindest in zwei politische Kontroversen verwickelt worden. Zum einen wäre seine romantisierende Verklärung des traditionellen Theaterbetriebs als Ausdruck eines bürgerlich-akzidentiellen Kunstverständnisses abgelehnt worden, und zum anderen fände sich die im Zitat gefeierte Trennung von Bühne und Auditorium als Ausdruck elitärer und in letzter Konsequenz depolitisierender Strukturen im Kreuzfeuer der Kritik. Gerade über die Aufhebung der Barriere zwischen Schauspielerinnen und Schauspielern und Publikum sollte dem Theater ja nachgerade seine ursprüngliche politische Funktion als Ort gesellschaftlicher Aufklärung zurückgegeben werden. Eine theoretische Ausarbeitung dazu findet sich in Bertolt Brechts Konzeption des epischen

---

471 Zitat nach Jean-Paul Sartre, Mythos und Realität des Theaters. Aufsätze und Interviews 1931–1971, Hamburg 1979, S. 148f.
472 Ebd., S. 147.

Theaters. Die Bühne fungiert hier nicht mehr als »Übergang von einer Welt in eine andere«, sondern als »günstig gelegener Ausstellungsraum«, in dem das »Publikum nicht mehr eine Masse hypnotisierter Versuchspersonen, sondern eine Versammlung von Interessenten« darstellt. Für den Brecht-Kenner Walter Benjamin stand vor allem der Bruch mit dem bürgerlichen Unterhaltungsparadigma im Fokus der Brecht'schen Theatertheorie:

> »Das epische Theater stellt den Unterhaltungscharakter des Theaters in Frage; es erschüttert seine gesellschaftliche Geltung, indem es ihm seine Funktion in der kapitalistischen Ordnung nimmt; es bedroht – das ist das dritte – die Kritik in ihren Privilegien.«[473]

Die gesellschaftspolitische Relevanz des Brecht'schen Konzeptes oder der Brecht'schen Methode, wie Fredric Jameson die hinter dem epischen Theater immer anwesende und mitlaufende politische Pädagogik bezeichnete, materialisiert sich in der kollektiven Erfahrung seiner Protagonisten, »in which individuality is not effacted but completed by collectivity.« Jameson weiter:

> »But this ›layer‹ of what Brecht can mean for us must be paralleled and doubled by another, larger one, namely that of the theatre itself, taken as the very figure for the collective and for a new kind of society: one in which the classic questions and dilemmas of political philosophy can be ›estranged‹ and rethought.«[474]

Die von Benjamin angeführte Kritik des bürgerlichen Unterhaltungsparadigmas wird auch bei Jameson herausgestrichen als zentrales Motiv Brecht'scher Methode: »[...] not pleasure, but its function, is the issue in thinking historically about aesthetics and culture.«[475] Und bei Brecht selbst heißt es:

---

473 Walter Benjamin, Versuche über Brecht, Frankfurt/Main 1966, S. 8 (erstes Zitat) und S. 17 (zweites Zitat).
474 Jameson, Brecht and Method, S. 15.
475 Ebd., S. 48.

»Das Bürgertum mußte seine rein geistigen Bemühungen so ziemlich liquidieren in einer Zeit, wo die Lust am Denken eine direkte Gefährdung seiner wirtschaftlichen Interessen bedeuten konnte. Wo das Denken nicht ganz eingestellt wurde, wurde es immer kulinarischer. Man machte zwar Gebrauch von den Klassikern, aber nur mehr kulinarischen Gebrauch.«[476]

Wie später dargelegt werden soll, verwies auch die linksradikale jugoslawische Theaterkritik geradewegs auf die hier bezeichnete ›kulinarische‹ Adaption klassischer Stücke im Repertoire jugoslawischer Theaterhäuser. Hinter der lukullischen Verwertung klassischer Stücke stehe vor allem eine ideologische Position, die Verschleierung sozioökonomischer und politischer Machtverhältnisse, wie sie insbesondere Louis Althusser in seinem Beitrag zum materialistischen Theater Bertolt Brechts aufdeckte:

»[...] dass der Stoff oder die Themen des klassischen Theaters [...] immer gerade ideologische Themen sind und dass sie dies auch bleiben, ohne dass jemals diese Art von Ideologie in Frage gestellt, also kritisiert wird. [...] Was aber ist denn diese nichtkritisierte Ideologie konkret anderes als jene ›vertrauten‹, ›wohlbekannten‹ und durchaus durchschaubaren Mythen, in denen sich eine Gesellschaft oder ein Jahrhundert wiedererkennt (und sich keineswegs erkennt)?«[477]

Vergegenwärtigen wir uns die Krisenzyklen des Theaters in historischer Perspektive, lässt sich indes feststellen, dass der Ursprung von Protest und Kritik gegen das bürgerliche Unterhaltungstheater viel älter ist. Erika Fischer-Lichte datiert die große Krise des bürgerlich-restaurativen Theaters gar in die 1880er-Jahre:

---

476 Zitiert nach ebenda, S. 47. Original bei Bertolt Brecht, Gespräch über Klassiker, in: ders., Über Klassiker, herausgegeben von Siegfried Unseld, Frankfurt/Main 1965, S. 88f.
477 Louis Althusser, Das Piccolo Teatro – Bertolazzi und Brecht. Bemerkungen über ein materialistisches Theater, in: ders., Für Marx, Frankfurt/Main 2011, S. 161–199, hier S. 179.

»Um das Jahr 1880 herum hatte sein [des zeitgenössischen bürgerlichen Theaters, K.S.] literarisches Niveau einen kaum mehr zu unterbietenden Tiefpunkt erreicht. Dies war die Zeit, in der das seichte, kommerzielle Unterhaltungstheater seine größten Triumphe feierte. Daneben wurde bildungsbürgerlichem Anspruch mit hohem Deklamationstheater Genüge getan, das den Klassikern mit tötender Langeweile die letzten Reste an Aktualität und geistiger Brisanz austrieb, nachdem die Zensur bereits jeden möglichen Stein des Anstoßes – in politischer, religiöser, sittlicher und moralischer Hinsicht – unnachsichtig entfernt und jeglichen Ansatz für Provokation mit Stumpf und Stiel ausgerottet hatte.«[478]

Die daraufhin als Reaktion einsetzende Literarisierung des Theaters provozierte schließlich den nächsten großen Bruch, der mit der historischen Avantgardebewegung einsetzte, die Re-Theatralisierung einforderte und sich bei Brecht im Ansinnen manifestierte, mithilfe des Marxismus die »Beziehung zwischen Theater und Wirklichkeit als eine dialektische Beziehung« zu begreifen:

»Brecht braucht vielmehr den Marxismus als Grundlage bei der Errichtung seiner Versuchsanordnungen, bei der Konstruktion seiner Modelle. Marx' Gesellschaftstheorie ermöglicht ihm die präzise Formulierung der Fragen, deren Überprüfung sein Theater übernehmen soll, sowie die Isolierung der dafür wesentlichen Elemente.«[479]

Jamesons Feststellung, dass gerade Brechts Methode der Kulturlinken eine neuerliche Hinwendung zur »pre-Stalinist combination of avantgarde art and politics« ermöglicht habe, wirkt gerade vor diesem Hintergrund umso plausibler, da gerade die Neue Linke durch ihre dezidierte Abwendung vom ökonomischen Determinismus die Frage der allgemeinen, umfassenden Demokratisierung von Gesellschaften zu einem zentralen Punkt eingreifender

---

478 Erika Fischer-Lichte, Geschichte des Dramas. Epochen der Identität auf dem Theater von der Antike bis zur Gegenwart, 2 Bände, Tübingen/Basel 1999, S. 84.
479 Beide Zitate nach ebenda, S. 238 (erstes Zitat) und S. 222 (zweites Zitat).

Politik erhoben hatte.[480] Im Vorwort zur jugoslawischen Ausgabe der Brecht'schen *Schriften zum Theater* verortete Darko Suvin das Brecht'sche Theater in der bekannten Blochschen Metapher vom Wärmestrom, d.h. der anderen Seite des »Rotseins«, derjenigen, die »auf Träumen und Hoffnungen der Menschen« basiere und nicht nur auf die »präzise Analyse der ökonomischen, historischen, politischen und kulturellen Aspekte einer bestimmten Gesellschaft« ausgerichtet sei.[481]

Diesen Anspruch reflektierten, mit unterschiedlicher Nuancierung des ›Politischen‹, auch die Vertreterinnen und Vertreter des jugoslawischen Theateraufbruchs der 1960er-Jahre. Bertolt Brecht galt nicht nur innerhalb der jugoslawischen radikalen Linken als Doyen der dramaturgischen und szenischen Revolution, er repräsentierte ein internationales Gütesigel engagierter Kunstauffassung. Insofern stellte die einsetzende Brecht-Rezeption nichts Außergewöhnliches für den jugoslawischen Kunst- und Theaterbetrieb dar, auch wenn die kulturellen Repräsentanten des jugoslawischen Staates in Brecht ob seiner künstlerischen Radikalität womöglich zunächst eine intellektuelle Gefahr erblicken mochten und ihn bis zum Beginn der 1960er-Jahre in der *Allgemeinen Enzyklopädie des Lexikografischen Instituts* in Zagreb nicht »seinen Verdiensten nach gerecht« abhandelten, wie vom jungen Zagreber Theaterkritiker Nikola Vončina in der Kulturzeitschrift *Razlog* gemutmaßt wurde.[482] Bis dahin war Brecht insgesamt keine nennenswerte Größe im jugoslawischen Theater- und Literaturleben, die ersten Übersetzungen ins Serbokroatische waren der *Dreigroschenroman* 1960, eine Gedichtsammlung, die 1961 übersetzt worden ist, sowie *Mutter Courage und ihre Kinder* 1964 und eine Textsammlung unter dem Titel *Dialektik im Theater*, die 1966 von Darko Suvin zusammengestellt

---

480 Jameson, Brecht and Method, S. 23.
481 Darko Suvin, Praksa i teorija Brechta, in: ders. (Hrsg.), Bertolt Brecht, Dijalektika u teatru, Belgrad 1966, S. 32; zu Bloch siehe Beat Dietschy (Hrsg.), Bloch-Wörterbuch. Leitbegriffe der Philosophie Ernst Blochs, Berlin 2011, S. 224–231, hier S. 225; Bloch, Das Prinzip Hoffnung.
482 Zitat aus Nikola Vončina, Bert Brecht i naše kazalište, in: Razlog 1, 1961, H.3, S. 298–305, hier S. 302.

und eingeleitet wurde.[483] Einen nicht überzeugenden Erklärungsansatz für diesen Umstand lieferte der Schriftsteller und Dramaturg Jovan Hristić in seinem Versuch, die Abstinenz relevanter Brecht-Aufführungen auf jugoslawischen Bühnen zu erklären. Ihm als anerkanntem Theaterkritiker der Zeitschrift *Književnost* [Literatur] sei im Zuge der kulturellen Liberalisierung nach dem Bruch mit Stalin vor allem ein »Niedergang des Geschmacks« aufgefallen, als Nebeneffekt sozusagen, dem sich niemand entgegengestellt habe.[484] Viel interessanter hingegen erscheinen seine Betrachtungen zweier Belgrader *Mutter Courage*-Aufführungen, zunächst am *Belgrader Dramentheater* [Beogradsko dramsko pozorište] 1957 und hernach 1971 am *Volkstheater* [Narodno pozorište]. Zwischen diesen beiden sei eine schleichende Verbürgerlichung des Theaters eingetreten mit der Konsequenz, dass auch »unsere Theater – den schrittweisen, jedoch trügerischen Anstieg des Lebensstandards seiner Besucher folgend – langsam und natürlich zu bürgerlichen und mondänen Theatern wurden.« War die erste Aufführung 1957 noch »eine Revolution«, bestätigte die 14 Jahre später dargebotene Aufführung lediglich, dass »unser Theater, mit seinen operettenhaften Dekorationen und seiner pathetischen Monumentalität, ein typisch bürgerliches Theater war und geblieben ist.«[485]

Hristićs Bewertung des jugoslawischen Theaterlebens zwischen 1957 und 1971 als bürgerlich und mondän ist insofern interessant, als gerade in dieser Zeitspanne einige der markantesten Neuerungen initiiert wurden – Novitäten, die mit diesem von Hristić vorgetragenen Kritikpunkt grundlegend brechen wollten.

Im Gegensatz zur Aufführungspraxis der jugoslawischen Theaterhäuser, auch der unabhängigen, stand die politisch-theoretische Beschäftigung mit Brecht in studentischen und linksradikalen Kreisen. Im erwähnten Aufsatz von Nikola Vončina schien die Erwartungshaltung durch, mithilfe der Brecht'schen Theaterdialektik

---

483 Prošjački roman, Belgrad 1960; Pjesme. Izbor i prijevod Ina Jun Broda, Zagreb 1961; Majka hrabrost i njena deca. Hronika iz tridesetogodišnjeg rata, Belgrad 1964; Dijalektika u teatru (siehe Anmerkung in Fußnote 486).
484 Jovan Hristić, O opadanju ukusa, in: ders., Pozorište, pozorište, Belgrad 1977, S. 25–29.
485 Ebenda, S. 18f.

den ›eingeschlafenen‹ einheimischen Zuschauer zu wecken und ihn zur »konkreten gesellschaftlichen Aktion«, zur Umwälzung der herrschenden Verhältnisse animieren zu können.[486] Noch euphorischer hinsichtlich der möglichen politischen Implikationen des epischen Theaters äußerte sich 1961 ein Autor in der Kulturzeitung *Danas*. Brecht habe es geschafft, »breite Publikumsschichten zu gewinnen und tiefe Wurzeln im Theaterleben vieler Länder zu schlagen.« Und, so fährt er enthusiastisch fort, »natürlich sind seine Dramen die besten Agitatoren dieses revolutionären Umdenkens des Theaters.«[487]

Neben der intellektuellen Beschäftigung mit Bertolt Brecht waren russische Avantgardisten wie Wsewolod Meyerhold, Vladimir Majakowski, Alexander Tairow, der deutsche Dramaturg und Regisseur Erwin Piscator, aber auch zeitgenössische Größen wie Sartre, Eugène Ionesco oder Samuel Beckett Referenzpunkte der radikalen Künstlerlinken. Vor allem die szenische Revolutionierung, der Versuch, die Abgehobenheit, den Graben zwischen dem Geschehen auf der Bühne und dem Zuschauerraum zu durchbrechen, war das erklärte Anliegen der zumeist jungen Theaterenthusiasten, denn sie ging einher mit dem avantgardistischen Versuch, die Zuschauer aus der Betrachter- in die Akteursposition zu versetzen.

Politische und soziale Parteinahme
Innerhalb der alternativen Theaterszene Jugoslawiens verfestigte sich der Anspruch, mit den Mitteln der Kunst in die gesellschaftlichen Strukturen eingreifen zu müssen, ihre neuralgischen Punkte offen zu legen und, in Koalition mit anderen sozialen Akteuren, diese grundlegend zu ändern. Dies war sowohl ein Kennzeichen der Debatten in der historischen Avantgardebewegung als auch allgemein ein Credo linker Akteure im kulturellen Produktionsfeld.[488] Diese Haltung resultierte aus der Wahrnehmung, die

---

486 Vončina, Bert Brecht i naše kazalište, S. 299.
487 Milutin Mišić, Revolucionarnost i teatar, in: Danas, 02.08.1961, S. 10.
488 »Die Avantgardisten intendieren also eine Aufhebung der Kunst – Aufhebung im Hegelschen Sinn des Wortes: Die Kunst soll nicht einfach zerstört, sondern in Lebenspraxis überführt werden, wo sie, wenngleich in verwan-

eigene Profession als eine explizit gesellschaftspolitisch relevante Tätigkeit zu betrachten. In diesem Kontext lassen sich auch Äußerungen ehemaliger Protagonisten, wie etwa des Theaterwissenschaftlers und langjährigen Intendanten des Zagreber Jugendtheaters *Teatar ITD* Vjeran Zuppa, besser einordnen, wenn er dem Theater des 20. Jahrhunderts vor allem auch einen immensen allgemeinkulturellen Einfluss bescheinigt:

> »Nach allem, was das Theater in seiner aufregenden Geschichte schon war, bleibt es am Ende des 20. Jahrhunderts als etwas, von dem man sagen kann, dass sein kultureller Einfluss größer war als sein künstlerischer Ruf.«[489]

Die hier mitschwingende Kritik am künstlerischen Wert einiger Theaterproduktionen war auch im Untersuchungszeitraum präsent und wurde nicht nur von Seiten bürgerlicher oder konservativer Theaterkritikerinnen- und kritiker formuliert, sondern auch von Repräsentanten der Neuen Linken. In einem unter dem Titel »Gibt es eine bürgerliche und eine sozialistische Kunst« veröffentlichten Beitrag wies Danko Grlić auf die negativen Begleiterscheinungen einer dogmatischen ›Radikalpolitisierung‹ am Beispiel des politischen Theaters hin, in letzter Konsequenz sprach er diesem nahezu jeglichen künstlerischen Wert ab. »Das politische Theater«, polemisierte Grlić,

---

delter Gestalt, aufbewahrt wäre.« Zitat nach Bürger, Theorie der Avantgarde, S. 67. An einer anderen Stelle, dies kann im Rahmen dieser Arbeit nicht diskutiert werden, verweist Bürger zu Recht auf den inneren Widerspruch einer solchen Konzeption: »[...] daß der Versuch der Avantgardisten, die Kunst in den Lebensprozeß zurückzunehmen, selbst ein in hohem Maße widersprüchliches Unterfangen ist. Denn die (relative) Freiheit der Kunst gegenüber der Lebenspraxis ist zugleich Bedingung der Möglichkeit kritischer Realitätserkenntnis. Eine Kunst, die nicht mehr von der Lebenspraxis abgesondert ist, sondern vollständig in dieser aufgeht, verliert mit der Distanz zur Lebenspraxis auch die Fähigkeit, diese zu kritisieren.« Zitat nach ebenda, S. 68.

489 Vjeran Zuppa, Teatar kao schole, Zagreb 2004, S. 9.

»grölt politische Parolen, die Massen schreien unartikuliert, werfen, greifen die Schauspieler an, tanzen Ritualtänze, negieren überhaupt die Notwendigkeit des Wortes, erklären des Tod des blassen bel esprit, und so lacht das gesamte Theater über das Künstlerische als etwas Traditionelles und Konservatives.«[490]

In diesen etwas despektierlich anmutenden Bewertungen findet sich auf den ersten Blick wenig Gemeinsames mit der besonnenen Argumentation eines Siegfried Melchinger, der in seiner *Geschichte des politischen Theaters* argumentiert, dass Theater und Politik nicht voneinander zu trennen seien, »dass nur in wenigen Epochen der Geschichte Politik im Theater teils verteufelt, teils verboten worden ist.« Melchinger weiter: »Theater war und ist also das Objekt der Politik, so wie die Politik das Objekt des Theaters war und ist: sein Thema.«[491] Ähnlich äußerte sich auch Rolf Hochhuth in seinen Frankfurter Poetikvorlesungen:

»Und wenn Dramen Politik nicht bloß darstellen, sondern Politik sind, wie das weitaus bedeutendste, das ein Deutscher der Welt geschenkt hat, wie Nathan der Weise – wenn also Dramen geschrieben werden, um Ereignisse nicht nur – der Irrtum des Aristoteles – ‚nachzuahmen', sondern Politik sind, machen, vorwegnehmen, wie schon der Fall von Milet und später Nathan, die sich nicht damit begnügen, historische Fälle darzustellen, sondern auch die Wege weisen, Katastrophen zu verhindern: dann gehören sie der höchsten, weil seltenen Kategorie der Gattung an, ja haben sie kreiert – fast ohne Nachfolge.«[492]

In Grlićs Ausführungen schwang neben dem Unverständnis über bestimmte Erscheinungsformen des zeitgenössischen Theaters we-

---

490 Danko Grlić, Postoji li građanska i socijalistička umjetnost?, in: ders., Filozofija i umjetnost, S. 184f; zuerst erschienen in Praxis 10, 1973, H.5–6, S. 711–722.
491 Siegfried Melchinger, Geschichte des politischen Theaters, Bd. 1, Frankfurt/Main 1971, S. 7f.
492 Rolf Hochhuth, Die Geburt der Tragödie aus dem Krieg. Frankfurter Poetikvorlesungen, Frankfurt/Main 2001, S. 18.

niger die Kritik an politischer Themensetzung im Theater mit – wiewohl angemerkt werden muss, dass, ähnlich wie schon in den Debatten zum *Neuen jugoslawischen Film*, die Definition des Politischen eine kontroverse Rolle einnahm. Nicht selten, sicherlich ein großes analytisches Manko, fand eine diskursive Gleichsetzung von Politik und Ideologie als Reaktion auf reale Instrumentalisierungen durch den Staatsapparat statt. Die Effekte einer potentiellen politischen Indienstnahme, so Grlić an einer anderen Stelle, könnten für das Kunstwerk nur negative Konsequenzen zeitigen:

> »Die Kunst ist in ihren Grundfesten schon immer etwas anderes gewesen als ein ideologisch-propagandistischer Apparat, der lediglich seinen Herren wechselt, neue Ziele ausgibt und dabei, in seiner inneren Struktur, weiter problemlos funktioniert.«[493]

Grlić zielte hier vor allem auf die Staatsbürokratie als einem Exekutor ideologischer Vorgaben ab, in diesem Kontext wurden Politik und Ideologie als zwei Seiten ein und derselben Medaille aufgefasst, was jedoch weder mit dem Marxschen Ideologiebegriff noch mit Grlićs sonst vorgetragener Auffassung übereinstimmte.

Die Erwartungshaltung speziell an das Theater war in unterschiedlichen Foren unterschiedlich ausgeprägt, doch gerade die freien Theaterensembles, unabhängig initiierte Projekte, Theaterhäuser und Festivals distanzierten sich kategorisch von jedweder Schöngeisterei des als bürgerlich empfundenen allgemeinen Theaterbetriebs. Die politisch-gesellschaftlichen Stellungnahmen implizierten gerade nicht eine partei- oder staatspolitische, sondern in erster Linie eine soziale Parteinahme. Wenn die Kunst sich, so eine verbreitete Auffassung, künstlerisch-authentisch mit ihrem Gegenstandsbereich beschäftige, dann sei sie *per se* progressiv und sozialistisch. Reaktionäre Kunst konnte demnach gar nicht existieren, dies erschien als ein Widerspruch in sich. So wie eine reaktionäre Praxis nur als Antipraxis, als ihre eigene Negation denkbar war, so war auch jedwede reaktionäre, schablonisierte Kunst eine Antikunst. Die Vorstellungen von der Existenz einer marxistischen

---

493 Grlić, Marksizam i umjetnost, S. 18.

Ästhetik wurden durch führende jugoslawische Intellektuelle radikal in Frage gestellt, in der Konsequenz geradezu umgekehrt. Der schon einige Male erwähnte Danko Grlić spitzte die These seiner vierbändigen Geschichte der Ästhetik dahingehend zu, dass der »Tod« des Ästhetischen das Weiterleben der Kunst nicht beeinträchtigen, hingegen aber der »Tod« der Kunst gleichsam auch den Untergang des Ästhetischen bedeuten würde.[494] Denn das lediglich unterhaltende »Kunstschöne« sollte niemals zum Selbstzweck eines Kunstwerks emporgehoben werden, ihm wohne eine gesellschaftskonservierende und damit reaktionäre Tendenz inne. Auch Predrag Vranicki wies in seiner Studie *Geschichte des Marxismus* darauf hin, dass der Vergnügungscharakter eine Scheinwelt, eine Realitätsflucht hervorrufe, wobei er sich explizit auf Adorno und Horkheimer bezog:

»Vergnügen heißt allemal: nicht daran denken müssen, das Leiden vergessen, noch wo es gezeigt wird. Ohnmacht liegt ihm zu Grunde. Es ist in der Tat Flucht, aber nicht, wie behauptet, Flucht vor der schlechten Realität, sondern vor dem letzten Gedanken an Widerstand, den jene noch übriggelassen hat.«[495]

Die Mauer zwischen Realität und Kunst zum Einsturz zu bringen – dazu schienen Theateraufführungen aufgrund ihrer Unmittelbarkeit prädestiniert.[496]

---

494 Danko Grlić, Estetika, Bd. III: Smrt estetskog, Zagreb 1978; ders., Estetika, Bd. IV: S onu stranu estetike, Zagreb 1979; Obiges Zitat nach Grlić, Smrt estetskoga omogućuje život umjetničkoga, in: Filozofija i umjetnost, S. 400–408, hier S. 405.
495 Vranicki, Geschichte des Marxismus, Bd.2, S. 843f.
496 Siehe dazu Fischer-Lichte, Performativität und Ereignis, S. 15; dies., Ritualität und Grenze, Tübingen/Basel 2003, S. 7; dies., Einleitung, in: dies. (Hrsg.), TheaterAvantgarde. Wahrnehmung – Körper – Sprache, Tübingen/Basel 1995, S. 1–14, hier S. 7f. Siehe auch die Kontextualisierung in Gilcher-Holtey, Theater und Politik, S. 117–151, insb. S. 136f; dies., Eingreifendes Denken, S. 107ff.

Theater und Politik
Führende Repräsentanten des avantgardistischen Theaters positionierten sich ähnlich. Der Unterschied zum Film bestand darin, dass die Protagonistinnen und Protagonisten des Theaters eine beinahe mythische Verklärung ihrer eigenen Kunstform hegten und nicht selten auf die historischen Verdienste des Theaters als gesellschaftskritischer Plattform *sui generis* verwiesen. Dem Film fehlte im gewissen Sinne die Geschichte. Danko Grlić wollte aus einer ähnlichen Motivation wie Anatole France, jedoch über ein halbes Jahrhundert nach ihm die Hingabe zum Theater zur moralisch-ethischen Verpflichtung des Menschseins überhaupt erklären. Auf einem Vortrag beim II. Internationalen Symposium der Theaterkritiker und Theaterwissenschaftler 1973 in Novi Sad führte er diesbezüglich aus:

> »Solange wir uns noch als Menschen bezeichnen wollen, solange noch nicht alles in uns abgestorben ist und solange noch etwas auf uns wirken kann, so lange kann uns eine Theateraufführung auch nicht gleichgültig lassen.«[497]

Die Spezifik des Theaters machte insbesondere seine Unmittelbarkeit zum Publikum und die Unumkehrbarkeit seiner Handlungen aus, dies waren die Potentiale einer direkten Interaktion zwischen Bühne und Publikum. Gerade der performative Prozess des Theaters, so die Theaterwissenschaftlerin Erika Fischer-Lichte, führe zur Unmittelbarkeit in den Beziehungen zwischen Zuschauern und Akteuren und im übertragenen Sinne zu jener Abbildung des Verhältnisses von Basis und Überbau.

> »Theater sollte sich [...] nicht durch die Darstellung einer ›anderen Welt‹ legitimieren. Es wurde nicht länger als Repräsentation einer fiktiven Welt begriffen und bestimmt, sondern als Herstellung eines besonderen Verhältnisses zwischen Akteuren und Zuschauern. Theater konstituierte sich, indem sich etwas zwischen Akteuren und Zuschauern ereignete. [...] Zentral war [...] das Verhältnis zwischen Akteuren und Zuschauern. [...] Theater durch eine spe-

---

497 Grlić, Društvena organizacija i teatar, in: ders., Filozofija i umjetnost, S. 212.

zifische Prozesshaftigkeit charakterisiert ist: durch die Handlungen der Akteure, die darauf zielen, ein bestimmtes Verhältnis zu den Zuschauern herzustellen, und durch die Handlungen der Zuschauer, mit denen diese sich entweder auf die Beziehungsdefinition einlassen, welche die Schauspieler anbieten, oder sie zu modifizieren bzw. sogar zu ersetzen versuchen. Es geht also im Prozess der Aufführung darum, die Beziehungen auszuhandeln, die zwischen den Akteuren und den Zuschauern gelten sollen, und auf diese Weise die Wirklichkeit des Theaters zu konstituieren.«[498]

Diese physische Nähe konnte der Film nicht leisten, und dies war genau das, was das engagierte Theater als arteigene Exklusivität in die Arena politischer Aushandlungsprozesse werfen wollte. Die Überwindung der Basis-Überbau-Entfremdung in der bürgerlichen respektive sozialistischen Gesellschaft korrespondierte mit der Überwindung der Auditorium-Bühne-Entfremdung im bürgerlichen Theater. In dem Moment, in dem die Zuschauer nicht mehr passive Konsumenten des vorgetragenen Stücks, sondern aktive Protagonisten seien, sei auch eine Überwindung der politisch-gesellschaftlichen Unmündigkeit möglich. Wenn also der Mensch als Zuschauer aktiv in die Aufführung eingreifen kann, dann kann auch der Mensch als Subjekt aktiv in die Politik eingreifen. In diesem Sinne ist auch Grlić zu verstehen, wenn er die gegenseitige Abhängigkeit von Gesellschaft und Theater betont.[499] Ähnlich äußerte sich Siegfried Melchinger:

> »Auf der Bühne agieren Personen. Das politische Theater zeigt die Handlungsfähigkeit des Menschen: im Protest, noch im Scheitern; [...] oder es provoziert sie durch Entlarvung von Zuständen, deren Unerträglichkeit, Ungerechtigkeit zum Himmel schreit. Keine andere Kunstart zeigt den Menschen derart in statu agendi, im Prozess seines Handelns [...].«[500]

---

498 Fischer-Lichte, Performativität und Ereignis, S. 12f.
499 Grlić, Društvena organizacija i teatar, in: ders., Filozofija i umjetnost, S. 213.
500 Melchinger, Geschichte des politischen Theaters, Bd.1, S. 20.

An historischen Vorbildern mangelte es nicht. Wsewolod Meyerhold, eine Zeitlang Direktor der Sektion Theater beim Volkskommissariat für Volksbildung und einer der innovativsten Regisseure des russischen bzw. sowjetischen Revolutionstheaters, proklamierte unmittelbar nach der Oktoberrevolution den »Theateroktober«, ein Bündnis zwischen linker Kunst und linker Politik – ganz so, wie es sich die Mehrheit avantgardistischer Künstler später ebenfalls vorstellte, nicht zuletzt in Jugoslawien.[501] Meyerholds Hoffnung, »[…] bei der Veränderung der Verhältnisse kann das Theater eine wichtige Rolle spielen […]«, korrespondierte mit den Hoffnungen nachfolgender Generationen linker Theaterregisseure und Dramaturgen.[502] Die Konzeptionen von Meyerhold, dessen Ziel es war, möglichst breite Menschenmassen als Laien in die Theaterproduktion einzubeziehen, korrelierten sowohl mit dem Bestreben nach politischer Betätigung und radikaler Gesellschaftskritik als auch mit dem Ansinnen eines grundlegenden Bruchs mit der als unpolitisch und ästhetisierend empfundenen konventionellen Bühne-Auditorium-Aufteilung. Für Meyerhold war das Theater ein Agitationsmittel, und die Zuschauer waren aktive Teilnehmer des sozialistischen Gesellschaftsaufbaus. Wie Jürgen Rühle in seinem Band *Theater und Revolution* pointiert feststellte, bot ihm die nachrevolutionäre Aufbruchstimmung in Sowjetrussland ein »vollkommen freies Experimentierfeld«, in dem all jene Novitäten möglich waren, die andere Theaterrevolutionäre wie Brecht oder Piscator erst viel später durchsetzen konnten. Der Zweck des Meyerholdschen »Theateroktobers«, so Rühle, sei nicht die Darstellung eines »fertigen Kunstproduktes […], sondern vielmehr den Zuschauer zum Mitschöpfer des Dramas zu machen. Das Fluidum soll nicht nur von der Bühne ins Publikum, sondern auch umgekehrt zurückstrahlen.«[503] Beinahe in Analogie zu Sergej

---

501 Siehe zu Meyerhold Edward Braun, Meyerhold on Theatre, London 1969; Jörg Bochow, Das Theater Meyerholds und die Biomechanik, Berlin 2005.
502 Zitat nach Der Spiegel, 11. Januar 1971, S. 100–103, hier S. 100.
503 Zitat nach Jürgen Rühle, Theater und Revolution. Von Gorki bis Brecht, München 1963, S. 72. Vgl. dazu auch Fischer-Lichte, Geschichte des Dramas, S. 174–182; August Cesarec, engagierter Schriftsteller und Kommunist, der nach der Machtusurpation durch die kroatischen Faschisten 1941

Eisenstein geriet auch Meyerhold nach Stalins Machtusurpation alsbald ins Visier der staatlichen Kulturwächter. Nicht nur wegen seiner eigenen Realisationen am Moskauer Meyerhold-Theater, die ihm den Vorwurf des Formalismus einbrachten, sondern auch aufgrund seiner scharfen Kritik an der offiziellen Kunst- und Kulturpolitik der Sowjetunion wurde Meyerhold zu einem Opfer der politischen Säuberungen und 1940 in Moskau exekutiert. Doch gerade sein Ansinnen, den Zuschauer, den Menschen aktiv in die Handlung einzubeziehen, ihn zu einem Mithandelnden zu machen, war ein wichtiger Bezugspunkt für junge Theaterenthusiasten in den 1960er-Jahren.

Diese Zeit brachte eine ganze Reihe an Produktionen hervor, die dem Anspruch folgten, gesellschaftliche Zustände zu kritisieren und das Publikum zu involvieren. In dieser historischen Konstellation erlebten gerade die Studententheater ihre Blütezeit, sie waren der Ort, an dem junge Dramaturgen und Regisseure experimentieren konnten. In der Bundesrepublik stieg etwa das *Erlanger Festival des Studententheaters* zu einem wichtigen Ort neuer Konzeptionen auf, und ebenso gab es in Jugoslawien mit dem *Internationalen Festival des Studententheaters* [Internacionalni festival studentskog kazališta – im Folgenden IFSK] in Zagreb ein Pendant, das europaweit zu den wichtigsten Manifestationen des studentischen Amateurtheaters gezählt werden kann. Da die politisch-inhaltliche Erwartungshaltung an diese Manifestation, wie an das Studententheater insgesamt, gerade innerhalb des linksaffinen Kulturmilieus sehr hoch war, fielen die Kritiken dementsprechend polemisch aus. Die Krise des Studententheaters war demnach schon während seiner Blütezeit sichtbar. Wo die Erwartungshaltung immens ist, da ist auch die Enttäuschung am größten, so könnten die Hintergründe dieses als dauerhaft gezeichneten Krisenszena-

---

ermordet wurde, stellte Meyerhold in eine direkte Linie mit den eigenen Anstrengungen der jugoslawischen Künstlerlinken: »Zuallererst verbindet uns mit Meyerhold das generelle Bestreben: die Ersetzung des Theaters als Imitat des Lebens und der raffinierten Theatralität durch ein elementares Volkstheater, das zum Begründer des neuen Lebens des neuen Volkes werden muss.« Zitat nach Flaker, Poetika osporavanja, S. 119f.

rios beschrieben werden.[504] Für Darko Suvin, 1967 künstlerischer Leiter des IFSK, bestand die Existenzberechtigung des Studententheaters in nichts weniger als dem künstlerischen Äquivalent zur sozialkritischen Analyse zeitgenössischer Gesellschaften:

> »Ihre [der studentischen Theatergruppen, K.S.] Grundvoraussetzung ist die fruchtbare Spannung zwischen den herrschenden Gesellschaftsformen und der jungen Generation, vom Grundsatz, das Leben vermenschlichen zu wollen und jedweden Krieg und jedwede Ausbeutung abzulehnen.«[505]

In ihrer Auffassung, was das Theater im Augenblick der studentischen Protestbewegung leisten müsse, erläuterte die Belgrader Aktivistin und Regisseurin Borka Pavićević, damals Studentin an der Belgrader Kunstakademie, in ihrem 1968 verfassten Artikel »Links von Brecht«, es müsse »einzig und allein in Aktionen« resultieren:

> »[...] das Theater müsste in seinem Bestreben, sich vom Institutionalismus zu befreien, die folgende Richtung einschlagen und aus diesen Komponenten zusammengesetzt sein: Seiner Thematik und seinem Inhalt nach würde es sein ›Gegen‹ ausdrücken und die kreative Freiheit ›von‹ erreichen. Solch ein Inhalt würde das Gewissen des Zuschauers attackieren in der Hoffnung, ihn, den Zuschauer, in einem permanent wachen Zustand zu halten gegenüber allem, was ihn einzuschläfern versucht, um ihn zu einem Liebhaber der schönen Künste zu machen. In der Form des politischen Theaters müsste der Kontakt mit dem Zuschauer auch in der Form eines Konfliktes hergestellt werden [...].«[506]

504 Vgl. exemplarisch Bogdan Tirnanić, Svečani trenutak studentskog pozorišta, in: Susret, 22.09.1964, S. 10f; Senad Prašo, Trenutak studentskog pozorišta, in: Naši dani 269/270, 1967, S. 5; Darko Gašparović, Siromašna i blijeda slika evropskog studentskog teatra, in: Studentski list, 11.04.1967, S. 7; Miro Međimorec, O nekim pitanjima studentskog kazališta, in: Studentski list, 11.04.1967, S. 8; Borislav T. Anđelić, Sjaj i beda studentskog teatra, in: Susret, 06.03.1968, S. 16–17.
505 Darko Suvin, Teze za daljnji razvoj IFSK-a unutar pokreta studentskog teatra, in: Studentski list, 18.04.1967, S. 7.
506 Borka Pavićević, Levo od Brehta, in: Susret 83, 1968, S. 22.

Wie solche Aktionen auszuschauen hatten, wie sie realisiert werden sollten und bis zu welchem Grad sich das Theater als eine spezifische Kunstform in das politische Tagesgeschäft einzuschalten habe, darüber konnte zwar kein Konsens erreicht werden, doch für die kognitive Entwicklung linksradikaler Künstlerinnen und Künstler markierte das Theater eine beachtliche Mobilisierungskraft.

Neupositionierung(en) in der jugoslawischen Theaterlandschaft
Erste Kritiken sowohl an der als überkommen betrachteten Repertoire- und Aufführungspraxis der jugoslawischen Theater als auch an der szenischen Darstellung der aufgeführten Stücke waren schon in den frühen 1950er-Jahren vernehmbar. Einer der Hauptkritikpunkte war der Vorwurf, das jugoslawische Theaterleben sei verbürgerlicht, unkritisch und dramaturgisch zu sehr auf Wiederholungen klassischer Stücke ausgerichtet. Der schon erwähnte Theaterkritiker Jovan Hristić monierte in der Kulturzeitung *Danas* gerade diese unreflektierte Bezugnahme auf klassische Stücke als zu »verkopft«, sowohl im Generellen als auch im spezifisch jugoslawischen Kontext:

»[…] und eine Mehrheit der Schriftsteller aus der Periode, die wir Klassizismus nennen, haben sich Mühe gegeben, eher den alten Griechen und Römern verständlich zu sein als ihren Zeitgenossen. Und ähnlich ist es auch heute.«[507]

In einem nur einen Monat zuvor in der *Danas* abgedruckten Interview mit Theaterkritikern und Schauspielern äußerten sich auch die Befragten ähnlich. Auf die Frage, ob der zeitgenössische jugoslawische Theaterzuschauer lediglich ein entfremdeter Konsument sei, antworteten alle beteiligten Personen bejahend. Der mazedonische Schriftsteller Dimitar Solev bezeichnete die jugoslawischen

---

507 Jovan Hristić, Antički mit i savremena drama, in: Danas, 21.06.1961, S. 10; kritisch und in eine ähnliche Richtung zielend auch Jovan Ćirilov in einem Redebeitrag zum Thema Zensur und Selbstzensur auf einer Konferenz in Amsterdam, abgedruckt in: Theater Instituut Nederland (Hrsg.), The Dissident Muse. Critical Theatre in Eastern and Central Europe, 1945–1989, Amsterdam 1996, S. 17.

Bühnen als »schmerzfreies akademisiertes Theater«, das den Zuschauer in das Theater wie in einen Palast und nicht wie in sein eigenes Haus führe. Der Schriftsteller und Dramaturg Vlado Gotovac kritisierte vor allem die ideellen Implikationen der in Jugoslawien aufgeführten Stücke und kam zu dem Schluss:

> »Ein Theater, welches die Fragen seiner Zeit und die entscheidenden Formen nicht trifft, kann diejenigen, die in dieser Zeit leben, nicht interessieren. [...] Vereinfacht gesagt: der Zuschauer wird nur dann zu einem Akteur, wenn die Handlungen der Szene Abbildungen der Notwendigkeiten sind, die er spürt, wenn der Held Träger der Welt ist, an welcher er ebenfalls partizipiert [...].«

Und der renommierte Theaterkritiker Slobodan Selenić urteilte im gleichen Interview, dass »wir [die Bürger Jugoslawiens, K.S.] kein Theater mit dem Profil eines engagierten Kämpfers für bestimmte, in jedem Fall aber neue und zeitgenössische ethische und gesellschaftliche Postulate« hätten.[508]

Petar Selem, Dramaturg und Kritiker aus Zagreb, kam 1962, also ein knappes Jahr nach den obigen Wortmeldungen in der *Danas*, zu einem ähnlichen Urteil, wenn auch mit der vagen Erwartung, dass sich die Theaterszene schrittweise reformieren und gegenüber neuen Theatertendenzen offen zeigen würde. Unter der Überschrift »Wege und Klänge der Szene. Zum gemeinsamen Tod der bürgerlichen und soz-realistischen Dramaturgie« attestierte er den kroatischen Bühnen auch 14 Jahre nach dem Konflikt mit dem *Kominform* und Stalin keinerlei Fortschritt, lediglich mit den beiden Aufführungen *Zašto plačeš tata?* [Warum weinst Du, Papa?] und *Odmor za umorne jahače* [Erholung für die müden Reiter] des Dramaturgen Ivica Ivanc habe das Theater seither »auf Kroatoserbisch gesprochen [...]«, was bedeuten sollte, dass die bisherigen im serbokroatischen Sprachraum verfassten Stücke vom Standpunkt

---

508 Zitate nach Dejan Djurković, Društveni značaj pozorišta, in: Danas, 25.05.1961, S. 2 und S. 12. Ähnlich auch Darko Suvin, Ka oslobađanju teatra. O strukturi jugoslavenske pozornice, in: Danas, 22.11.1961, S. 10.

eines engagierten und kritischen Kunstverständnisses unzureichend gewesen seien.[509] Eine ähnliche Einschätzung lieferte auch der langjährige Programmleiter des IFSK Darko Gašparović, der sich Ende der 1960er-Jahre kritisch zur künstlerischen Wertigkeit der Nachkriegsperiode äußerte und zusammenfassend konstatierte:

> »Diesen Weg [den künstlerischen Weg bis 1968, K.S.] kennzeichnet ein Übergang von dramaturgisch letztlich amateurhaften, ideell naiven und simplifizierenden und künstlerisch vollends wertlosen sozrealistischen Stücken mit kriegerischer oder revolutionärer Thematik in den ersten zehn Jahren der Nachkriegsentwicklung, hin zu dramaturgisch reifen Realisationen, die sich durch zeitgemäß kritisches Engagement [...] auszeichnen.«[510]

Doch ähnlich den Bedenken und Einwürfen einiger Theoretiker aus dem Umfeld des *Neuen jugoslawischen Films*, wonach eine Politisierung der Kunst die Gefahr ihrer Instrumentalisierung berge, äußerten sich auch innerhalb des Theaters Skeptiker, die unter engagierter Kunst vornehmlich eine offensive Auseinandersetzung mit politischen Gesellschaftskonzeptionen verstanden und einen Vorrang der Individualität gegenüber dem Kollektiv oder entsprechenden politischen Optionen einforderten. Nichtsdestotrotz gehörten auch sie zu Verfechtern neuer Tendenzen innerhalb der jugoslawischen Dramaturgie und Theaterkultur.[511] Zu den agilsten Kritikern sowohl konservativer Bühnenstücke als auch der Tendenzen einer linksradikalen Neuausrichtung zählte der damalige Student und spätere Dozent an der Fakultät für Theaterwissen-

---

509 Petar Selem, Putovi i zvukovi scene. O zajedničkom umiranju gradjanske i socijalističko-realističke dramaturgije, in: Razlog 2, 1962, H. 1, S. 1–8, hier S. 3 und S. 7.
510 Darko Gašparović, Mogućnost kritičkog angažmana u suvremenoj hrvatskoj drami, in: Prolog 1, 1968, H.1, S. 6–11, hier S. 7.
511 Siehe dazu insbesondere Sreten Petrović, Demistifikacija pojma angažovane umjetnosti, in: Polja 14, H.114–115, 1968, S. 10f.; ders., Umetnost, moral, društvo, in: Student, 10.11.1964, S. 7; ders., Čovek kao slobodno biće, in: Student, 24.03.1964, S. 7; ders., Umetnost u funkciji revolucionarnog čina, in: Gajo Petrović (Hrsg.), Umjetnost i revolucija. Spomenica Danku Grliću (1923–1984), Zagreb 1989, S. 60–76.

schaften in Zagreb Sreten Petrović, der als Redakteur für zahlreiche Jugendzeitschriften wie etwa die Belgrader Studentenzeitung *Student* oder die in Novi Sad erscheinende Kulturzeitschrift *Polja* vor allem zum Theater schrieb. Seiner Meinung nach könne politisches Engagement von Künstlerinnen und Künstlern nur in historischen Ausnahmesituationen toleriert werden, etwa zu Zeiten des Kampfes gegen den Faschismus und in der unmittelbaren Periode danach:

> »Die Idee eines uneingeschränkten künstlerischen Engagements kann nur in einer vorrevolutionären Periode und der unmittelbar folgenden nachrevolutionären Periode befürwortet werden. Das ist eine Zeit, in der die Gesellschaft am intensivsten mit der Erschaffung neuer Verhältnisse für eine bessere menschliche Zukunft beschäftigt ist, und in der die Kunst mit ihren spezifischen Formen Ideen zum Ausdruck bringt, welche die Gesellschaft in diesem Moment als revolutionär betrachtet.«[512]

Daraus kann geschlussfolgert werden, dass zumindest für Sreten Petrović Jugoslawien zu diesem Zeitpunkt die nachrevolutionäre Periode erfolgreich hinter sich gelassen hatte, während für viele seiner Kolleginnen und Kollegen gerade das Jahr 1968, in dem Petrović seinen Text veröffentlichte, den Beginn einer neuen revolutionären Periode einzuläuten schien. Ein knappes Jahrzehnt zuvor, im Mai 1962, hatte sich der wortgewaltige slowenische Kulturkritiker Taras Kermauner programmatisch entgegengesetzt geäußert und den Nerv der zeitgenössischen Kritik getroffen, als er schrieb, dass »Diskussionen über das Theater« notwendig »in das Nachdenken über die Gesellschaft und die Zeit, in der wir leben«, hineinwachsen müssten, alle anderen Forderungen seien bürgerliche Illusionen, die das Theater zu einer Art »geistigen Nachtisch« führen wollten.[513]

Eben diese Nachtischproduktionen führten dazu, dass die künstlerische, dramaturgische Produktivität Jugoslawiens in Frage

---

512 Petrović, Demistifikacija, S. 11.
513 Taras Kermauner, Za eksperimentalno pozorište, in: Danas, 23.05.1962, S. 21.

gestellt wurde, und zwar aus linksradikaler Perspektive. Während Petrović die politische Parteinahme als ursächlich für den unzureichenden Zustand der jugoslawischen Kulturproduktion wahrnahm, orientierte sich die Mehrheit seiner Kolleginnen und Kollegen in eine entgegengesetzte Richtung, indem sie sowohl die zeitgenössische jugoslawische Produktion als auch die Mehrzahl der westeuropäischen und sowjetischen Produktionen als bürgerliches *l'art pour l'art* kritisierten. Denn, so die Argumentation, jedwedes Verschweigen gesellschaftlicher Widersprüche diene lediglich der Reaktion und dem Erhalt des *Status quo*. Kritische und revolutionäre Künstler hingegen thematisierten gerade die gesellschaftlichen Antagonismen, unabhängig von der politischen Verfasstheit des Gemeinwesens, in dem ein Kunstwerk entstehe.[514] Eine in der Tendenz ähnliche Auffassung vertrat zudem der Belgrader Literaturwissenschaftler Sveta Lukić, der sich international einen Namen durch seine jahrzehntelange Auseinandersetzung mit dem sozialistischen Realismus machte. In Anlehnung an Lukács schrieb Lukić:

> »Vereinfacht gesagt [...] trachtet man nach solchen Werken, die in ihrem Kern gerade das Epochenbild beinhalten, das Bild des grundsätzlichen Klassenkonflikts und anderer zentraler Probleme und Dilemmata der Epoche; ein Bild, emporgehoben zur Vision, zur Sicht des Ganzen.«[515]

Diese kurze Episode deutete an, dass es unter den häretisch orientierten Intellektuellen keineswegs einen einhelligen *common sense* darüber gab, was politisches Engagement oder kritische Kunst genau ausmache. Zu einem ähnlichen Befund kam auch die Bielefelder Historikerin Dorothea Kraus in ihrer Studie zu den Politisierungsprozessen bundesdeutscher Bühnen. Sie konstatierte zutreffend, dass weder die »Grenzen des Politischen« noch das »Politische selbst [...] überzeitlich feststehende[n] Phänomene« waren und sind, stattdessen herrsche eine Fluidität der Zugangsweisen vor:

---

514 Vranicki, Geschichte des Marxismus, Bd.2, S. 698f. und S. 834f.
515 Sveta Lukić, Umetnost na mostu. Rasprave, Belgrad 1975, S. 179. Hervorhebung im Original.

»Welche Themen, Gegenstände oder Ziele zu einem bestimmten Zeitpunkt als politisch angesehen werden und damit politisch sind, unterliegt dem historischen Wandel. Einen klar konturierten Gegenstandsbereich gibt es nicht. Weder im Weberschen Sinne an ›Macht‹ und ›Gewalt‹, noch am Staat oder am Entscheidungshandeln ›großer Männer‹ lässt sich ein begriffsgeschichtlicher Kern des Politischen festmachen.«[516]

Im skizzierten Dilemma des »Politischen« spiegelte sich die bisher dominante Erfahrung, dass politisch apostrophierte Kunst zum Großteil staatsaffirmierende Kunst war, die mehr oder weniger einer unreflektierten Überhöhung des eingeschlagenen politischen Wegs unterlag und die Geschichte des sozialistischen Jugoslawien als eine stringente Erfolgsgeschichte zeichnete. Genau diesen Sachverhalt bemängelte Anfang der 1960er-Jahre auch der damalige Dolmetscher von Staatspräsident Tito, Ivan Ivanji, der in einem Beitrag über den »Gehalt des Politischen« im zeitgenössischen jugoslawischen Drama nicht nur eine Lanze für politisch engagierte Kunst zu brechen versuchte, sondern der sogenannten »bürgerlichen Linken«, eine Bezeichnung, die Ivanji nur in Anführungszeichen benutzte, zur Seite sprang, um die Dringlichkeit eines neuen engagierten und zeitgenössischen Dramas zu betonen. »Vor mehr als dreißig Jahren«, so Ivanji,

»war für Künstler, die wir heute als ›bürgerliche Linke‹ bezeichnen, das politisch engagierte Theater ein Axiom. Heutzutage […] ist es fast schon ein Tabu, über engagiertes Theater zu reden. […] Das Unheil liegt darin, dass wir zu Beginn viel zu viel schwarz-weiß gemalten Kitsch produzierten haben und ihn politisch nannten – auch wenn er nicht politisch war. Deshalb wird heute das Engagement mit diesen Kinderkrankheiten gleichgesetzt.«[517]

Expliziter, doch mit einer ähnlichen Intention, richtete Taras Ker-

---

516 Kraus, Theater-Proteste, S. 24.
517 Zitat nach Ivan Ivanji, Povodom političnosti i apolitičnosti savremene domaće drame, in: Delo 9, 1963, H. 11, S. 1344–1348, hier S. 1344f.

mauner 1963 seinen Vorwurf an die offizielle Kulturpolitik Jugoslawiens:

>»Je weiter entfernt von gesellschaftlichen Problemen dramaturgische Texte waren, desto eher wurden sie von den Theatern ins Repertoire aufgenommen. Sie waren umso erwünschter, je weniger Probleme sie bereiteten. Das Ergebnis, das der bürokratische Dogmatismus erreichte, war niederschmetternd, stand jedoch nicht im Gegensatz zu seinen eigentlichen Interessen.«[518]

Im Rahmen des kontinuierlich organisierten Maifestivals des jugoslawischen Studententheaters 1962 in Zagreb fand eine hochkarätig besetzte Podiumsdiskussion statt, auf der über das ›Wie‹ des politischen Engagements debattiert wurde. Zu den Teilnehmerinnen und Teilnehmern zählten bekannte jugoslawische Intellektuelle, insbesondere aus dem Literatur- und Theaterbetrieb, mit Stipe Šuvar aber auch ein hochrangiger politischer Funktionär, zu dem Zeitpunkt noch Vorsitzender des *Sozialistischen Jugendbundes Jugoslawiens* [Savez socijalističke omladine Jugoslavije] und in den späten Achtzigerjahren Vorsitzender des BdKJ. Einleitend stellte Vjeran Zuppa, Redakteur der Zeitschrift *Razlog*, auf deren Seiten die Podiumsdiskussion veröffentlicht wurde, Thesen zum möglichen Verständnis des Begriffs ›Engagement‹ auf. Für ihn war Engagement multiperspektivisch, nur durch konkrete Handlungen kristallisiere sich sein Inhalt heraus. Es stehe an erster Stelle künstlerischen Schaffens, und Forderungen nach Schaffensfreiheit als Voraussetzung für Engagement übersprängen sein eigentliches Wesensmerkmal, nämlich die Eröffnung der Möglichkeiten für die Schaffensfreiheit: »Das Engagement steht VOR der Schaffensfreiheit«, so Zuppa.[519] Im jugoslawischen Kontext bedeutete diese Aussage, dass zwar diverse Versuche der künstlerischen Uniformierung seitens der etablierten Institutionen existierten, diese aber nicht

---

518 Taras Kermauner, Poslijeratno slovensko kazalište, in: Razlog 3, 1963, H.7, S. 458–477, hier S. 462.
519 Vjeran Zuppa, Angažiranost u umjetnosti, in: Razlog 2, 1962, H.4, S. 325–376, hier S. 326.

stringent und durchgehend gewesen seien und die künstlerische Befreiung und Emanzipation durch Künstlerinnen und Künstler selbst realisiert und erweitert werden könne. Ohnehin tendiere die zeitgenössische Kunst zu einer Analyse des Menschen, sie werde »immer mehr kritisch und philosophisch […]« oder konkreter:

> »In erster Linie analysiert sie [die Kunst, K.S.] den Menschen und seine Beziehung zur ihn umgebenden Gesellschaft, und in zweiter Linie stellt sie sich in Beziehung zu dieser Beziehung. Das ist der Moment ihres totalen Engagements.«[520]

Dieser Moment des In-Beziehung-Setzens ist wiederum ein klassisches Merkmal der historischen Avantgardebewegung, die kritische Selbstreflexion der Kunst als einer gesellschaftlichen Tätigkeit. Im Anschluss an diese Eingangsthesen entfaltete sich eine langwierige Kontroverse, in deren Verlauf sowohl das Engagement als solches, aber noch viel mehr das Engagement in Jugoslawien kritisch hinterfragt wurde, und die zwischen Bejahung und Ablehnung jeglichen *Ad-hoc*-Engagements oszillierte. Hrvoje Lisinski, Theater- und Filmkritiker aus Zagreb, wollte in Jugoslawien lediglich von oben verordnetes Engagement erkennen, das Ergebnis sei ein ausgeprägter »Kretinismus«. Künstlerinnen und Künstler könnten niemals *per se* engagiert sein, sondern lediglich als Menschen, wie etwa Émile Zola. Dieser habe sich als Mensch engagiert, die Tatsache, dass er Schriftsteller war, sei in diesem Fall irrelevant gewesen.[521] Demgegenüber sah Milan Ranković, Soziologiedozent an der Belgrader Akademie für Film- und Theaterwissenschaften, einige Kunstformen als besonders geeignet für künstlerisches Engagement an, dazu gehörten die Literatur, der Film und das Theater. Engagierte Kunst in seinem Sinne konnte nur in den Diensten progressiver Ideen stehen, denn »ein negatives gesellschaftliches Engagement, d.h. ein konservatives Engagement, befindet sich im Konflikt mit der grundsätzlich humanistischen Orientierung von Kunst.« In seinem Verständnis war »wahrhaftige Kunst schon immer die Kritik

520 Ebd., S. 328.
521 Ebd., S. 348.

alles Bestehenden«, und zwar »im Namen der Vermenschlichung des Menschen [...].«[522] Hinter dieser Klassifizierung verbarg sich nicht nur eine mehr oder weniger erkennbare Anlehnung an die damals durch die *Praxis* verbreitete Lesart des Marxismus, sondern auch die Vorstellung, Kunst und künstlerisches Engagement seien natürliche Verbündete des Sozialismus. Ähnlich äußerte sich Stipe Šuvar, der künstlerisches mit revolutionärem Engagement gleichsetzte und ultimativ einforderte:

> »Ich würde künstlerisches Engagement als einen Ausdruck revolutionären Engagements auffassen, und unter revolutionärem Engagement [...] verstehe ich die Kritik alles Bestehenden [...]. Die Revolution ist das allumfassende humanistische Engagement, und die Kunst ist eine Form dieses allumfassenden humanistischen Engagements. Humanistisches Engagement = Revolution.«[523]

Diese Radikalität, noch dazu von einem exponierten Parteimitglied vorgetragen, provozierte geradezu widerständige Kommentare, nicht nur in der rhetorischen Frage, warum sich denn gerade die Partei so schwer damit tue, die Forderung nach einer »Kritik alles Bestehenden« auch auf sich selbst anzuwenden, sondern auch im Hinblick auf den Duktus, den die Anwesenden als billige Wiederholung marxistischer Phrasen interpretierten. Gerade solche Aussagen aus den Mündern von arrivierten bzw. aufstrebenden Politikerinnen und Politikern schienen bei den Intellektuellen, die sich mit Kunst- und Literaturkritik beschäftigten, eine Art grundsätzlicher Abwehrhaltung gegenüber dem Begriff des ›Politischen‹ zu evozieren. Auf einer 1972 vom Belgrader Institut für Literatur- und Kunstwissenschaften organisierten Sitzung zum Thema »Marxismus und Literaturkritik in Jugoslawien« fasste Sveta Lukić seine Erfahrungen mit politischer Kunst zusammen. In den ersten fünf Jahren der Nachkriegszeit könne die Anwendung des Marxismus in der jugoslawischen Literaturkritik umstandslos auf den Nenner eines »importierten sozialistischen Realismus« gebracht wer-

---

522 Ebd., S. 341f.
523 Ebd., S. 368.

den bzw. auf seine etwas abgemilderte Form als »Volksrealismus« [narodni realizam]:

> »Zu dieser Zeit wurde von der Kritik ideologisches Engagement und Effektivität verlangt. [...]. [S]ie war deduktiv, ihre Prinzipien bezog sie zuallererst aus der Perspektive von Parteiforen und Parteidirektiven [...]. Entwickelt um der Revolution zu dienen, diente sie immer strikter der Partei, d.h. dem Agitprop und der Zensur [...].«[524]

Im Verlauf der 1950er-Jahre trete schließlich eine spürbare Liberalisierung in der Kunst- und Literaturkritik ein. Gegen Ende der 1960er wiederum konstatierte er gar eine umfassende Abkehr vom »stalinistischen Marxismus, beziehungsweise sozialistischen Realismus in seiner Form des Schdanowismus und Volksrealismus«,[525] doch die Skepsis gegenüber politischer Kunst blieb bei einzelnen Theoretikern und Künstlerinnen und Künstlern bestehen, unabhängig vom konkreten politischen Gehalt ihrer Werke.

Gerade diese Fluidität in den Zuschreibungen dessen, was politisch sei, was Engagement auszeichne und wo die Grenzen zur einseitigen Parteilichkeit gezogen werden könnten oder sollten, war charakteristisch für die kulturellen Debatten in Jugoslawien. In jedem Fall, so wie für die Philosophie und den *Neuen jugoslawischen Film* nachgezeichnet, kann auch im Theater vor allem die Neigung zur Häresie, zur Infragestellung institutionalisierter Machtbeziehungen und zur Subversion als Triebfeder des Emanzipationsprozesses und der Kritik festhalten werden. Das lässt sich an frühen Theaterkritiken nachverfolgen, die sich insbesondere dann nahezu euphorisch über das Theaterrepertoire zeigten, wenn dieses kontroverse zeitgenössische Dramen auf die Bühne brachte. Im Beitrag »Avangardističko kazalište« [Avantgarde-Theater] beurteilt die Autorin Maja Hribar-Ožegović all jene Theater als avantgardistisch, die bestimmte, auch international kontrovers diskutierte

---

524 Sveta Lukić, Uvodne teze o marksizmu u književnoj kritici Jugoslavije, in: Savremenik 18, 1972, H.36, S. 7–16, hier S. 9–10. Hervorhebungen im Original.
525 Zitat nach ebenda, S. 12.

und als politisch engagiert wahrgenommene Autoren aufführten. »Unsere Theater«, so Hribar-Ožegović abschließend,

> »finden neue Möglichkeiten des szenischen Ausdrucks und damit auch ein neues Publikum. Ihr Repertoire bestätigt das. Das in Ljubljana beheimatete Oder 57 hat in der Saison 1957/58 und 1958/59 zum ersten Mal Ionesco bei uns aufgeführt: Die Unterrichtsstunde und Die kahle Sängerin, zum ersten Mal Ghelderode mit Escorial […]. Die Zagreber Szene wird im Zeitraum zwischen 1955–1960 vor allem durch französische Schriftsteller und amerikanische Dramaturgen charakterisiert, darunter Tennessee Williams, Saroyan, Ionesco, Beckett […].«[526]

Eine Repertoirepolitik übrigens, die ähnlich auch auf den bundesdeutschen Bühnen zu finden war.[527] Überhaupt müsste die »performative Wende« des Theaters aus ihrem engen, westzentrierten Blickwinkel herausgelöst werden, denn es war mitnichten eine Tendenzwende, die lediglich in der »westlichen Kultur« anzutreffen war.[528] Nicht nur die Gründung neuer Theater wie des Belgrader Theaters *Atelje 212* im Jahr 1956, das eine ausgesprochen progressive Repertoirepolitik verfolgte und in seiner Premierensaison Becketts *Warten auf Godot* auf die Bühne brachte, sondern die theoretischen Beiträge und Äußerungen waren auch in Jugoslawien schon zu Beginn der 1960er-Jahre in diesem Geist geschrieben: »Experimentelles Theater«, so Taras Kermauner, sei eine

> »Überführung der Vorstellung aus einer dauerhaften Halle ins Freie, in die Universitäten, die Fabriken, Änderung der Sitzordnung, Abschaffung von Logen und Vorhängen, und nach der Vorstellung Diskussionen mit den Zuschauern.«[529]

---

526 Zitate nach Maja Hribar-Ožegić, Avangardističko kazalište, in: Razlog 1, 1961, H.4, S. 355–365, hier S. 364. Siehe auch Darko Suvin, O Bogdanu, o sjećanju, o teatru kao utopijskoj radosti, in: Gordogan 2009, H.15–18, S. 197–203.
527 Kraus, Theater-Proteste, S. 69.
528 Ebd., S. 88.
529 Kermauner, Za eksperimentalno pozorište, S. 21.

Kermauners Vorstellungen lassen sich in der Tradition der russischen Avantgardebewegung der frühen Sowjetunion lesen, und sie spiegelten eine Tendenz wider, die innerhalb des linksradikalen Kulturmilieus an Bedeutung gewann. Auch die Abkehr von der Werktreue, einem hohen Gut des bürgerlichen Theaters, läuteten nicht erst die 1960er-Jahre ein, sie war vielmehr eine programmatische Charakteristik des sowjetrussischen Theaters und seiner führenden Persönlichkeiten.[530]

Was sollte das thematische Betätigungsfeld des neuen performativen Theaters mit seiner Ablehnung des reinen Intellektualismus und seinem Ansinnen nach gesellschaftskritischem Engagement sein? In welchem Verhältnis sollten Theater und Gesellschaft zueinanderstehen, und was konnten oder sollten das Theater und die es umgebenden Akteure ins Visier nehmen, um diesen Vorstellungen gerecht zu werden?

Freie Theater braucht das Land

Für die meisten Protagonisten des Theatermilieus war der Wunsch nach neuen ästhetischen, künstlerischen und inhaltlichen Ausdrucksmöglichkeiten untrennbar verbunden mit der Erkenntnis, dass dieses Vorhaben nur außerhalb des staatlichen Theaterbetriebs umzusetzen sei. Die großen staatlichen Theaterhäuser Jugoslawiens galten jungen Dramaturgen und Theaterregisseuren als strukturkonservativ, staatsnah und künstlerisch uninspiriert. Die traditionsbewussten Staatstheater wie etwa das *Kroatische Volkstheater* [Hrvatsko narodno kazalište] in Zagreb, das *Volkstheater* [Narodno pozorište] in Belgrad, das *Serbische Volkstheater* [Srpsko narodno pozorište] in Novi Sad, das *Volkstheater* [Narodno pozorište] in Sarajevo oder das *Slowenische Volkstheater* [Slovensko narodno gledališče] in Maribor führten, so der erhobene Vorwurf,

---

530 Siehe dazu Rühle, Theater und Revolution, S. 68 ff; Vgl. auch Gerald Raunig, Kunst und Revolution. Künstlerischer Aktivismus im langen 20. Jahrhundert, Wien 2005, S. 135–142. Raunig führt z.B. die Zahl von 115.000 (!) Laiendarstellern auf dem gesamten Petrograder Stadtgebiet anlässlich der Aufführung des »Sturm auf den Winterpalais« durch Eisenstein auf.

weitestgehend Klassiker auf und kümmerten sich nicht (oder nur unzureichend) um die neue, junge Generation einheimischer und internationaler Dramaturginnen und Dramaturgen.[531] Eine Hybridstellung nahm das 1947 gegründete *Jugoslawische Dramentheater* [Jugoslovensko dramsko pozorište - JDP] ein, das zwar eine ausdrücklich vom Staat gewünschte und initiierte Bühne war, die sich am Vorbild des Moskauer Künstlertheaters MHAT orientieren sollte und in einer von Tito unterzeichneten Verordnung mit den Worten »Ich eröffne ein Theater – das Jugoslawische Dramentheater« politisch untermauert wurde, die aber dennoch zu einem wichtigen und anerkannten gesamtjugoslawischen Haus avancierte, dessen Repertoire mitnichten simple staatspropagandistische Zwecke erfüllte.[532] Das Stück *Die Ermittlung* von Peter Weiss wurde 1967 im JDP vor insgesamt 15.000 Zuschauern aufgeführt, im Laufe der 1960er-Jahre kamen aber auch Stücke von Jean-Paul Sartre (Die Eingeschlossenen, Die schmutzigen Hände), Albert Camus (Caligula) und 1965 als Weltpremiere Sławomir Mrożeks *Tango* dazu. Die 1963 auf dieser Bühne realisierte Fassung von Büchners *Dantons Tod*, in der Stevo Žigon als Maximilien Robespierre zu überzeugen wusste, verhalf dem Schauspieler auch zu seiner enormen Popularität innerhalb der Studentenschaft und war einer der Gründe, weshalb gerade er im Hof der besetzten philosophischen Fakultät mit ebendieser Rolle zur Ikone der Studentenbewegung avancieren sollte.

Abseits der staatlichen Theaterhäuser war die Erkenntnis gereift, eine wirkliche und tiefgreifende Änderung der Theaterrepertoires sei nur durch die Gründung freier und alternativer Bühnen

---

531 Das Kroatische Volkstheater in Zagreb wurde 1895 eröffnet, das Volkstheater in Belgrad 1868, das Serbische Volkstheater in Novi Sad 1861, das Volkstheater in Sarajevo 1919 und das Slowenische Volkstheater in Maribor 1851. Siehe weiterführend: Snježana Banović, Država i njeno kazalište. Hrvatsko državno kazalište u Zagrebu 1941.–1945, Zagreb 2012; Milena Leskovac, Vek i po Srpskog narodnog pozorišta, Novi Sad 2012; Petar Marjanović, Počeci srpskog profesionalnog nacionalnog pozorišta. Umetnički razvoj Srpskog narodnog pozorišta u Novom Sadu, 1861–1868, Novi Sad 2009.
532 http://www.jdp.rs/o-nama/hronologija/

möglich.[333] Mit dem Anspruch, diese Lücke zu schließen, trat das am 12. November 1956 in Belgrad eröffnete Theater *Atelje 212* an. Auf Betreiben der damaligen künstlerischen Leiterin von Radio Belgrad, Mira Trailović, sollte dieses Theater »zeitgenössischer im Repertoire, freier in der Form und unabhängiger von der Regierung« sein.[334] Ursprünglich angedacht war das Theater als Szene ohne festes Ensemble, das sich vor allem jenen Formen widmen sollte, die keinen Platz in den etablierten Häusern Belgrads fanden: Kammerdrama, Kammeroper, Revuetheater und Kammermusik. Das erste im Atelje 212 aufgeführte Stück war eine musikalische Inszenierung von Goethes *Faust* in der Regie von Mira Trailović selbst, es folgten in der Premierensaison *Don Juan in der Hölle* von Bernard Shaw, Samuel Becketts *Warten auf Godot*, Jean-Paul Sartres *Geschlossene Gesellschaft* sowie Dramen einheimischer Autoren wie Miodrag Đurđevićs *Troje* [Drei], Oskar Davičos *Pesma* [Lied] sowie Đorđe Lebovićs und Aleksandar Obrenovićs *Nebeski odred* [Himmelfahrtskommando]. Im Laufe der späten 1950er und während der 1960er-Jahre kamen u.a. Stücke von Eugène Ionesco (Les Chaises, 1958), Max Frisch (Biedermann und die Brandstifter, 1959), Sławomir Mrożek (Die Polizei, 1960), Albert Camus (Das Missverständnis, 1960), Harold Pinter (Der Hausmeister, 1960), Georg Büchner (Woyzeck, 1962), James Joyce (Verbannte, 1962), Václav Havel (Familienabend, 1965), Peter Weiss (Die Verfolgung und Ermordung Jean Paul Marats, dargestellt durch die Schauspielgruppe des Hospizes zu Charenton unter Anleitung des Herrn de Sade, 1966) und Arthur Miller (Der Preis, 1968) auf die

; Dragan Babić, Jugoslovensko dramsko pozorište. Samim sobom, Belgrad 2009.
533   Rolf Hochhuth empfahl hingegen gerade die staatlichen Hoftheater als Orte der Subversion, Programm des politischen Theaters sollte es demnach nicht sein, wie in einigen Formen des studentischen Straßentheaters, abseits der gesellschaftlichen Etikette aufzutreten: »Das politische Theater, nicht zuletzt deshalb ist es so zu nennen, muß in die Gesellschaft sich einschleichen wie der Verschwörer in den Palast. Kamine zündet man von innen an – Straßen-Theater ist wirkungslos gemessen an Aufführungen im Hof-Theater.« Zitat nach ders., Geburt der Tragödie, S. 48.
534   Feliks Pašić, Mira Trailović, Gospođa iz velikog sveta. Prilozi za biografiju Mire Trailović, Belgrad 2006, S. 50.

Bühne.⁵³⁵ Doch nicht so sehr über die Aufführung von ausländischen Dramaturgen wollte sich das Theater als ein Ort der alternativen jugoslawischen Szene affirmieren. Die Förderung junger einheimischer Autorinnen und Autoren sollte seine eigentliche Berufung ausmachen.

Die Implementierung des *Atelje 212* als einer Bühne des vornehmlich einheimischen ›neuen‹ Dramas sollte einen ersten Schritt in Richtung Aktualität und Gesellschaftsbezogenheit der jugoslawischen Dramaturgie darstellen. Die vorgetragenen negativen Kritiken zielten bis dahin nicht nur auf die als antiquiert wahrgenommenen Staatstheater, sondern auch auf die arrivierten Dramaturgen, denen intellektuelle Inferiorität vorgeworfen wurde und die ihrerseits wiederum über mangelnde Möglichkeiten und ein weitverbreitetes Desinteresse lamentierten – sowohl seitens des Publikums als auch der etablierten großen Häuser.⁵³⁶ Der junge slowenische Dramaturg Primož Kozak, mit seinen Dramen eine der relevantesten Stimmen der jungen und kritischen jugoslawischen Schriftstellergeneration, sah in der jugoslawischen Repertoirepolitik vor allem eine Flucht in die gesellschaftliche Belanglosigkeit. Es herrsche eine Tendenz vor, »sich einem bestimmten, unserer (der jugoslawischen Gesellschaft, K.S.) Problematik entsprechenden Repertoire zu entziehen«, so Kozak in einem Zeitungsbeitrag im August 1961.⁵³⁷ Diesen kulturpolitischen Observationen Rechnung tragend, sollte das *Atelje 212* zu einem Ort der kritischen Selbstreflexion des jugoslawischen Sozialismus und des Theaters als einer gesellschaftseingreifenden Kunstform werden.

---

535   Eine Auflistung aller Premieren findet sich im Jubiläumsband Atelje 212. Premladi za pedesete, Belgrad 2006, S. 669–677.
536   Die Repertoirepolitik der Belgrader Theater ist nachzulesen in Petar Volk, Beogradske scene. Pozorišni život Beograda 1944–1974, Belgrad 1978.
537   Primož Kozak, Funkcija pozorišta, in: Danas, 02.08.1961, S. 7. In der Zeitschrift *Mladost* [Jugend], einem Periodikum des offiziellen jugoslawischen Jugendbundes Savez socijalističke omladine Jugoslavije [Bund der sozialistischen Jugend Jugoslawiens], wurden jugoslawische Dramaturgen in vier aufeinander folgenden Ausgaben danach befragt, was ein dramaturgischer Konflikt in der jugoslawischen Gesellschaft zu Beginn der 1960er-Jahre sein könnte, woraufhin 29 Dramaturgen eine Antwort zu geben versuchten. Siehe Jovan Ćirilov, Dvadeset i devet pisaca traže dramski sukob, in: Delo 8, 1961, H.1, S. 83–88.

Einen ähnlichen, beinahe zeitgleichen Versuch gab es in Ljubljana mit dem Projekt *Oder 57*, und auch hier stand die Kritik an der bisherigen Politik und inhaltlichen Orientierung des szenischen Lebens im Vordergrund. Die slowenischen Theater, so Taras Kermauner, seien in der Übernahme neuer Stücke sehr langsam, was er zum einen mit einem verbreiteten Dogmatismus, zum anderen mit Angst und Angepasstheit zu erklären suchte. So sei Becketts *Warten auf Godot* 1961 in Slowenien immer noch nicht aufgeführt worden, obschon alle notwendigen Vorarbeiten durchgeführt seien, selbst das Schauspielerensemble habe schon festgestanden. Erst in den letzten Jahren, d.h. seit Ende der Fünfzigerjahre, hätten sich experimentelle Gruppen wie das genannte *Oder 57* abseits der großen Häuser gebildet, deren Ziel es gewesen sei, aktuelle internationale und nationale Stücke auf eine neue, zeitgenössische und nicht sentimentale Art und Weise aufzuführen. Die Organisation dieser Theater, insbesondere von *Oder 57* sei direktdemokratisch, geführt werde es von einem sechsköpfigen Kollektiv, welches die Anordnungen des Theaterrats ausführe, dem alle Beteiligten (Regisseure, Schauspielerinnen, Schauspieler, Technikerinnen, Techniker und Reinigungspersonal) angehören. Die langfristige Hoffnung äußerte sich in nichts weniger als einer Revolutionierung der gesamten slowenischen Kultur, insbesondere der Theaterkultur, und einer »Annäherung an die wahrhaftige Gemeinschaft, den Kommunismus«. Die slowenische Gegenwart hingegen, übertragbar auf die gesamtjugoslawische, sei lediglich eine im Absterben befindliche Periode des Vergangenen: »Die heute herrschende, gleichzeitig aber auch absterbende slowenische Kultur« höre auf, Kultur zu sein, so Kermauner im weiteren Verlauf des Textes,

>»da sie sich primär als eine Verteidigung privilegierter kultureller Positionen zeigt und affirmiert, als eine Verteidigung einer bestimmten Lebensart, als ein Prätendent auf die Macht, wenn auch nur auf die geistige, als ein Konservator und Propagandist des Vergangenen.«[538]

---

538 Taras Kermauner, ›Oder 57‹ i slovenačka pozorišno-kulturna situacija, in: Danas, 16.08.1961, S. 11.

Aus einem konzeptionell ähnlich gelagerten Selbstverständnis wie das *Oder 57* wollte auch das *Atelje 212* wirken, auch dort gab es zunächst kein festes Ensemble, und die maßgeblichen Personen arbeiteten in der Anfangszeit unentgeltlich. Erst Ende 1961, durch die Intervention des einflussreichen, zu diesem Zeitpunkt Nicht-Mehr-Intendanten des JDP, Bojan Stupica, wurden einjährige Honorarverträge mit Schauspielerinnen und Schauspielern abgeschlossen, was zu Kontroversen darüber führte, ob das Theater damit nicht seine Grundidee verrate.[539] Die Belgrader Alternativszene verfolgte äußerst kritisch die Entwicklung des »Babys«, wie es der Theaterkritiker Borislav T. Anđelić anlässlich der Errichtung eines eigenen Gebäudes 1964 nannte. Während Anđelić noch 1964 im »immer avantgardistischen« *Atelje 212* »ein Produkt des Willens des Publikums und der kulturellen Arbeiter« sah, das »nicht nur internationale Werke gespielt [...], sondern auch die Entwicklung des einheimischen jugoslawischen Dramas gefördert« habe, beschlich den bekannten Schriftsteller Momo Kapor ein paar Jahre später das Gefühl, das avantgardistische Baby habe sich zu einem Treffpunkt der Belgrader Bohème verwandelt:

> »In den Wintertagen ist das Atelje Treffpunkt junger, avantgardistischer Künstler, denen Kaffee und ein Dach über dem Kopf genug sind zur vollständigen Zufriedenheit. Jemand spielt auf einem wackeligen Klavier, ein anderer eröffnet seine erste Ausstellung. In Belgrad redet man über das neue Theater immer mehr als über einen Klub exklusiver Intellektueller.«[540]

Derselbe Borislav T. Anđelić übrigens, der 1964 noch voll des Lobes über das *Atelje 212* war, änderte 1968, im Vorfeld der Universitätsbesetzung in Belgrad, seine Meinung, als er, ähnlich wie Momo Kapor ein Jahr zuvor, ebenfalls eine Tendenz der Verbürgerlichung im Theaterbetrieb ausmachte:

---

539 Pašić, Mira Trailović, S. 60.
540 Erstes Zitat: Borislav T. Anđelić, Čekanje se isplatilo. Povodom preseljenja Ateljea 212 u novu zgradu, in: Susret, 26.12.1964, S. 7; Zweites Zitat: Momo Kapor, Čekajući avangardu, in: NIN, 10.09.1967, S. 8.

»Das Atelje 212 ist, leider, zu einem bürgerlichen Theater geworden – keine Spur mehr von Avantgarde oder der Suche nach neuen Tendenzen. Die Szene dieses Hauses entwickelt keine neuen Ideen mehr, die Liebe zur Suche ist dem rationalen Geschäft gewichen.«[541]

Richtet man einen Blick auf das Repertoire der Jahre 1967 und 1968, so finden sich neben eher klassischen Autoren wie Andre Gide (Der schlechtgefesselte Prometheus, geschrieben 1899), Fjodor Dostojewski (Weiße Nächte, geschrieben 1848) und Georges Feydeau (Die Katze im Sack, geschrieben 1888) auch engagierte zeitgenössische Autorinnen und Autoren wie Marguerite Duras (Im Park, geschrieben 1955), Boris Vian (Das Gabelfrühstück der Generale, geschrieben 1950), Harold Pinter (Die Heimkehr, geschrieben 1964), Edward Albee (Empfindliches Gleichgewicht, geschrieben 1966) oder Arthur Miller (Der Preis, 1968) wieder. Auch junge einheimische Autoren fanden in dieser Zeit ihren Weg auf die Bühne, allen voran die beiden Stücke des ehemaligen Goli-otok-Häftlings Aleksandar Popović *Die Entwicklung von Bora Šnajder* [Razvojni put Bore Šnajdera] aus dem Jahr 1967 und *Runter mit den Hüten* [Kape dole] aus dem Jahr 1968. Insbesondere *Runter mit den Hüten* wurde nicht nur ob seiner kaum verhohlenen Kritik am jugoslawischen Staatsapparat und seiner Führungskader kontrovers diskutiert, sondern nach drei Aufführungen auch vom Spielplan genommen und schlussendlich verboten.[542] Insofern ist der Vorwurf der Verbürgerlichung auf den ersten Blick nicht ganz nachvollziehbar. Im Kontext der Zeit, die sich dem Höhepunkt der Politisierung der Studentenschaft entgegen bewegte, erschien das Programm in seiner Gänze aber nicht radikal, nicht konkret-politisch genug. Auch die szenische Darstellung sei zu konventionell und den Zeitläuften nicht angemessen genug, so Anđelić im weiteren Verlauf seiner Kritik. Seine politische Lagebewertung sprach da ebenfalls eine zeitgenössisch klare Sprache, und

---

541 Borislav T. Anđelić, Plodovi mrtvila. Na marginama Beogradske pozorišne sezone, in: Prolog 1, 1968, H.2, S. 58–63, hier S. 60.
542 Dazu Jovan Ćirilov, Kape dole drugim vratima levo, in: Scena 6, 1990, H.2–3, S. 92f.; Aleksandar Popović, Sam sam birao svoj put, in: ebd., S. 88f. Das Stück ist u.a. abgedruckt in Aleksandar Popović, Drame, Belgrad 2001, S. 1077–1150.

aus ihr wird ersichtlich, in welchem politischen Gravitationsfeld er die Theaterprogrammatik verortete:

»Diese Zeit trägt nicht nur den Konflikt des Rationalistischen, Naturalistischen und des Humanistischen in sich, sondern auch den Konflikt des ideologisch-mythischen, dogmatisch-pragmatischen Humanismus und des integralen Humanismus, d.h. des funktional-ökonomischen und des menschlichen.«[543]

Dieser ideelle Konflikt war, übersetzt in die gesellschaftlichen Konstellationen der 1960er-Jahre, in erster Linie der Konflikt zwischen dem als dekadent und dogmatisch empfundenen Staats- und Parteiapparat, dessen ideeller Horizont für Anđelić kaum über die Verwaltung seiner eigenen Privilegien und der punktuellen, jedoch kontinuierlichen Zersetzung der Prinzipien einer sozialistischen und selbstverwalteten Gesellschaft hinauszureichen schien, und seiner linksradikalen Opponenten, die nicht nur gegen die ökonomischen Reformen aufbegehrten, sondern auch die konsequente Fortführung eingeleiteter gesellschaftlicher und ökonomischer Demokratisierungsprozesse einforderten und somit eine grundsätzlich staatskritische Position einnahmen. In einem ebenfalls als Retrospektive auf die Spielzeit 1969 verfassten Artikel bemängelte Anđelić noch expliziter den vermeintlichen Strukturkonservatismus des *Atelje 212*:

»Dieses Theater hat sich, mehr als jedes andere, in das bestehende Konsumsystem und die Gesellschaftsstrukturen integriert, es trachtet immer stärker danach, zu einem Zentrum für kulturelle Dienstleistungen zu werden [...]. Das Atelje 212 ist ein ausgesprochen selbstverliebtes, mondänes und versnobtes bürgerliches Theater, es ist vollkommen apologetisch und ausgerechnet heutzutage, wenn es die Möglichkeiten hätte, die massiven Leiden des modernen Menschen zu erblicken, wählt es die Begierde nach Sicherheit im Rahmen seiner eigenen konventionellen Strukturen.«[544]

543 Anđelić, Plodovi mrtvila, S. 58.
544 Borislav T. Anđelić, Traganje za smislom. Kritičke beleške na marginama beogradske pozorišne scene, in: Prolog 2, 1969, H.3, S. 55–58, hier S. 57.

Der Rückzug in die Bequemlichkeit der Strukturen war genau jener Prozess, der als Flucht vor der Wirklichkeit und somit als Preisgabe des eigentlichen Sinns von Kultur, insbesondere des Theaters, grundsätzlich abgelehnt und offen angeprangert wurde. Dies berührte vor allem auch einen Punkt, der in den philosophischen Betrachtungen zur Kunst eine zentrale Stellung einnahm und sich mit dem Sinn der Kunst, der Theaterkunst allen voran, beschäftigte. Danko Grlić schrieb in einer Aufsatzsammlung zum Thema *Marxismus und Kunst* dem Theater die explizite Notwendigkeit zu, eine Kritik alles Bestehenden zu betreiben, denn dies sei sein Grundgehalt:

»Eine wahrhaftige Theateravantgarde, die zu Recht diesen Namen trägt, zerstört nicht nur die überkommenen ästhetischen Inhalte, vielmehr ist die Rede von der umfänglichen Destruktion einer gesamten Denk- und Handlungsstruktur, es ist zudem die Rede von einem permanenten und in diesem Sinne niemals veralteten Bedürfnis danach, dass die Lebenswege zu Wegen des Theaters werden [...].«[545]

Željko Falout, Schriftsteller und Theaterkritiker aus Zagreb, äußerte sich auf einer Podiumsdiskussion zum Thema »Engagement im Theater« ähnlich. Seinen Ausführungen zufolge zeichne sich das zeitgenössische jugoslawische Theater vor allem durch seinen »Artismus ohne jedweden politischen und geistigen Horizont im Sinne des Sozialismus« aus.[546]

Der Vorwurf des »Artismus« zielte in seinem Kern auf eine Kritik des lediglich ›schönen‹ Kunstwerks ab. Ausgearbeitet findet sich diese Kritik in einem erstmals 1964 veröffentlichten Beitrag des *Praxis*-Mitarbeiters Milan Kangrga, worin er eine klare Absage an das »Kunstschöne« als etwas Kunstfremdem formuliert:

---

545 Grlić, Marksizam i umjetnost, S. 42.
546 Redakcija, Teatar, kultura – kulturna politika, politika, in: Prolog 1, 1968, H.2, S. 35–49, hier S. 37f.

»Auf diese Art und Weise erscheint die Kunst als ein besonderer Bereich des Schönen [...], und das Schöne wird zu einer besonderen Kategorie der Ästhetik. Die Kunst fällt somit aus der ebenso besonderen Sphäre des Wahrhaftigen heraus [...], und das, was sich in ihr ereignet, ereignet sich nicht mehr als Wahrhaftiges oder etwas Wahrhaftiges, sondern nur als Schönes. Kunst ist nicht mehr ein Vorgang der Wahrheit, sondern im besten Fall ihr Schatten. Daraus folgt, dass alles, was aus dieser Kunst resultiert, was der Künstler erschafft und was das Kunstwerk mit sich bringt, in seiner Wesenheit unwesentlich ist, denn es ist unwahrhaftig.«[547]

Proportional zur fortgesetzten Politisierung des linksradikalen Kultur- und Studentenmilieus wuchsen auch die Ansprüche an die jugoslawischen Bühnen, die wiederum mit ihren Versuchen und ihrem Ansinnen, modernes zeitgenössisches Theater zu realisieren, auf die Formierung einer sich ausbreitenden, dezidiert politischen Theaterkritik einwirkten. Aus dem Schoß des *Atelje 212* entwickelte sich ein Theatervorhaben, das die Bedürfnisse und Vorstellungen der alternativen Kulturszene Jugoslawiens bedienen sollte, nämlich das 1967 erstmals abgehaltene *Internationale Belgrader Theaterfestival* [*Beogradski internacionalni teatarski festival* – im Folgenden *BITEF*], das in seiner Selbstzuschreibung als Ort »neuer Theatertendenzen« konzipiert wurde und sich über die Aufführung zeitgenössischer Theaternovitäten als Treffpunkt der internationalen avantgardistischen Szene zu etablieren gedachte.[548] Was waren die Erwartungen an dieses Festival? Für die Mitinitiatorin Mira Trailović, die schon maßgeblich an der Gründung des *Atelje 212* beteiligt war, sollte es vor allem ein Ort sein, an dem das einheimische Theater die internationale Avantgarde kennenlernen und von ihr lernen sollte.[549] Für den Film- und Theater-

---

547 Kangrga, Filozofija i umjetnost, S. 11–31, hier S. 12; Ähnlich auch Danko Grlić, Estetski osnovi aristotelovskog i savremenog teatra, in: Filosofija 4, 1971, H.4, S. 5–52, insb. S. 49.
548 Siehe dazu Srećko Lipovčan, BITEF – nove kazališne tendencije, in: Telegram, 19.09.1967; ders., BITEF 212. Pouke za budućnost, in: Telegram, 13.10.1967.
549 Angaben nach Kapor, Čekajući avangardu, S. 8.

kritiker Petar Volk war das erste *BITEF* sogar ein unangenehmer, weil unerwarteter Fingerzeig auf die Unzulänglichkeiten der einheimischen Theaterszene:

> »Denn plötzlich fallen – vor dem was Grotowski oder Judith Malina tun und wohin sie tendieren – all unsere einheimischen Illusionen und Irrtümer über das moderne Theater, die neuen Tendenzen und die Avantgarde als solche. Alles, was sich in unserer Mitte abspielt, ist aus der Perspektive dieses Festivals irgendwie außerhalb des Entwicklungsgangs, provinziell und beschränkt auf Improvisationen und Spielereien mit dem Theater.«[550]

Das Aufzeigen der Missstände der einheimischen Produktion stellte zwar nicht die Gründungsintention des *BITEF* dar, doch erhofften sich die Initiatorinnen und Initiatoren durch die unmittelbare Möglichkeit des Austauschs durchaus eine forcierte Emanzipation der jugoslawischen Szene und Dramaturgie. Ähnlich der Sommerschule auf Korčula, auf der sich die angesehensten einheimischen und internationalen Intellektuellen jährlich trafen, um über aktuelle Fragen der Philosophie und zeitgenössischer Gesellschaften zu debattieren, und die von den politischen Eliten als Möglichkeit angesehen wurde, das jugoslawische Ansehen im Ausland zu steigern, so sollte auch das *BITEF* dem Ansehen des Staates dienen. Jugoslawien wurde abermals als Ort der Zusammenkunft und friedlichen Koexistenz vorgestellt. »Aufgrund der geopolitischen Lage des blockfreien Jugoslawiens«, führte der langjährige künstlerische Leiter Jovan Ćirilov im Jubiläumsband zum 40. Geburtstag des Festivals aus,

> »konnten beinahe alle Bürger der Welt, ob nur mit Pass oder mit Visum, ob als teilnehmende Künstler oder als Gäste, nach Jugoslawien kommen. Wir haben auch Theater aus Staaten eingeladen, mit denen Jugoslawien keine diplomatischen Beziehungen unterhielt, wie etwa Nurie Espert aus dem frankistischen Spanien, das

---

550 Zitat nach Petar Volk, BITEF – od nespokojstva do nade, in: Književne novine 1967, H. 311, S. 7 und 10, hier S. 7.

Teatro Experimental do Porto aus Portugal zu Zeiten des Diktators Salazar [...].«[551]

Offiziell gegründet wurde das *BITEF* als »selbständige und selbstverwaltete Arbeitsorganisation« mit der Entscheidung der Stadt Belgrad vom 26. Dezember 1966. Das erste Festival fand vom 8. bis 30. September 1967 statt, zu den eingeladenen Theatergruppen zählten, neben einigen einheimischen Theatern, das *Kathakali Dance Theatre* aus Indien, Jerzy Grotowskis *Teatr laboratorium* aus Wrocław mit der Aufführung *El principe constante* von Pedro Calderón, das *Théâtre Poche-Montparnasse* aus Paris mit der Aufführung *L'été* von Romain Weingarten, das New Yorker *Living Theatre* mit Judith Malinas und Julian Becks *Antigone* sowie das *Nouveau théâtre de poche* aus Genf mit Dürrenmatts *Die Ehe des Herrn Mississippi*. Das Repertoire wurde ergänzt durch ein ausgiebiges Diskussionsprogramm zu den Themen »Das moderne Theater und die östliche Tradition«, »Gibt es im Jahr 67 eine Avantgarde«, »Neue Tendenzen außerhalb der großen Kulturzentren«, »Shakespeare und das zeitgenössische Theater« oder »Theater und Revolution«.[552]

Im darauffolgenden Jahr fand das Festival im Kontext der internationalen und jugoslawischen Studentenbewegung statt, was sich sowohl auf das Repertoire als auch auf die Erwartungshaltung niederschlug. Für Borka Pavićević war die zweite Auflage des *BITEF* schon eine reformistische, altbackene Veranstaltung, die mit neuen Theatertendenzen nicht mehr viel gemein habe.[553]

---

551 Zitat nach Jovan Ćirilov, Kako smo stvarali i održavali BITEF, in: Istorijski arhiv Beograda (Hrsg.), BITEF. 40 godina novih pozorišnih tendencija. Dokumenta Beogradskog internacionalnog teaterskog festivala, 1967–2006, Belgrad 2007, S. 13. Siehe auch ebenda, S. 14.
552 Istorijski arhiv Beograda, BITEF, S. 51–53; positive Besprechungen gab es auch in der Studentenpresse, siehe Borislav T. Anđelić, BITEF 212 – traganje za suštinom, in: Susret, 18.10.1967, S. 6; ders. U potrazi za nemogućim, in: Susret, 18.–31.10.1967, S. 15; Lipovčan, BITEF; ders., Pouke za budućnost; Vladimir Stamenković, Živo pozorište. BITEF 212, in: NIN, 8.10.1967, S. 10; Petar Volk, Izlaz. U čemu je budućnost teatra, in: Književne novine, 1967, H.318, S. 7.
553 Borka Pavićević, BITEF 2. Hrist ili Robespjer?, in: Susret, 16.10.1968, S. 13; Ähnlich auch der lediglich mit Initialen unterschrieben Artikel P.S., II. BI-

Diese Haltung spiegelte sich auch in einer ihrer Übersetzungsarbeiten wider, die, just zum Zeitpunkt des Festivals, in der Jugendzeitschrift *Susret* einen Text von Julian Beck mit dem Titel »Das Theater und die Revolution« veröffentlichte: »Wenn die Revolution kommt«, so Julian Beck,

> »verschwindet das Broadway-Theater. Auch das Boulevardtheater aus Paris, diese Lügen aus dem westlichen Viertel. Auch das heilige Theater Westdeutschlands, alle Quasi-Broadway-Theater, die den Intellekt der Mittelklasse ausbeuten, alle Theater, die für den Mammon arbeiten, werden verschwinden. Die Revolution kommt. Die Kräfte sammeln sich, die Macht befindet sich unter denjenigen, die dieses leere und sinnlose Leben, das unsere Gesellschaft anbietet, ablehnen.«[554]

Diese scharfe Kritik an Konzeptionen eines vermeintlich artistischen und vergnüglichen Theaters zum Zwecke des Zeitvertreibs, der schönen Künste klassisch-bürgerlichen Zuschnitts, richtete sich an die Organisatoren eines Festivals, dessen Repertoirepolitik sich proklamatorisch gegen dieses bürgerliche Verständnis wandte. Wirft man einen Blick auf das Programm des zweiten *BITEF*-Festivals, so lassen sich zunächst kaum Anhaltspunkte für eine derart scharfe Kritik finden, weder bei der Selektionspolitik noch beim theoretisch-politischen Begleitprogramm. Eingeladen wurden u.a. die Gruppen *Compagnie Victor Garcia* aus Paris, die Fernando Arrabals *Le Cimetière des voitures* aufführten, *Divadlo za branou* aus Prag, die in der Regie des 1968 nach der Niederschlagung des Prager Frühlings aus der Tschechoslowakei ausgewiesenen Otomar Krejča Johann Nestroys *Der unzusammenhängende Zusammenhang* auf die Bühne brachten, das *Theater Bremen* mit Peter Zadeks Shakespeare-Inszenierung *Maß für Maß*, das *Volkstheater Rostock* mit Peter Weiss' *Gesang vom lusitanischen Popanz* in der Regie von Hans

---

T.F. Pred krizom koncepcije, in: Dnevnik, 29.09.1968; positiv dagegen Vladimir Stamenković, BITEF 1968 – reditelj kao pesnik scene, in: NIN, 22.9.1968, S. 14.

554 Julian Beck, Pozorište ili revolucija. Sa engleskog prevela Borka Pavićević, in: Susret, 2.10.1968, S. 11–12.

Anselm Perten sowie das *Slovensko narodno gledališče* aus Ljubljana mit einem der kontroversesten Stücke der einheimischen Dramaturgie, Primož Kozaks *Kongres*, einem Stück über die jugoslawische Studentenbewegung. Auch war das Bewusstsein für die besondere politische Konstellation, in der sich das Festival bewegte, nicht nur den Organisatorinnen und Organisatoren und studentischen Beobachtern augenscheinlich, selbst die lokalen Politikgrößen verwiesen darauf, dass sich dieses Festival in einer internationalen gesellschaftlichen Umbruchszeit abspiele. Der Belgrader Bürgermeister Nikola Pašić verwies in seiner Eröffnungsrede auf die internationale Krisensituation, allen voran mit Blick auf den Vietnamkrieg und die Zuspitzung der Ost-West-Konfrontation. In dieser Gemengelage, so Pašić, bestärke das *BITEF* mit seinem Programm »die Kraft aller friedliebenden Anstrengungen«, es zeige »die Notwendigkeit und Möglichkeit einer besseren Welt« auf.[555] Diese Notwendigkeit und Möglichkeit aufzuzeigen, war der erklärte Anspruch des politischen Theaters, und die Aufführung des Stücks *Kongres* aus der Feder von Primož Kozak diente sowohl den Organisatoren des Festivals als auch bekannten Theaterkritikern als Nachweis der Politisierung der jugoslawischen Bühnen. Dragan Klaić, der zwischen 1992 und 2011 als politischer Emigrant zum Direktor des Niederländischen Theaterinstituts avancierte, argumentierte als damals junger Theaterkritiker:

> »Kozaks Drama ist eine mutige und konsequente Abbildung des politischen Kampfes an der Universität, eine kompromisslose Betrachtung der rückständigen Kräfte innerhalb der Intelligenz. In seiner Auflösung zeigt es uns aber die Richtigkeit der Debatten und des Glaubens an den Humanismus an […]. Die Szene, in der die Schauspieler, in Uniformen der jugoslawischen Polizei gekleidet, vor der Universität stehen und in ihre Aula eindringen, diese Szene, die sich in den Junitagen in der Realität zugetragen hat, ist für das

---

555 Otvor drugog BITEF-a, in: Istorijski arhiv Beograda, Signatur: IAB–2128-K3II1-BITEF 2, 1968, lose Blattsammlung, S. 1–2. Kritisch gegenüber staatspolitischer Affirmation des politischen Theaters der Regisseur und Teilnehmer am runden Tisch Arsa Jovanović, IAB–2128-K4II6 – Bulletin BITEF II: Arsa Jovanović i dijalog, 30.09.1968, S. 119.

jugoslawische Theater sehr bedeutsam. Sie demonstriert uns den Bruch mit allem so genannten ›Umständlichen‹, ›Unangenehmen‹, ›Delikaten‹ oder ›Empfindlichen‹, sie vergegenwärtigt uns, dass die einheimischen Dramaturgen die Freiheit, die Kraft und den Willen haben, alle Tabus zu brechen und, während sie ein politisches Theater kreieren, die Politik tatsächlich mit dem Theater verbinden, einfach durch die szenische Darstellung der politischen Situation.«[556]

Von einer konsensualen Bewertung der »zeitgenössisch-politischen Aktualität« des jugoslawischen Theaters innerhalb der radikalen Linken kann demnach nicht gesprochen werden, auch wenn sich die Positionen zu den politischen und gesellschaftlichen Realitäten und die Einsicht in die Notwendigkeit ihrer strukturellen Änderung ähnelten. Um diese Fragen kreiste auch ein runder Tisch, der von der Redaktion der in der bosnisch-herzegowinischen Stadt Tuzla beheimateten Theaterzeitschrift *Pozorište* [Theater] 1971 organisiert wurde. Unter dem Titel »Theater und Revolution« debattierten junge Dramaturgen mit Theaterkritikern über die Möglichkeiten des Theaters, das Bewusstsein der Menschen zu revolutionieren. Während einer der Diskutanten, der Zagreber Dramaturg Slobodan Šnajder, auf den später noch zurückzukommen sein wird, diese Möglichkeiten äußerst skeptisch bewertete und aus der historischen Erfahrung argumentierte, die Revolution habe der Kunst das Künstlerische zum Vorwurf gemacht, ihr Ansinnen sei demnach die Dienstbarmachung der Kunst, die »Elektrifizierung der Seelen«, betonte die Mehrzahl der Anwesenden das in der Kunst per se schlummernde revolutionäre Wesen. Trotz dieses der Kunst eingeschriebenen humanistischen Geistes sei sie in der gegenwärtigen Zeit gleichgültig gegenüber den Zielen des »wahrhaftigen Engagements«, so Miodrag Bogičević.[557] Als wahrhaftiges Engagement

---

556 Dragan Klaić, Drama i politika, in: Polja 14, 1968, H.117/118, S. 24–25; ähnlich euphorisch auch Vladimir Stamenković, Političko pozorište. Sterijno pozorište 68, in: NIN, 9.6.1968, S. 12; Božidar Zečević, Mogućnost političkog angažmana pozorišta, in: Vidici 1968, H.121, S. 10; Branislav Milošević, Politika i teatar. Zapisi o ovogodišnjem pozorju, in: Vidici 1968, H.121, S. 11.

557 Erstes Zitat: Slobodan Šnajder, Revolucionarni igrokaz – hladna sinteza, in: Zvonko Petrović (Hrsg.), Pozorište i revolucija. Separat iz časopisa *Pozorište*,

wurde vor allem das intellektuelle und aktivistische Engagement der Neuen Linken erachtet. Dahinter stand auch ein Intellektuellenverständnis, wie es über die Arbeiten des *Praxis*-Umkreises aus dem akademischen in den öffentlichen Raum getragen wurde, allen voran in der Bestimmung der »Revolution« als eines permanent herzustellenden Zustands der Erneuerung und Emanzipation. In diesem Prozess komme, so Gajo Petrović, gerade Intellektuellen eine bedeutsame Rolle zu, denn das Denken der Revolution sei nicht nur inhärenter Wesenskern der Philosophie, sondern die Intellektuellen allgemein müssten sich, wollten sie Denker und nicht lediglich abstrakte Intellektuelle sein, mit dem Denken der Revolution befassen.[558] Bogičevićs Schlussfolgerung mündete in der Forderung: »Wenn wir [in Jugoslawien, K.S.] schon kein Theater der noch anhaltenden Revolution haben, dann benötigen wir zumindest eine Revolutionierung des Theaters.«[559]

Doch nicht nur junge Kritiker und Dramaturgen wie Miodrag Bogičević äußerten sich euphorisch über die gesellschaftlichen Möglichkeiten des Theaters, auch der anwesende Regisseur und Dramaturg Mladen Škiljan, Jahrgang 1921 und in der Zwischenkriegszeit Mitglied der Volkstheatergruppe *Družina mladih Vlade Habuneka* [Vlado Habuneks[560] Jugendgruppe], wies dem Theater eine ähnliche Funktion zu, angereichert mit dem Anspruch, das Publikum aus der Passivität zu befreien. »Lebendiges Theater, Theater-Kreation, Theater-Revolution«, so Škiljan im zeitgenössischen Duktus des Kulturavantgardisten, »existiert nicht außerhalb des Dramas der Betrachtung: eines Dramas, das dem Zuschauer, immer wieder neu und jedes Mal durch seine Aktualität und un-

---

Tuzla 1971, S. 52–57, hier S. 54. Zweites Zitat: Miodrag Bogičević, O funkciji teatra danas, in: ebenda, S. 88–92, hier S. 88f.
558 Petrović, Mišljenje revolucije, S. 204–239.
559 Bogičević, O funkciji teatra danas, S. 92. Siehe auch Branko Hećimović, U sukobu sa svojom omeđenošću, in: Petrović, Pozorište i revolucija, S. 99–06; Taras Kermauner, Šta je prava revolucija pozorišta, in: ebenda, S. 58–63.
560 Vlado Habunek (10.10.1906–23.07.1994), aus Zagreb stammender Theaterregisseur. Biografische Hinweise finden sich auf http://hbl.lzmk.hr/clanak.aspx?id=52 Zuletzt aufgerufen am 24.06.2013.

mittelbare Erfahrung, die Gesetzmäßigkeiten der gegenseitigen Bedingtheit des Individuellen und des Ganzen eröffnet [...].«[561]

In der dramaturgischen und szenischen Übertragung der gegenseitigen Bedingtheit sollte, allen voran für die im studentischen Milieu verwurzelte Kulturszene, das Studententheater eine Pionierrolle übernehmen.

Neben den großen Manifestationen des studentischen Theaters in Parma und Erlangen gehörte das ab 1962 in Zagreb abgehaltene *IFSK* zu den großen internationalen Treffpunkten des studentischen Amateurtheaters. Nachdem die Premierensaison 1961 noch als Gemeinschaftsprojekt sowohl in der dalmatinischen Stadt Zadar als auch in Zagreb abgehalten worden war, unter anderem mit der *Studiobühne* aus Erlangen, die Brechts *Trommeln in der Nacht* inszenierte, verlagerte sich das Festival in den Folgejahren in die kroatische Republikshauptstadt. Die Gründung des Festivals fiel in jene Phase, in der sich auch auf anderen gesellschaftspolitischen Gebieten Jugoslawiens Innovationen durchsetzten, und in der die Kulturszene als Vorreiter galt. Wie gezeigt, emanzipierten sich in dieser Periode die philosophischen Debatten und der *Neue jugoslawische Film*, und in diesem Umfeld entwickelte sich auch das Theater. Eine ähnliche Kontextualisierung vertritt auch der ehemalige Intendant des *IFSK*, Miroslav Međimorec, wenn auch seine Interpretation der politischen Folgewirkungen des Festivals diskutabel ist: »So führte eine augenscheinlich ungefährliche kulturelle Manifestation zur Erosion und zum Bruch des Sozialismus.«[562] Die immer weiter voranschreitende Politisierung des studentischen Theaters habe die Eliten in Jugoslawien überrascht. Diese hätten eine solche Entwicklung nicht erwartet, geschweige denn intendiert, und deshalb habe auch das *IFSK* das Jahr 1975 nicht überlebt:

---

561 Mladen Škiljan, Revolucionarna dimenzija u savremenim kazališnim kretanjima u Jugoslaviji, in: Petrović, Pozorište i revolucija, S. 10–29, hier S. 16; zur gegenwärtigen theoretischen Einbettung des Theaters in gesellschaftliche Zeitläufte siehe wiederum Alain Badiou, Rhapsody for the Theatre, London 2013.

562 Miro Međimorec, Studentsko kazalište, in: Kazalište 11, 2008, H.35–36, S. 130–149, hier S. 145.

»Die Unzufriedenheit der Jugend mit der weltweiten Situation hat im Theater zu einem kritischen Verhältnis gegenüber der Gesellschaft geführt, und so formierte sich auch auf dem IFSK, entgegen den Intentionen der Initiatoren, ein politisches Theater. Bis 1973 existierte das IFSK unter seinem Namen, 1974 unter dem Namen IFSK/Tage des jungen Theaters. Es wurde zum offiziellen Festival der Internationalen Organisation der Studententheater, doch diesen Status behielt es nicht lange, 1975 hörte es auf zu existieren.«[563]

Auch wenn Medimorec zu Recht die Relevanz politischer Eingriffsmöglichkeit herausstellt, so war es aus historischer Perspektive betrachtet mitnichten nur das Theater oder gar das Studententheater, das den Missmut innerhalb der politischen Elite weckte und sie zur politischen Repression greifen ließ. Im Kontext der historischen Situation war das Theater lediglich ein Bestandteil eines umfassenderen politisch-kulturellen Milieus, das seit über einem Jahrzehnt relativ frei operierte und sich von staatlicher Bevormundung schrittweise emanzipierte, ohne jedoch die Werte der jugoslawischen Revolution oder der Verfassung preiszugeben. Natürlich hatte die staatliche Bürokratie in der ursprünglichen Konzeption studentischer Theater oder Theaterfestivals keine derartige Politisierung erwartet, sie war aber auch keine abstrakte Initiatorin solcher Manifestationen. Vielmehr bewegte sich die Formierung kultureller studentischer Manifestationen durch die Studentenorganisationen im Einklang mit dem generellen Ansinnen von Staats- und Parteiapparat, den Jugend- und Studentenverbindungen Möglichkeiten der kulturellen Betätigung zu eröffnen. Ähnliches existierte in Form der Amateurkinoklubs auch im Bereich des Films. Was aber im Theater, und im studentischen Theater insbesondere, durchaus eine andere Qualität aufwies, war der Wunsch nach direkter politischer Aktion und ein weitaus radikaleres Verständnis künstlerisch-gesellschaftlichen Engagements. Dies brachte die Aktivistinnen und Aktivisten des Studententheaters in einen unmittelbaren Zusammenhang mit der Studentenbewegung. Anhand einiger ausgewählter Theaterstücke wird dies noch zu zeigen

---

563 Ebenda.

sein, doch zuvor soll die Selbstverortung detaillierter nachgezeichnet werden, denn sie war der ideelle Hintergrund sowohl in der Definition des eigenen Gegenstandsbereichs als auch gegenüber dem gesellschaftlichen »Außen«.

Der Ort der Handlung, das war Konsens innerhalb des linksradikalen Milieus, sollten die gegenwärtige Gesellschaft und die Zeitläufte sowohl im Rahmen der eigenen gesellschaftlichen Strukturen als auch im internationalen Kontext sein. Diese Internationalität des künstlerisch-politischen Zugangs äußerte sich sowohl in der Rezeption internationaler Theatertheoretiker und Dramaturgen als auch in der Themenvielfalt, die von der Kritik staatssozialistischer und liberalkapitalistischer Gesellschaften über die Unterstützung des antikolonialen Kampfes in Afrika und Lateinamerika hin zur Friedensbewegung und dem Engagement gegen den als akute Bedrohung empfundenen Atomkrieg reichte. Insofern ist der von Međimorec in der Nachschau verfassten Zusammenschau aktivierender Momente des studentischen Theaters zuzustimmen, auch wenn er die formulierten linksradikalen Lösungsansätze nicht erwähnt. »Die jungen Künstler«, so Međimorec in seiner Zusammenfassung,

> »begannen sich gegen die Aufsicht, gegen die politische und ästhetische Diktatur aufzulehnen, sie sprachen anders über den Sozialismus und Kommunismus, sie anerkannten nicht die Welt, so wie sie war, sie sprachen offen ihre Forderung nach einer anderen Welt an. Die revolutionäre Komponente ist Bestandteil dieser neuen Tendenzen. Den literarischen Größen folgten sie nicht sklavisch, stattdessen interpretierten sie die Klassiker auf eine erfrischende Art und Weise, sie spielten mit ihrer Sprache, mit ihren Charakteren und Beziehungen [...]. Durch ihre neue, andere Sprache redeten sie über Tradition, die Beziehung von Kindern zu ihren Eltern in der Nachkriegszeit, über die Liebe, die Angst vor dem Atomkrieg, über das totalitäre Bewusstsein, die Beziehung von Führern zur Masse [...]. Provokation, gesellschaftliche Subversion, Hinterfragung von empfindlichen, verbotenen oder gesellschaftlich gefährlichen Themen, die Erfindung neuer Zei-

chen und Verhaltensweisen im Theater [...] waren die wichtigsten Merkmale dieser Poetik.«[564]

Zu den elementaren Bausteinen in der Suche nach einem kognitiven Wertesystem gehörten in erster Linie klare künstlerische und politische Positionierungen. Die Kritik an den als überkommen empfundenen Strukturen staatlicher und anderer professioneller Theaterhäuser korrespondierte mit den Kritiken in anderen Bereichen, denn sowohl im Umfeld der *Praxis* als auch im *Neuen jugoslawischen Film* gehörte die öffentliche Sichtbarmachung von Missständen staatlicher Institutionen zum guten Ton.[565]

Probleme der zeitgenössischen jugoslawischen Dramaturgie
Was war nun konkret »faul am zeitgenössischen jugoslawischen Drama«, wie es der Schriftsteller Pero Zubac 1966 in einem Beitrag formulierte, und auf welchem Wege sollte bzw. konnte Besserung eintreten?[566] Die Beschreibung der Symptome, an denen sowohl die jugoslawische Gesellschaft als auch das jugoslawische Drama krankten, änderte sich über das gesamte Jahrzehnt nicht grundsätzlich. Die jugoslawische Kulturlinke tastete sich vom kleinsten gemeinsamen Nenner, nämlich der Einsicht in die historische Singularität des jugoslawischen Sozialismusmodells als einem Mittler zwischen bürgerlich-kapitalistisch und etatistisch-sozialistisch verfassten Gesellschaften, hin zum Durchdenken ideologischer und

---

564 Međimorec, Studentsko kazalište, S. 135; zur szenischen Neuorientierung und internationalen Einflüssen siehe Miroslav Karaulac, Antiteatar, in: Delo 8, 1962, H.1, S. 48–60; eine kritische Bestandsaufnahme liefert Jovan Ćirilov, Jedan društveno-istorijski aspekt nihilizma savremene anti-drame, in: Filosofija 1, 1967, H.1–2, S. 45–48; siehe auch Milan Lamza, Dileme suvremenog kazališta, in: Polet 2, 1964, H.10, S. 3.
565 Suvin, Teze; siehe auch ders., Second-guessing, ili kako je to (možda) zapravo bilo, unveröffentliches Manuskript vom 29.11.2004. Suvin schreibt: »Der reale Gegner in diesen Thesen ist also die ›Bürokratie‹, das was wir heute als letzte Überreste des straffen Stalinismus innerhalb der ›politischen Klasse‹ der SFRJ bezeichnen würden, vom Parteinneren (BdKJ) über die (nach Stalin) ›transmissionischen‹ Führungen der Volksjugend und des innerhalb dieser relativ autonomen Studentenbundes Jugoslawiens.«
566 Pero Zubac, Sivi dani sterijnog pozorišta, in: Polet 4, 1966, H.28, S. 14.

ideeller Novitäten und Aufbrüche, die das kulturelle und intellektuelle Leben weltweit immer mehr vereinnahmten.

Der Versuch, zu einem Verständnis des jugoslawischen Systems als auch der Jugoslawien umgebenden Systeme zu kommen, resultierte in einem dauerhaften Spannungsverhältnis zwischen Abwehr und Angriff, zwischen Affirmation und radikaler Kritik. Über die beinahe rituelle Einforderung humanistischer Werte wie Solidarität, Freiheit, Gleichheit und Brüderlichkeit sollte dieses Spannungsverhältnis zwar überbrückt werden, doch das Grundproblem blieb bestehen. Offen thematisiert wurde diese potentiell konfliktive Konstellation überraschenderweise kaum, sieht man vom Beitrag in einer Zagreber Studentenpublikation ab, die 1963 unter dem Titel »Einige Überlegungen zum Thema: Theater und Publikum« erschien und in dem der studentische Autor eine Art blinden Fleck der jugoslawischen Kulturlandschaft auszumachen suchte. Seiner Meinung nach hätten es die jugoslawischen Künstlerinnen und Künstler nach dem Bruch mit der Sowjetunion verpasst, eine kulturelle Neukonzeption zu formulieren:

> »Während der Künstler in der Sowjetunion und anderen Staaten des sozialistischen Lagers in der Sprache der Parole und des Schdanowschen sozialistischen Realismus sprach [...], haben wir die Türe hinter allem zugeschlagen, was wir bis dahin getan haben, befreit von allen Dogmen, finden wir uns bis heute nicht zurecht.«[567]

Das im Zitat angesprochene Tür-Zuschlagen und Nicht-Zurechtfinden der Künstler:innen in der neuen Freiheit ist zwar als faktischer Zustand historisch nicht hinreichend belegbar, weder kunsttheoretisch/konzeptionell noch politisch.[568] Dennoch deutete es auf ein wichtiges Dilemma hin, nämlich das angesprochene Verhältnis der

567 Zitat nach Marijan Batinić, Neka razmišljanja na temu: teatar i publika, in: Kritika 1, 1963, H.1, S. 38–44, hier S. 41; verdeckter, aber in eine ähnliche Richtung gehend Srećko Lipovčan, Vrijeme nevremena. Marginalije uz neka iskustva hrvatske povijesti, in: Prolog 2, 1969, H.6, S. 3–21.
568 Vgl. dazu die Debatte »Vidovi i mogućnosti marksističke kritike«, in: Savremenik 15, 1969, H.11, S. 297–326; »Marksizam i književna kritika u Jugoslaviji«, in: Savremenik 18, 1972, H.7, S. 5–44.

Künstler gegenüber dem Sozialismus als System (und somit gegenüber dem eigenen Staat mit all seinen Institutionen) und dem Sozialismus als politisch-gesellschaftlicher Emanzipationsbewegung. Die daraus resultierende latente Unzufriedenheit spiegelte sich in den Debatten gegen den hegemonialen Zeitgeist wider, jedoch überwiegend auf einem abstrakten, allgemein-theoretischen Niveau.

Die Forderung nach einem zeitgenössischen jugoslawischen Drama, verbunden mit der wiederkehrenden Feststellung, dass dieser Text auf sich warten lasse, prägte die Debatte bis in die zweite Hälfte der 1960er-Jahre. Bei einer 1962 von der Redaktion der Belgrader Zeitschrift *Delo* organisierten Diskussion mit namhaften Schriftstellerinnen und Schriftstellern war dieses Lamento allanwesend, in Form der Generalfeststellung, es gebe »Probleme auf allen Seiten dessen, was man als Theater« bezeichnen könnte, über die Kritik an den einheimischen Theaterregisseuren, unter denen es keinen mit einer eigenen Handschrift à la Meyerhold oder Piscator gäbe, bis hin zur spitzen Bemerkung, das Reden und Jammern über die gegenwärtige Situation des jugoslawischen Dramas sei, »wie ihr zugeben müsst, monoton und trostlos.«[569]

Als eigentlicher Kern dieser Krise wurde die fehlende, die Bevölkerung im sozialistischen Jugoslawien betreffende zeitgebundene Thematik erwähnt, doch die Benennung konkreter Themenfelder fiel in den Debatten nur recht spärlich aus. Dieser Umstand hatte wohl am wenigsten mit der Angst vor möglichen Repressionen zu tun, denn auf einer allgemeineren Ebene war die Kritik am Zustand von Gesellschaft und Staat reichlich ausgeprägt und direkt. Und die Diagnosen fielen alles andere als wohlmeinend über eine Gesellschaft aus, die sich formal schon seit über einem Jahrzehnt auf dem Weg zur Selbstverwaltung und sozialistischen Demokratie befand. Zieht man noch die Tatsache in Betracht, dass der Bund der Kommunisten als selbstproklamierte ideelle Avantgarde hauptsächlich für die geistig-moralische Verfassung verantwortlich

---

[569] Zitate nach Redakcija: Pozorišne prilike. Diskusija o problemima naših pozorišta, in: Delo 8, 1962, H.4, S. 429–468, hier S. 429 (1. Zitat), 431 (2. Zitat) und 432 (3. Zitat); ähnlich auch Marijan Batinić, Revolucionarni realizam – put prema novom kritičnom realizmu, in: Kritika 1, 1963, H.2, S. 35–44.

zeichnete, sowohl in der eigenen Perzeption als auch in der Zuschreibung von außen, dann dürfte die Kritik partikularer Problemfelder sicherlich nicht konfliktiver gewesen sein als die Kritik des allgemeinen Zustands. Noch knapp ein Jahr vor Ausbruch der Studentenproteste und der Besetzung der Belgrader Universität wurde in der bedeutenden Kulturzeitschrift *Razlog* die kulturelle bzw. geistig-moralische Situation als desaströs, apolitisch und trivial gegeißelt:

> »Reden wir über die Krise unserer Kultur, müssen wir unabdingbar die Frage nach der Krise des Geistes in dieser Gesellschaft stellen. Geistig ist diese Gesellschaft sicherlich nicht sozialistisch. Geistig ist diese Gesellschaft trivial [...] und sie verhält sich gegenüber der Kultur nicht genügend politisch. Ich meine Politik nicht im Sinne von Politikantentum, sondern im ursprünglich griechischen Sinne [...]. Eine Gesellschaft, die sozialistisch sein möchte, kann und darf seine Existenz nicht partikularisieren, ihre Aufgabe ist universal.«[570]

Aus marxistischer Sicht war diese Haltung durchaus inkonsequent, handelte es sich doch um einen dialektischen Problemzusammenhang, der nicht nur in erster Linie nach großen Zusammenhängen, sondern auch nach dem Kern bestimmter Verformungen fragt. Daraus ergab sich für die zeitgenössische Dramaturgie das Problem des hinreichenden Zugangs zu spezifischen Themen, wollte man nicht lediglich auf der Ebene einer allgemeinen Staats- und Gesellschaftskritik verbleiben.

Die Rezeption der linksradikalen Philosophie aus dem *Praxis*-Umfeld beförderte zwar die theoretische Einsicht in die Notwendigkeit und Möglichkeit, sich im und durch das Theater zu engagieren. Inhaltlich jedoch blieb es eine offene Frage, welche Themen adäquat wären. Mit dem Strafgefangenenlager Goli otok und der Abrechnung der jugoslawischen Parteiführung mit vermeintlichen Anhängern Stalins in den eigenen Reihen etwa beschäftigte sich die jüngere Generation jugoslawischer Dramaturgen

---

570 Željko Falout, Dokle?, in: Razlog 7, 1967, H.54/55/56 (N.F.), S. 512–515, hier S. 515.

erst gegen Ende der 1960er-Jahre, im beginnenden Nachklang der Studentenbewegung. Verbreiteter, wie im Falle des *Neuen jugoslawischen Films*, war die Anklage der ehemaligen Revolutionäre, sie hätten die Revolution nicht zu Ende gebracht und es sich im Staatsdienst gemütlich gemacht, eine Kritik, die sich intellektuell aus der philosophischen Bürokratismus-Debatte speiste.

Wie eng der Diskurs an die philosophische Staats- und Gesellschaftskritik gebunden war, verdeutlicht auch folgende Aussage von Darko Gašparović, einem der Vordenker des jugoslawischen Studententheaters, der im Jahr der Studentenrevolte, ganz politischer Aktivist, den Verrat an den Idealen der Revolution geißelte und dafür mit Miroslav Krleža den Altmeister linker Literatur in Jugoslawien als immer noch besten Vertreter gesellschaftskritischer Dramaturgie ins Feld führte. Seine Dramen aus den 1920er-Jahren seien, so Gašparović, ohne weiteres auf die sozialistische Epoche übertragbar:

> »Man könnte argumentieren, dass die gesellschaftlichen, materiellen und kulturellen Voraussetzungen im Sozialismus vollständig andere sind, dass es sich um eine gänzlich andere Gesellschaft handelt, dass es keine Notwendigkeit für eine Gegenüberstellung von Künstler und Gesellschaft gibt, da ihre Interessen die gleichen sind. Doch der Fall ist der, dass der Sozialismus, und zwar verstanden als ein demokratischer und humaner Sozialismus – und nur dieser kann das Ideal dieser Gesellschaft sein –, nicht gottgegeben ist, und dass man für seinen Ausbau tagtäglich kämpfen muss. In der Praxis sind viele Dinge anders, ja sogar entgegengesetzt zur Theorie [...], wie man nach den jüngsten Ereignissen in Polen und der Tschechoslowakei sehen kann. Der Dramaturg [...] muss gegen das Gesetz des Zwanges aufbegehren, gegen die physische und psychische Unterdrückung des Menschen, er muss gegen eine Gesellschaft sein, die in der Praxis den materiellen Standard als einziges Ziel herausgegeben, aber die revolutionären Ideale und geistigen Werte zynisch in die Rumpelkammer geworfen hat.«[571]

---

[571] Zitat nach Gašparović, Mogućnost kritičkog angažmana, S. 11; in eine ähnliche Richtung argumentierend, wenn auch mit dem Fokus auf die Bühne,

Um diese seit Jahren diagnostizierte Stagnation zu beseitigen, wurde 1968 mit der in Zagreb erscheinenden Zeitschrift *Prolog* ein Publikationsformat ins Leben gerufen, auf dessen Seiten nicht nur über die theoretischen Grundlagen einer dramaturgischen Erneuerung diskutiert werden sollte, sondern das zudem jungen Autorinnen und Autoren einen Ort für die Veröffentlichung ihrer Dramen anbot. Im einleitenden Redaktionstext, der die Hintergründe und den Anspruch dieser Zeitschrift erläuterte, wurde zwar der Fokus vor allem auf die Probleme von Theater und Dramaturgie in Zagreb gelegt, »was nicht bedeuten soll[te], dass im Belgrader Theater nur Rosen blühen und dass alles gut und schön ist«.[572]

Trotz dieser selbstauferlegten Beschränkung entwickelte sich *Prolog* zum zentralen Medium progressiver Theatermacher in Jugoslawien. Die Probleme in Belgrad und Zagreb offenbarten strukturelle Gemeinsamkeiten, und die Zeitschrift publizierte mit den beiden Dramen *Minigolf* von Slobodan Šnajder und *Druga vrata levo* [Zweite Tür links] von Aleksandar Popović zwei Stücke, die zu den paradigmatischen Dramen der radikalen studentischen Linken in Jugoslawien gezählt werden können.

Die Förderung des einheimischen Dramas war ein wesentlicher Grund für die Herausgabe der Zeitschrift, denn nur so, argumentierten die Herausgeber, könne die Qualität des kroatischen bzw. jugoslawischen Theaterlebens gehoben und die Stücke näher an die Probleme des zeitgenössischen Menschen geführt werden. Die »Bedingung für ein richtiges, gesundes und kreatives Theaterleben« sei, so heißt es im Text, die »EXISTENZ EINES AUTOCHTONEN EINHEIMISCHEN DRAMATURGISCHEN WORTES UND SEINER PERMANENTEN THEATRALEN DARSTELLUNG.«[573]

Dragan Klaić, Teatar provokacije, in: Polet 2, 1967. H.11/12, S. 52; siehe weiterhin Petar Volk, Aušvic ili pitanje boga, in: Književne novine, 1966, H.268, S.7; Miodrag Petrović, Cilj pozorišta je da utiče. Intervju sa Aleksandrom Popovićem, in: Književne novine, 1966, H.278, S. 12; Tomislav Kurelec, Desetogodišnjica Studentskog eksperimentalnog kazališta, in: Polet 4, 1966, H.27, S. 12; Kazališna kritika na optuženičkoj klupi, in: Polet 2, 1967, H.14, S. 30f; Kazalište samo dijeli kritičku sudbinu čitave naše kulture u ovome času, in: Prolog 1, 1968, H.1, S. 21–31.

572 Redakcija, Zašto istupamo?, in: Prolog 1, 1968, H.1, S. 3–5.
573 Ebd:, S. 4. Hervorhebungen im Original.

Die einheimischen Autorinnen und Autoren müssten endlich aus ihrer »Autozensur« befreit werden, die sie nur allzuoft daran hinderte, »über unsere Zeit und den zeitgenössischen Menschen« zu sprechen. Die kroatische Dramaturgie müsse sich »ÖFFNEN GEGENÜBER EINEM ENTSCHLOSSENEN UND KOMPROMISSLOS KRITISCHEN ENGAGEMENT IN ALLEN WICHTIGEN UND ENTSCHEIDENDEN ETHISCHEN, SOZIALEN, POLITISCHEN, MORALISCHEN UND EXISTENTIELLEN FRAGEN UNSERER ZEIT UND UNSERES RAUMES.«[574]

Schon in der ersten Nummer veröffentlichte die Redaktion mit *Minigolf* das Erstlingswerk des damals zwanzigjährigen Slobodan Šnajder, welches in der Saison 1968/69 sogar zum Standardrepertoire des Zagreber Dramentheaters gehörte.[575] In diesem Stück befasste sich Šnajder mit dem weitgehend tabuisierten Thema des Strafgefangenenlagers Goli otok, einer Insel im adriatischen Meer, auf der überwiegend Kommunistinnen und Kommunisten interniert wurden, die sich im Zuge des Kominform-Konflikts 1948 als Anhänger Stalins positioniert hatten oder aus innerparteilichen Verwerfungen als Stalinsche Unterstützerinnen und Unterstützer gebrandmarkt wurden. Der Ort der Handlung im ersten Akt ist die Redaktionsstube eines Jugendmagazins mit dem für die Zeit wenig überraschenden, jedoch als durchaus programmatisch zu verstehenden Namen *Mlada misao* [Junge Gedanken]. An den Wänden hängen sowohl Plakate gegen den Krieg in Vietnam als auch gegen Alkoholismus. Im Zentrum der Auseinandersetzung im ersten Akt steht das Streitgespräch zwischen den beiden anwesenden Redakteuren, die stellvertretend für die Stimmung unter den jugoslawischen Studentinnen und Studenten, oder allgemeiner: der jugoslawischen Jugend dieser Zeit, stehen. Der eine, Zoran, ist eher pragmatisch und vordergründig apolitisch, vor allem darauf bedacht, dass »die«, gemeint sind die Staatsinstitutionen, ihre Zuwendungen an die Zeitschrift auch in Zukunft leisten. Sein Kollege Martin ist dagegen kompromissloser und auf der Suche nach der »Wahrheit«, weshalb er

---

574 Ebd. Hervorhebungen im Original.
575 Slobodan Šnajder, Minigolf, in: Prolog 1, 1968, H.1, S. 39–61.

auch vermutet, irgendwann auf die Strafinsel Goli otok verfrachtet zu werden. »Komm, alter Kumpel, sei vernünftig«, empfiehlt Zoran seinem Kollegen. »Ich bin doch dein Freund. Wenn du tatsächlich etwas sagen willst, wenn es dich irgendwo juckt, dann sei gewiss, dass man es in diesem Land auch sagen kann. Es ist nur eine Frage der Form. Alles ist in letzter Konsequenz eine Frage der Form.« Martin hingegen kritisiert offen diesen passiven und konsumistischen Lebenssinn, den Zoran nüchtern mit dem Argument, es sei ja »besser als früher«, zu verteidigen sucht, und negiert jedwede Empathie mit solch einer Einstellung: »Und zu guter Letzt, mein Alter, zwischen dir und mir wird sich nicht mehr abspielen als zwischen mir und meinem Nachttopf.«[576] In der Zwischenzeit kommt der hauptverantwortliche Redakteur Vladimir Puh in die Redaktionsräume, woraufhin sich das Gespräch auf die aktuellen Studentendemonstrationen in Tokio verlagert. Selbst auf Zorans zurückhaltende, doch sympathisierende Haltung zur Frage der Studentenproteste reagiert Puh, ganz karrierebewusster Jugendfunktionär, unwirsch:

> »Mensch, Leute, was wollt ihr denn? Revolution? Streik? Bomben? Dort herrscht doch Kapitalismus, ihr möchtet ja wohl nicht sagen, dass es da keinerlei Unterschiede gibt? Gegen wen wollt ihr denn demonstrieren? Gegen euch selbst? Seid nicht albern. Man braucht dafür einen Grund. Und ausserdem, die Frage der Studentenmensa ist tausendmal wichtiger als die gesamte jugoslawische Außenpolitik. Ihr wisst doch gar nicht, was Leben heißt.«[577]

Im Laufe der Unterhaltung verlagert sich die Diskussion von der Frage nach der politischen Bewertung der internationalen und jugoslawischen Studentenbewegung hin zu einem weiteren in Jugoslawien brisanten Thema – nämlich der Absetzung des ehemaligen jugoslawischen Innenministers Aleksandar Ranković. Auch hier prallen zwei Positionen aufeinander, die als repräsentativ für den damaligen politischen Diskurs gelten können. Wiederum geht es um den Vorwurf der Prinzipienlosigkeit, der die Partei und ihre Parteimitglie-

---

576 Alle Zitate nach Šnajder, Minigolf, S. 42f.
577 Ebd, S. 44.

der erfasst habe. Und wiederum antwortet der »Parteiheld« dieses Stückes, Vladimir, auf eine grundsätzlich technisch-administrative Weise. Während der studentische Aktivist Martin die Willkür und Prinzipienlosigkeit der Partei nicht nur im innenpolitischen Feld, wie im Fall Ranković, angreift (»Sinn, erläutern sie mir nur einmal etwas konkreter diesen Sinn. Ich sehe so wenig Fragen bei ihnen, so wenig Zweifel, dass mir angst und bange wird«), sondern auf die Geschichte der Partei und ihr nicht vollends geklärtes Verhältnis zum Stalinismus ausweitet (»Eine ganze Generation von Kommunisten wurde doch im Geiste der Liebe zu Russland und Stalin erzogen. Stalin ist Gott, Stalin ist der Retter des freiheitsliebenden Teils der Menschheit, der Führer und Lehrer des internationalen Proletariats, Stalin ist Moses, Stalin ist der unfehlbare Dialektiker«[578]), negiert Vladimir jedwede politische Substanz in den Positionen des linken Parteikritikers und verweist auf die Institutionen:

> »Wie stellst du dir die Partei eigentlich vor, als eine Versammlung von Opportunisten, die nur darauf schielen, wie sie an Villen und Swimmingpools gelangen können? Was weißt du über die Partei? Dein Protest würde genau dort [in der Partei, K.S.] an Einfluss und Sinn gewinnen.«[579]

Erst gegen Ende des ersten Aktes werden die gesellschaftspolitischen Motive hinter Martins Kritik sichtbarer. Hinter der Kritik an der Prinzipienlosigkeit der Partei verbarg sich eine Abrechnung mit der Oberflächlichkeit des jugoslawischen *Status quo*, seiner schleichenden und von der gesellschaftlichen Mehrheit abgenickten Verbürgerlichung und Depolitisierung:

> »Und ihr [die Partei- und Staatsinstitutionen, K.S.] erzählt mir was von Sinn. Eingetaucht in eure Papiere und über die nächste Partie Minigolf oder Schweinshaxen nachdenkend. Verflucht, ich habe nichts gegen Schweinshaxen, aber sie können unmöglich jenen Sinn haben, der ihnen zugesprochen wird. Was sollte ich wohl

---

578 Beide eingeklammerten Zitate in ebd., S. 46.
579 Ebd.

meinem Onkel gegenüber sagen, der im Konzentrationslager ermordet wurde? Sie haben dich ermordet, damit ich im Auto rumfahren kann, damit ich Geschichten über Musiker schreiben kann, die sich mit den Ballerinas ihres Orchesters vergnügen? Damit wir in Ruhe Politik spielen können? [...] Ich muss ihnen diesen Sinn nehmen, denn ich denke nicht, dass mein Onkel ermordet worden ist, damit in diesem Land besserer Fußball gespielt wird.«[580]

Der zweite Akt spielt sich in einer Psychiatrie ab, genauer in einer Nervenheilanstalt mit dem Namen »Heilige Wacht«, in welcher im Grunde ähnliche Dialoge stattfinden wie zuvor in der Redaktion, sowohl zwischen den Insassen bzw. Patienten als auch zwischen Martin und dem Klinikleiter. Der Klinikleiter wendet sich zwar ebenso abstrakt gegen die Revolutionsträume der Insassen:

»Was, meine Herren, wollt ihr eigentlich? Streik? Aufruhr? Vorwärts, los, damit ich es hören kann, wir werden sehen, was wir diesbezüglich für euch machen können. Revolution. Ihr habt den Zeitpunkt verpasst, meine Herren. Wir leben in einer Zeit der friedlichen Prosperität«[581]

Darüberhinaus richtet sich seine Haltung konkret gegen die scheinbar potentielle Gefahr eines Streiks innerhalb der Anstalt, organisiert von ihren Insassen:

»Schon seit Jahren, und zwar täglich, hinterlassen sie [die Insassen, K.S.] Nachrichten, in denen sie einen Angriff auf mich und das Anstaltspersonal ankündigen. Diese Nachrichten hinterlassen sie überall, auf Toilettenpapier, auf Zigarettenschachteln, eingeritzt in die Wände. Die Kastanienbäume im Garten sind voll von geheimnisvollen Zeichen, mit deren Hilfe sie miteinander kommunizieren... wie richtige illegale Revolutionäre... und das seit Jahren... Zu einem Aufstand wird es jedoch nicht kommen, das kannst du mir glauben, denn wir wollen nur das Beste, wir kümmern uns um sie. Wir werden schließlich dafür

---

580 Ebd., S. 47.
581 Ebd., S. 57.

bezahlt. Wenn sie sich gegen uns auflehnen, lehnen sie sich ja gegen sich selbst auf. Und wer in aller Welts Namen glaubt Verrückten?«[582]

Wurden bisher vorwiegend auf einem eher abstrakten Niveau spezifische Themen angeschnitten und kritisch kommentiert, so haben wir es hier mit einer kaum verhohlenen Parodie auf den Staat und seinen Präsidenten Josip Broz Tito zu tun. In Gestalt einer Psychiatrie und ihres Chefarztes blicken diese auf den das System kritisch betrachtenden Bevölkerungsanteil als auf nervlich zerrüttete, nicht ernstzunehmende »Verrückte«. Der geplante Streik der Klinikinsassen, den der »Chefarzt« unter allen Umständen verhindern möchte, ist eine Allegorie auf die internationale Studentenbewegung und die Universitätsbesetzungen. Das Stück gehörte in der Saison 1968/1969 zum Repertoire des Zagreber Dramentheaters, in eben jener Saison, in der sich auch an den jugoslawischen Universitäten breiter Widerstand formierte und allen voran in Belgrad in Form einer siebentägigen Universitätsbesetzung auch materialisierte. Die Reaktionen auf dieses Stück waren in der linksalternativen Studenten- und Jugendpresse dementsprechend positiv. Gelobt wurden seine unkonventionelle Sprache, sein politischer Gehalt und vor allem seine zeitgenössische Gesellschaftskritik. Während das generelle Urteil über die 1968 aufgeführten Stücke nahezu traditionell schlecht ausfiel, der Spielzeit generell »[...] zuviel Fehlschläge, Mittelmäßigkeit, Langeweile [...]« attestiert wurde, bekamen aus der einheimischen Dramaturgie lediglich zwei Stücke, aufgeführt auf der Bühne des Zagreber Dramentheaters, positive Bewertungen – das hier vorgestellte Stück von Šnajder und *Ptice bez jata* [Vögel ohne Schwarm] des Autors Drago Roksandić:

> »In beiden Dramen erblicke ich [...] die Wortmeldung eines gesellschaftspolitischen Engagements in der zeitgenössischen kroatischen Dramaturgie, und deshalb betrachte ich sie als außergewöhnlich wichtig [...].«[583]

---

582 Ebd., S. 58.
583 Darko Gašparović, Usputna rasmišljanja na kraju Zagrebačke kazališne sezone, in: Prolog 1, 1968, H.2, S. 50–56, hier S. 51 (erstes Zitat) und 54 (zweites Zitat).

In einer ein Jahr später erschienenen Besprechung wurde Šnajders Stück ebenfalls sehr positiv aufgenommen, wenngleich der Rezensent gar eine Radikalisierung des Inhalts einforderte:

> »In jedem Fall befindet sich der Mensch an einem Punkt, an dem er beginnen muss, mit seinem Schicksal zu experimentieren, und zwar grundsätzlich anders denn als Angehöriger einer Herrschaftsclique, Nation oder Supermacht. Auf welche Art und Weise dies sein wird, darauf kann nicht nur allein das machtlose Theater eine Antwort geben; aber Antworten werden in jedem Fall gesucht. Und eine davon ist sicherlich ›Minigolf‹.«[584]

Einen zweiten Antwortversuch stellte das Stück *Druga vrata levo* [Zweite Tür links] des Belgrader Schriftstellers Aleksandar Popović dar. Dieses Stück, entstanden unter dem Einfluss der Universitätsbesetzungen 1968, war seiner künstlerischen Sprache nach weitaus verspielter und surrealer als Šnajders eher realistisch gehaltenes Drama. Doch gerade die surreale Form ließ die Kritik gegen die Staats- und Parteivertreter umso spitzer wirken.

In diesem Stück wird das jugoslawische Gesellschaftssystem als paternalistische Beziehung zwischen Staats- und Parteispitze auf der einen Seite und aufmüpfigen Bürgerinnen und Bürgern, oder präziser: Studentinnen und Studenten, auf der anderen Seite persifliert. Gestritten wird darüber, was als Demokratie oder demokratische gesellschaftliche Beziehungen bezeichnet werden könne. Die verfremdeten Protagonistinnen und Protagonisten, deren reale Entsprechung der Leser erahnen kann, debattieren über die Ereignisse und Hintergründe, die zur Studentenrevolte geführt haben – entweder innerhalb der eigenen Gruppe (Studenten und Staatsrepräsentanten) oder miteinander. Die staatliche Demokratieauffassung wird im Dialog zwischen ›Oca‹ und ›Božija‹ als unverbindliches Gesellschaftsspiel gegen eine sich etwaig einstellende Langeweile beim Picknick dargestellt.

---

584 Branko Bošnjak, Nekoliko fragmenata o Minogolfu Slobodana Šnajdera, in: Prolog 2, 1969, H.4, S. 64f., hier S. 65.

»Božija: Aber nicht ohne Gesellschaftsspiele, wir könnten uns langweilen.
Oca: [...] dann finde etwas, das wir mitnehmen können, angeleint, so wie einen Hund.
Božija: Dann nehmen wir die Demokratie!
Oca: Ich hoffe nur, dass sie vom steten Gebrauch nicht allzu ausgefranst ist?
Božija: Ich flicke sie regelmäßig, mach dir keine Sorgen.«[585]

Die beiden sich hier im Gespräch befindenden Repräsentanten des Staates können als Staatspräsident Tito [Oca = Vater, Väterchen] und der Bund der Kommunisten Jugoslawiens [Božija = Göttliche] identifiziert werden. Während also Oca und Božija sarkastisch auf die politische Wirklichkeit und die proklamierten Werte des eigenen sozialistischen Gesellschaftssystems blicken, sind die Debatten der Studentinnen und Studenten ironisch und desillusionierend. Einer der Protagonisten namens ›Jablan‹ [Pappel] moniert den Stillstand (»Unser Zug steht, und wir schauen durchs Fenster auf die vorbeifahrenden Züge und bilden uns ein, wir würden uns auch bewegen«[586]), während ›Golubica‹ [Täubchen] desillusioniert die Niederlage der Studentenbewegung und die mit ihr verbundenen politisch-sozialen Neuerungen konstatiert (»Dieses unser neues Leben war schön und gesund [...] aber die Welt, in die es hineingeboren wurde, war zu krank und hässlich, um es anzunehmen.«[587]). Für die Staats- und Parteiführung hingegen war die Studierendenrevolte keinesfalls der Versuch eines neuen, besseren und gerechteren Lebens, sondern vielmehr ein »kleiner und unbedeutender Straßenkneipen-Vorfall«,[588] der dem Ansehen des Staates im Ausland geschadet habe.[589]

Das Hauptmotiv in Popovićs Drama ist die zunehmende Ent-

---

585 Aleksandar Popović, Druga vrata levo, in: Prolog 2, 1969, H.3, S. 73–91, hier S. 77. Abgedruckt auch in Aleksandar Popović, Drame, Belgrad 2001, S. 555–628.
586 Popović, Drame, S. 590.
587 Popović, druga vrata levo, S. 91; Popovć, Drame, S. 627.
588 Ebd., S. 90; Popović, Drame, S. 624.
589 Popović, Drame, S. 576.

fremdung zwischen Partei- und Staatsführung und den studentischen Aktivistinnen und Aktivisten. Wenn ›Oca‹ sagt, dass »unsere faktische Wirklichkeit stärker ist als euer illusorisches Morgen[590]«, dann greift Popović gezielt auf den Diskurs von der verratenen Revolution und satten, sarkastisch gewordenen und verbürokratisierten Beamten der Revolution zurück. Mit einem ähnlichen Ansinnen stieg der Schauspieler Stevo Žigon aufs Rednerpult, als er zu den versammelten Demonstranten an der Belgrader Universität sprach. Und ähnlich positionierten sich auch die Intellektuellen um die Zeitschrift *Praxis*. Entsprechend argumentiert auch Darko Suvin in seiner Studie zum emanzipatorischen Gehalt des jugoslawischen sozialistischen Projektes:

> »Mit Beginn der 1970er Jahre war alles entschieden, es gab keine diskursiv bedeutenden Debatten mehr, stattdessen etablierte sich eine Art jugoslawischer ›Breschnewismus‹, ein Stillstand, dem ein immer steilerer ideeller und ökonomischer Niedergang folgte.«[591]

Popovićs Stück endet mit der einsetzenden Repression gegen die Organisatoren der Protestbewegung – gepaart mit einem Kooptationsversuch der Staats- und Parteiführung, den die Figur ›Oca‹ in die Worte kleidet: »Trost und Unterstützung, selbst in den schwierigsten Momenten der Niederlage und Enttäuschung, findet ihr nur bei euren Eltern!«[592] In dieser Familienmetaphorik spiegelte sich die als paternalistisch empfundene Verhaltensweise und Politik gegenüber der Jugend in Jugoslawien. Gleichzeitig aber auch der paternalistische Gesamteindruck, den die politische Elite Jugoslawiens auf die Bevölkerung insgesamt, allen voran auf die Arbeiterklasse durch die nur unzureichend durchgeführte Demo-

---

590 Ebd., S. 614.
591 Suvin, Radiografija, S. 60f; ders., Diskurs o birokraciji i državnoj vlasti u post-revolucionarnoj Jugoslaviji 1945–1974., I, in: Politička misao 49, 2012, H.3, S. 135–159; ders., Diskurs o birokraciji i državnoj vlasti u post-revolucionarnoj Jugoslaviji 1945–1974., II, in: Politička misao 49, 2013, H.4, S. 228–247.
592 Popović, Drame, S. 627.

kratisierung der sozialistischen Selbstverwaltung und der Arbeiterkontrolle über die Produktionsmittel hinterließ.

Die Reaktionen auf dieses Stück fielen unterschiedlich aus, sie reichten von politisch-ideologischer Zurechtweisung bis hin zu Lob und Unterstützung. In einem Sonderheft aus dem Jahr 1990, dem, wie sich herausstellen sollte, letzten Lebensjahr des sozialistischen Jugoslawien, widmete sich die Theaterzeitschrift *Scena* [Szene] dem Politischen Theater. In dieser Dokumentation wurden zeitgenössische – hauptsächlich negative – Kritiken unterschiedlicher Dramen abgedruckt. Dem Kritiker Dušan Popović missfiel die zu negative Perzeption des jugoslawischen Selbstverwaltungssozialismus in *Druga vrata levo*, für ihn war es Ausdruck der »einheimischen Variante der philosophisch-politischen These einer Kritik alles Bestehenden« und sein Urteil dementsprechend harsch und abwertend:

> »Es ist vollkommen klar, was die Kritik in *Druga vrata levo* stürzen will. Dies ist ein Drama der Nichtanerkennung der sozialistischen Selbstverwaltungsgesellschaft. Es ist nicht klar, was der Autor diesem Land als Zukunftsvision anbietet, aber es ist gut möglich, dass seine Kritik den Kräften des bürokratischen Etatismus oder der bürgerlichen Konterrevolution den Weg ebnet.«[593]

Gavro Altman, ein anderer Kritiker von Popović und Mitglied des Theaterrates im *Atelje 212,* das sich 1969 gegen eine Aufnahme des Stücks ins Repertoire entschieden hatte, verteidigte seine Ablehnung als persönliche und auf künstlerischen Überzeugungen fußende Entscheidung, die nichts mit Zensur zu tun gehabt habe:

> »Ich bin von der Überzeugung geleitet worden, dass dieses Stück ein solches Maß an gesellschaftlicher Unwahrheit enthält und es zu schlecht ist, als dass die gesellschaftlichen Mittel, die dem Rat des Atelje 212 anvertraut worden sind, für die Aufführung dieses Stücks ausgegeben werden sollten.«[594]

---

593 Dušan Popović, Političko pozorište, in: Scena 6, 1990, H.2-3, S. 105–111, hier S. 108.
594 Gavro Altman, Član saveta, in: Scena 6, 1990, H.2-3, S. 90–91.

Auf der anderen Seite wurde dieses Stück auch gelobt, hauptsächlich von Protagonisten, die dem populären Studententheater nahestanden. Einer der wortmächtigsten Befürworter eines engagierten Studententheaters war der Zagreber Kritiker und Theoretiker Željko Falout. Sein Urteil über die Aufführung im Zagreber *SEK – Studentsko eksperimentalno kazalište* [Studentisches Experimentiertheater] unter der Regie von Bogdan Jerković war durchweg positiv und enthusiastisch, was die Potentiale des Studententheaters angeht. Und zwar nicht, indem er die Qualitäten der Aufführung als solcher, die schauspielerischen Leistungen oder jene des Regisseurs lobte, sondern das ihm zufolge potentiell Neue für das jugoslawische Theater hervorhob: ein Theater als geistige Veranstaltung, die sich kritisch mit ihrer Zeit auseinandersetzt. Die offizielle Presse, allen voran in der Republik Kroatien, habe genau dies in ihren Kritiken verschwiegen:

»Die Mehrheit der Kritiker hat sich über diese Aufführung zurückhaltend, konfus, halbnegativ geäußert. Sie hat versucht, ihre Bedeutung auf ein Minimum zu reduzieren [...] was eine Tendenz der offiziellen Presse ist in allem, was mit den Juni-Ereignissen in Verbindung steht.«

Die offizielle Presse und ihre Kritiker hätten bewusst das Novum im jugoslawischen Theater verschwiegen:

»Die sogenannte Kritik hat dies, natürlich, bewusst verschwiegen. Dieser ideologischen, offiziellen Kritik geht es nicht um dieses Novum, ihr geht es nicht um das Studententheater, ihr geht es nicht – so wie der Regierung, von der sie in ihrer Falschheit und Kleinkrämerei dirigiert wird – um die Existenz eines Geistes, wie unbedeutend dieser auch sein mag. [...] Die einzige Gefahr für die Regierung ist der Geist, und das weiß sie sehr genau. Der Geist ist die einzige Barrikade, die sich niemals aufgibt.«[595]

---

595 Beide Zitate nach Željko Falout, Druga vrata levo Aleksandra Popovića u izvedbi SEK-a, in: Prolog 2, 1969, H.4, S. 66–67; Međimorec, Studentsko kazalište, S. 133; siehe auch Josip Pavičić, Studentsko kazalište u glibu.

Während die Kritik an Popović soweit ging, ihn als Staatsfeind und Konterrevolutionär abzustempeln, der die Errungenschaften der sozialistischen Selbstverwaltung negiere, hoben seine Befürworter gerade die Kritik am bürokratischen Staats- und Verwaltungsapparat als seine eigentliche Stärke hervor. Beide Seiten kommunizierten nicht miteinander. Stattdessen wurde übereinander geredet, zumeist negativ und ohne Ansinnen, die andere Seite als ernstzunehmenden und gleichberechtigten Diskussionspartner anzuerkennen.

Završen 23. majski festival Studentskih kazališta Jugoslavije, in: Studentski list, 13.05.1969, S. 8.

4. Ein heißer Sommer in Jugoslawien. Juni 1968

»Ich denke, dass die Studentenbewegung, insbesondere in ihrer Belgrader Form, eines der bedeutendsten politischen Ereignisse in Jugoslawien seit der Einführung der Selbstverwaltung ist.«[596]

So äußerte sich der in Ljubljana lehrende Philosoph Vojan Rus Ende 1968, als sich nahe des Küstenstädtchens Opatija Delegationen der jugoslawischen und tschechoslowakischen Philosophiegesellschaften trafen, um über den »Zeitgenössischen Zustand des Sozialismus« zu debattieren. Indes, zu diesem Zeitpunkt war nicht nur der Prager Frühling längst Opfer des sowjetischen Panzersozialismus geworden, auch die Mobilisierungsfähigkeit der jugoslawischen Studentenbewegung hatte ihren Zenit überschritten – im Protestzentrum Belgrad ebenso wie in Zagreb, Ljubljana, Sarajevo und anderswo. Wie von Rus formuliert, blieb die Hoffnung auf eine Fortsetzung des studentischen Aktivismus, seiner Organisierung und politischen Artikulation in linken Intellektuellenkreisen bestehen – schließlich hatten sie an seiner kognitiven Ausformung maßgeblichen Anteil. Wie mehrfach ausgeführt, liegt der theoretische und methodische Grundsatz dieser Arbeit in der Annahme einer dynamischen Interaktion zwischen intellektuellen Deutungs- und bewegungsbasierten Handlungsprozessen. Unlängst wies der Kasseler Gesellschaftswissenschaftler Jan Hoff in seiner theoriegeschichtlichen Studie *Befreiung heute* darauf hin, dass »innerhalb sozialer Bewegungen theoretische Rezeptions-, Diskussions- und Selbstverständigungsprozesse [...] von entscheidender Bedeutung für ihre

---

596 Wortmeldung von Vojan Rus, in: Savremeni trenutak socijalizma, S. 30.

politische Ausrichtung und Weiterentwicklung« seien.[597] Auch Alex Demirović argumentierte in seinem Standardwerk zur Kritischen Theorie ähnlich: »Die studentische Protestbewegung seit Mitte der sechziger Jahre könnte als Ergebnis des Einflusses der Kritischen Theorie und als der Versuch interpretiert werden, sie in die Praxis umzusetzen.«[598]

In den vorausgehenden Kapiteln lag der Fokus auf der Herausarbeitung dieser Verbindungslinien. Wie sich diese aber in einer sozialen Bewegung materialisierten, soll im Folgenden dargestellt werden. Was machte die Studentenbewegung zum »bedeutendsten politischen Ereignis in Jugoslawien seit Einführung der Selbstverwaltung«, worin bestanden jene politischen Forderungen, die über den engeren universitären und studentischen Rahmen hinausgingen? Wie formierte und organisierte sie sich, und wie interagierte sie mit denjenigen, die als intellektuelle Stichwortgeber an der Herausbildung ihres kognitiven Bezugsrahmens beteiligt waren? In welcher Form, falls überhaupt, reagierte das von der radikalen Linken angesprochene Subjekt, die jugoslawische Arbeiterklasse, auf die Studentenbewegung, und ließ sie sich von ihr politisch mobilisieren? Und nicht zuletzt, wie positionierte sich die offizielle Vertretung der jugoslawischen Arbeiterklasse, der Bund der Kommunisten Jugoslawiens, zur politischen Herausforderung einer linksradikalen sozialen Bewegung in einem formal sozialistisch verfassten Gesellschaftssystem?

4.1 Weichenstellung: Die Politisierung des jugoslawischen Studentenbundes

Während die internationale Studentenbewegung Ende der 1960er-Jahre die herrschenden Verhältnisse längst radikal in Frage gestellt hatte, die Legitimität sowohl der liberal-kapitalistischen als auch der nominell sozialistischen Staatssysteme vielerorts an einem historischen Tiefpunkt angelangt schien, erfreute sich die Sozialistische Föderative Republik Jugoslawien

---

597 Zitat nach Jan Hoff, Befreiung heute. Emanzipationstheoretisches Denken und historische Hintergründe, Hamburg 2016, S. 12.
598 Demirović, Der nonkonformistische Intellektuelle, S. 856.

nicht nur an sich selbst, sondern galt in den Augen vieler Aktivist:innen der internationalen Neuen Linken als beispielhaft für die erfolgreiche Demokratisierung des Sozialismus. In ihren Augen war Jugoslawien nicht nur jenes Land, das dem Stalinismus abgeschworen hatte und sich in der sozialistischen Selbstverwaltung versuchte, sondern auch ein Land, dessen politische Führung sich vermeintlich frühzeitig auf die Seite der Studentenbewegung geschlagen hatte und das politische Engagement der internationalen Jugend öffentlich lobte. Der Belgrader Soziologe und einflussreiche Parteiintellektuelle Miroslav Pečuljić meinte erkannt zu haben, die internationalen Entwicklungen seien eine Bestätigung des jugoslawischen Wegs, der seit dem Bruch mit Stalin 1948 eingeschlagen worden sei und sich in der kontinuierlichen Ausarbeitung und Ausbreitung des Selbstverwaltungsmodells manifestierte:

> »Der administrativ-bürokratische, etatistische Sozialismus ist in der Krise. Der Sozialismus betritt neue Wege, sucht neue Antworten. Die alten haben ihre historische Funktion verwirkt. Die jugoslawische Erfahrung wird in einer wichtigen Sache bestätigt. Es bestätigt sich ihre Vision der Selbstverwaltung. Schaut auf die Studentenbewegung und die Arbeiterbewegung in Europa und den sozialistischen Ländern. Sie sehen wahre Lösungen und suchen Alternativen und Hoffnungen in der Selbstverwaltung.«[599]

In Jugoslawien selbst sah die Situation hingegen nicht ganz so rosig aus, hatten sich doch strukturelle Probleme mit den seit Mitte der 1960er-Jahre vorgenommenen ökonomischen Reformen zu einer virulenten Krisensituation verdichtet, deren Eruption für den aufmerksamen Beobachter nur eine Frage der Zeit schien. Die 1966 eingeleiteten Wirtschaftsreformen, deren Kern in einer weitgehenden Einbindung der jugoslawischen Ökonomie in den Weltmarkt bestand und die eine Stärkung der Republik- und Un-

---

599 Zitiert nach Kanzleiter, Rote Universität, S. 151f., FN 233. Dort auch weiterführende Angaben und Literatur.

ternehmensseite nach sich zogen, wurden von linken Kritikern rasch mit Skepsis kommentiert.[600]

Der jugoslawische Studentenbund fand auf seiner siebten Jahreskonferenz 1966 bestenfalls zurückhaltende Worte. Saša Mikić, der Vorsitzende des Zentralausschusses des jugoslawischen Studentenbundes, kommentierte die neuentstandene Situation zwar politisch korrekt, als er ausführte, dass »[d]ie Durchführung der Wirtschaftsreform, die in ihrem Kern die Forderung nach einer qualitativ besseren Arbeit aufstellt und neue Möglichkeiten für die Entwicklung der Selbstverwaltung eröffnet«, von allen Beteiligten auch eine »Hinterfragung des Status quo, der Arbeit und der Beziehungen, nicht nur in der Wirtschaft, sondern in allen gesellschaftlichen Bereichen einfordert [...].«[601] Zur vorsichtigen Einschätzung des ökonomischen Liberalisierungsprozesses gesellte sich aber auch eine offen formulierte Kritik an der politischen Arbeit des Studentenbundes, die als stagnierend und stereotyp beschrieben wurde. Dies gelte es aufzubrechen, wolle der Studentenbund seiner Aufgabe, der politischen Bildungsarbeit unter der Studentenschaft, nachkommen:

> »Die Aufgabe des Studentenbundes ist es, durch seine ideologisch-politische Arbeit Debatten über studentische und universitäre Probleme mit der Analyse gesellschaftlich-politischer Probleme, die in unserer gesellschaftlichen Entwicklungsphase auftreten, zu verbinden. Dies ist uns bisher nur ungenügend oder lediglich kampagnenhaft und formalistisch gelungen. [...] Ein solches Selbstverständnis degradiert die Stellung der Studenten als gleichberechtigte Teilnehmer im selbstverwalteten Entscheidungs-

---

600 Als Einstieg siehe Krešimir Zovak, Widersprüche der jugoslawischen Selbstverwaltung, in: Das Argument 58, 2016, H.317, S. 350–361; eine grundsätzliche Analyse dazu findet sich bei Vladimir Unkovsi Korica, Economic Struggle for Power in Tito's Yugoslavia. From World War II to Non-Alignment, London 2016; Sutlić, Na eminentno komunističke solucije, S. 6–9.

601 »O jačanju društvene uloge i organizaciono-političkom razvitku Saveza studenata Jugoslavije«, in: Sedma konferencija Saveza studenata Jugoslavije, Belgrad 1966, S. 7.

prozess, es negiert die Möglichkeit, Probleme durch persönliches Engagement zu lösen.«[602]

Der auf dem Kongress vereinbarte Beschluss ging einen Schritt weiter; dort hieß es selbstbewusst, dass der Studentenbund, neben der notwendigen Förderung kritischer Stimmen und Standpunkte innerhalb der eigenen Organisation, über »die Studentenpresse die Kritik gesellschaftlich-politischer Aktionen, politischer Ideen, Aufsätze, Essays und anderer Publikationen, die sich mit den gesellschaftspolitischen Praktiken unserer Gesellschaft beschäftigen«, fördern und ermuntern müsse.[603] Wie die Zeit zeigen sollte, avancierten dabei gerade die studentischen Presseerzeugnisse alsbald zu einem wichtigen, wenn nicht gar dem wichtigsten Kommunikationskanal der radikalen Linken im sozialistischen Jugoslawien. Im Passus zur gesellschaftlichen Rolle und organisationspolitischen Entwicklung des Studentenbundes wurde die Forderung nach einer weitergehenden Politisierung noch einmal zusammengefasst. Der Zweck des Studentenbundes, so sahen es die Teilnehmerinnen und Teilnehmer, sollte nicht mehr nur in der studentischen Interessenvertretung liegen – wiewohl Fragen nach dem materiellen Standard und den Studienbedingungen im Allgemeinen weiterhin prominente Betätigungsfelder bleiben sollten –, sondern in der aktiven Ausfüllung seiner Rolle als Ort des allgemeinen, selbstverwalteten Meinungsbildungsprozesses innerhalb des jugoslawischen Sozialismus:

> »Die Konferenz unterstreicht die Forderung, dass der Studentenbund als breitester politischer Faktor und Organisator der Studenten offener gegenüber gesellschaftlichen Entwicklungen sein muss; mit einer kritischen Beziehung zur gesellschaftlichen Praxis, kämpferischer und kühner in der Offenlegung und öffentlichen Anklage all jener Erscheinungen, die bürokratisch und der sozialistischen Moral fremd sind.«[604]

602 Ebd., S. 12f.
603 Ebd., S. 51. Siehe auch AJ-SSJ–145–7 – »Teze za VII. konferenciju Saveza studenata Jugoslavije«, S. 2.
604 Ebd., S. 60; allgemeiner zur Organisationsfrage im jugoslawischen Selbstverwaltungssozialismus: AJ-SSJ–145–55 – »O demokratskom razvitku društvenih organizacija i udruženja građana«.

In den vorab formulierten Thesen wurde die gesellschaftspolitische Rolle noch etwas direkter formuliert. Dort hieß es, der Studentenbund müsse die Zeichen der Zeit erkennen und sich dementsprechend aufstellen – andernfalls fände er sich in einer über Standesdünkel nicht hinausreichenden Position des Wahrers vermeintlich spezifischer Studenteninteressen wieder. Unabhängig, kritisch und gesellschaftlich verantwortlich – in diese Richtung sollte sich die größte jugoslawische Studentenvereinigung hinbewegen:

> »Darum ist es notwendig, die Struktur unserer Organisation zu ändern, wir müssen den Inhalt unserer Arbeit überdenken, damit der Studentenbund aus einer Organisation der Führungsriegen zu einer selbstverwalteten studentischen Massenbühne wird [...]. Das Hauptziel der gesellschaftspolitischen Aktivitäten des Jugoslawischen Studentenbundes ist die Ausformung eines engagierten und progressiven sozialistischen Bewusstseins bei den jugoslawischen Studenten.«[605]

Im Kontext der durch den Bund der Kommunisten eingeleiteten Reformen ließ sich diese Kurskorrektur auf zwei zentralen Ebenen, der ökonomischen und gesellschaftlichen, ansiedeln und erklären, denn das Ansehen dieser offiziellen Studentenorganisation war alles andere als hoch, seine Perzeption durch die Studenten überwiegend negativ.[606] Die Absetzung des Innenministers Ranković ebnete zwar den Weg für eine Liberalisierung des gesellschaftlichen und politischen Klimas im Land, was dem Ausbau einer kritischen und dem Inhalt nach grundsätzlich ungebundenen und freien Studentenpresse zugute kam. Auch die politische Autonomie des Studentenbundes konnte vor diesem Hintergrund offensiver artikuliert und eingefordert werden. Gleichzeitig barg die ökonomische Liberalisierung aber auch Gefahren für den wirtschaftlichen und sozialen Zusammen-

---

605 AJ-SSJ–145–7 – »Teze za VII. konferenciju Saveza studenata Jugoslavije«, S. 3f.
606 Kamilo Burger/Veselin Golubović, Filozofski fakultet i jugoslavenska socijalistička praksa. Primarni značaj svjesnih faktora i neke negativne pojave apolitičnosti, neaktivnosti i neinformiranosti, in: Kritika. Časopis za kulturu, umjetnost i društvena pitanja 1, 1963, H.1, S. 3–11.

halt der Gesellschaft, insbesondere im Verhältnis des ökonomisch rückständigen Südens zum industrialisierten und reicheren Norden.[607]

Die sozial- und bildungspolitischen Nebenwirkungen der ökonomischen Liberalisierung wurden vom Studentenbund selbstverständlich kritisch kommentiert. In der Materialsammlung zur Konferenz kursierte eine kürzere Analyse der materiellen Studienbedingungen, und deren Befund zeugte von einem tendenziellen Fall der materiellen Zuwendungen, die das jugoslawische Bildungssystem seinen Studenten zur Verfügung stellte – und zwar auf allen Ebenen, besonders bemerkbar aber »seit der Einführung der Wirtschaftsreform«. Die Lebenshaltungskosten für Studentinnen und Studenten, so das Papier, hätten sich seit der Wirtschaftsreform um 70% für diejenigen erhöht, die in staatlichen Wohnheimen wohnen, und um ganze 90% für jene, die in privaten Zimmern leben.[608] Im gleichen Zeitraum, ebenfalls durch die wirtschaftliche Liberalisierung bedingt, sank der Prozentsatz derjenigen Studierenden, die in den Genuss der ohnehin sehr bescheidenen Stipendien kamen – in Skopje zum Beispiel von 26,4% im Studienjahr 1963/1964 auf 16,3% im Jahr 1965/1966 und in Sarajevo im gleichen Zeitraum von 33,49% auf 22,3%.[609]

Eine hervorgehobene Stellung in dieser Analyse nahm der grundsätzliche Befund ein, dass die Verschlechterung der finanziellen und strukturellen Ausstattung sich direkt in der sozialen Zusammensetzung der Studentenschaft ausdrücke, was nicht nur »zutiefst ungerecht« sei, sondern auch im Widerspruch »zu all unseren Ansichten«, d.h. zu den sozialistischen Grundsätzen des Staates stehe. Als Beleg für diese Erkenntnis führt das Papier schließlich eine Resolution des eher staatsoffiziell ausgerichteten *Socijalistički savez radničkog naroda Jugoslavije* [Sozialistischer Bund des werktätigen Volkes Jugoslawiens] an, in der festgehalten wurde:

---

607 Ausführlicher dazu im Kapitel »Zwischen Programm und Realität. Die jugoslawische Gesellschaft auf dem Weg in die 1960er-Jahre«.
608 AJ-SSJ-145–7 – »Neki podaci o materijalnom položaju studenata«, S. 3f.
609 Ebd., S. 4f; Milan Dragović, Materijalni problemi studenata, in: Student, 07.01.1964, S. 5; ders., Ove jeseni – napredak ili stagnacija, in: Student, 22.12.1964, S. 1.

»Die Bildung, Erziehung und Gestaltung der Lebensperspektive junger Menschen soll durch ihre Arbeit und Fähigkeiten bestimmt werden und nicht ausschließlich von den materiellen Möglichkeiten ihrer Familien abhängen.«[610]

Setzt man die hier vorgebrachten Kritiken an den Unzulänglichkeiten und Ungerechtigkeiten im Hochschulbereich in den Kontext des Modernisierungs- und Emanzipationsansinnens des BdKJ – worin das Bildungswesen einen integralen, ja entscheidenden Platz einnahm –, so muss festgestellt werden, dass eine Befriedung der eingeforderten finanziellen und personellen Besserausstattung für einen immer noch stark rural strukturierten »Modernisierungsnachholer« wie das sozialistische Jugoslawien kaum zu bewältigen war. Wie vom Zagreber Historiker Hrvoje Klasić in seiner detaillierten Studie *Jugoslavija i svijet 1968* [Jugoslawien und die Welt 1968] anhand offizieller statistischer Daten herausgearbeitet, gab es in Jugoslawien im Protestjahr 1968/69 über 230.000 eingeschriebene Studierende, im Vorkriegsjahr 1938/39 im monarchistischen Jugoslawien dagegen nur knapp unter 20.000. Die Zahl der Hochschulen stieg für die gleichen Untersuchungszeiträume von 26 Ende der Dreißigerjahre auf 261 im Jahr 1967/68. Diese enorme Bildungsexpansion führte dazu, dass der jugoslawische Selbstverwaltungssozialismus, Untersuchungen der OECD aus dem Jahr 1963 zufolge, mit 85 Studentinnen und Studenten auf 10.000 Einwohner eine der international höchsten Studierendenquoten aufwies, doppelt so hoch wie etwa Frankreich oder die Schweiz.[611]

Vor diese enorme Herausforderung gestellt, vermochte es die politische Klasse Jugoslawiens – falls überhaupt – nur *ex post*, auf soziale und politische Negativentwicklungen zu antworten und

---

610 Ebd., S. 5; Siehe auch die frühe Problemformulierung bei Miroslav Ležaja, Mjesto i uloga filozofskih fakulteta u našem društvu, in: Kritika. Časopis za kulturu, umjetnost i društvena pitanja 1, 1963, H.1, S. 106–114, insb. S. 108f.
611 Zahlen nach Hrvoje Klasić, Jugoslavija i svijet 1968, Zagreb 2012, S. 88f; In der Tendenz ähnlich, aber mit etwas niedrigeren Zahlen anhand von Sekundärliteratur operierend auch Kanzleiter, Rote Universität, S. 125ff; Siehe ebenfalls Dobrivoje Ilić, Ekspanzija visokog školstva, in: Student, 03.03.1964, S. 3.

nach Lösungen zu suchen. Ihre Retroaktivität sollte auch späterhin bei der Wahrnehmung, Bewertung und Handhabe der Studentenproteste sichtbar werden. Ein Wesenszug, den auch der Belgrader Soziologe Božidar Jakšić meinte, als er ausführte: »Anstatt einer revolutionär-kritischen Aktivität, treffen wir auf eine instrumentelle, post facto Kritik gesellschaftlicher Aktionen.«[612]

Zur materiellen Frage der Hochschulbildung kam allerdings auch relativ früh die Frage nach mehr Mitbestimmung hinzu, ein politisch hochbrisantes Feld für die Ingenieure des jugoslawischen Selbstverwaltungssozialismus. Den materiellen Forderungen der Studierenden hätte – und hat auch überwiegend – die Staatsbürokratie mit finanziellen Zusatzmitteln und infrastrukturellen Maßnahmen recht geräuschlos Abhilfe schaffen können. Doch im Bereich der Mitbestimmung betraten die Studentinnen und Studenten, zusammen mit einem Teil ihrer Hochschullehrer sowie Intellektuellen aus dem Kunst- und Kulturfeld, eine Bühne, in der es um politische Verantwortung, Macht und Deutungen ging. Die Einlösung der versprochenen direkten Demokratie in allen Gesellschaftsbereichen war für den Bund der Kommunisten ein weitaus größeres Pfund als die sozioökonomische Dimension. Auf der einen Seite stand die proklamierte Öffnung und Demokratisierung des gesamten Systems und auf der anderen die Forderung nach konsequenter Umsetzung – was einen direkten Machtverlust des BdKJ und seiner Gremien und Institutionen nach sich gezogen hätte. Der BdKJ stand vor einem Dilemma: Wahrung des politischen Deutungsmonopols oder Wahrung der politischen Glaubwürdigkeit. In die Frage der allumfänglichen oder »ganzheitlichen« Selbstverwaltung, wie sie der Philosoph Svetozar Stojanović bezeichnete, spielte die allgemeine Bürokratiekritik eine tragende Säule, somit war auch die studentische Forderung nach mehr Mitsprache mehr als nur eine innerUniversitäre Forderung – sie war eine politische Herausforderung der Position des BdKJ bzw. seiner universitären Gremien. Boris Kanzleiter hat in seiner umfassenden Studie zu den Belgrader Studentenprotesten auf zwei zentrale Missstände

---

612 Božidar Jakšić, Društvena kritika između revolucionarnog čina i instrumentalizma, in: Polja 14, 1968, H.115/116, S. 13–14, hier S. 13.

in der Frage der studentischen Mitsprache hingewiesen: auf der einen Seite die hierarchischen Beziehungen und Strukturen an den Universitäten, in denen »oft kleine informelle Gruppen von Professoren und Parteifunktionären die effektive Kontrolle« innehatten, und auf der anderen Seite die *de iure* Machtlosigkeit der Studierenden, da diese laut geltendem Universitätsgesetz nicht als vollwertige Universitätsangehörige betrachtet wurden.[613] Kommentatoren der jugoslawischen Verfassung von 1963 wie der in Sarajevo lehrende Politologe Omer Ibrahimagić hingegen haben darauf hingewiesen, dass in der Verfassung explizit nur von »Arbeit« und nicht »Arbeitsbeziehungen« gesprochen werde, womit die Studierenden mit ihrer Arbeitsleistung, dem Studieren, die Voraussetzung erfüllt hätten, um vollwertige Mitglieder der universitären Selbstverwaltung zu sein.[614] In einer Sitzung des Exekutivkomitees des BdKJ Ende Mai 1968, unmittelbar vor Ausbruch der Studentenproteste, hatte Staatspräsident Josip Broz Tito eine bemerkenswerte Aussage gemacht, die sowohl von seinem großen politischen Gespür zeugte, als auch von dem Unwissen, mit dem Regierung und Staatsorgane der Hochschuljugend gegenübertraten:

»Ernsthafte Dinge spielen sich [...] in anderen europäischen Ländern ab [...]. Die Studenten verlangen nach Universitätsreformen, dass die ›Eigner‹ und ›Privatiers‹ auf den Lehrstühlen nicht mehr machen können, was sie wollen, so wie es, zum Beispiel, an einigen Universitäten bei uns der Fall ist. Wir müssen da was unternehmen, wenn wir nicht wollen, dass eines Tages auch unsere Studenten auf die Straße gehen.«[615]

Zu ersten öffentlich wahrnehmbaren Auseinandersetzungen, und zwar nicht primär in den Fragen Mitsprache und universitäre Selbstverwaltung, kam es dabei schon längst vor der Eruption der studentischen Proteste im Juni 1968, nämlich im politisch-

---

613 Kanzleiter, Rote Universität, S. 128ff; zur Problematik der universitären Selbstverwaltung auch »Što to znači Demokratija na univerzitetu?«, in: Student, 22.12.1964, S. 5.
614 Klasić, Jugoslavija i svijet, S. 94.
615 Ebenda, S. 95.

administrativen Vor- und Nachklang der Proteste gegen den Vietnamkrieg in Zagreb und Belgrad knapp anderthalb Jahre zuvor im Dezember 1966.

4.2 Formierung: Demonstrationen gegen den Vietnamkrieg

Über den Politisierungsgrad oder, anders formuliert, über die Passivität und das mangelnde Interesse der Jugend an politischen Themen in den 1950er- und 1960er-Jahren ist viel Forschung betrieben worden. In der frühen Bundesrepublik hatte insbesondere Helmut Schelskys Jugendstudie *Die skeptische Generation* das Bild einer pragmatischen, politischen Gestaltungsmöglichkeiten skeptisch gegenüberstehenden Jugend geprägt.[616] Auch die Studien *Student und Politik* sowie *Jugend in der modernen Gesellschaft* Ludwig von Friedeburgs kamen zu ähnlichen Urteilen.[617] Friedeburgs Resümee zur bundesrepublikanischen Jugend im Jahr 1965 war folgendes:

> »Vieles spricht dafür, dass die überwiegende Mehrzahl der Jugendlichen dem Angebot der Gesellschaft, sich in ihr frühzeitig zu integrieren, bereitwillig und unreflektiert nachkommt. Dieser Sachverhalt lässt sich die Anpassung der Unbelasteten nennen, die Integrationstendenz einer Generation, die weder die ökonomische noch die politische Entwicklung unserer Gesellschaft ernsthaft für problematisch hält und halten kann, da es ihr an eigener Erfahrung von Terror und Krieg, Krisen und Massenarbeitslosigkeit mangelt.«[618]

---

616 Helmut Schelsky, Die skeptische Generation. Eine Soziologie der deutschen Jugend, Düsseldorf/Köln 1957.
617 Ludwig von Friedeburg u.a., Student und Politik. Eine soziologische Untersuchung zum politischen Bewußtsein Frankfurter Studenten, Neuwied 1961; ders., Jugend in der modernen Gesellschaft, Köln 1965.
618 Zitiert nach Günter C. Behrmann, Kulturrevolution. Zwei Monate im Dezember 1967, in: ders./Clemens Albrecht, Die intellektuelle Gründung der Bundesrepublik. Eine Wirkungsgeschichte der Frankfurter Schule, Frankfurt/Main/New York 1999, S. 312–386, hier: S. 319; eine Beschreibung der Politisierungsprozesse leisten z.B. Axel Schildt/Detlef Siegfried, Youth, Consumption, and Politics in the Age of Radical Change, in: dies. (Hrsg.), Between Marx and Coca-Cola. Youth Cultures in Changing European Societies, 1960–1980, New York/Oxford 2006, S. 1–35, hier: S. 7f.

Proteste gegen den Krieg in Vietnam in Zagreb, Dezember 1966.

Wenn auch die Prognostizierfähigkeit der Soziologie als Wissenschaft, selbst bei einigen ihrer markantesten Vertreter, gering war und zu einem zumindest schiefen Bild von der Jugend und Studentenschaft beitrug, so lieferte sie den interessierten Zeitgenossen, hier sei vor allem an Politikerinnen und Politiker gedacht, empirisches Material, um einen Einblick in Verhaltens- und Einstellungsmuster der Jugend zu erhalten.

In Jugoslawien, wo die Soziologie als Fach erst relativ spät überhaupt zu akademischen Ehren kam, waren soziologische Jugendstudien weit weniger verbreitet. Eine für den internen Gebrauch des Studentenbundes angefertigte Studie über das Verhältnis der Studentinnen und Studenten zum gesellschaftspolitischen System Jugoslawiens kam jedoch trotz aller methodischen Unzulänglichkeiten – etwa in der Frage, was überhaupt unter politischem Engagement verstanden wurde – zu ähnlichen Ergebnissen wie Schelsky und von Friedeburg für die Bundesrepublik. Demnach würden zwar zwei Drittel der befragten Studierenden den jugoslawischen Selbstverwaltungssozialismus unterstützen, politisch aktiv in den gesellschaftspolitischen Organisationen sei nur eine Minderheit. Die größte als

mehr oder weniger einheitlicher Block auftretende Gruppe, so die
Studie, seien Angepasste, die sich später, so der Autor nicht ohne
Sarkasmus, »[zu] vorzügliche[n] Bürokraten, Politikanten und Karrieristen« entwickelten.[619] Die große methodische Unzulänglichkeit
dieser Studie lag jedoch darin begründet, dass unter »Zustimmung
zum System« und »Engagement« lediglich die aktive Mitarbeit in
bestehenden gesellschaftspolitischen Organisationen als Ausdruck
politischen Engagements erfasst wurde, wohingegen potentielles
Engagement außerhalb formaler und institutionalisierter Formen
oder eine kritische (nicht unbedingt antisozialistische) Haltung zum
System nicht erfasst wurden. Weitere Studien kamen zu ähnlichen
Ergebnissen, wie etwa eine Studie aus dem Jahr 1965, die nur zur
internen Verwendung des ZK BdKJ gedacht war. Dort wurde als
ein Problem die Diskrepanz zwischen Anspruch und Wirklichkeit
des jugoslawischen Systems diagnostiziert und festgestellt:

> »Die Dilemmata und die Enttäuschung entstehen in dem Moment,
> in dem die jungen Menschen mit dem ganz anderen moralischen
> und politischen Profil der Kommunisten unserer Tage zusammentreffen und es mit dem aus ihrer bisherigen Lektüre vergleichen [...].
> Unfähig, die so großen Unterschiede zwischen dem Proklamierten
> und Faktischen zu verstehen, ziehen sich [die Jugendlichen] in ihre
> Intimsphäre zurück und können oft nicht mehr in die Gesellschaft
> zurückgeholt werden. Das Resultat eines solchen Bildungssystems
> sind loyale, aber passive Bürger.«[620]

All diesen Studien ist gemeinsam, dass sie die entstehenden Subkulturen überwiegend nicht als potentiellen Politisierungsort erkannt haben, Kultur und das kulturelle Produktionsfeld jedoch
essentiell für den Entstehungsprozess sozialer Bewegungen sind.[621]
Im Ergebnis dieses die kulturellen Entwicklungsprozesse ver-

---

619 AJ – SSJ – 145–55 – »Manojlo Broćić, Odnos studenata prema društvenopolitičkom sistemu«, Bl. 18.
620 Zitat nach Kanzleiter, Rote Universität, S. 87f.
621 Siehe etwa Ron Eyerman/Andrews Jamison, On Social Movements and Culture, in: dies., Music and Social Movements. Mobilizing Traditions in the Twentieth Century, Cambridge 1998, S. 6–25.

Protest gegen den Krieg in Vietnam in Zagreb, Dezember 1966.

nachlässigenden Ansatzes stand daher eine politisch nur bedingt brauchbare Empirie. Nur etwas über ein Jahr nach Vorstellung der oben genannten Studie kam es zu einem ersten politisch konnotierten Studenten- und Jugendprotest in Jugoslawien, entflammt an der Kritik des Vietnamkrieges. Das gesellschaftspolitisch Interessante an den Protesten gegen den Vietnamkrieg waren dabei nicht so sehr die Protesthandlungen als solche. Viel spannender war vielmehr der Umstand, dass es sich um einen außenpolitisch induzierten Protest handelte, der sich gegen die Außenpolitik eines Staates richtete, der international zu den größten Unterstützern der vietnamesischen Befreiungsbewegung gehörte. Um einen solchen Protest inhaltlich zu füllen, bedurfte es ungleich mehr politischen Wissens, Artikulation und Empathie, als es Proteste gegen schlechte Studienbedingungen oder das universitäre Mitbestimmungsrecht im eigenen Land nötig hatten. Die Protestakteure verfolgten nicht nur die vietnamesische Befreiungsbewegung mit Sympathie, sie hatten auch ein sehr feines politisches Gespür für die nicht ganz konsequente Linie der jugoslawischen Außenpolitik, die zwar Partei für die vietnamesische Befreiungsbewegung ergriff, aber immer intensivere Wirtschaftsbeziehungen zu den USA pflegte. Die Proteste gegen den Vietnamkrieg waren somit ein erster Fingerzeig, dass die Studentinnen und Studenten nicht in den institutionalisierten Organisationsstrukturen aktiv waren, aber dennoch sehr wohl politisch interessiert und keineswegs grundsätzlich passiv waren, wie es die soziologischen Studien nahelegten. Sicherlich nicht in der Intensität wie etwa in Westberlin, doch prinzipiell vergleichbar waren auch die Proteste gegen den Vietnamkrieg in Zagreb und Belgrad »Katalysator[en] der Proteste 1968«.[622]

Proteste gegen den Vietnamkrieg wurden in Jugoslawien bis Ende 1966 zumeist von unterschiedlichen staatlichen und/oder staatsnahen Organisationen unter der politischen Kontrolle des Bundes der Kommunisten durchgeführt. Mit den Ereignissen am 20. Dezember 1966 in Zagreb sowie den darauffolgenden Protesten am 23. Dezember in Belgrad entzogen sich die Protesthandlungen jedoch zum ersten Mal der politischen Kanalisierung und Kontrolle durch den Staat. Anlässlich des sechsten Jahrestages der Gründung der Nationalen Front für die Befreiung Südvietnams organisierte der Studentenbund Jugoslawiens 1966 eine Reihe von Aktivitäten wie Geld- und Blutspenden, bekannte Intellektuelle nahmen an den Protesten teil, hielten Unterstützungsreden und ver-

---

622 Ingrid Gilcher-Holtey, Die Studentenrevolte als westliche Protestbewegung, in: Martin Sabrow (Hrsg.), Mythos ›1968‹, Leipzig 2009, S. 59–74, hier: S. 69f.

Sit-in gegen den Krieg in Vietnam, Belgrad, Dezember 1966.

urteilten die amerikanische Kriegspolitik.[623] Während der Proteste am 20. Dezember in Zagreb, organisiert vom dortigen Universitätsausschuss des jugoslawischen Studentenbundes, dem Stadtkomitee des Jugendbundes sowie der Lehrervereinigung und der Gewerkschaft der Universitätsbeschäftigten, entglitt die Situation

---

623 »Mitinzi i protesti«, in: Vjesnik, 20.12.1966, S. 1; »Solidarnost s vijetnamskim narodom«, in: Vjesnik, 20.12.1966, S. 3; »Borba do pobjede«, in: Vjesnik, 20.12.1966, S. 3; »Savez studenata Jugoslavije organizuje manifestacije solidarnosti sa omladinom i narodom Vijetnama«, in: Borba, 20.12.1966, S. 2; »Odlučna podrška narodu Vijetnama«, in: Borba, 20.12.1966; »Demonstracije širom Jugoslavije protiv američke agresije«, in: Borba, 21.12.1966; »Rat u Vijetnamu ugrožava goli opstanak malog naroda«, in: Politika; 20.12.1966, S. 1; »Najoštrija osuda«, in: Politika, 20.12.1966, S. 2.

der Kontrolle. Nachdem der Dichter und ehemalige Partisanenkämpfer Jure Kaštelan seine Rede beendet hatte, formierte sich ein Protestzug mit annähernd 10.000 Teilnehmerinnen und Teilnehmern, der sich auf das amerikanische Konsulat zubewegte. Dort gesellten sich Quellen zufolge weitere 10.000 Menschen zu den Protestierenden. Die Protestteilnehmer verlangten das Abnehmen der amerikanischen Flagge, bewarfen das Konsulat mit Eiern und Steinen, Fensterscheiben gingen zu Bruch. Um die Protestierenden am Eintritt in das Konsulatsgebäude zu hindern, setzten die massiven Polizeikräfte Schlagstöcke, Tränengas und Wasserwerfer ein. Während der gewalttätigen Auseinandersetzungen riefen die Demonstranten den Polizeikräften »Wieviel zahlt euch Johnson dafür?« zu, äußerten jedoch gleichzeitig ihre Loyalität zum sozialistischen Staat, indem sie die jugoslawische Hymne sangen und »Wir gehören Tito, Tito gehört uns« skandierten.[624] Erst nach mehreren Stunden konnte die Demonstration aufgelöst werden.

Drei Tage später fanden ähnliche Proteste in Belgrad statt. Am 23. Dezember fand im großen »Saal der Volkshelden« der naturwissenschaftlich-mathematischen Fakultät zunächst eine Veranstaltung statt, auf der bekannte Persönlichkeiten wie der Schriftsteller Dobrica Ćosić, der Literaturnobelpreisträger Ivo Andrić sowie das Mitglied der *Praxis*-Redaktion Mihailo Marković anwesend waren. Dobrica Ćosić geißelte in seiner Rede die Kriegspolitik der USA als unmenschliche »Wallstreet- und Pentagon-Ideologie«.[625] Die Zahl der Anwesenden wurde auf 2000 geschätzt, überwiegend Studentinnen und Studenten, die, so ein Untersuchungsbericht des Universitätskomitees des Bundes der Kommunisten, sehr emotional reagierten und mit Forderungen wie »Wiederholen wir das Zagreber Beispiel« und »Zagreb: 20.12. – Belgrad: 23.12.« die versammelten Teilnehmerinnen und Teilnehmer zu einem Marsch zur amerikanischen Botschaft und zum amerikanischen Kulturhaus bewegen wollten. Im Gegensatz zum Geschehen in Zagreb jedoch war in

---

624 IAB-UK SKS-kutija 84 – Materijali o studentskim demonstracijama: »Sveučilišni odbor SKH«; Siehe ferner Klasić, Jugoslavija i svijet, S. 102f.; Popov, Sukobi, S. 161f.
625 Zitat nach Kanzleiter, Rote Universität, S. 162.

Protestversammlung gegen den Krieg in Vietnam, Belgrad, Dezember 1966. Auf dem Photo sind abgebildet (zweite Reihe von links nach rechts): Oskar Davičo und der Literaturnobelpreisträger Ivo Andrić.

Belgrad eine Demonstration von den Behörden untersagt worden.[626] Ein Umstand, der später bei der politisch-administrativen Bewertung und den verhängten Sanktionen eine wichtige Rolle einnehmen sollte. Zu ersten Zwischenfällen zwischen Polizei und Demonstranten kam es in der Nähe des in der Innenstadt liegenden »Studentski trg« [Studentenplatz]. In Folge des versuchten Auseinandertreibens der Protestierenden durch die Polizei spaltete sich die Gruppe, Quellen zufolge versuchten bis zu 300 Studentinnen und Studenten, zum in der Nähe liegenden amerikanischen Kulturhaus zu gelangen, wo sie von Polizeieinheiten aufgehalten wurden. Dabei kam es zu gewalttätigen Auseinandersetzungen, die Polizei setzte Schlagstöcke, Tränengas und Wasserwerfer ein, die Demonstrantinnen und Demonstranten antworteten, indem

---

626 IAB-UK SKS-kutija 84 – Materijali o studentskim demonstracijama: »Organizovanje mitinga«.

sie mit Steinen und Ziegeln auf die Polizisten warfen und sich in das Gebäude der Philosophischen Fakultät zurückzogen. Anstatt sich zurückzuziehen, drangen Polizisten in das Fakultätsgebäude ein und schlugen und verhafteten bis zu zwanzig der dort Unterschlupf suchenden Studierenden. In der nachfolgenden Analyse dieser Proteste sowie in der Frage der zu verhängenden Sanktionen spielten vor allem drei Punkte eine entscheidende Rolle: a) die Ignorierung des Demonstrationsverbotes, b) die Verletzung der Universitätsautonomie durch die Polizeieinheiten sowie c) der Umstand einer unabhängigen politischen Demonstration durch Akteure, die sich dem Zugriff politischer Foren und Institutionen bewusst entzogen hatten. Im Untersuchungsbericht des Universitätskomitees des Bundes der Kommunisten wurde vor allem der dritte Faktor, die selbständige politische Artikulation, als besorgniserregend betrachtet:

> »Für die Parteiorganisation an der Universität, insbesondere aber für die Organisation des Bundes der Kommunisten an der Philosophischen Fakultät, ist von besonderer politischer Bedeutung und Gewichtung der Umstand [...], dass innerhalb der Fakultät Auffassungen verbreitet worden sind, welche die jugoslawische Außenpolitik gegenüber Vietnam als opportunistisch, zaghaft und dem Interesse des Getreideeinkaufs in den USA untergeordnet ansehen. Die Genossen haben gegenüber der Kommission betont, dass diese These für den Unmut [...] mehr Einfluss hatte als der Versuch der Demonstrationsauflösung.«[627]

Die Verletzung der Universitätsautonomie wurde ebenfalls thematisiert und in Form einer, wenn auch zurückhaltenden Kritik an den Sicherheitsorganen formuliert. Der Einschätzung des Universitätskomitees zufolge hätten die Sicherheitsorgane überreagiert, ein Eindringen in das Fakultätsgebäude sei trotz verfas-

---

627 IAB-UK SKS-kutija 84 – Materijali o studentskim demonstracijama: »Razmatranje događaja pred SAD ambasadom, 06.01.1967«, Bl. 19; zum Demonstrationsablauf siehe auch: IAB-UK SKS-kutija 84 – »Hronologija događaja«; Kanzleiter, Rote Universität, S. 162ff; Klasić, Jugoslavija i svijet, S. 103ff.

sungsrechtlicher Grundlage unangemessen gewesen, da zu diesem Zeitpunkt keine realistische Gefahr mehr von den Studierenden ausgegangen sei.[628] Das Hinwegsehen der Organisatoren über das Demonstrationsverbot wiederum spielte eine wichtige Rolle in der Frage der gegen sie zu verhängenden Sanktionen. Der Sekretär der Parteiorganisation an der Philosophischen Fakultät, Aleksandar Kron, sollte seiner politischen Funktion enthoben und mit einem Parteiausschluss belegt werden; gegen Jadran Ferluga, Sekretär der Vereinigung der Hochschullehrer und Prorektor an der Philosophischen Fakultät, sollte eine letzte Verwarnung und gegen Alija Hodžić, den damaligen Vorsitzenden des Fakultätsausschusses des Studentenbundes an der Philosophischen Fakultät, eine einfache Verwarnung ausgesprochen werden.[629] Ihnen wurde vor allem zum Vorwurf gemacht, sie hätten sich bewusst und wider besseres Wissen sowohl über das Verbot hinweggesetzt als auch politisch mit einer »kleineren« Gruppe von Soziologie- und Philosophiestudenten solidarisiert, die, so der Bericht, »homogen und organisiert« aufgetreten seien, um die Demonstration eskalieren zu lassen.[630]

Der Untersuchungsbericht des Universitätskomitees, der seiner Intention nach eine Art Mittlerposition zwischen den Studierenden und dem rigiden Belgrader Stadtkomitee des BdK einzunehmen gedachte, stieß bei der Parteiorganisation an der Philosophischen Fakultät auf großen Widerstand. Vor allem wurde kritisiert, dass der Parteiausschluss gegen Aleksandar Kron ohne vorherige Konsultationen seiner Parteiorganisation an der Philosophischen Fakultät beschlossen wurde. Auf seiner Sitzung vom 29. März 1967 wurde nicht nur der Bericht mit 32 Stimmen, bei lediglich zwei Ja-Stimmen, abgelehnt, auch die Sanktionen wurden mit 33 Stimmen (bei einer Zustimmung) als ungerechtfertigt abgewiesen.[631] Zwar konnte der Parteiausschluss gegen Kron

---

628 »Razmatranje događaja pred SAD ambasadom, 06.01.1967«, Bl. 11.
629 Ebenda, Bl. 26.
630 Ebenda, Bl. 15.
631 IAB-SKS-kutija 64 – OOSK Filozofskog fakulteta: »Zapisnik sa sastanka OO SKJ Filozofskog fakulteta, grupa za filozofiju, održanog 29.03.1967«, Bl. 6.

nicht rückgängig gemacht werden, doch zeigte die Unzufriedenheit und Renitenz einer ganzen Parteiorganisation an der Philosophischen Fakultät, dass das Machtmonopol der Partei selbst in den eigenen Reihen nicht mehr ohne Weiteres anerkannt und dies auch unumwunden artikuliert wurde, wie folgendes Zitat eines Parteimitglieds zeigt:

> »Wie konnte das Universitätskomitee ein Problem in den Fehlern der Organisatoren erblicken, nicht aber im Verbot der Demonstration? Waren die Demonstrationen gerechtfertigt oder nicht? Soll man die Organisatoren verurteilen oder nicht? Die Demonstrationen waren gerechtfertigt und notwendig, sie waren eine notwendige Konsequenz des Meetings. Da niemand das Meeting verboten hat, kann auch niemand für die Demonstrationen verantwortlich gemacht werden. Es handelte sich um eine spontane Reaktion. Unsere Politik gegenüber den USA muss eine Richtung haben. Die moralische Unterstützung eines Volkes ist weitaus wichtiger als die materielle. Sind wir Internationalisten oder nicht?«[632]

Neben den verhängten Sanktionen gegen Einzelpersonen enthielt der Untersuchungsbericht auch eine politische Instruktion an die Verantwortlichen der Parteihierarchie, die über die behaupteten Sympathien der Organisatoren zu einzelnen Studierenden der Philosophischen Fakultät in Belgrad deutlich hinausreichte. Sie stellte nicht nur einen Zusammenhang zwischen den Protesten in Zagreb und Belgrad her, sondern markierte auch die Möglichkeit einer vermeintlichen Organisierung solcher Gruppen abseits des Bundes der Kommunisten:

> »Worauf die Kommission die Aufmerksamkeit des Universitätskomitees des Bundes der Kommunisten Serbiens noch lenken möchte, ist die sehr ausgeprägte Gruppierung einer Anzahl an Studenten der

---

632 Zitat nach ebenda, Bl. 2. Zur offenen Kritik am Bericht und den Entscheidungen des Universitätskomitees siehe auch IAB-SKS-kutija 64 – OOSK Filozofskog fakulteta: »Otvoreno pismo Gradskoj kontrolnoj komisiji SKS Beograd«; Kanzleiter, Rote Universität, S. 167f.

Philosophischen Fakultät (unter ihnen auch Mitglieder des Bundes der Kommunisten), die mit dem klar formulierten Wunsch auftreten, sich mit ähnlichen studentischen Gruppen in anderen Universitätszentren (z.b. Zagreb) zu verbinden – und zwar unabhängig von den regulären Beziehungen des Bundes der Kommunisten oder des Studentenbundes. Zum Charakter und zum Sinn dieser Verbindungen hat die Kommission keine tiefere Analyse angefertigt, doch scheint es angebracht, dass darüber innerhalb des Bundes der Kommunisten umfassend diskutiert werden muss, mit den dementsprechenden Beschlüssen.«[633]

Die Parteistrukturen in Zagreb hatten ähnliche Schlüsse und Konsequenzen gezogen. So wurden mit Vesna Gudelj-Verlaga und Ante Prgomet zwei in die Organisation der Proteste eingebundene Parteimitglieder aus der Partei ausgeschlossen, während die Debatte im Zuge der Anhörung am 8. Januar 1967, folgt man dem stenografischen Bericht, sehr erhitzt und emotional geführt worden war. Neben den reflexartigen Beschuldigungen, es handle sich um »rein anarchistische Ausfälle«, verschärfte Mustafa Heremić vom Universitätskomitee des Bundes der Kommunisten an der Universität Zagreb sowohl den Ton als auch die Anschuldigung gegenüber den Studierenden, als er von einer offenen, gegen die Prinzipien des BdKJ auftretenden »informellen Gruppe« sprach:

> »Ich denke, dass unser Universitätskomitee des Bundes der Kommunisten, die Universitätsorganisation [...] nicht genügend vorbereitet waren, um in dieser offenen politischen Szene aufzutreten und in den politischen Kampf mit allen fremden Auffassungen und Kräften einzugreifen, wie sie sich [...] gezeigt haben und noch immer zeigen. Das ist meiner Meinung nach der Grund, weshalb wir in diesem konkreten Fall verspätet [reagieren], weshalb wir in diesem konkreten Fall in der Defensive waren, denn in dieser Defensive hat diese informelle Gruppe, über die wir reden – sie

---

633 Zitat nach: IAB-UK SKS-kutija 84 – Materijali o studentskim demonstracijama: »Izveštaj komisije UK SKS«, Bl. 15.

hat diese Tatsache ausgenutzt, indem sie es als [unsere] Schwäche bewertet hat.«[634]

Während also die maßgeblichen Parteistrukturen in der Politisierung der Studierenden und eines Teils des Lehrkörpers eine Abweichung von dem Programm und den politischen Zielen des Bundes der Kommunisten erblickten, als »negative« Folgewirkung der Demokratisierung des BdKJ, kritisierte mit dem Filmregisseur Dušan Makavejev eine prominente Figur der jugoslawischen Kulturszene die Vietnamproteste als bloße »Stellvertreterdemonstrationen«, als abstrakte Erscheinungen. Notwendiger sei es, so Makavejev, den Blick nach Innen zu richten, denn »die Frage der in unserem Land immer noch nicht ausgerotteten Ungerechtigkeit« sei nicht gestellt worden.[635]

Wie die weiteren Ereignisse zeigen werden, sollte diese Frage alsbald zum großen Thema der jugoslawischen Studentenbewegung werden – mit Dušan Makavejev als agilem Unterstützer.

Am 17. Mai 1968 äußerte sich auch der junge Belgrader Universitätsdozent Dragoljub Mićunović während einer Diskussionsveranstaltung in Zagreb hoffnungsfroh, die sich formierende jugoslawische Studentenbewegung könne sich zukünftig zu einem starken gesellschaftlichen Faktor entwickeln. Nach seinem Studienaufenthalt in Paris sprach Mićunović vor allem über seine dortigen Erfahrungen, dennoch wurde die Nummer der Zeitschrift *Prolog*, in der die Debattenbeiträge hätten abgedruckt werden sollen, von den kroatischen Republiksbehörden vorsorglich verboten.[636]

---

634 DAZ-SKH–685-kutija 40 – Stenografske bilješke: »Stenografski zapisnik 13. sjednice Sveučilišnog komiteta Saveza komunista Sveučilišta u Zagrebu, održane 8. siječnja 1968. god.«, Bl. 15–17.
635 Dušan Makavejev, »O jednoj izgubljenoj generaciji«. Intervju, in: Susret, 29.11.1967, S. 14.
636 Dragoljub Mićunović, Moja 68. Moja šezdeset osma i njeni tragovi, Belgrad 2019, S. 23f.

4.3 Eruption: Besetzung der Belgrader Universität – Solidarität der Hochschulzentren

»Mit Aufregung, aber auch Bewunderung verfolgen wir euren Kampf, der zur Gewissensfrage eines jeden anständigen Menschen dieses Landes geworden ist. Wir unterstützen euren Mut, nicht bloß inneruniversitäre Forderungen zu stellen, sondern die entscheidenden Fragen der Freiheit, Wahrheit und Gerechtigkeit in der sozialistischen Gesellschaft eröffnet und erfrischt zu haben.«

Unterschrieben wurde dieses Unterstützungsschreiben am 4. Juni 1968 von zahlreichen bekannten Künstlerinnen und Künstlern,[637] die sich in der Folge in unterschiedlicher Intensität mit den protestierenden Studentinnen und Studenten solidarisierten, an Protestaktionen teilnahmen oder im Nachgang die Proteste zum Thema ihrer künstlerischen Produktion machten.

Die Proteste bildeten in ihrer intellektuellen Struktur kein Novum, sie waren vielmehr der erste wirklich massive Versuch einer Materialisierung der angestauten intellektuellen Kritik an den bestehenden sozioökonomischen und machtpolitischen Verhältnissen der jugoslawischen Gesellschaft. Unerwartet für alle Protagonisten waren ihre Intensität, Ausdauer und relativ gute Organisierung. Auch die Solidarität von Hochschullehrerinnen und Hochschullehrern sowie Künstlerinnen und Künstlern mit den Studierenden war in dem Maße nicht unbedingt zu erwarten gewesen, unabhängig von der Bedeutung, die sie für den Reifeprozess der Bewegung hatten. Wie bereits vorweggenommen, eskalierte in der Nacht vom zweiten auf den dritten Juni eine Prügelei zwischen zwei Gruppen von Jugendlichen, die gleichzeitig auf einen Konzerteinlass in der sogenannten Studentenstadt,

---

637 Zitat nach Pavlović, Ispljuvak pun krvi, S. 63. Zu den 42 Unterzeichnerinnen und Unterzeichnern gehörte, ebenfalls den Aufzeichnungen von Pavlović folgend, die erste Riege des Belgrader Intellektuellenmilieus, u.a. Matija Bećković, Bora Ćosić, Mirko Kovač, Dušan Makavejev, Desanka Maksimović, Borislav Mihajlović-Mihiz, Živojin Pavlović, Borislav Pekić, Dušan Stojanović, Danilo Stojković, Bojan Stupica, Mira Stupica, Bogdan Tirnanić, Branko Vučićević, Stevo Žigon und Želimir Žilnik.

einem überwiegend von Studentinnen und Studenten bewohnten
Neubauviertel in Neu-Belgrad, warteten. Eine Gruppe setzte sich
aus den ansässigen Studentinnen und Studenten zusammen, die
andere Gruppe bestand aus Teilnehmern einer Arbeitsbrigade,
die freiwillig am Bauprojekt *Novi Beograd 1968* mitwirkten. Auf
symbolischer Ebene kann hier durchaus von einem Stellvertre-
terkonflikt gesprochen werden, der Überführung des latenten
Basis-Überbau-Konfliktes auf eine lokale Mikroebene – auf der
einen Seite die politisch nicht homogene und über bestehende
staatliche Organisationsstrukturen kaum zu fassende Gruppe der
Studierenden, auf der anderen Seite Jugendliche, die freiwillig
am Aufbau des Landes teilnehmen. Für die historisch-politische
Relevanz dieses »kritischen Ereignisses« ist es dabei zweitrangig,
dass viele der Studentinnen und Studenten selbst an solchen Ar-
beitsbrigaden freiwillig teilgenommen haben. Die Arbeitsbriga-
den waren schließlich elementarer Bestandteil des jugoslawischen
Aufbruchs und Aufbaus, Teil der sozialistischen Alltagskultur und
Zeichen gelebter Solidarität. Von Relevanz war hier der faktische
Konflikt zwischen einer »unorganisierten«, politisch nicht einzu-
ordnenden Studentengruppe und einer staatlich anerkannten und
mit entsprechenden Werten *a priori* codierten Freiwilligenbri-
gade, auf dessen Seite sich die heranrückenden Sicherheitsorgane
des Staates unzweideutig stellten. Nachdem es zu ernsthafteren
Auseinandersetzungen zwischen dem Ordnungsdienst und den
aufgebrachten Studierenden vor dem Eingang zum Konzert-
saal gekommen war, eskalierte der Konflikt gegen 22 Uhr mit
dem Heranrücken einer vierzig Mann starken Polizeieinheit, die
mit Schlagstöcken und Tränengas auf die Studierenden losging.
Nachdem eine Falschmeldung über den Gewalttod eines Studenten die Runde machte, spitzte sich die Situation noch einmal
zu, die immer massenhafter anwesenden Studierenden drücken
die Polizei in die Defensive und ergatterten ein Feuerwehrauto,
welches sie als Rednertribüne nutzten und von dessen Dach sie
während der Nacht politische Parolen und Forderungen artikulierten – »Arbeiter - Studenten«, »Tito - Partei« und »Arbeit für
alle«. Gegen Mitternacht wurde der Beschluss gefasst, vor das
Bundesparlament in Belgrad zu ziehen, um den Abgeordneten

Protestzug Belgrader Studentinnen und Studenten in Richtung Stadtzentrum, Juni 1968.

einen Katalog mit politischen und sozialen Forderungen zu überreichen – auch die Gewalttätigkeit der Polizei sollte angeprangert werden. An einer Unterführung, die passiert werden muss, um in das Belgrader Stadtzentrum und somit zum Bundesparlament zu gelangen, wurden die Studierenden von massiven Polizeieinheiten empfangen. Versuche, mit der Polizei ins Gespräch zu kommen, um eine Eskalation der Situation zu vermeiden, misslangen, in den folgenden Auseinandersetzungen wurden mehrere Studierende verletzt. Die Polizei löste den Demonstrationszug auf, verfolgte die Studierenden bis in die Wohnheime, wo sie jedwede Zusammenkunft zerstreuten. Die jugoslawische Nachrichtenagentur *Tanjug* meldete schließlich um 3 Uhr morgens:

»Heute Nacht ist es zu ernsthaften Vorkommnissen in Neu-Belgrad gekommen, als eine größere Studentengruppe das Kulturhaus in Neu-Belgrad zu stürmen versucht hat. Im Kulturhaus sollte die Aufführung ›Karawane der Freundschaft‹ für die Brigadisten, die am Aufbau Neu-Belgrads mithelfen, stattfinden. In der darauffolgenden Auseinandersetzung wurde ein Student verletzt. Kleinere Polizeikräfte haben versucht, die Brigadiere vor dem groben Verhalten einer Gruppe Randalierer zu schützen [...]. Morgen vormittag wird eine offizielle Stellungnahme zu diesen Vorfällen sowie den entstandenen Schäden erwartet.«[638]

Während die staatliche Nachrichtenagentur die Studierenden als Randalierer hinzustellen versuchte, informierte um 4 Uhr morgens das Studentenradio der Studentenstadt über die Einberufung eines »Aktionsausschusses«, der am 3. Juni um 8 Uhr ein Meeting zu den Geschehnissen anberaumt hatte. Um 6 Uhr 30 fand ein anberaumtes Plenum des Universitätsausschusses des Studentenbundes statt, an welchem neben dem Prorektor der Belgrader Universität und den Dekanen der meisten Fakultäten auch Mitglieder des Universitätskomitees des Bundes der Kommunisten, Vertreter der Stadtpolitik und des Universitätsausschusses teilnahmen. Das Plenum solidarisierte sich mit den Studierenden, auch ein Streik der gesamten Universität wurde andiskutiert, und die Anwesenden beschlossen, zum besagten Meeting in die Studentenstadt zu gehen, um ihre Solidarität zu zeigen. Das Meeting selbst verlief organisiert und diszipliniert, ein zwanzigköpfiger Aktionsausschuss wurde gewählt, und mit den Stimmen der Mehrheit wurde beschlossen, einen friedlichen Demonstrationszug zum innerstädtischen Marx-Engels-Platz zu organisieren, auf dem die studentischen Forderungen öffentlich artikuliert werden sollten. Die Kolonne machte sich am 3. Juni gegen 10 Uhr von der Studentenstadt auf den Weg in die Innenstadt. Allen Berichten und dem vorhandenen Film- und Bildmaterial zufolge, trugen die Demonstranten Transparente, die sich ihren Parolen nach kritisch, doch eben auch affirmativ und ideologisch in Einklang mit dem jugoslawischen

---

638 Zitat nach Popov, Društveni sukobi, S. 38, FN 14.

Protestzug Belgrader Studentinnen und Studenten in Richtung Stadtzentrum, Juni 1968.

Sozialismusmodell befanden. Neben Parolen wie »Tito - Partei«, »Studenten - Arbeiter«, »Nieder mit der roten Bourgeoisie« und »Haben wir eine Verfasssung?« sangen die Teilnehmerinnen und Teilnehmer die jugoslawische Nationalhymne, die Internationale und das Partisanenlied »Genosse Tito, wir schwören dir, von deinem Weg niemals abzukehren«. Die Parolen und die Selbstdarstellung der Demonstranten als treue Bürgerinnen und Bürger des sozialistischen jugoslawischen Staates waren wichtige Bausteine der jugoslawischen Studentenbewegung, und sie sollten im weiteren Verlauf der Protesthandlungen, etwa in den politischen Verlautbarungen und Forderungen, eine zentrale Rolle einnehmen – womit sie die Staatsbürokratie vor ein politisches Glaubwürdigkeitsproblem stellten.

Auf seinem Weg zur Innenstadt wurde der Demonstrationszug nicht nur von einem gut ausgerüsteten und massiven Polizeikordon empfangen, auch bekannte Politiker und Universitätsdozenten waren anwesend, um mit den Studierenden über einen Abbruch des Protestmarsches zu debattieren. Während Vertreter der Studenten mit Veljko Vlahović, dem Chef der ideologischen Kommission des Bundes der Kommunisten und einem angesehenen und beliebten Veteranen des spanischen Bürgerkrieges, diskutierten, kam es zu Handgreiflichkeiten mit der Polizei, die in einer Gewaltorgie enden sollten – Angaben der Gesundheitsämter zufolge wurden insgesamt 169 Personen verletzt, davon 134 Studentinnen und Studenten.[639]

Während der Sicherheitsapparat also mit Polizeibrutalität ›Ruhe und Ordnung‹ herzustellen versuchte, organisierten sich die Studierenden längst im Stadtzentrum an den unterschiedlichen Fakultäten, allen voran der Philosophischen Fakultät. Im Hof des *Kapetan Mišino zdanje*, an den sowohl das Universitätsrektorat als auch die Philosophische Fakultät angeschlossen waren, sammelten sich immer mehr Studierende, der Dekan der Fakultät, Jovan Kovačević, trat aus Protest gegen die Polizeigewalt von seinem Posten zurück, und der Fakultätsrat beschloss, die Philosophische Fakultät geschlossen in den Streik treten zu lassen. Später am Tag beschloss der Universitätsrat auf seiner Sitzung einen siebentägigen Streik der gesamten Universität Belgrad. Am Nachmittag des 4. Juni wurde die Universität Belgrad einstimmig in *Crveni univerzitet Karl Marks* [Rote Universität Karl Marx] umbenannt – samt einer dem russischen Kommunisten und Dichter Vladimir Majakovski gewidmeten *Koračnica Crvenog univerziteta* [Marschlied der Roten Universität], deren Text lautete:

»(1) Wie feuriger Regen auf trockener Erde/ Der wie ein Wasserstrahl singt/Beschreiten wir den Weg der Revolution/ Links! Links! Links! // (2) Die Sonne soll in unsere Herzen scheinen/ Ein Blitz sich auf die Erde senkt/ Die verfluchte Geschichte bewegen wir/ Links! Links! Links! // (3) Den Heldentum unserer Väter kennen wir aus Büchern/ Und ihr Traum ist es, der uns erwärmt/ Heute

---

639 Alle Angaben nach Popov, Društveni sukobi, S. 36ff. Die hier dargestellte Chronologie der Ereignisse wird von nahezu allen Quellen geteilt, ebenso von der relevanten Sekundärliteratur. Siehe Praxis (Hrsg.), jun-lipanj 1968. Dokumenti, Zagreb 1971; Pavlović, Ispljuvak pun krvi, S. 19–30; Kanzleiter, Rote Universität, S. 189–205; Klasić, Jugoslavija i svijet, S. 115–121.

Protestzug Belgrader Studentinnen und Studenten in Richtung Stadtzentrum, Juni 1968. Abgebildet ist die politische Delegation bestehend aus (vordere Reihe, von links nach rechts): Miroslav Pečujlić, Veljko Vlahović, Miloš Minić, Branko Pešić, Simeon Zatezalo.

und immer ist es unsere Pflicht/ Links! Links! Links! // (4) Vor unseren Augen erscheint wie einst bei ihnen/ Die Kommune – ihr Stern im Licht/ Die Jugend ist unser Privileg/ Links! Links! Links!«.[640]

Am Eingang zum Universitätsgebäude wurde ein Banner mit der Aufschrift *Crveni univerzitet Karl Marks* ausgerollt, auch Porträts von Marx, Lenin und Staatspräsident Tito wurden ausgehängt. Titos Porträt war mit Bedacht gewählt: Es zeigte ihn als Kommandanten aus der Zeit des Partisanenkrieges, der Zeit des Volksbefreiungskampfes und der sich im Entstehungsprozess befindlichen jugoslawischen Revolution. Es rief nicht den arrivierten, ideologisch durchaus opportunistisch agierenden Staatsmann, sondern den reinen Revolutionär an, der als Vorsitzender der Kommunistischen

---

640 Popov, Društveni sukobi, S. 45.

Partei Jugoslawiens für seine antifaschistischen und sozialistischen Ideale in einen schier ausweglosen Kampf gegen die zahlenmäßig und technisch besser ausgerüsteten Besatzer und ihre einheimischen Kollaborateure gezogen war. Er verkörperte jene Reinheit der Revolution, zu der die Studentinnen und Studenten sowie ihre politischen Sympathisanten zurückzukehren gedachten.

Während die Universität Belgrad in den Streik trat, rumorte es auch an anderen Hochschulorten Jugoslawiens. In Sarajevo kam es zu spontanen Kundgebungen und Solidaritätsbekundungen. In einer Rede vor den an der Philosophischen Fakultät versammelten Studenten sowie Hochschullehrerinnen und Hochschullehrern ließ der Historiker Milorad Ekmečić keinen Zweifel daran, wer sich seiner Meinung im richtigen Abteil der Geschichtslokomotive befand: »Wenn er [der Staat, K.S.] die Sehnsüchte der Jugend nicht versteht und sich nicht mit ihnen identifiziert, wird jeder Staat zwangsläufig verlieren.«[641] Die Anwesenden solidarisierten sich mit den Forderungen der Belgrader Studierenden, Zeitungen zufolge hatten sich zwischen 6000 und 8000 Studentinnen und Studenten anschließend auf den Weg in die Sarajevoer Innenstadt gemacht, um, Che-Guevara und Tito-Bilder tragend, friedlich zu demonstrieren und ihre Solidarität mit den Belgrader Studierenden zu zeigen. Auch hier reagierte die Polizei repressiv, trieb die Demonstranten auseinander und verhaftete einzelne Personen. Doch anders als in Belgrad reagierte der Bund der Studenten an der Universität in Sarajevo handzahmer, unterstützte zwar inhaltlich die Forderungen der Belgrader Kolleginnen und Kollegen, distanzierte sich jedoch klar von jedweden Versuchen der Organisierung abseits des Bundes der Kommunisten.

Auch in Ljubljana, Novi Sad, Skoplje, Priština, Split, Rijeka und Niš solidarisierten sich die Studierenden mit den inhaltlichen Forderungen, zu Aktionen und Organisierungsversuchen kam es hingegen nicht, die örtlichen Partei- und Universitätsgremien beriefen sich geschickt auf die Autorität der Partei und die theoretische Möglichkeit, substantielle Kritik innerhalb des bestehenden Institutionen zu formulieren.

---

641 Zitat nach Milorad Ekmečić, Teze za dijalog, in: Lica 2, 1968, H. 8/9, S. 5f., hier S. 5.

Weitaus komplexer war die Situation an der Universität Zagreb. Der dortige Universitätsausschuss des Studentenbundes beschloss am 5. Juni die Umbenennung der Universität in *Socijalističko sveučilište sedam sekretara SKOJ-a* [Sozialistische Universität der Sieben Sekretäre des SKOJ], eine Hommage an sieben im Königreich Jugoslawien ermordete Sekretäre des kommunistischen Jugendverbandes. Die Namenwahl war auch hier nicht zufällig, auch hier spielten die Studenten auf die revolutionäre Vergangenheit und die Träger jener Ideale an, die sie von der jugoslawischen politischen Elite für verraten hielten. Am Meeting im Studentenzentrum nahmen über 1000 Personen teil, Redner aus Belgrad wurden frenetisch gefeiert und mit Parolen wie »Brüderlichkeit – Einheit« und »Belgrad – Zagreb« unterstützt. Zu den Versammelten sprachen bekannte Universitätsprofessoren, unter ihnen Milan Kangrga, Gajo Petrović, Vanja Sutlić, Mladen Čaldarović sowie der Schauspieler Fabijan Šovagović und der Schriftsteller Predrag Matvejević. Es wurde ein »Aufruf der revolutionären Studenten der Sozialistischen Universität Sieben Sekretäre des SKOJ« verabschiedet, der sich eindeutig mit der Belgrader Protestbewegung solidarisierte. Doch in Zagreb zirkulierte mit dem »Aufruf des Bundes der Kommunisten an der Zagreber Universität« ein weiteres programmatisches Dokument, verfasst von führenden Mitgliedern des Bundes der Kommunisten Kroatiens mit dem Ziel, die linksradikale Strömung an der Universität zu desavouieren.[642] Wenn im nächsten Unterkapitel die Programmatik ausführlicher analysiert wird, wird deutlich werden, dass es nicht so sehr die konkreten Inhalte im Aufruf der kommunistischen Organisation waren, die im Widerspruch zu den studentischen Forderungen standen, als vielmehr die geschickte und frühzeitige strategische Ausrichtung, jegliche Form außerinstitutioneller und autonomer Organisierung als politischen Irrweg zu brandmarken.

Die Symbolik, derer sich die Protestierenden und Sympathisanten in allen Universitätszentren bedienten, war eindeutig in der kommunistischen Arbeiterbewegung verankert – mit Reminiszen-

---

642 Kanzleiter/Stojaković (Hrsg.), 1968 in Jugoslawien, S. 237–239, Popov, Društveni sukobi, S. 66f.

zen sowohl an internationale als auch jugoslawische Ereignisse und Vorbilder. Dies lässt sich sowohl anhand der visuellen als auch der programmatischen Darstellung nachweisen. Für Nebojša Popov, selbst Teilnehmer der Protestbewegung und einer der wenigen, der sich wissenschaftlich mit Protest- und Bewegungsforschung in Jugoslawien beschäftigte, stellte gerade dies ein inneres Paradox der jugoslawischen Protestbewegung dar: dass sich die Protestträger sowohl auf das System (Selbstverwaltung, Sozialismus) als auch auf staatliche Institutionen und Akteure (Verfassung, Parteiprogramm des BdKJ, Josip Broz Tito) positiv beriefen.[643] »Anstatt einer Debatte«, konstatierte auch der damalige Aktivist Danilo Udovički in seinem 2014 erschienenen autobiografischen Bericht, mit einer Generation, »die den Sozialismus nicht ablehnte, im Gegenteil, was sicherlich einzigartig in der Welt des Kommunismus an der Macht gewesen war«, habe das jugoslawische System nur versucht, »den Geist so schnell wie möglich in die Flasche zurückzuholen.«[644]

4.4 »Rote Universität Karl Marx« – Der permanente Konvent

Der bereits ausführlich vorgestellte Filmregisseur Živojin Pavlović gehörte zu den aktivsten Unterstützern der Protestbewegung. Sein Protesttagebuch *Ispljuvak pun krvi* [Spucke voller Blut] gehörte und gehört zum Kanon der literarischen Aufarbeitung der jugoslawischen Studentenbewegung. Trotzdem war er anfänglich, ähnlich den zuvor skizzierten Ergebnissen einiger soziologischer Studien, äußerst skeptisch bezüglich der Ernsthaftigkeit und des Politisierungsgrades der jugoslawischen Jugend und Studierendenschaft. Zu Beginn seiner Aufzeichnungen der Protestereignisse schilderte er seine Skepsis, die ganz im Gegensatz zur euphorischen Erwartungshaltung seines Kollegen Dušan Makavejev gestanden hatte. Pavlović hielt dazu in seinem Tagebuch fest:

»Mir sind Makavejevs Behauptungen bekannt, dass die Universität Belgrad nicht passiv bleiben wird, dass die Studenten, ihren Kolle-

---

643 Siehe Popov, Uvod, in: Praxis (Hrsg), jun-lipanj, S. XV.
644 Danilo Udovički, Treću jun 1968., Novi Sad 2014, S. 44f.

Im Hof der Philosophischen Fakultät, Juni 1968.

gen in Berlin, Prag, Warschau oder Paris folgend, der Gesellschaft zeigen werden, wer sie sind und was sie leisten können. Er redet darüber schon seit mehr als einem Monat. Seine Prognosen basieren auf den Texten des Belgrader *Student* und der Zeitschrift *Susret*. [...] Doch ich bin gegenüber Makavejevs Voraussagungen skeptisch. Ich weiß, welch lebendige Phantasie er hat. [...] Auch zweifele ich zutiefst am politischen Bewusstsein der jugoslawischen Jugend. So wie viele andere auch glaube ich, dass die Mehrheit der Jugend streberhaft alles annimmt, was ihnen Familie und Gesellschaft als ›richtigen Entwicklungsweg‹ aufzeigen. Vom Paradies der westlichen Hemisphäre träumend, fügt sie sich unterwürfig dem Lebensalltag unter. Eine Minderheit hingegen folgt bequemen Hirngespinsten – der ›sexuellen Revolution‹, einem hippiesken Drogenwahn, bis hin zum ›Rebellentum‹ a la Che Guevara und dem Absingen von Protestliedern gegen den Vietnamkrieg.«[645]

Die Dynamik der Ereignisse zwischen dem 2. und 4. Juni 1968 hatte jedoch ohne Zweifel die Politisierung der jugoslawischen Studenten beschleunigt und auf ein neues Niveau gehoben. Die Inhalte, die gesellschaftspolitische Tiefe der Analysen und Forderungen sowie die Einbindung der Proteste in einen größeren gesellschaftlichen und intellektuellen Zusammenhang, dessen Teil Pavlović selbst war, zeugen allerdings davon, dass das kognitive Grundgerüst schon ausgeformt war, bevor es zum »kritischen Ereignis« und seiner Verstetigung kam.

Programmatik der Studentenbewegung
Die politisch-programmatische Ausrichtung der jugoslawischen Studentenbewegung, insbesondere ihres Belgrader Teils, war ihren philosophischen und politischen Grundprämissen nach linksradikal. Sie war linksradikal im Sinne, dass sie »die auf Verhältnissen der Unter- und Überordnung beruhende Gesellschaft zu kritisieren« trachtete.[646] Sie war ferner linksradikal im Sinne, dass sie das Postulat »Der Zweck heiligt die Mittel« ablehnte und den Marxismus, hierin den theoretischen Zugängen der *Praxis* folgend, als eine auch auf formal sozialistische Gesellschaften anwendbare »Theorie und Methode der revolutionären Negation und der Überwindung der bestehenden Wirklichkeit« interpretierte.[647] Der renommierte Zagreber Philosoph Žarko Puhovski, damals noch Student an der Universität Zagreb und Sympathisant der Bewegung, sah, wie so viele seiner Altersgenossen, in der programmatischen Breitenwirkung gar ein »neues Kapitel des Kampfes zur Befreiung der Arbeiterklasse, zu konkreten sozialen Veränderungen, für die Weltrevolution« aufgeschlagen.[648]

Das erste politische Dokument der Belgrader Studierenden

---

645 Pavlović, Ispljuvak pun krvi, S. 24.
646 Heller, Philosophie des linken Radikalismus, S. 153.
647 Marković, Dialektik der Praxis, S. 43, 70.
648 Žarko Puhovski, Radnici – studenti, in: Polet 3, 1971, H.25–27, S. 28–31, hier S. 29.

Eingang der Fakultät für Rechtswissenschaften, Juni 1968.

war der am 3. Juni noch in der Studentenstadt verfasste »Aufruf« der Belgrader Studentinnen und Studenten, unterschrieben vom Universitätsausschuss des Studentenbundes der Belgrader Universität, dem Aktionsausschuss der Demonstration und der Redaktion der Studierendenzeitung *Student*. Darin wurden in erster Linie politische Konsequenzen aus dem repressiven Vorgehen der Polizei und der ihr übergeordneten politischen Instanzen (etwa dem Innenministerium) gefordert. Auch wandten sich die Studenten gegen die tendenziöse Berichterstattung einiger Medien (Tageszeitungen, Radio Belgrad, die jugoslawische Nachrichtenagentur *Tanjug*) und forderten den Rücktritt ihrer leitenden Redakteure. Als Gründe für die ausgebrochenen Unruhen wurden angeführt:

»Vor allem anderen haben sie [die Studenten, K.S.] sich dafür eingesetzt, dass sich die großen sozialen Ungleichheiten in unserer Gesellschaft verkleinern, dass das Problem der Arbeitslosigkeit schnell beseitigt wird – dass unsere Gesellschaft nicht ins Ausland auswandern muss; es ging darum, dass wirkliche Demokratie in allen Bereichen des gesellschaftlichen Lebens gesichert wird, und dass, damit verbunden, möglichst schnell und grundlegend wahre Selbstverwaltungsbeziehungen umgesetzt werden.«[649]

Soziale Ungleichheit, die Auswanderung einer immer größer werdenden Anzahl von Jugoslawen ins Ausland (allen voran in die Bundesrepublik als sogenannte *Gastarbeiter*) und die nicht eingelöste Durchsetzung von demokratischen Selbstverwaltungsbeziehungen auf allen Gesellschaftsniveaus – allesamt Themen, die nicht unmittelbar studentische Probleme und Lebenslagen, sondern soziopolitische Deviationen der Gesamtgesellschaft ansprachen. In der noch am gleichen Tag veröffentlichten »Resolution der Studentendemonstration« wurden die oben skizzierten Bereiche konkretisiert und mit Forderungen untermauert: energisches Vorgehen gegen die grassierende Bereicherung der bürokratischen und politischen Eliten, Aufhebung von Privilegien, Kampf gegen die Arbeitslosigkeit durch ein Verbot von Honorararbeiten, Austausch von unqualifizierten Kadern durch qualifizierte junge Fachkräfte, um die Auswanderung zu stoppen, Demokratisierung insbesondere des Bundes der Kommunisten, Demokratisierung der Medien sowie volle öffentliche Meinungs-, Versammlungs- und Demonstrationsfreiheit. Erst als letzter Punkt wurden universitäre und primär studentische Probleme angesprochen, wie etwa Verbesserung der materiellen Ausstattung an den Universitäten, demokratische Teil-

---

649 Zitat nach Kanzleiter/Stojaković (Hrsg.), 1968 in Jugoslawien, S. 232f.; siehe auch Praxis (Hrsg.), jun-lipanj, S. 61f. Ferner zu den einzelnen Punkten die Berichterstattung in der Studentenpresse: A. Ilić, O štampi i radiju, in: Student, vanredni broj 1, 4. jun 1968; Nesnalaženje, strah ili..., in: Student, vanredni broj 1, 4. jun 1968; K. Kurspahić, Surovije nego pre rata, in: Student, vanredni broj 1, 4. jun 1968; P. Darnjanov, Solidarnost sa kolegama u Novom Beogradu, in: Student, vanredni broj 1, 4. jun 1968.

Plakat mit der Aufschrift »Studenten - Arbeiter«, Juni 1968.

habe der Studierenden in den universitären Gremien, demokratische Wiederwahl des Lehrpersonals sowie freie Immatrikulation.[650]

Das »Politische Aktionsprogramm« vom 5. Juni 1968 wiederum ging einen Schritt weiter und stellte die politische Plattform dar, um die herum sich sowohl die Studierenden als auch die Mehrheit des Lehrpersonals zusammenfanden und solidarisierten. Unterzeichnet wurde es vom Plenum des Universitätsausschusses des Studentenbundes an der Belgrader Universität, vom Universitätsausschuss des Bundes der Kommunisten an der Belgrader Universität sowie von Aktionsausschüssen der Studenten

---

650 Kanzleiter/Stojaković (Hrsg.), 1968 in Jugoslawien, S. 233f.

aller Fakultäten, Hohen und Höheren Schulen und Akademien in Belgrad.[651] Somit besaß es eine klare demokratische Legitimität als politisches Dokument, das auch der Bund der Kommunisten Jugoslawiens und die Regierung nicht ignorieren konnten. Dieses Papier war unterteilt in zwei thematische Blöcke, ein erster, längerer Teil befasste sich mit politischen und gesamtgesellschaftlichen Observationen, der zweite und kürzere Teil fokussierte sich auf hochschulpolitische Probleme – von der Versorgung der Studierenden über die Ausstattung der Universitäten bis hin zu universitären Demokratiedefiziten.

Im gesellschaftspolitischen Abschnitt wurde »eine klare und genaue Definition der Kriterien für die Bemessung der persönlichen Einkommen« gefordert, ein subtiler Hinweis auf die verbreitete Wahrnehmung illegitimer Bereicherungen durch die Staats- und Parteieliten. Zwar führte das Programm keine konkreten Maßnahmen oder Mechanismen an, auf deren Grundlage solche Kriterien hätten aufgestellt werden sollen, in ihrer Kritik an der hauptsächlich moralischen Entrüstung des Aktionsprogramms forderten aber die Vertreter der Forstwirtschaftlichen Fakultät explizit, »die Löhne der Funktionäre den durchschnittlichen Arbeiterlöhnen« anzupassen.[652] Im Aktionsprogramm hingegen wurde, eher sozialdemokratisch denn radikal-sozialistisch inspiriert, lediglich von einer progressiven Besteuerung jener Einkommen gesprochen, die »das Einkommensmaximum« überschreiten – für das wiederum keine Kriterien benannt wurden. Gesellschaftspolitisch radikaler war hingegen die Forderung nach einer »Sicherstellung des Rechts auf Arbeit für alle arbeitenden Menschen in unserem Land«.[653] Damit zielte man nicht nur auf die wachsende Arbeitsmigration nach Westeuropa ab, sondern benannte auch die wachsende Kluft zwischen Arm und Reich im Land selbst und zwischen den Republiken. Betont wurde zudem die unzureichende Durchsetzung

---

651 Das Originaldokument »Akciono-politički program«, in: Praxis (Hrsg), jun-lipanj, S. 139–141; eine deutsche Übersetzung findet sich bei Kanzleiter/Stojaković (Hrsg.), S. 234–237. Im weiteren Verlauf wird aus der deutschen Übersetzung zitiert.
652 Popov, Društveni sukobi, S. 59.
653 Kanzleiter/Stojaković (Hrsg.), 1968 in Jugoslawien, S. 235.

der Selbstverwaltungsbeziehungen, ein Aspekt, der sicherlich die meiste politische Sprengkraft besaß, da er in letzter Konsequenz das trotz Parteireform nicht aufgegebene politische Monopol des Bundes der Kommunisten betraf. Im Aktionsprogramm hieß es dazu:

»Notwendig sind Maßnahmen, die eine schnellere Errichtung der Selbstverwaltungsbeziehungen in unserer Gesellschaft ermöglichen, um die bürokratischen Kräfte, die die Entwicklung unserer Gesellschaft behindern, zu beseitigen. Das System der Selbstverwaltungsbeziehungen muss nicht nur in den Arbeitsorganisationen konsequent entwickelt werden, sondern auf allen Ebenen unserer Gesellschaft, von der Kommune bis hin zur Föderation, so dass die direkten Produzenten eine Mehrheit der Mitglieder aller Verwaltungsorgane stellen.«

Und im nächsten Passus unter Punkt vier an den Bund der Kommunisten Jugoslawiens gerichtet:

»In Übereinstimmung mit der Entwicklung der Selbstverwaltungsbeziehungen sollte der Prozess der Demokratisierung aller sozio-politischen Organisationen, insbesondere des Bundes der Kommunisten, grundlegender und schneller durchgeführt werden.«[654]

Die Forderung nach einer umfassenderen Durchsetzung der Prinzipien von Selbstverwaltung und direkter Demokratie wurde auch im zweiten Block des Aktionsprogramms, der sich überwiegend auf die inneruniversitäen Beziehungen bezog, prominent aufgestellt. »Die Organisation der Universität als eine Selbstverwaltungsinstitution« sei »unumgänglich«, auch müsse »[d]er Einfluss von Wissenschaft, Universitäten und Studenten auf die Formulierung grundlegender Positionen im Bezug auf Wege, Formen und Methoden unserer weiteren sozialen und ökonomischen Entwicklung [...] vergrößert werden.«[655]

Es scheinen hier vor allem zwei zentrale ideologische Elemente

---

654 Ebenda.
655 Ebenda, S. 236.

durch: soziale Gerechtigkeit und umfassende Demokratisierung – sozialistische Demokratie also, ein Ankerpunkt der jugoslawischen und internationalen radikalen Linken. Auch wenn diese Forderungen bei der Staats- und Parteiführung für Unwohlsein sorgten, für einige der Protagonisten waren sie zu zahm und vor allem zu schemenhaft. Auf der Versammlung der Studierenden, Lehrenden und Arbeiter:nnen an der Akademie für angewandte Künste vom 5. Juni wurde zwar die grundsätzliche Übereinstimmung mit den Inhalten des Aktionsprogramms kundgetan, doch kritisiert wurde die »alte routinierte«, »verwässerte« Art und Weise seiner Sprache und seine Überfrachtung mit Phrasen. In ihrem alternativen Text zum ersten Forderungsblock des Aktionsprogramms wurden zwar keine neuen inhaltlichen Punkte gemacht, aber der Ton wurde verschärft. Jener Passus etwa, der sich mit Bürokratiekritik auseinandersetzte, sollte vollends im Imperativ verfasst werden – nicht als Vorschlag, sondern als kategorische Forderung:

> »Die bürokratischen Kräfte bremsen den Fortschritt unserer Gesellschaft. [...] Der Demokratisierungsprozess in unserer Gesellschaft ist zu langsam. Der Prozess der Demokratisierung aller gesellschaftspolitischen Organisationen muss beschleunigt werden, insbesondere jener des Bundes der Kommunisten.«[656]

Am 5. Juni verabschiedete auch der Zagreber Aktionsausschuss der revolutionären Studenten der *Sozialistischen Universität Sieben Sekretäre des SKOJ* ein Positionspapier, das zwar in vielen inhaltlichen Punkten dem Belgrader Aufruf glich, doch seiner Intonation und ideologischen Tiefe nach durchaus Unterschiede aufwies. In diesem Papier sticht der Einfluss der Zagreber *Praxis*-Philosophen deutlicher hervor. So zum Beispiel, wenn im zweiten Punkt die Gesellschafts- und Wirtschaftsreform zwar nicht abgelehnt, jedoch eingefordert wird, diese müsse »eminent kommunistischen Lösungen« folgen – ein Zitat des unter Studierenden äußerst beliebten

---

[656] »Akademija za primenjene umetnosti, 5. jun«, in: Praxis (Hrsg.), jun-lipanj, S. 143–145, hier S. 145.

Universitätsprofessors Vanja Sutlić.[657] Unverblümter war die Kritik an der gesellschaftlich und politisch weiterhin subordinierten Stellung der Arbeiterklasse, hier forderte der Aktionsausschuss »die ökonomische Befreiung der Arbeiterklasse«, die in Allianz »mit der marxistischen Intelligenz zum wahren Träger aller gesellschaftspolitischen Schlüsselbeschlüsse von der Ebene der Arbeitsorganisationen bis zur Ebene der Republiken und der Föderation« werden sollte.[658] Des weiteren wurde gefordert, dass die »Sekretäre für innere Angelegenheiten der Föderation, der Republik Serbien und der Stadt Belgrad abgelöst werden«, dass alle »Privilegien zur persönlichen Bereicherung und zum ideologischen Monopolismus« aufgehoben werden, auch die »Einführung der vollen Presse-, Versammlungs-, Absprache-, Manifestations- und Demonstrationsfreiheit« sowie die »Deblockade der Roten Universität ›Karl Marx‹« in Belgrad wurden eingefordert.[659] Unter Punkt zehn des Aufrufs wird zudem ein Solidaritätsbekenntnis mit den »revolutionären Studentenbewegungen Polens, Deutschlands, Frankreichs, Spaniens, Italiens und anderer Länder« abgegeben.[660]

Das Belgrader Aktionsprogramm sowie der Aufruf der Zagreber Studierenden sind wohl die artikuliertesten Dokumente der jugoslawischen Studentenbewegung, und doch haftet beiden etwas politisch-ideologisch Unvollkommenes, Ungesagtes an. Da sie beide auf einem allgemeinen Problembeschreibungsniveau verbleiben, nicht auf prinzipielle Systemfragen abzielen, scheint es, als würden sie – im Gegensatz zu ihren Kollegen in Westeuropa – weniger kritisch, systemkonformer argumentieren. Zieht man noch das allseits formulierte Bekenntnis »Wir haben kein besonderes Programm, unser Programm ist das Programm der fortschrittlichsten Kräfte der Gesellschaft, das PROGRAMM DES BdKJ UND DIE VERFASSUNG« hinzu, so kann der Eindruck

---

657 »Aufruf der Revolutionären Studenten der Sozialistischen Universität ›Sieben Sekretäre des SKOJ‹«, deutsche Übersetzung abgedruckt in Kanzleiter/Stojaković (Hrsg.), 1968 in Jugoslawien, S. 237–239, hier S. 237. Original abgedruckt u.a. in: Praxis (Hrsg.), jun-lipanj, S. 188–189.
658 Zitat nach ebenda, S. 237f.
659 Alle Zitate nach ebenda, S. 238.
660 Ebenda.

erweckt werden, wir hätten es hier gar nicht mit einer linksradikalen, die Systemfrage stellenden Bewegung zu tun.[661] An dieser Stelle soll die Bewertung der Ereignisse nicht vorweg genommen werden, doch gerade dieser Sachverhalt deutet auf eine kontextbedingte Besonderheit der jugoslawischen Studentenbewegung hin. Ihre kognitive Disposition wurde geformt durch Debatten, Analysen, Kritiken und künstlerische Produktionen marxistisch orientierter, sich als Kommunistinnen oder Sozialisten verstehender Intellektueller und Kulturschaffender. Auf der politisch-ideologischen Diskursebene können sie als der Neuen Linken zugehörig charakterisiert werden, was bedeutet, dass sie gleichermaßen kritisch eingestellt waren gegenüber den klassischen Parteien der Arbeiterbewegung – der Sozialdemokratie und den verschiedenen KP's – wie auch selbstverständlich gegenüber jenen politischen Optionen, die für das kapitalistische Wirtschaftssystem eintraten und es verteidigten. Sich selbst verstand die Neue Linke als Wahrerin kommunistischer und sozialistischer Ideale gegen die Deformationen der »offiziellen« linken Parteien.[662] Im jugoslawischen Kontext jedoch verstand sich der Bund der Kommunisten spätestens seit 1948 offiziell als eben genau das – als linkssozialistische Alternative zu den stalinistischen KPs, den westeuropäischen Sozialdemokratien sowie den liberalen und konservativen Befürwortern des kapitalistischen Wirtschaftssystems. Eine klare, kompromisslose Distinktion war ungleich schwieriger zu formulieren, nicht zuletzt weil der jugoslawische Staat mit der Einführung der Arbeiterselbstverwaltung tatsächlich alternative Wege der unmittelbaren demokratischen Mitsprache und Ordnung der Eigentumsverhältnisse beschritten hatte.[663] Was die radikale Linke in Jugoslawien politisch glaubwürdig machen konnte, war, ihre grundsätzliche Unterstützung der Arbeiterselbstverwaltung öffentlich zu erklären, die tatsächlich realisierten Alltagspraxen am proklamierten Ideal zu messen und deviante Erscheinungen zu kritisieren. Der Spagat, den die jugoslawische Studentenbewegung

---

661 Zitat nach Popov, Društveni sukobi, S. 44.
662 Siehe Dragoš Kalajić, Nova levica danas i ovde, in: Susret, Nr. 81, 01.05.1968.
663 Siehe Mihaljević, Lebwohl, Avantgarde, S. 256–296.

und ihre intellektuellen Fürsprecher vollbringen mussten, bestand in der nachvollziehbaren Formulierung einer substantiellen Kritik an der Herrschaftspraxis des politischen Establishments, ohne dabei den sozialistischen Grundkonsens aufzukündigen. Dass die politischen Eliten in ihren Reaktionen gerade auf diese Probleme abzielten und der Studentenbewegung eine ideologische Gegnerschaft zur Arbeiterselbstverwaltung zuschreiben wollten, war ein veritables politisches Problem, welches zu lösen, zumindest aber zu entkräften, eine Hauptaufgabe für die Protestakteure darstellte.[664] Direkte Kommunikationskanäle mit der Arbeiterklasse waren nicht einfach aufzubauen, noch schwieriger war deren kontinuierliche Aufrechterhaltung. Über Flugblätter und die Studentenpresse versuchten die Studentinnen und Studenten dennoch zur Arbeiterklasse zu sprechen, diese über die progressiven, dem gemeinsamen sozialistischen Projekt ergebenen Ziele aufzuklären und eine Aktionseinheit anzuregen. So geschehen in einer Resolution der Belgrader Studierenden, die in einem ähnlichen Wortlaut am 4., 5. und 6. Juni in der Belgrader Studentenpresse veröffentlicht wurde:

> »Wir vertreten keine Interessen, die nicht zugleich auch eure Interessen wären, wir haben keine politischen Ziele, die nicht auch eure Ziele wären. In unseren Verlautbarungen und Bulletins haben wir unsere gemeinsamen Interessen deutlich definiert, lasst nicht zu, dass sie euch über den wahren Geist unserer gemeinsamen Forderungen desinformieren. ES LEBE DIE EINHEIT DER ARBEITER

---

664 Hierin unterschieden sich die »politischen« Argumentationsmuster der jugoslawischen Studierenden von jenen im Westen. Mit einem sehr ähnlichen theoretisch-ideologischen Rüstzeug konnten die jugoslawischen Studentinnen und Studenten das jugoslawische Staatssystem grundsätzlich bejahend argumentieren, während ihre Kolleginnen und Kollegen in Frankreich oder Westberlin notwendig eine systemüberwindende Position einnehmen – was in der heutigen Diskussion oftmals zugunsten eines allgemeinen Modernisierungsansatzes (nicht zuletzt aus politischen Gründen) vernachlässigt wird. Siehe dazu Gerd-Rainer Horn/Bernd Gehrke, Leerstellen und Herausforderungen. Zur Problematik dieser Anthologie, in: dies. (Hrsg.), 1968 und die Arbeiter. Studien zum »proletarischen Mai« in Europa, Hamburg 2007, S. 7–24.

UND STUDENTEN – die Grundvoraussetzung für den Sieg des wahren Sozialismus.«[665]

Dieses Bestreben war auch an den Hauptparolen sichtbar: »Wir fordern die Verringerung der Arbeitslosigkeit«, »Nieder mit der Korruption«, »Nieder mit den Fürsten des Sozialismus«, »Nieder mit der roten Bourgeoisie«, »Bewahren wir die Werke unserer Arbeiter«, »Bürokratie – Hände weg von den Arbeitern«, »Selbstverwaltung von unten nach oben«, »Wir kämpfen nicht für unsere engen Interessen«, »Wir sind dagegen, dass nur die Arbeiterklasse die Last der Wirtschaftsreform trägt«, »Wir möchten keinen Papiersozialismus«, »Studenten – Arbeiter«, »Wir sind Söhne des werktätigen Volkes«, »Die Arbeiterjugend gehört an die Fakultäten«, »Die Arbeiter bücken sich – die Bürokraten vergnügen sich«, »Arbeiter, erklärt euch solidarisch mit uns«, »Es lebe die Einheit der Arbeiter und Studenten – Voraussetzung für eine wahrhaftige Selbstverwaltung.«[666]

Wie reagierte die jugoslawische Arbeiterklasse? Eine abschließende Antwort auf diese Frage bleibt zukünftigen Studien vorbehalten, doch anhand des vorliegenden Quellenmaterials und des Wissens über den weiteren Gang der Ereignisse scheint die These nicht abwegig, dass der jugoslawische Staat in seinem Ansinnen, die Studierenden von der Arbeiterklasse zu trennen, erfolgreicher war als die Studierenden in ihrem Bestreben, direkte politische Unterstützung in der Arbeiterklasse zu generieren. Natürlich bemühten sich die Studierenden um Unterstützung in der Arbeiterklasse, es gab auch, vor allem aus dem Belgrader Industriegürtel, Solidarität mit den studentischen Forderungen. Von einer flächendeckenden Politisierung und Aktivierung der Arbeiterinnen und Arbeiter war die Situation jedoch weit entfernt, auch wenn das Belgrader Parteikomitee in den studentischen Forderungen »Elemente der Konterrevolution« erblicken wollte, darauf ausgerichtet,

---

665 Praxis (Hrsg.), jun-lipanj, S. 151.
666 Alle Zitate nach Kanzleiter/Stojaković (Hrsg.), 1968 in Jugoslawien, S. 231f. Siehe auch Dragoljub Mićunović, Studenti i proletarijat, in: Student, 30.04.1968, abgedruckt in ders., Moja 68., S. 25–29.

»den Sturz des bestehenden gesellschaftlichen Systems und seiner Ordnung« in die Wege zu leiten.⁶⁶⁷ Die Orchestrierung von innerbetrieblicher Propaganda und Repressionsandrohung trug rasch Früchte im Sinne der politischen Führung, das Belgrader Stadtkomitee des Bundes der Kommunisten organisierte sogenannte »Kampfgruppen« in den Betrieben, um eine Kontaktaufnahme von Studierenden mit Arbeiterinnen und Arbeitern zu verhindern. Zwar blieben diese Unternehmungen in der Studentenpresse nicht unkommentiert, doch eine realistische Chance gegen die orchestrierten Maßnahmen der Belgrader Parteiorganisation hatten die Protestierenden nicht.⁶⁶⁸ Als Illustration sei hier ausschnittsweise der Brief des Bergarbeiterkollektivs »Tito« aus der ostbosnischen Industriestadt Tuzla genannt, in dem alle Elemente gelenkter Meinungsbildung enthalten waren – vom Verweis auf eigene soziale und ökonomische Probleme über die Verurteilung vermeintlich begangener Gewaltexzesse der Studierenden bis hin zu Solidaritätsbekundungen an Staatspräsident Tito, die Partei und das jugoslawische Selbstverwaltungssystem:

> »Die Demonstrationen der Studenten in Belgrad haben innerhalb unseres Kollektivs zu scharfen Reaktionen geführt. Wir Bergarbeiter erkennen die Forderungen nach einer Lösung eures materiellen Standards und einer Universitätsreform an, doch hat uns der von euch gewählte Weg zur Lösung dieser ungelösten Fragen überrascht und enttäuscht. Vor allem, weil fast all diese Fragen auf dem Weg der Lösung waren. Besonders enttäuscht hat uns die Zerstörungswut einzelner oder von Gruppen, sodass wir geneigt sind, zu glauben, dies ist durch dem Sozialismus fremde Elemente organisiert worden. Euch sind die Probleme der Bergarbeiterkollektive sicherlich bekannt. Die Bergarbeiter aus Banovići, aber auch andere Bergarbeiterkollektive haben für die Lösung ihrer Probleme nicht den Weg des Drucks und der Erpressung gewählt, auch haben sie

---

667 Kanzleiter, Rote Universität, S. 252.
668 Đorđe Vuković, Ko stoji iza izjava mnogih radnih kolektiva, in: Student, vanredni broj 2, 8. jun 1968; siehe auch Kanzleiter, Rote Universität, S. 252–255.

es nicht zugelassen, dass reaktionäre und konservative Kräfte sie dazu anstiften. Wir Bergarbeiter waren in unseren Forderungen energisch, doch immer im Rahmen der vielen Möglichkeiten, die uns unsere selbstverwaltete Gesellschaft bietet und zu der die wir uns klar und unzweideutig bekannt haben. Wir haben vollstes Vertrauen in unseren Bund der Kommunisten und in Genossen Tito, dass sich unser Selbstverwaltungssystem besser und schneller entwickeln und damit erfolgreicher ungelöste Fragen lösen wird. Aus diesen Gründen werden wir es nicht zulassen, dass unser demokratisches Selbstverwaltungssystem missbraucht wird. Wir glauben, dass wir mit euch und dem Bund der Kommunisten an der Spitze zusammen mit Genossen Tito genügend Kräfte haben, die bereit und fähig sind, sich für den weiteren Fortschritt und die Entwicklung der Selbstverwaltung einzusetzen.«[669]

Auch wenn hier nicht das jugoslawische Proletariat sprach, entsprachen die Konsequenzen hinsichtlich der Akzeptanz der Studierenden und ihrer politischen und sozialen Forderungen genau der Intention der Führung des BdKJ – der ideologischen und gesellschaftlichen Marginalisierung der Studentenbewegung und ihrer aktivsten Unterstützer. Dabei hätten die Versuche der Studierenden durchaus auf fruchtbaren Boden fallen können, die sozioökonomischen Kritikpunkte waren real und wurden von der jugoslawischen Arbeiterklasse auch in Form von Arbeitsniederlegungen artikuliert. Streikende Arbeiter waren im sozialistischen Jugoslawien keine Seltenheit, und ihre Aktionen hatten Durchschlagskraft. Für den Zeitraum zwischen 1958 und 1969 wurden knapp unter 2000 Streiks in Jugoslawien gezählt – genau genommen 1.965 Arbeitsniederlegungen mit 77.596 Streikenden in elf Jahren. Die wirtschaftliche Lage der Arbeiterinnen und Arbeiter war dabei häufigster Streikgrund, die Streikdauer war relativ kurz (1–2 Tage), aber effektiv.[670]

---

669 Zitat nach Praxis (Hrsg.), jun-lipanj, S. 74f.
670 Zahlen nach Nada G. Novaković, Radnički štrajkovi i tranzicija u Srbiji od 1990. do 2015. godine, Belgrad 2017, S. 141–144.

Waren die Anstrengungen der Parteibürokratie in der Frage der Passivisierung der Arbeiterklasse von Erfolg gekrönt, so stellte sich die Situation im kulturellen Feld anders da. Hier bedurfte es auch nicht einer Politisierung durch die Studierenden, vielmehr bedingten sie sich gegenseitig. In ihrer sozialen und professionellen Zusammensetzung waren die Führungsfiguren und treibenden Kräfte hinter den Protesten überwiegend gut ausgebildete Intellektuelle aus der Mittelklasse, ähnlich der Sozialstruktur der Studentenbewegungen in Westeuropa oder Nordamerika.[671] Die Einbindung des kulturellen Feldes war zudem ein internationales Phänomen, es politisierte die Studierenden ebenso wie es durch die Studierenden selbst politisiert wurde:

> »The international character of the ›68 movement‹ thus resulted both from the comparability of situations of radical change, the political demands, the forms of action, and from the similarity of social supporters and their cultural styles.«[672]

Wie zu Beginn in den Erläuterungen zu Distinktionsprozessen im kulturellen Feld erwähnt, setzten sich diese kulturellen Häretiker bewusst von der dominanten Kultur ab, auch wenn diese dominante Kultur ihrem eigenen Selbstbild nach eine sozialistische Kultur zu sein vorgab. Vertreter der linksradikalen Subkultur, so Rainer Winter in seiner Studie *Die Kunst des Eigensinns*, würden sich durch »spezifische Aktivitäten, Interessen, Werte, durch den Gebrauch materieller Objekte und durch die Besetzung von territorialen Räumen deutlich von der Stammkultur als der umfassenden Kultur« abzugrenzen trachten. Genau dies passierte auch während der Universitätsbesetzung in Belgrad, als der Innenhof der Philosophischen Fakultät zur Bühne umfunktioniert wurde – zur politischen Bühne für Philosophen, Dichter, Schriftstellerin-

---

671 Siegfried, Understanding 1968, S. 67; siehe auch Eric J. Hobsbawm, Intellektuelle und Klassenkampf, in: ders. (Hrsg.), Aufsätze zum Kommunismus, Anarchismus und Umsturz im 20. Jahrhundert, Frankfurt/Main 1977, S. 337–366, hier S. 337, 352.
672 Ebenda., S. 62.

nen und Schriftsteller, Filmemacher und Schauspielerinnen und Schauspieler.[673]

Selbstverständlich wurden die Zeit der Universitätsbesetzung, die impulsive Grundstimmung, der Idealismus und die direktdemokratische Organisation der Bewegung mit Hoffnungen, aber auch mit Skepsis und Ängsten verfolgt und kommentiert. Živojin Pavlović war, trotz oder gerade wegen seiner grundsätzlichen politischen Übereinstimmung mit der Bewegung und den Hoffnungen, die er hinsichtlich einer positiven Veränderung der jugoslawischen Gesellschaft hegte, höchst skeptisch, als er von den studentischen Aktionen hörte. Diese Ängste jedoch hinderten ihn nicht daran, aktiv in die Geschehnisse einzutauchen, um sie später in seinem Tagebuch minutiös festzuhalten. In seiner Rückschau sechs Monate nach den Juni-Ereignissen revidierte Pavlović sein anfängliches Misstrauen und attestierte der Studentenbewegung einen moralischen Sieg über den Staatsapparat:

»[D]ie Niederlage ist vollkommen. Außer auf einer Ebene: der *moralischen*. Auf der moralischen Ebene haben die Studenten einen Sieg davongetragen. Am Ende frage ich mich selbst: gab es Hinweise auf die moralische Reife dieser jungen Intellektuellen? Vor den Juniereignissen habe ich sie nicht erblickt. Doch aus heutiger Perspektive betrachtet, ist es mir möglich, ihre ethischen Umrisse zu erkennen, verstreut auf den Seiten zahlreicher Magazine und Zeitschriften.«[674]

Dieser moralische Sieg gründete sich für Pavlović in erster Linie auf zwei Prämissen: der Kritik als überkommen wahrgenommener, linker Organisationszusammenhänge in Ost und West und der Eröffnung der Möglichkeit, einen neuen Sozialismus zu denken, ein neues sozialistisches Projekt zu beginnen.[675] Sein letzter Tagebucheintrag

---

673 Winter, Kunst des Eigensinns, S. 116.
674 Ebd., S. 125.
675 Nicht zufällig zitiert Pavlović am Schluss seines Tagebuchs ausführlich zwei Texte, die sich gerade mit diesen Fragen beschäftigen. Zum einen den Text »›Nova levica‹ danas i ovde« [Die Neue Linke hier und jetzt] von Dragoš Kalajić sowie »Od bekstva do akcije« [Von der Flucht zur Aktion] von Simon Simonović. Ebd., S. 128–132 und 134–136.

vom Dezember 1968 zeigte wiederum die gebliebene Zerrissenheit eines Intellektuellen, der die Studentenbewegung und ihre Programmatik wohlwollend beobachtete und begleitete, gleichzeitig aber an den Möglichkeiten ihrer Überführung in politische Praxis zweifelte:

> »Leider sind die Studierenden nicht diejenigen, die ihre Ideen (besser gesagt die Ideen des BdKJ) in die Praxis übertragen. Deshalb ist es unmöglich, zu sagen, wie sich unter bestimmten Bedingungen diese gesellschaftliche Kraft bewegt hätte, wohin sie ihre Aktion geführt hätte. Bis zum Sieg? Bis zur Realisierung des Programms des BdKJ?«[676]

In Pavlevićs Tagebucheinträgen sind nicht nur die Hoffnungen und Ängste des Autors sichtbar. Sein Tagebuch bietet einen Einblick in den Erfahrungshorizont maßgeblicher Belgrader Intellektueller, die sich politisch und gesellschaftlich positionierten – teils unumwunden auf Seiten der Studierenden, teils abwartend, weil sie zwischen Sympathie und Konformismus changierten. Dragiša Đurić, Generaldirektor des größten jugoslawischen Filmunternehmens *Avala-Film* fühlte sich zwar zu den Studierenden hingezogen, hatte jedoch gleichzeitig Bedenken, ob sie ihn aufgrund seiner herausgehobenen Stellung als Direktor eines großen Staatsunternehmens überhaupt als einen der Ihren anerkennen würden:

> »Hör mir zu, Žilijen [franz. Wortspiel mit Pavlovićs Vornamen ›Živojin‹. Anm. K.S], mein Platz ist dort, verstehst du? [...] Ich bin Jungkommunist, als Jungkommunist habe ich meine Karriere begonnen, ich müsste mit ihnen sein! Doch wie soll ich hingehen? Sie werden mich erkennen – viele von ihnen waren doch Filmstatisten, ich bin für sie der *Generaldirektor*, der Obermacker von ›Avala‹; sie werden mich auspfeifen, rausschmeißen...«[677]

Trotz aller Zweifel und Ängste dominierte bei den meisten Intellektuellen des Belgrader alternativen und subkulturellen Milieus das Gefühl einer Verpflichtung, den Studierenden Solidarität zu

---

676 Ebd., S. 140.
677 Ebd., S. 39.

zeigen, auch um die von Đurić implizit angesprochene soziale Distanz nicht zu einer politischen anwachsen zu lassen. In diesem Sinne ließe sich auch die direkte Einbindung, das direkte Eingreifen von Künstlern in die Protesthandlungen beschreiben. Dušan Makavejev engagierte sich von Beginn an intensiv in der Studentenbewegung. An ihm, wie auch etwa an Želimir Žilnik oder Stevo Žigon, dessen Robespierre-Rezitation im kollektiven Gedächtnis aller Aktivistinnen und Aktivisten bis heute nachhallt, lässt sich exemplarisch Bourdieus These verifizieren, dass »die Unterfangen kollektiver Mobilisierung erfolglos [bleiben], wenn nicht ein Mindestmaß an Übereinstimmung zwischen den Mobilisierenden [...] und den Dispositionen derjenigen gegeben ist, die sich in deren Praktiken oder Äußerungen wiedererkennen, und vor allem nicht ohne das von der spontanen Konzertierung der Dispositionen geweckte Bestreben, sich zusammenschließen.«[678] Makavejev hatte sich nicht nur in seinem filmischen Wirken mit gesellschaftlichen Entfremdungszusammenhängen beschäftigt, den jugoslawischen Industrialisierungs- und Entwicklungsweg von links kritisiert, er engagierte sich auch politisch und brachte sich direkt in die Studierendenbewegung ein. Sein von Pavlović im Tagebuch beschriebener Enthusiasmus jedoch musste ebenfalls erst reifen, auch Makavejev war zunächst sehr skeptisch ob der Politisierungsfähigkeit der jugoslawischen Studierendenschaft. Etwas mehr als ein halbes Jahr zuvor hatte Makavejev ihnen eine ausgesprochene Passivität im Bezug auf die Kritik der jugoslawischen Verhältnisse attestiert, während er ihrer Elterngeneration revolutionären Elan zusprach.[679] Makavejev nahm sich als Kommunisten wahr, und seine Kritik an den Zuständen in Jugoslawien sollte einen schöpferischen, erneuernden und positiven Einfluss ausüben: »Ich möchte keine systematische Kritik üben, sondern, ganz im Gegenteil, die Kontinuität der Revolution sichern.«[680] Die Besetzung der Belgrader Universität, die politische Programmatik der Studierenden, die anfangs

---

678 Zitat nach Pierre Bourdieu, Sozialer Sinn. Kritik der theoretischen Vernunft, Frankfurt/Main 1999, S. 111.
679 Makavejev, O jednoj izgubljenoj generaciji.
680 Zitat nach Marsel Marten, Jugoslovenski politički film, in: Lica 2, 1968, H.8/9, S. 18–19, hier S. 19.

ermutigenden Solidaritätsaktionen in anderen Universitätszentren des Landes, die theoretische Fundierung dieser linksradikalen Bewegung durch die um die *Praxis* gruppierten Universitätsdozenten – all dies führte zu einer kollektiven Mobilisierung der radikalen Linken. Insofern war es nur folgerichtig, dass sich Dušan Makavejev am 6. Juni 1968 in den Aktionsausschuss der besetzten Belgrader Universität wählen ließ. In dieser Funktion war er vor allem für das künstlerische Rahmenprogramm im Innenhof der Philosophischen Fakultät zuständig:

»Am ersten Abend des Universitätsstreiks war ich an der Philosophischen Fakultät damit beauftragt, einen Film vorzuführen. [...] Ich sollte also einen Film vorführen, nach Wunsch der Studenten sollte es ›Panzerkreuzer Potemkin‹ sein. Ich dagegen wollte den französischen Film ›Eine Null im Herrschen‹ zeigen, ein anarchistischer Film über den Aufstand einiger Internatsschüler. Letztendlich habe ich dann doch ›Potemkin‹ gezeigt, alles lief im Innenhof der Philosophischen Fakultät ab, drei- bis viertausend Leute haben an diesem Abend den Film gesehen. Das ist ja ein Stummfilm, und in dem Moment, als im Untertitel ›Nieder mit der Schreckensherrschaft‹, ›Nieder mit der Diktatur‹ erschien, schrien viertausend Kehlen unisono ›Nieder!!‹. Das war eine Lautstärke, die man in ganz Belgrad vernehmen konnte, und das Belgrader Stadtkomitee der Kommunistischen Partei befand sich in direkter Nähe zur Philosophischen Fakultät, sie haben das also alles hören müssen.«[681]

Mit Želimir Žilnik war ein weiterer jugoslawischer Filmemacher eng in die Protestbewegung involviert, aufgrund seines filmischen Schaffens als überwiegend Dokumentarist zudem weniger verspielt und philosophisch als Makavejev. Žilnik verfolgte die sich entwickelnde Studentenbewegung, die Besetzung der Universität, den Konvent und die Aktionsausschüsse mit seiner Kamera, sein knapp über zehn Minuten dauernder Dokumentarfilm *Lipanjska*

---

681 Das Interview mit Dušan Makavejev wurde am 25. August 2007 in Belgrad geführt, abgedruckt in: Kanzleiter/Stojaković (Hrsg.), 1968 in Jugoslawien, S. 160–168, hier S. 167f.

gibanja zählt zu den raren filmischen Zeugnissen der jugoslawischen Studentenbewegung. Auch sein international ausgezeichneter Film *Rani radovi* stellte eine Hommage an die jugoslawische und internationale Studentenbewegung dar, deren politische Dimension Žilnik wie folgt skizzierte:

> »Der Film wurde nach den Studentendemonstrationen in Belgrad 1968 aufgenommen. Gegen die führende staatssozialistische Bürokratie gerichtet, forderten die Demonstrationen eine Rückkehr zu den ursprünglichen Prinzipien des Marxismus und Kommunismus.«[682]

Es gab jedoch auch Kritik an der Art und Weise der öffentlichen Unterstützung der Bewegung. Für Živojin Pavlović beispielsweise gründete sich die öffentlich zur Schau gestellte Solidarität und Unterstützung durch die Belgrader Künstlerinnen- und Künstlerszene mehr auf Schaulust, Exhibitionismus und politisches Abenteurertum denn auf eine tatsächliche Politisierung der meisten seiner Kolleginnen und Kollegen. In diesem Sinne beschrieb er eine für ihn markante Szene am dritten Tag der Universitätsbesetzung:

> »Heute, am 5. Juni, überschwemmen Schauspieler die Fakultäten. Je kleiner die Zahl der ausharrenden Studierenden, desto zahlreicher die Anwesenheit von Schauspielern. Sie sind wie Aasgeier. Sie fühlen, dass die Revolte ungefährlich geworden ist, dass sie mit ihr kokettieren können. Sie stürmen hinein, einzeln oder in Gruppen. Mit Briefen. Telegrammen. Mit kulturellen ›Programmen‹, um zu – unterhalten. [...] Die Revolution triumphiert, scheinbar. Seht, die Straßen sind rot vor lauter roten Anstecknadeln: die Jungs und Mädels tragen sie stolz auf den Revers ihrer Hemden. Die unfehlbaren Sinne der Schauspieler jedoch sagen uns, dass die Revolte müde ist. Die Aufdringlichkeit folkloristischer, musikalischer und schauspielender

---

682 Pavle Levi/Želimir Žilnik, Kino-komuna: film kao prvostepena društveno-politička intervencija, in: Za ideju – protiv stanja. Analiza i sistematizacija umetničkog stvaralaštva Želimira Žilnika, Novi Sad 2009, S. 16–39, hier S. 29.

Darsteller zeigt uns, dass der Geist des Aufstands im Absterben begriffen ist, mittels eines effektiven Morphiums – der *Unterhaltung*.«[683]

Auch wenn Pavlovićs Pessimismus teilweise berechtigt gewesen sein mag, so bleibt doch der Auftritt seines Kollegen Stevo Žigon ikonografisch eingebrannt als ideologische Übereinkunft zwischen Mobilisierenden und Mobilisierten. Seine Robespierre-Rede vor mehreren tausend Anwesenden im Innenhof der Philosophischen habe, so der allgemeine Tenor, die Grenze zwischen Theater und Leben verwischt. »Theater und Leben, Schauspieler und Publikum – sie existieren nicht mehr. Sie sind, zu meinem Erschrecken«, so Pavlović in seiner Schilderung der Szene, »eins geworden. [...] Žigon hörte auf, Žigon zu sein, und die Studenten hörten auf, Studenten zu sein. Vor mir befand sich Robespierre, der Anführer, und der kochende Konvent – die Revolution.«[684]

In den im Nachgang verfassten Berichten und Analysen wurde gerade diese Rede als Sinnerfüllung des Theaters wahrgenommen und Žigon explizit gegen Angriffe von konservativer Seite verteidigt, seine Rolle als Künstler politisch missbraucht zu haben. Im Gegenteil, gerade mit dieser Rede habe das jugoslawische Theater sich zum ersten Mal wahrhaft politisch gezeigt, und es sei schlichtweg »böswillig von einer Erniedrigung des Theaters zu sprechen just zu dem Zeitpunkt, als es seine Bestimmung erreicht«, urteilte Slobodan Šnajder.[685]

Ohnehin war die Verbindung zwischen Studentenbewegung und politisierten Theatermachern eng, viele linke Kritiker sahen nur im Amateur- und Studententheater die Möglichkeit einer Politisierung des Theaters gegeben:

---

683   Pavlović, Ispljuvak pun krvi, S. 59. Hervorhebung im Original.
684   Ebd., S. 53; Popov, Sukobi, S. 23; Kanzleiter/Stojaković, 1968 in Jugoslawien, S. 27f; Kanzleiter, Rote Universität, S. 225f. Zum Wortlaut und Einordnung der Rede siehe den Prolog dieser Arbeit.
685   Slobodan Šnajder, Što poslije anti-drame?, in: Prolog 2, 1969, H. 3, S. 5–13, hier S. 11; Ähnlich auch Milomir Marinović, Mogućnosti političkog teatra, in: Gledišta 10, 1969, H. 2, S. 237–243.

»Politisches Theater kann heutzutage nur das Amateur- und Studententheater sein. Studentisch nicht im Hinblick auf den akademischen Status seiner Schaffenden, sondern aufgrund des grundsätzlich kritischen Zugriffs auf alle gesellschaftlichen (und das Theater betreffenden) Vorstellungen, Irrungen und Dogmen – was für die heutige Studentenbewegung sowohl weltweit als auch bei uns charakteristisch ist. [...] Nach der Juni-Revolte unserer Studenten, nach den Reaktionen auf sie, nach dem tragischen Fieberschauer um die Tschechoslowakei [...] kann das politische Studententheater Jugoslawiens nicht mehr auf der Suche nach Themen, Ideen und Werten, für die es zu kämpfen gilt, umherirren. [...] Dieses Theater kann nicht mehr auf ›interessante‹ Übersetzungen warten oder auf positive Reaktionen auf irgendwelche Ideen, um diese dann zu realisieren. [...] In dem Moment, in dem die ersten kapieren, dass für politisches Theater kein Ensemble, keine Räume, Generalproben, Festivals oder Szenen notwendig sind, wenn sie das Erschaffen von Theater als VERWIRKLICHUNG von Bedürfnissen – politischen und künstlerischen – begreifen, dann bekommen wir auch politisches Theater. Der Traum aller Theaterbeschäftigten, die politisches Theater schaffen wollen, ist es, dass nach der Aufführung Schauspieler und Publikum gemeinsam Revolution machen.«[686]

Für Željko Falout verhielten sich Studentenbewegung und Theater teilweise komplementär zueinander:

»Die heutige Studentenbewegung, auch wenn sie politisch ist, kann dies nur im umfassendsten Sinn des Wortes sein. Nämlich im umfassenden, altathenischen Verständnis, als Politik die Beschäftigung mit Themen war, die alle betreffen. Diese Bewegung ist dann politisch, wenn sie für die grundsätzliche menschliche Integrität eintritt, für die Autonomie des Menschen, ohne die er nicht lebensfähig ist. [...] Mehr als alle politischen Reden oder ähnliche Aktionen muss das studentische Theater [...] der Welt ihr eigenes nacktes Gesicht vorhalten, muss ihre geheimsten Idole destruieren, um der vergessenen menschlichen Existenz das Bewusstsein wieder zu

---

[686] Marinović, Mogućnosti političkog teatra, S. 239–243.

bringen. Es muss die Welt der Dominanz aufzeigen, die uns in die absolute Sklaverei führt; die Welt der Organisation, die uns ins absolute Chaos führt; die Welt der Rationalität, die zum Verlust des Geistes führt; die Welt der Funktionalität, die uns zu Instrumenten der herrschenden Instrumente macht. Es muss aufzeigen, wie sehr Ideologien und Institutionen Negationen der menschlichen Existenz darstellen.«[687]

Das Beziehungsgeflecht zwischen linksalternativen Kulturschaffenden und studentischen Aktivistinnen und Aktivisten war vielfältig, es changierte zumeist zwischen direkten ideologisch-politischen Eingriffen, Einflüssen und Solidaritätsaktionen. Es äußerte sich fruchtbar und politisch produktiv in den Debatten um Sinn und Zweck von Kunst und Kultur in der Gesellschaft. Politisches Engagement wurde eindringlich und öffentlich als »notwendiger Imperativ« eines jeden Intellektuellen eingefordert, Kunst und Kultur im Zusammengehen mit der Studentenbewegung als glaubwürdigste Form des Widerstandes gegen die »Strukturen bürgerlich-kapitalistischer und totalitärer, etatistisch-sozialistischer Gesellschaften« verstanden.[688]

Auch wenn dieses Beziehungsgeflecht aus Kulturschaffenden und Studentenbewegung keine unmittelbar einsehbare, direkte Ableitung der gegenseitigen Einflussnahme zulässt, sie sich ohnehin und zuvörderst auf den »häretischen« Teil des kulturellen Feldes bezieht, so bleibt doch im Sinne des Erkenntnisinteresses die Einsicht, dass diese Beziehung bestand, dynamisch war und zwischen Ergebenheit gegenüber dem gemeinsamen politischen Ziel einer sozialistischen Demokratisierung der jugoslawischen Gesell-

---

687 Željko Falout, Studentski pokret, studentsko kazalište, situacija kazališta i drugo, in: Prolog 2, 1969, H. 4, S. 24–31, hier S. 26; ähnlich in der Diskussion »Politička drama danas«, abgedruckt in: Prolog 2, 1969, H. 4, S. 3–16; ders., Antinomije revolucije, in: Kultura 1971, H. 13/14, S. 221–224.
688 Redebeitrag von Vladimir Roksandić auf der Diskussionsveranstaltung »Teatar, kultura-kulturna politika, politika«, abgedruckt in: Prolog 1, 1968, H. 2, S. 45–46 (erstes Zitat), sowie Darko Gašparević, Razaranje kazališta ili stvaranje novih struktura?, in: Prolog 2, 1969, H. 3, S. 23–27, hier S. 26 (zweites Zitat).

schaft und einer kritisch-distanzierten, vorsichtigen Abwägung des Möglichen changierte.

Epilog

Belgrad, 9. Juni 1968. Staatspräsident Josip Broz Tito wendet sich zum ersten Mal seit Ausbruch der Revolte in einer Radio- und Fernsehansprache an die Bevölkerung:

»[...] Im Hinblick auf die vergangenen Ereignisse – die Studentendemonstrationen – möchte ich meine Meinung dazu mitteilen. Im Laufe der Demonstrationen, so wie sie sich entwickelt haben, bin ich zur Überzeugung gelangt, dass die Unzufriedenheit und die studentische Revolte sich spontan entwickelt haben. Aber dass sie sukzessive, im Fortgang der Demonstrationen, als sie sich von der Straße in die Aulen und Säle an der Universität verlagert haben, durch verschiedene fremde Elemente infiltriert wurden, die nicht auf sozialistischen Positionen stehen, die nicht auf den Positionen des Achten Kongresses des Bundes der Kommunisten Jugoslawiens stehen, die gegen die Durchführung der Wirtschaftsreform sind. In einem Satz, es kam zur Infiltration durch jene Elemente, die diese Situation für ihre Ziele ausnutzen wollten. Und da haben wir verschiedene Tendenzen und Elemente, von den reaktionärsten bis hin zu den extremsten, pseudo-radikalen Elementen, die unter dem Einfluss der Ideen Mao Tse-tungs stehen. Ich bin dennoch zur Überzeugung gekommen, dass der überwiegende Teil, ich kann sagen 90% der Studierenden, ehrliche Jugendliche sind, um die wir uns nicht ausreichend gekümmert haben, in denen wir lediglich Schüler sahen, lediglich Pennäler in Schulen, die noch nicht reif seien, um eingebunden zu werden in das Leben unserer sozialistischen Gemeinschaft. Das war falsch. Wir haben sie alleine gelassen. Wir sehen diesen Fehler ein. Auf der heutigen Sitzung des Präsidiums des ZK BdKJ wurde sehr ernsthaft und gründlich diskutiert. Es gibt nicht einen einzigen Menschen – und an der Sitzung waren 55 führende Genossen anwesend –, dessen Meinung sich im Hinblick auf die Lösung studentischer Probleme unterscheiden würde [...]. Jetzt arbeiten wir an den *Smernice* [Leitlinien], die wir veröffentlichen werden, morgen oder in ein paar Tagen. Dann wird allen klar sein, was wir auf dieser Sitzung beschlossen haben. [...] Unsere Jugend ist gut, doch wir müssen uns mehr um sie kümmern. Wir tragen eine große Schuld, insbesondere der Bund der Kommunisten, der sich an der Universität nicht genügend um die Lösung studentischer Probleme gekümmert hat. Es musste wohl erst zu solch einer unangenehmen Situation kommen, um einzusehen, dass wir zu langsam waren und dass dies schwere Konsequenzen hatte. [...] Was die Studenten betrifft, die ihren sehr energischen Unmut gezeigt haben, dies ist eine Sache, die wir nicht weiterverfolgen müssen. Diese Revolte wurde teilweise auch dadurch ausgelöst, dass die Studenten sahen, wie ich selbst sehr häufig die gleichen Fragen stellte, sie aber dennoch nicht gelöst wurden. Dieses Mal jedoch verspreche ich den Studenten, dass ich mich umfassend für die Lösung der Probleme einsetzen werde, darin brauche ich die Unterstützung der Studenten. Wenn ich nicht fähig sein sollte, diese Fragen zu lösen, dann habe ich es auch nicht verdient, weiter auf meinem Posten zu bleiben. Keiner unserer älteren Kommunisten, wer auch immer, niemand mit einem kommunistischen Bewusstsein sollte darauf insistieren, auf seinen Positionen zu bleiben, er sollte seinen Platz denjenigen Leuten überlassen, die fähig sind, Probleme zu lösen. Zu guter Letzt möchte ich mich direkt an die Studenten richten: Es ist Zeit, zurück ans Lernen zu gehen, es ist Prüfungszeit, und ich wünsche euch darin viel Erfolg. Es wäre wirklich schade, noch mehr Zeit zu verlieren.«[689]

Diese Rede stellt zweifellos ein politisches Meisterstück des jugoslawischen Staatspräsidenten dar. Während anderswo, auch in Westeuropa, die Reaktionen des Staates und politischen Establishments auf die Studentenbewegung vor allem repressiv ausfielen und von politischer Verständnislosigkeit geprägt waren, gab hier ein angesehenes Staatsoberhaupt den Studentinnen und Studenten recht, räumte eigene Versäumnisse und politische Fehler ein und gelobte im Sinne der studentischen Forderungen Besserung. Mit Veljko Vlahović, dem Vorsitzenden der ideologischen Kommission beim ZK BdKJ, zeigte sich ein weiterer hochrangiger

---

689 Zitat nach Pavlović, Ispljuvak pun krvi, S. 106–110.

Studentinnen und Studenten verfolgen die Tito-Rede in Belgrad, 9. Juni 1968.

Politiker Jugoslawiens in der Öffentlichkeit sehr verständnisvoll gegenüber den Forderungen und Aktionen der Studierenden. In einem Beitrag der in Sarajevo erscheinenden Jugend- und Universitätszeitschrift *Lica* lobte Vlahović die Jugend als latente revolutionäre Kraft, die Partei müsse den Einfluss der Jugend in ihren Reihen stärken und mehr Verständnis selbst für »radikale« Forderungen zeigen.[690]

In der politischen Praxis jedoch relativierte sich diese Offenheit und Bereitschaft zur Selbstkritik recht schnell, es setzte überwiegend das ein, was Nebojša Popov als »autoritäre Pädagogik«

---

690 Veljko Vlahović, Zadaci i obaveze, in: Lica 2, 1968, H. 8–9, S. 6–7.

bezeichnete, sprich die Betrachtung und Behandlung der Bevölkerung als »politisch minderjährig«, als unfähig und unberechenbar in politischen Fragen.[691] In die gleiche Kerbe, und von einer gewissen politischen Einsicht geführt, schlug auch folgender Artikel aus der Studentenpresse:

> »Wir haben auch früher Gespräche mit der Jugend geführt, aber wir haben uns ihnen in einer Art und Weise genähert, wie einige Genossen richtig beobachtet haben, *als ob wir eine Diskussion mit infantilen Menschen führen würden, und nicht mit gleichberechtigten Bürgern* und Selbstverwaltern, *die ihre eigenen Erfahrungen haben, ihre eigene Sicht auf das Leben*, ihre eigenen Visionen in Bezug auf die Entwicklung unserer Gesellschaft, *ihre eigene Vision von Sozialismus und Kommunismus.*«[692]

Insofern kam der BdKJ seinem eigenen, auf dem Achten Kongress formulierten Ansinnen, nicht mehr direktiv, sondern beratend in gesellschaftliche Entwicklungsprozesse einzugreifen, politisch nicht nach. Hinzu kam noch eine weitere Dimension die, bei gründlicher Lektüre von Titos Rede, zu verstärkter Skepsis und Vorsicht hätte führen müssen – und bei einigen der politisch engagiertesten Aktivistinnen und Aktivisten auch führte –, nämlich die Grenzziehung zwischen einer »politisch gesunden« Mehrheit und einer »extremistischen Minderheit« der Akteure. Wie die folgende Entwicklung zeigen sollte, wurden gerade die aktivsten und politisch bewusstesten Akteure zu jener Minderheit abgestempelt, die sich in der Lesart des politischen Establishments außerhalb der sozialistischen Verfassung und Programmatik bewegt haben soll.

---

691 Popov, Uvod, in: Praxis (Hrsg.), jun-lipanj, S. XX. Ähnlich argumentiert auch Alija Hodžić, damaliger Chefredakteur der Belgrader Studentenzeitung *Student*, in einem Gespräch mit dem Autor am 20. Mai 2007 in Zagreb. Siehe Alija Hodžić, »Die Interpretation allein ist schon ein Ereignis«, in: Kanzleiter/Stojaković (Hrsg.), 1968 in Jugoslawien, S. 58–67.
692 Srpko Bulić, Prividno jedinstvo i diferencijacija, in: Lica 2, 1968, H. 8–9, S. 8–9. Meine Hervorhebung.

Ende der Universitätsbesetzung
Die Reaktion des Staats- und Parteiapparats, darauf wurde im Laufe der Arbeit schon mehrfach hingewiesen, fiel, wie so häufig im sozialistischen Jugoslawien, semi-repressiv aus, ein Changieren zwischen durchaus selbstkritischer Einsicht und offener Repression gegen jene, die als politisch Verantwortliche, als Rädelsführer identifiziert wurden. Die formulierte Selbstkritik während der Radio- und Fernsehansprache wurde, darauf deuten sowohl Quellen als auch Forschungsarbeiten hin, auch intern adressiert. Eine dem öffentlichen Auftritt vorausgegangene Sitzung des Exekutivkomitees und des Präsidiums des ZK BDKJ hatte den Charakter einer Krisensitzung. Kernkritikpunkt war dabei die spürbare Uneinigkeit innerhalb des engsten Führungszirkels von Staat und Partei, allen voran im Hinblick auf die Ergebnisse und den weiteren Fortgang der eingeleiteten Wirtschafts- und Gesellschaftsreform – gegen deren soziale und ökonomische Wirkungen die Studentenbewegung sich in ihren programmatischen Dokumenten vor allem gewandt hatte. In seinem Referat machte Tito vor allem die innerparteiliche Uneinigkeit verantwortlich, der Protest sei »zu einem großen Teil die Folge unseres Zögerns, unseres Schwankens, unserer Schwäche, der Uneinigkeit und der Nichtumsetzung der Beschlüsse des VIII. Kongresses des BdKJ.«[693] Bei all jenen innerparteilichen Kritikerinnen und Kritikern, so der Staatspräsident weiter, hätte man härter durchgreifen sollen, sie »an einen bestimmten Ort schicken sollen, man weiß wohin, damit sie nicht weiter herumstrolchen.«[694] Die angedrohte Internierung auf der berüchtigten Strafgefangeneninsel *Goli otok*, auf der einst innerparteiliche Gegner während des Kominform-Konfliktes gefangen gehalten wurden, mag eine rhetorische Überspitzung gewesen sein – die Partei achtete schließlich penibel auf ihr internationales Ansehen –, doch sie zeigte, wie ernst die Situation genommen wurde. Einer der bekanntesten jugoslawischen Kommunisten und Teilnehmer am Volksbefreiungskampf, Svetozar Vukmanović-Tempo, sprach in seinen Memoiren von einer »großen Sorge«, die er angesichts der Entwicklung der

---

693 Zitat nach Kanzleiter, Rote Universität, S. 292.
694 Ebd., S. 293.

Partei in den 1960er-Jahren gehabt habe.[695] In Bezug auf die Bewertung der Universitätsbesetzung sowie die ideologische Disposition der politischen Forderungen überwog in der internen Debatte die Annahme, die Proteste seien von »antisozialistischen Element« infiltriert worden – und hier wurde der Bogen zu den marxistischen Theoretikern um die *Praxis* geschlagen die, so Tito, »unsere Jugend vergiften«, folgerichtig dürften sie nicht länger »Lehrende unserer Generation bleiben«.[696]

All dies war im Moment der öffentlich übertragenen Rede zum einen nicht bekannt, zum anderen traf der Inhalt der Rede auch einen Nerv, die Empfindungen und Hoffnungen der Streikenden: müde von tagelangen Debatten, verängstigt ob des ungewissen Ausgangs und einer potentiell gewalttätigen Reaktion des Staates, sehnte sich die Mehrheit der Akteure nach einem Ende des Streiks. Aus Titos Rede konnte herausgelesen werden, dass die politische Führung den studentischen Forderungen nachkommen, es zudem keine Repressionen geben werde. Vor diesem Hintergrund war an eine politisch legitime Fortführung des Streiks nicht zu denken. Nach der Rede, als Zeichen der Erleichterung und des Sieges, tanzten Quellen- und Zeitzeugenangaben zufolge mehrere tausend Menschen vor der Juristischen Fakultät das aus dem Partisanenkampf bekannte *Kozaračko-Kolo*, ebenfalls eine Reminiszenz an die revolutionäre Vergangenheit und ideologische Grundübereinstimmung mit der politischen Revolution Jugoslawiens. Auch das ansonsten den Studierenden durchaus nahestehende Universitätskomitee des Bundes der Kommunisten meldete: »Wir haben die Worte des Vertrauens des Präsidenten der Republik gehört. Das ist unser größter Sieg.«[697] Am 10. Juni schließlich wurde der Streik abgebrochen und der reguläre Lehrbetrieb wieder aufgenommen. In einer noch am Abend des 9. Juni verfassten Erklärung der Plenen des Universitätsausschusses des Studentenbundes und des Universitätskomitees des Bundes der

---

695 Svetozar Vukmanović-Tempo, Memoari 1966–1969. Neslaganja, Bd.2, Belgrad 1985, S. 277.
696 Kanzleiter, Rote Universität, S. 293.
697 Ebd., S. 296.

Kommunisten Serbiens sowie von Vertreterinnen und Vertretern der Aktionsausschüsse hieß es:

> »Der Universitätsausschuss des Studentenbundes und das Universitätskomitee des Bundes der Kommunisten sind der gemeinsamen Meinung, dass solche Umstände eingetreten sind, die einen Übergang zum normalen Universitätsbetrieb ermöglichen. 1. Die auf allen Versammlungen der studierenden aufgestellten Forderungen sind Forderungen, um deren Erfüllung der Bund der Kommunisten Sorge tragen wird. Wir sind der Meinung, es wurden in dieser Hinsicht ausreichend Garantien gegeben [...].«[698]

Leitlinien gegen die radikale Linke
Der vom Bund der Kommunisten gewählte Lösungsansatz fand in den *Smernice* seinen politischen Ausdruck – ein Dokument, das sich an den von Tito formulierten Perspektiven orientierte und ein politisches Kompromisspapier des Bundes der Kommunisten darstellte: Schlüsselforderungen der Studierenden wurden nur marginal gestreift, Fragen nach einer Demokratisierung der gesellschaftlichen und staatlichen Strukturen nahezu überhaupt nicht behandelt, lediglich die sozialen und ökonomischen Probleme der jugoslawischen Arbeiterklasse thematisiert. Und eine Lösung wurde angekündigt – wenn auch nicht im Sinne der linken Kritiker. Wenig überraschend fanden die *Smernice* somit kaum Anklang bei den intellektuellen Trägern der Revolte, gleichzeitig repräsentierten sie aber das finale politische Zugeständnis der Staats- und Parteiführung an die radikale Linke Jugoslawiens. Beschlossen wurde dieses Dokument zwar schon am 9. Juni, der Öffentlichkeit bekannt gemacht wurde es am darauffolgenden Tag unter dem als Rückgewinnung der politischen Initiative intendierten Titel »Leitlinien über die wichtigsten Aufgaben des Bundes der Kommunisten in der Weiterentwicklung

---

698 Zitat nach »Odluka o normalizaciji rada Beogradskog univerziteta«, abgedruckt in: Praxis (Hrsg.), jun-lipanj, S. 342f.

des Systems der gesellschaftlichen, wirtschaftlichen und politischen Beziehungen.«[699]

Die linke Kritik an der Wirtschaftsreform wurde zwar aufgegriffen, jedoch nicht im Sinne einer ideologischen Annäherung. Stattdessen wurde angekündigt, die Reform schneller und effektiver durchzuführen, zentrale Säulen der Reform wie die Marktorientierung wurden indes nicht nur nicht zurückgenommen, sondern als Notwendigkeit für die Weiterentwicklung von Selbstverwaltungsbeziehungen beschrieben. Die Lösung der inneren Widersprüche der Wirtschaftsreform, so der Bund der Kommunisten, liege in der »bewussten Steuerung der Marktwirtschaft hin zur Selbstverwaltung, und nicht in einer Rückkehr zum administrativ geführten Wirtschaften und zu etatistischen Beziehungen.«[700] Damit wurde nicht nur ein zentraler Kritikpunkt der Proteste abgekanzelt, die Adressaten wurden bewusst irreführend als Anhänger einer staatlichen Kommandowirtschaft bezeichnet, auch wenn die linke Kritik an der Wirtschaftsreform von 1966 in ihrer Zielvorstellung ja gerade eine direkte Stärkung der Selbstverwaltungsbeziehungen und eben nicht eine Stärkung des Staates eingefordert hatte. Auch im weiteren Textverlauf blieben die *Smernice* bestenfalls vage in ihren Formulierungen und ihrem politischen Maßnahmenkatalog: Für die Arbeiterklasse formulierte die Partei das Versprechen einer gerechteren Einkommensstruktur, für die Kinder der jugoslawischen Arbeiter und Bauern sollte es ein besseres Stipendienprogramm geben, um ihnen ein Studium zu ermöglichen. Bei den politisch brisanten Themen, die sich um sozialistische Demokratie, die gesellschaftliche Rolle des Bundes der Kommunisten und vor allem die eigenständige politische Aktion der radikalen Linken drehten, dominierte hingegen ein aggressiver Grundton. Der Bund der Kommunisten engagiere sich unentwegt für humanistische und demokratische gesellschaftliche Beziehungen, weder werde »ultralinker Radikalismus« das Ent-

---

699 »Smernice o najvažnijim zadacima Saveza komunista u razvijanju sistema društveno-ekonomskih i političkih odnosa«, abgedruckt in Ebd., S. 361–365.
700 Ebd., S. 362.

wicklungstempo diktieren, noch werde man zulassen, dass sich bürgerliche Ideologien verbreiten.[701]

Außerhalb des politischen Establishments fielen die Reaktionen auf dieses Dokument verhalten aus. In die politische Defensive gedrängt, bemühte sich der jugoslawische Studentenbund um eine gemäßigte Bewertung bei gleichzeitiger Skepsis über den politischen Reformwillen. Zwar sei man grundsätzlich unzufrieden »mit dem jetzigen Niveau demokratischer Beziehungen«, doch hätten die *Smernice* »sehr ausdrücklich die Frage nach der weiteren Entwicklung demokratischer und selbstverwalterischer Beziehungen sowohl in der Öffentlichkeit als auch auf dem Arbeitsplatz« aufgeworfen. An den Studierenden sei es nun, den angenommenen Verpflichtungen in Zukunft »noch revolutionärer und glaubhafter« nachzukommen.[702] Die den Studierenden politisch nahestehende Parteiorganisation an der Abteilung für Soziologie der Belgrader Universität äußerte sich ebenfalls vorsichtig, man werde erst noch sehen, »wer die *Smernice* tatsächlich anerkennt, und wer sich nur verbal zu ihnen bekennt.«[703] Das Belgrader Stadtkomitee des Bundes der Kommunisten, während der Demonstrationen das politische Forum, das wohl die aggressivste Kampagne gegen die radikale Linke führte, wurde ausdrücklich dafür kritisiert, dass es von den Träger:innen der Proteste eine öffentlich verlautbarte, positive Einschätzung der *Smernice* einforderte, obwohl, so Dragoljub Mićunović, »eine Erklärung zu den *Smernice* unnötig ist, da diese aus dem [politischen] Aktionsprogramm heraus entstanden sind, so dass eine Stellungnahme zu den Grundsätzen der *Smernice* noch vor deren Verabschiedung erfolgt ist.«[704] Wenig überraschend war daher die vom arg in die Kritik geratenen Universitätskomi-

---

701 Ebd., S. 363f. Eine ausführliche Einschätzung der *Smernice* findet sich bei Kanzleiter, Rote Universität, S. 308–310.

702 »Aktuelni zadaci Saveza studenata na sprovodjenju Smernica, rezolucije sa X. sednice CK SKJ, programa SSJ i rezolucija sa VIII. konferencije«, in: AJ SSJ–145-7, Bl. 1–13.

703 »SK Sociologije na BU: Zaključci sa sastanka Ogranka SK Sociologije«, in: IAB - UK SKS - kutija 84 - Materijali o studentskim demonstracijama, Bl. 1.

704 »Sastanak ogranka SK sociološke grupe - razmatranje Smernica«, in: IAB – SKS - OOSK Filozofskog fakulteta - kutija 64, Bl. 1.

tee des Bundes der Kommunisten verlautbarte, auf Ausgleich abzielende Einschätzung, die *Smernice* und das von den Studenten formulierte politische Aktionsprogramm würden einander politisch ähneln, womit bewiesen sei, dass sich alle Beteiligten zu den Grundsätzen des Parteiprogramms bekennten:

> »Die unzweideutige Richtigkeit der [politischen] Orientierung des Bundes der Kommunisten an der Universität [...] zeigt sich in der vollständigen Bestätigung unseres politischen Aktionsprogramms durch die *Smernice* des Präsidiums und des Exekutivkomitees des ZK BdKJ [...].«[705]

Eine dezidiert positive Bezugnahme zu den Smernice wurde vom Stadtkomitee der Partei nicht zuletzt als eine Form der politischen Zähmung eingefordert, um zur Vorbereitung des Terrains mit all jenen abzurechnen, die sich nicht explizit positiv äußerten. Die bald einsetzende politische Abrechnung mit den intellektuellen Wortführern der radikalen Linken blieb dem Universitätskomitee, in dessen Reihen sich ja etliche Parteimitglieder befanden, die sich unmittelbar sowohl an der kognitiven als auch aktivistischen Genese der Studentenbewegung beteiligt hatten, nicht verborgen. In diesem Sinne wurde auch eine vorsichtige Kritik an der Handlungsweise des Stadtkomitees formuliert, in der es hieß, man betrachte es nicht als »Kernaufgabe dieses politischen Forums, Kommunisten zum Kampf gegen extreme politische Tendenzen aufzurufen«, stattdessen wäre es zielführender, »die dominant positiven Tendenzen zu unterstützen.«[706]

Flankiert wurden die *Smernice* von einer groß angelegten Mitgliederkampagne des Bundes der Kommunisten, die es der Jugend ermöglichen sollte, sich mehr als bisher im Rahmen der gegebenen Strukturen zu engagieren. Damit sollte den politisch engagierten Jugendlichen zwar die Möglichkeit gegeben werden, sich innerhalb der Bundes der Kommunisten für ihre Belange ein-

---

705 »UK SKS: Materijali o studentskim demonstracijama«, in: IAB - CK SKS - kutija 84 - Materijali o studentskim demonstracijama, Bl. 7.
706 Ebd., Bl. 8.

zusetzen, aber gleichzeitig war dies auch eine politisch-strategisch bedingte Entscheidung, um etwaige politische Organisierungsprozesse außerhalb der gängigen Strukturen zu unterlaufen. Nach den Protesten war die Partei weniger denn je bereit, sich aus den politischen Prozessen zurückzuziehen. Im Dezember 1969 warnte der neu gewählte Vorsitzende des Belgrader Universitätskomitees des Bundes der Kommunisten, Branko Pribičević, seine Kolleginnen und Kollegen unumwunden davor, zu denken, der Bund der Kommunisten zöge sich auf eine Beobachterposition zurück:

»In jedem Falle möchten wir euch klipp und klar sagen, dass unser Bekenntnis zur Freiheit von wissenschaftlicher Forschung und Kritik überhaupt nicht heißt, wir würden irgendwelchen ideologischen Pluralismus im Rahmen des BdKJ befürworten [...]. [N]icht weniger energisch muss man sich Versuchen entgegenstellen, die meinen, im Namen der Neukonzeption des BdKJ und der Kritik an seiner sogenannten Einmischung könne der Bund der Kommunisten an den Rand der politischen Geschehnisse gedrängt oder in einen Debattierklub verwandelt werden.«[707]

Politische Repressionen
Die politischen Repressionen im Nachklang der Studentenbewegung fanden nicht unmittelbar darauf statt, sie waren zeitlich und räumlich gestreckt. Zwischen den ersten administrativen Disziplinarmaßnahmen in Zagreb bis zur Entziehung der Lehrbefugnis für acht Professoren der Universität Belgrad Anfang 1975 vergingen insgesamt fast acht Jahre. An dieser Stelle soll und kann keine minutiöse Auflistung aller Repressionen gegeben werden. Zielführender ist es, sich auf jene beiden Beispiele zu konzentrieren, die im Vorfeld der Universitätsbesetzung entscheidenden Einfluss auf die Herausbildung des kognitiven Orientierungsrahmens der radikalen Linken in Jugoslawien ausgeübt hatten und

---

707 »Idejno-političke koordinate političke situacije u kojoj se vrše izbori za organe SKS na BU«, in: IAB - UK SKS - Univerzitetska konferencija SKS - kutija 82, Bl. 7.

unter besonderer Beobachtung der staatlichen Institutionen und Parteistrukturen standen: die politisch-ideologische Abrechnung mit den Autorinnen und Autoren der *Praxis* sowie die administrative und politische Zurechtweisung der Redaktion der Studentenzeitung *Student*.

In Zagreb wurden am 8. Juni, noch bevor Tito in seiner Radioansprache den Studierenden vermeintlich zustimmte und Besserung gelobte, die beiden Universitätsprofessoren Gajo Petrović und Mladen Čaldarović sowie der studentische Aktivist Šime Vranić aus dem Bund der Kommunisten ausgeschlossen. Insbesondere der Ausschluss von Gajo Petrović dürfte als Warnung für den Herausgeber- und Mitarbeiterkreis der *Praxis* gemeint gewesen sein. Die Begründung des Zagreber Universitätskomitees des Bundes der Kommunisten war ungewöhnlich scharf formuliert. Petrović sei

> »[...] während der letzten Ereignisse an der Zagreber Universität sehr scharf und extremistisch, auf anarcho-liberalen Positionen stehend, aufgetreten [...]. Sie haben damit versucht, zunächst den Bund der Kommunisten und danach auch unsere übrigen Selbstverwaltungsinstitutionen zu zerschlagen [...].«[708]

Nicht nur das Zagreber Universitätskomitee, auch führende Politikerinnen und Politiker aus dem ZK des Bundes der Kommunisten erblickten – nicht zu unrecht – in den Schriften und Analysen der *Praxis* einen entscheidenden Impuls für die Herausbildung der radikalen Linken. Das qualitativ Neue an dieser Situation bestand dabei nicht in der Kritik und Auseinandersetzung mit ihren Inhalten – diese Form der Kritik und Polemik bestand schließlich, seitdem die Zeitschrift 1964 zu erscheinen begann. Das Neue zeigte sich in der Ankündigung weitreichender administrativer Maßregelungen, die weit über das Bekannte hinausgingen. Eines der Hauptmotive war die Anschuldigung, eine gegen den Staat und das sozialistische Selbstverwaltungssystem gerichtete politische Oppositionsbewegung geplant zu haben. Dabei sei nicht nur der

---

708 Popov, Sukobi, S. 69, FN 48.

Bund der Kommunisten als anachronistisch bezeichnet worden, auch die Arbeiterklasse selbst wäre als historisch obsolet dargestellt worden. In seiner am 27. Juni 1968 gehaltenen Rede auf dem 6. jugoslawischen Gewerkschaftskongress insistierte Josip Broz Tito auf der Konstruktion einer ideologischen Dichotomie zwischen Bund der Kommunisten und Arbeiterklasse auf der einen und abstrakten, gegen die Selbstverwaltung stürmenden radikalen »Philosophen« auf der anderen Seite:

> »Das sind vereinzelte Professoren, irgendwelche Philosophen, verschiedene ›Praxisten‹ und andere Dogmatiker, einschließlich jener, die verantwortlich waren für zahlreiche Deformationen innerhalb der Staatssicherheit. All dies hat sich heutzutage irgendwie vereinigt. [...] Wir müssen uns ihnen energisch widersetzen, energisch Nein sagen. Sie verkünden nun eine Bewegung an den Universitäten. Das kommt nicht von den Studenten, sondern von Leuten, die [...] ein Mehrparteiensystem etablieren wollen, die sich als ein Faktor darstellen und mit dem Parlament auf Augenhöhe reden wollen [...]. [S]ie negieren die Arbeiterklasse als den bedeutendsten Faktor, als das Fundament dieser Gesellschaft. Für sie sind die Arbeiterklasse und ihre Rolle überholt. Der Bund der Kommunisten bedeutet ihnen nichts. Ihrer Meinung nach sollten irgendwelche Weisen, irgendwelche Technokraten von ihrem Thron aus mit einem Dirigierstab Befehle erteilen, während alle anderen eine farblose Masse wären. [...] Ist denn sowas tatsächlich möglich in unserem Land, ist es möglich, dass diese Leute mit solchen Ideen auftreten [...]. Für diese Leute gibt es keinen Platz, auch dort nicht, wo sie sich gerade aufhalten. Sollen denn solche Leute unsere Kinder an den Universitäten und Schulen erziehen? Für sie gibt es dort keinen Platz! [...] Und zu guter Letzt, von Zeit zu Zeit muss man eben auch administrative Maßnahmen ergreifen. Wir müssen unsere sozialistische, selbstverwaltete Gesellschaft schützen.«[709]

---

709 »Moramo pomoći radnicima koji su zbog modernizacije proizvodnje ostali bez posla«, in: Praxis (Hrsg.), jun-lipanj, S. 376–379, hier S. 378f.

Aus dieser Rede lässt sich nicht nur die Bereitschaft erkennen, mit Berufsverboten und ähnlichen administrativen Maßnahmen missliebige Intellektuelle an den gesellschaftlichen Rand zu drängen. In dieser Rede werden auch kollektiv alle potentiell kritischen Stimmen, alle tatsächlichen und vermeintlichen Opponenten über einen Kamm geschoren und als Verbündete gegen Staat, Partei und Arbeiterklasse ausgemacht. Für solch eine aggressive und polemische Rede waren Zeitpunkt und Ort nicht zufällig gewählt. Es war vor allem ein demonstrativer Schulterschluss zwischen Parteiführung und Arbeiterklasse, eine Beziehung, deren Harmonie während der Juni-Ereignisse sichtlich getrübt wurde und an deren Beständigkeit die Legitimität der Partei hing. Wenige Tage nach dieser Rede gesellte sich mit dem Vorsitzenden der jugoslawischen Bundesversammlung Milentije Popović ein weiterer führender Politiker zur Reihe derjenigen, die nun den Zeitpunkt für gekommen sahen, um mit kritischen Intellektuellen abzurechnen. Auch Popović unterstellte dem Mitarbeiterkreis um die *Praxis* eine Art Kollaboration mit diversen politischen Gegnern, die Bedingungen dafür seien ihm zufolge in den letzten »sieben bis acht Jahren« geschaffen worden durch »einige Professoren, d.h. Parteimitglieder, die an den Universitäten saßen [...] und in Ruhe, mittels Vorlesungen und Zeitschriften, ihre ideologische und politische Plattform ausgearbeitet haben mit der Zielsetzung, in Aktion, in die Offensive gegen die Selbstverwaltung zu treten.«[710]

Ein weiterer prominenter Politiker, der sich in der Öffentlichkeit gegen die *Praxis* und ihre Autorinnen und Autoren stellte, war Vladimir Bakarić.[711] Auch für ihn waren die Herausgeber und Mitarbeiter der *Praxis* hauptverantwortliche Stichwortgeber der radikalen Linken, und als solche stünden sie »mit der gegenwärtigen amerikanischen, antikommunistischen Strömung« in direkter Verbindung. Sie würden einer bürgerlichen Demokratie das Wort reden und ihre Anhänger unter »jungen Leuten« rekrutieren, die

---

710 »Politički protivnik u akciji«, in: Ebd., S. 380.
711 Zur Person siehe die ausführliche politische Biografie von Dino Mujadžević, Bakarić. Politička biografija, Zagreb 2011.

sich »von anderen aushalten lassen und keine allzu große gesellschaftliche Verantwortung« verspüren.[712]

In der Praxis fielen die angekündigten Repressionsmaßnahmen dennoch insgesamt moderater aus, als es die aggressiven Aussagen und Polemiken erwarten ließen, in Zagreb waren sie zudem deutlich milder als etwa in Belgrad, dem Epizentrum der Studentenbewegung.[713] Am 28. Januar 1975, sechseinhalb Jahre nach den Studentenunruhen und der Universitätsbesetzung und auch sechseinhalb Jahre, nachdem sowohl Tito in seiner Radio- und Fernsehansprache als auch andere führende Politiker öffentlich davon gesprochen hatten, dass einige »Professoren« eine eigene, den Grundsätzen des Bundes der Kommunisten entgegengesetzte »politische Plattform« gegründet hätten und die Jugend mit ihren Ideen »verderben« würden, entschied das Parlament der sozialistischen Teilrepublik Serbien, acht Universitätsdozent:innen aus dem Lehrbetrieb zu entlassen: Zagorka Golubović, Trivo Inđić, Mihailo Marković, Dragoljub Mićunović, Nebojša Popov, Svetozar Stojanović, Ljubomir Tadić sowie Miladin Životić verloren aufgrund »moralisch-politischer Unzuverlässigkeit« ihre Lehrbefugnisse an der Universität Belgrad und wurden suspendiert. In der Urteilsbegründung wurde festgestellt:

»In Anbetracht der langjährigen, politisch inakzeptablen Handlungen dieser Gruppe Lehrender und Mitarbeiter an der Fakultät [...] ist es notwendig, dass unsere Gemeinschaft Maßnahmen ergreift, um die dargestellten Probleme zu lösen und um Bedingungen zu schaffen, die es der Fakultät wieder erlauben, ihrer im Hochschulgesetz festgestellten Funktionen nachzukommen – die

---

712 Ebd., S. 273f. Diese Aussage von Bakarić stieß auf vehemente Kritik an der Belgrader Universität, insb. die Philosophische Fakultät kritisierte Bakarić für seine Andeutung, die Praxis stünde irgendwie mit dem CIA in Verbindung. Siehe dazu »Aktiv nastavnika i sekretarijat SK FF u Beogradu: Povodom izjave o časopisu Praxis i Korčulanskoj ljetnoj školi«, in: IAB - UK SKS - kutija 84 - Materijali o studentskim demonstracijama.

713 An dieser Stelle wird nur der allgemeine Verlauf der Suspendierung dargestellt, eine minutiöse, mit Dokumenten belegte Dokumentation des Falles wird ausführlich dargestellt bei Popov, Contra fatum. Zu allen Formen der eingeleiteten Repressionen siehe Kanzleiter, Rote Universität, S. 401–417.

studentische Jugend entlang der Grundprinzipien des Marxismus und der Ziele der selbstverwalteten sozialistischen Gesellschaft zu unterrichten. [...] Die Suspendierung bedroht nicht die materielle Existenz dieser Lehrenden und Mitarbeiter, da ihnen gemäß Paragraf 2 [...] des Hochschulgesetzes eine Weiterzahlung ihrer persönlichen Einkünfte zusteht.«[714]

Gegen die Entscheidung des serbischen Parlaments protestierten sowohl die Betroffenen als auch ihre Kollegen aus der *Praxis*-Redaktion öffentlich. Eine Verfassungsbeschwerde der suspendierten acht Universitätslehrerinnen und Universitätslehrer wurde am 27. April 1977 vom jugoslawischen Verfassungsgericht als unbegründet abgelehnt.

Zur politischen Abrechnung mit dem intellektuellen Zirkel um die *Praxis* gesellte sich relativ früh auch eine Knebelung einflussreicher studentischer Publikationen. Den Anfang machte das Distributionsverbot für einige maßgebliche Zeitungen und Zeitschriften: Einzelne Nummern von *Delo, Student, Susret, Paradoks* (alle Belgrad), *Index* (Novi Sad), *Naši dani* (Sarajevo), *Razlog, Polet* und *Omladinski tjednik* (alle Zagreb) wurden verboten bzw. durften nicht ausgeliefert werden und wurden eingestampft.[715] Gleichzeitig wuchs der Druck auf die jeweiligen Redaktionen, sodass das Belgrader Jugendmagazin *Susret*, neben *Student* ein zentrales Publikationsorgan der studentischen Linken, am 14. Mai 1969 die Auflösung seiner Redaktion beschloss.

Im Anschluss daran konzentrierten sich die politischen Einschüchterungs- und Disziplinierungsversuche vor allem auf *Student*, der in einer Auflage von einigen zehntausend Exemplaren erschien. Um die Zeitung auf Kurs zu bringen, musste jedoch zunächst die seit Mitte der 1960er-Jahre erkämpfte politische Selbständigkeit des Herausgebers, des Studentenbundes, beschnitten werden. Bevor es dazu kam, regte sich noch einmal der studentische Widerstand. Nachdem am 16. Mai 1969 die Studentenversamm-

---

714 Popov, Contra fatum, S. 183f.
715 Siehe dazu die ausführliche Dokumentensammlung zum Thema in Praxis (Hrsg.), jun-lipanj, S. 455–497.

lung in Belgrad der Redaktion ihre grundsätzliche Unterstützung zugesagt hatte, sollte diese in einer Abhandlung die Entstehung des Aktionsprogramms von 1968 rekonstruieren. Die Folge dieser Rekonstruktion war ein in einer Sondernummer des *Student* vom 3. Juni 1969 veröffentlichtes Manifest unter der Überschrift »3000 Worte«, laut Autorenkollektiv in Anlehnung an die tschechische Resolution der »2000 Worte« im Vorfeld der Okkupation des Landes durch Truppen des Warschauer Paktes.[716] Inhaltlich liest sich dieses Manifest als eine politische Bestandsaufnahme der vergangenen zwölf Monate, besondere Bedeutung wurde naturgemäß der praktischen Umsetzung der *Smernice* gewidmet, jenem Dokument, das aus Sicht der politischen Führung die wichtigsten inhaltlichen Punkte der radikalen Linken in die tagespolitische Praxis umsetzen sollte. Die Schlussfolgerungen fielen wenig schmeichelhaft für das politische Establishment aus: Weder sei es zu einer nennenswerten Reduzierung der unterschiedlichen (vor allem wirtschaftlichen) Privilegien für Spitzenpolitiker:innen gekommen, noch habe man effektive Maßnahmen gegen die grassierende Korruption oder die um sich greifende Wohnungsspekulation getroffen. Auch wanderten weiterhin hunderttausende Arbeiterinnen und Arbeiter ins Ausland aus, wo sie »eine Reservearbeitsarmee [darstellen], von der schwerlich gesagt werden kann, dass sie zum Kampf der Arbeiterklasse dieser Länder für die Verbesserung ihrer Lebensbedingungen« beitrage.[717] Politisch brisant waren nicht so sehr solch sozio-ökonomische Observationen, sondern jene Passagen, die sich mit der Rolle des Bundes der Kommunisten und der Frage nach dem demokratischen Charakter der jugoslawischen Gesellschaft befassten. Die einzigen Maßnahmen in dieser Frage, so die Autorinnen und Autoren des Manifests voller Ironie, seien »das administrative Verbot mehrerer Nummern des *Student*, einer Ausgabe der Zeitschrift *Delo* [...], die Auflösung der Redaktion der Belgrader Jugendzeitung *Susret*, der Sarajevoer Studentenzeitung

---

716 Popov, Sukobi, S. 235ff; Praxis (Hrsg.), jun-lipanj, S. 442; Kanzleiter/Stojaković, 1968 in Jugoslawien, S. 275–281; Kanzleiter, Rote Universität, S. 327–336.
717 Der Originalwortlaut des Dokumentes ist abgedruckt in Praxis (Hrsg.), jun-lipanj, S. 442–447. Meine Zitate folgen der Übersetzung in Kanzleiter/ Stojaković, 1968 in Jugoslawien, S. 275–281, hier S. 276f.

Naši dani und der Zagreber Zeitschriften *Razlog* und *Polet*« gewesen.[718] Zum Schluss formulierte das Manifest ein Plädoyer für die radikale Linke, für die jugoslawische Studentenbewegung, in welchem noch einmal explizit gegen den Vorwurf, antisozialistisch zu sein, Stellung bezogen wurde:

> »Entgegen dem, wessen die Bürokraten sie [die Studenten, Anm. K.S.] beschuldigten und beschuldigen, sind sie weder für den Pluralismus der bürgerlichen Demokratie noch für die anarchistische Zerstörung aller gegenwärtigen Institutionen oder den wirtschaftlichen und politischen Etatismus eingetreten [...]. Kurz, das Ideal der Studenten ist der demokratische Sozialismus.«[719]

Nach monatelangem, vor allem durch das Belgrader Universitätskomitee des Bundes der Kommunisten aufgebauten Druck wurde am 10. Januar 1970 die Vorlage des Universitätskomitees angenommen und die Redaktion des *Student* aufgrund »antisozialistischer Positionen« freigestellt.[720]

Die Protagonisten der Studentenbewegung und der radikalen Linken in Jugoslawien versuchten dennoch, ihre Kritik und ihr politisches Engagement weiter zu betreiben. Der Staat reagierte überwiegend repressiv, gegen vereinzelte Akteure auch mit Haftstrafen, wogegen sich breitere Solidaritätsaktionen formierten.[721] Doch als soziale Bewegung mit einem radikalen, sozialistischen Programm und mit einer öffentlich wahrnehmbaren, politisch-ideellen Unterstützung im kulturellen Feld hörte das jugoslawische »1968« mit dem politischen Geniestreich Titos vom 9. Juni 1968 im Prinzip auf zu existieren.

---

718 Ebd., S. 279.
719 Ebd., S. 281.
720 Ausführlich dazu Ilija Moljković, Slučaj *Student*. Dokumenti, Belgrad 2008, hier S. 24.
721 Siehe beispielhaft Udovički, Treći jun, S. 75–104; Mićunović, Moja 68., S. 106–133.

5. Schlussbemerkungen

Den Ausgangspunkt der vorliegenden Arbeit bildete die Untersuchung der kognitiven Grundlagen und Weichenstellungen der radikalen Linken in Jugoslawien, die in der Besetzung der Universität Belgrad im Juni 1968 sowohl ihren programmatischen als auch organisatorischen Höhepunkt fand. Die jugoslawische Studentenbewegung, so die These, empfing ihre kulturelle Affirmation und ihre kognitiven Impulse aus einem »Kommunikationsversprechen« des jugoslawischen Selbstverwaltungssystems, dessen praktische Einlösung durch radikale, häretische Intellektuelle aus dem Feld der kulturellen Produktion eingefordert wurde. Der zeitliche Fokus dieser Analyse erstreckte sich dabei über eine zehnjährige Zeitspanne zwischen 1960 und 1970, doch wurde dieses historische Zeitfenster punktuell und der Fragestellung gemäß erweitert, um eine bessere Einordnung und ein besseres kontextuelles Verständnis der Entwicklungsprozesse zu gewährleisten. Die ersten dissonanten, explizit linken und radikalen Kritiken bestimmter jugoslawischer Wirklichkeitsaspekte erschienen schon in den 1950er-Jahren, politische und ideologische »Nachbeben« der Universitätsbesetzung waren selbstverständlich auch nach 1970 zu vernehmen.

Um die ideologischen Suchbewegungen der radikalen Linken und ihre Materialisierung in der mehrtägigen Universitätsbesetzung als einen zusammenhängenden Entwicklungsgang darzustellen, untersuchte die Arbeit diese Zeitspanne unter dem Aspekt ihrer kognitiven Selbst- und Fremdwahrnehmung. Die Dramaturgie einzelner Manifestationen, so die Behauptung, bilde lediglich einen begrenzten Ausschnitt ab, ihre Rückkoppelung in den Kontext längerfristiger politischer, sozio-ökonomischer, intellektueller und künstlerischer Einflussfaktoren eröffne hingegen die Möglichkeit einer Gesamtbetrachtung der jugoslawischen Subkultur in den 1960er-Jahren.[722] Auch wenn sich, wie von Alex Demirović zurecht

---

722 Siehe Kapitel I. 2, S. 30.

angemerkt, eine lineare Ableitung des Einflusses von Theorie auf soziale Praxis nur schwerlich feststellen lässt,[723] so erfüllte der hier vorliegende Untersuchungsgegenstand trotz aller Schwankungen eine zentrale »Gelingensbedingung«, nämlich die Existenz einer sie rezipierenden Gemeinschaft.[724] In der vorliegenden Untersuchung richtete sie sich an das aufkommende linksradikale Milieu, wo sie ihre Bestätigung fand, und sie richtete sich an die Staats- und Parteibürokratie, welche mit repressiven Disziplinarmaßnahmen reagierte.

Historische Bedingungen

Die Voraussetzungen dieser Entwicklung lagen in spezifischen historischen Konstellationen begründet, wie in Kapitel II unter der Überschrift »Zwischen Programm und Realität« anhand dreier Untersuchungsfelder nachgezeichnet wurde. Der Konflikt mit der Sowjetunion 1948 und die sich daran anschließende Suchbewegung und ideologische Neupositionierung der KPJ brachten eine offenere Debattenkultur hervor. Innerhalb dieser war zwar weiterhin nicht alles möglich, wie das Beispiel von Milovan Đilas zeigte, doch es war vieles möglich. In erster Linie war eine theoretische und politische Kritik des sowjetischen Stalinismus möglich, aus der heraus sich mit dem Selbstverwaltungsgedanken nicht nur ein neues Wirtschafts- und Gesellschaftssystem formte, sondern auch eine neuartige Selbstdefinition des jugoslawischen Staates. Zu den zentralen Klammern des Staates gehörte nun nicht mehr die unverbrüchliche Treue zur Sowjetunion, sondern das antifaschistische Bekenntnis zu »Brüderlichkeit und Einheit«, die theoretisch proklamierte Abkehr vom Stalinismus, die Einführung der Arbeiterselbstverwaltung und das Engagement in der Bewegung der Blockfreien. Diese Entwicklungen brachten dem sozialistischen Jugoslawien ein hohes Ansehen innerhalb der internationalen linken Bewegung ein, und dieses auch international weit verbreitete Bild eines demokratischen sozialistischen Staates war auch einer der Gründe dafür, dass Repressionen überwiegend in abgemilderter Form stattfanden.

723 Demirović, Der nonkonformistische Intellektuelle, S. 857.
724 Fischer-Lichte, Ästhetik des Performativen, S. 32.

An Kritik, auch das wurde gezeigt, mangelte es indes nicht. Die Einführung der Selbstverwaltung und die Umbenennung der KP in einen Bund der Kommunisten wurden zwar überwiegend begrüßt, doch die Mängel in der Durchführung zum Gegenstand scharfer und teilweise folgenreicher Konflikte. Stellvertretend für die radikale Linke Jugoslawiens steht die Bemerkung des Philosophen Mihailo Marković, wonach Jugoslawien zwar mit der Realisierung der Selbstverwaltung begonnen, doch ihren eigentlichen Sinn, die Demokratisierung aller Staats- und Gesellschaftsbereiche, nicht hinreichend verstanden habe.[725]

Parallelen in der Entwicklung finden sich auch im Feld der kulturellen Produktion. Hier konnte sich das sowjetische Kunstverständnis des sozialistischen Realismus selbst in der Zwischenkriegszeit nicht als allgemein anerkanntes, hegemoniales Prinzip durchsetzen. Nach dem Krieg, erst recht nach dem Bruch mit der Sowjetunion, geriet es nahezu vollkommen ins Hintertreffen. Mit der eindeutigen Positionierung von Miroslav Krleža gegen den sozialistischen Realismus auf seiner 1952 gehaltenen Rede in Ljubljana schien der Demokratisierungsprozess in Kunst und Kultur irreversibel. Dies war nicht nur eine jugoslawische Besonderheit, es war gleichzeitig auch die Grundvoraussetzung für die kognitive Herausbildung eines linksalternativen Milieus und seiner programmatischen und organisatorischen Materialisierung in der Studentenbewegung.

Philosophie, Film, Theater – Orte der Gesellschaftskritik
Entscheidenden Einfluss auf diese Entwicklung der radikalen Linken in Jugoslawien übten häretische Künstler und Intellektuelle aus, hier dargestellt anhand der Debatten innerhalb der jugoslawischen Philosophie, den Emanzipationsbestrebungen vor allem junger Theatermacher sowie den ästhetischen und inhaltlichen Neuerungen der jugoslawischen Kinematografie. Vor allem der Philosophie kam eine große Bedeutung zu, sie wurde zur intellektuellen Stichwortgeberin für die Suchbewegungen in anderen Bereichen, auf sie bezogen sich sowohl Theatermacher, Filmregis-

---

725 Marković, Dialektik der Praxis, S. 96.

seure, Studierende als auch das politische Establishment in seinen Reaktionen auf die formulierte Kritik.

Insbesondere um die Zeitschrift *Praxis* und ihre Herausgeber herum formierte sich ein Intellektuellenzirkel, der für die Ideengeschichte Jugoslawiens von enormer Bedeutung war und auch heute noch ist. Das neue historische Zeitfenster, welches sich durch den Konflikt der jugoslawischen Kommunisten mit der Sowjetunion öffnete, barg eine reale Möglichkeit für marxistische Intellektuelle, sich in die Neu- und Umgestaltung des sozialistischen Systems Jugoslawiens einzuschalten. Die politische Führung, so schien es, zielte auf eine grundsätzliche Abkehr vom ideologischen Monopol der KP ab. Edvard Kardelj, eine der wesentlichen ideologischen und politischen Führungsfiguren Jugoslawiens, proklamierte auf dem VI. Kongress der KPJ schließlich, dass alles Bisherige zur Disposition stehe, nichts dürfe so heilig sein, »dass es nicht übertroffen werden könnte oder durch etwas ersetzt, was noch fortschrittlicher, noch freier, noch menschlicher« sei.[726] In diesem Kontext eröffnete sich für linke Intellektuelle die Möglichkeit, mit ihrer unorthodoxen neuen Lesart des Marxismus in den öffentlichen Meinungsbildungsprozess einzugreifen. Die alles entscheidende Frage war nun, ob diese Ankündigungen nur proklamatorischer oder auch praktischer Natur waren, ob in Zukunft die »Autorität des Wissens« tatsächlich die »Autorität der Macht« ablösen werde.

Oder aber, ob doch die rhetorisch geschickt verpackte Warnung des Vorsitzenden der Ideologischen Kommission, Veljko Vlahović, den realen Rahmen der Diskussionsfreiheit absteckte, als er in der für linke Intellektuelle wichtigen Zeitschrift *Gledišta* ausführte, die Partei habe »den Eindruck, dass ihr [die linken Intellektuellen und Künstler, Anm. K.S.] so tut, als wüsstet ihr nicht, wer hier die Macht in den Händen hält.«[727]

Die Herausgeber, Redaktionsmitglieder sowie Autorinnen und Autoren der *Praxis* jedenfalls unternahmen den Versuch, nicht nur die Verhältnisse in der Sowjetunion oder die bürgerliche Klassengesellschaft zu kritisieren, sondern auch die zeitgenös-

---

726 Popov, Sukobi, S. 106f.
727 Popov, Sloboda i nasilje, S. 20.

sischen Probleme des jugoslawischen Sozialismus einer kritischen Untersuchung zu unterziehen. Das Primat, in die gesellschaftlichen Entscheidungsprozesse aktiv einzugreifen und die Stimme öffentlich zu erheben, resultierte aus einem Selbstverständnis, das in seiner Grundauffassung notwendigerweise in den Konflikt mit der Staats- und Parteiführung münden musste. Während die Partei vor allem gefügige Befehlsempfänger und ausführende Technokraten favorisierte, verorteten führende marxistische Theoretikerinnen und Theoretiker des Landes ihre Position als Intellektuelle in der »Kritik alles Bestehenden«. Ljubomir Tadić etwa betrachtete die Rolle des Intellektuellen als ein permanentes Widersprechen, als dauerhaften Widerstand gegen Zustände der Entfremdung. Nur durch gesellschaftlich eingreifendes Tätigsein agiere »die Intelligenz als Intelligenz, als Kritiker des Bestehenden [...] andernfalls verrate sie die Freiheit und Wahrheit.«[728] Gajo Petrović, sein Zagreber Kollege und intellektueller Kopf der *Praxis*, argumentierte tendenziell ähnlich, verantwortungsvolle intellektuelle Tätigkeit war für ihn nur dann gegeben, wenn der Intellektuelle »die Möglichkeit einer wahrhaft menschlichen, befreiten Gesellschaft denkt, die Möglichkeit einer revolutionären Veränderung der Welt, in der wir leben.«[729] Unter diesen Prämissen war der sich langsam, aber stetig entwickelnde Konflikt eine logische Konsequenz und unausweichlich. Denn wenn nichts einer substantiellen Kritik entzogen werden durfte, dann betraf das selbstverständlich auch die Rolle und Position der Partei. Das ideologische Monopol des Bundes der Kommunisten, das, trotz offiziell proklamierter Abkehr im Parteiprogramm von 1958, sowohl in der politischen und gesellschaftlichen Praxis als auch im Selbstverständnis der meisten führenden Kader weiterbestand, wurde von den *Praxis*-Philosophen offen hinterfragt. Als selbstproklamierter Avantgarde der Arbeiterklasse, so der Kritikpunkt, fehle Organisationen wie dem Bund der Kommunisten ein entscheidendes Merkmal der Avantgarde – die Fähigkeit zur eigenen Selbsthinterfragung, die kritische

---

728 Ljubomir Tadić, Inteligencija u socijalizmu, in: Filosofija 1, 1967, H.1–2, S. 75–84, hier S. 81.
729 Petrović, Mišljenje revolucije, S. 237.

Reflexion der eigenen Existenz und ihrer Grundlagen.[730] An diese Grundprämissen anknüpfend, formulierte die linksradikale Intelligenz Jugoslawiens offene Kritik an den Unzulänglichkeiten und Demokratiedefiziten des jugoslawischen Systems, und benannte mit dem Bund der Kommunisten auch den aus ihrer Sicht dafür Hauptverantwortlichen. Für die Autor:innen der *Praxis* wie für ihre Sympathisant:innen in Film, Theater oder an den Universitäten befand sich der jugoslawische Sozialismus in einer Krise, »und zwar nicht Aufgrund der Erfolglosigkeit einer bestimmten politischen Entscheidung [...], sondern aufgrund der Krise einer bestimmten Konzeption der Arbeiterselbstverwaltung, aufgrund einer Systemkrise [...].«[731]

Die Wahrnehmung und Auseinandersetzung mit der Krise des jugoslawischen Sozialismus fanden sich dementsprechend in der kulturellen Produktion wieder. Der *Neue jugoslawische Film* stellte eine besonders markante Entwicklung dar, denn die Kinematografie wurde auch von Staats- und Parteiseite als besonders wertvoll, wichtig und für die öffentliche Selbstdarstellung wirksam empfunden. Die junge Filmemachergeneration, überwiegend aus dem Amateur- und Dokumentarfilm kommend, wählte jedoch einen zunehmend sozialkritischen Zugang, brach mit gängigen Tabus, zunächst insbesondere im Bereich des kritischen Partisanenfilms, und brachte Alltagsprobleme der jugoslawischen Gesellschaft in einer Art und Weise auf die Leinwand, wie es das Publikum nicht gewohnt war. Diese Regisseure boten keine heitere, glückliche Welt in ihren Filmen an, ihrer Auffassung nach sollten die Filmcharaktere »komplexe, unzufriedene und unglückliche Persönlichkeiten« sein, »Pessimismus, Entfremdung, Snobismus, Formalismus, Dandytum, Zynismus, Perspektivlosigkeit, Epigonentum, verlogene Interpretationen des Lebens im Sozialismus« waren die Elemente, aus denen sich die Narration des *Neuen jugoslawischen Films* zusammensetzte. Neben thematisch von den philosophischen Debatten inspirierten Problemstellungen war auch die Selbstauffassung der Filmemacher

---

730 Ebd.
731 Zitat nach Redakcija, Trenutak jugoslavenskog socijalizma, in: Praxis 8, 1971, H.3–4, S. 309f, hier S. 310.

ähnlich derjenigen der Philosophen, nämlich »das ganze, rationale und kritische Bewusstsein des Menschen von der Welt, in der er lebt, und von den grundsätzlichen Zielen seiner Tätigkeit«[732] zu zeigen. Nicht zufällig zogen rasch auch Parteikreise die Parallele, »dass bestimmte ideelle Auffassungen unseres filmischen Schaffens und der Filmkritik mit adäquaten ideellen Tendenzen anderer Bereiche unseres kulturellen Lebens, einschließlich der Philosophie und der Gesellschaftswissenschaften, konform gehen« würden. Die schonungslose Darstellung sozial und gesellschaftlich deprivierter Individuen, sozialer Probleme und Perspektivlosigkeit war letztlich auch Ausgangspunkt ideologischer Kritik. Das Zurschaustellen von »Gewalt«, »moralischen Grenzfällen«, »sozialer Armut« und »Laszivität« gehöre, so die Auffassung der Kritiker, nicht zum Repertoire eines »wahrhaften Kunstwerks«. Worum es den Kritikern aus Staat und Partei aber eigentlich ging, war vor allem die Außenwirkung dieser Filme, die mit der offiziellen Inszenierung als einem prosperierenden, selbstverwalteten und demokratischen Staat nicht konform ging.

Mehr noch als in der Kinematografie stand der gesellschaftliche Auftrag von Kunst bei den jungen, meist noch studentischen Theatermacherinnen und Theatermachern im Fokus ihrer theoretischen und praktischen Arbeit. Die Abkehr vom bürgerlichen Theaterverständnis, welches, so die Kritiker, auch im sozialistischen Jugoslawien dominant sei, war das erklärte Ziel. Das Theater sollte zur Bühne des Lebens werden, auf der zeitgenössische gesellschaftskritische Stücke aufgeführt wurden und auf der es keine Grenzziehung zwischen Publikum und Bühne mehr geben sollte. Dabei komme, so der Tenor, vor allem dem studentischen Theater eine besonders wichtige Rolle zu, es könne und müsse »mehr als alle politischen Reden oder ähnliche Aktionen […] der Welt ihr eigenes nacktes Gesicht vorhalten, muss ihre geheimsten Idole destruieren, um der vergessenen menschlichen Existenz das Bewusstsein wieder zu bringen.«[733] Die explizite Verbindung zwischen dem politischen Selbstverständnis des Studententheaters, den

---

732 Marković, Dialektik der Praxis, S. 7.
733 Falout, Studentski pokret, S. 26.

philosophischen Grundprämissen der radikalen Linken sowie der in die Praxis umgesetzten Revolte während der Universitätsbesetzung markierte den eindrücklichsten Zusammenhang von Kunst und Kultur. Nur deshalb konnte Živojin Pavlović in seinen Tagebucheinträgen während der Universitätsbesetzung aufgrund der elementaren Verbindung zwischen dem Schauspieler Stevo Žigon und den protestierenden Studierenden emphatisch proklamieren, dass »ohne ihn«, d.h. ohne Stevo Žigon, »die Bewegung nicht in eine Revolution« umschlagen werde.[734]

Die Bewegung schlug zwar nicht in eine Revolution um, dennoch war die Wirkungskraft der jugoslawischen Studentenbewegung vor allem deshalb so stark und für das politische Establishment so verstörend und politisch gefährlich, weil sie eine Ganzheit, eine ihren Werten, politischen Proklamationen und öffentlichen Inszenierungen nach organische Verbindung zwischen radikalen Suchbewegungen im kulturellen Feld und radikalen Suchbewegungen im politischen Aushandlungsprozess des sozialistischen Jugoslawien herstellte.

---

734 Pavlović, Ispljuvak pun krvi, S. 53.

Danksagung

Die vorliegende Arbeit ist im Sommersemester 2020 von der Fakultät für Geschichtswissenschaft und Philosophie der Universität Bielefeld als Dissertation angenommen worden. Das Manuskript wurde für die vorliegende Publikation überarbeitet und in Teilen gekürzt. Gefördert wurde die Arbeit an der Dissertation von der »*Bielefeld International Graduate School in History*« mit einem dreijährigen Stipendium sowie dem Deutschen Akademischen Austauschdienst mit einem einjährigen Auslandsstipendium.

Am erfolgreichen Zustandekommen der Arbeit haben viele Menschen mitgewirkt, denen ich allen zu großem Dank verpflichtet bin. Frau Prof. Dr. Ingrid Gilcher-Holtey hat meine Arbeit als Erstgutachterin von Beginn an nicht nur fachlich, sondern auch menschlich unterstützt. Die Zeit mit ihr am Bielefelder Arbeitsbereich für Zeitgeschichte war eine Inspiration. Frau Prof. Dr. Marie-Janine Calic vom Lehrstuhl für Ost- und Südosteuropäische Geschichte an der Ludwig-Maximilians-Universität München hat als Zweitgutachterin ebenfalls niemals den Glauben an ein erfolgreiches Gelingen dieser Arbeit verloren. Vom fachlichen Austausch in ihren Münchner Kolloquien hat diese Arbeit sehr profitiert. Für seine große Hilfe, freundschaftliche Unterstützung und die gemeinsame Zeit in Bielefeld geht ein großer Dank an Prof. Dr. Klaus Weinhauer. Zu großem Dank verpflichtet bin ich ferner Frau Prof. Dr. Antje Flüchter und Herrn Prof. Dr. Frank Grüner, die sich, trotz Corona-Virus und erschwerter Arbeitsbedingungen, unbürokratisch dazu bereit erklärt haben, Mitglieder der Prüfungskommission zu werden.

Dank geht auch an die Mitarbeiterinnen und Mitarbeiter in den Archiven und Bibliotheken in Zagreb und Belgrad. Herrn Prof. Dr. Lino Veljak von der Philosophischen Fakultät der Universität Zagreb möchte ich für seine ausgesprochene Auskunfts- und Hilfsbereitschaft danken. Einen nicht unerheblichen Anteil an meiner Themenwahl hatte Dr. Boris Kanzleiter, ihm möchte ich für seine Ratschläge danken.

Meinen Doktorandenkolleginnen und -kollegen am Arbeitsbereich für Zeitgeschichte der Universität Bielefeld gebührt ein besonderer Platz in meinem Herzen: Die Zeit mit Günal Incesu, Silja Behre und Björn Lück wird für mich unvergessen bleiben.

Unermüdlich in ihrem Bestreben, mir eine »leninistische« Arbeitsethik schmackhaft zu machen, war Elfriede Müller. Ihr Beitrag zum Gelingen dieser Arbeit ist unschätzbar. Mein Forschungsinteresse geweckt und gefördert haben Prof. Dr. Benjamin Ziemann, Prof. Dr. Thomas Mergel und Frau Dr. Anja Kruke. Die Zeit mit ihnen an der Ruhr-Universität Bochum und am Institut für soziale Bewegungen war der Wegbereiter dafür, dass ich mich auf das »Abenteuer Promotion« überhaupt eingelassen habe.

In vielerlei Hinsicht wichtige Wegbegleiter waren zudem: Roland Zschächner, Đorđe Tomić, Mara Puškarević, Stipe Ćurković, Tom Illbruck, Katarina Drajić, Žilo Demirović, Edin Pargan, Branko Šimić, Fuad Šljivo, Dževad Karić, Michael Brunnert, Franz Schulte, Goran Tomić und Menso Demirović.

Last but not least möchte ich mich bei meiner Frau Marija Spasić Stojaković und meinen Eltern Pejo und Nada Stojaković bedanken. Ohne meine Frau hätte ich die Arbeit niemals abgeschlossen, und ohne meine Eltern wären weder mein Studium noch meine Promotion möglich gewesen.

Quellen- und Literaturverzeichnis

Quellen

A 1: Archivquellen und Dokumentensammlungen

Arhiv Jugoslavije (AJ) [Archiv Jugoslawiens] – Bestand Zentralkomitee des Bundes der Kommunisten Jugoslawiens
- CK SKJ – VIII – II/2-B–177 (K–12): Stenografske beleške sa sednice Komisije za ideološka pitanja CK SKJ, održane na dan 2. novembra 1963. Godine [Stenographische Notizen der Sitzung der Kommission für ideologische Fragen des ZK BdKJ, abgehalten am 2. November 1963].
- AJ – 507 – A – CK SKJ – VIII-II/2-B–177: Nekoliko napomena na rubu Pregleda stanja i nekih aktuelnih problema razvoja naše filozofije [Einige Anmerkungen am Rande der Überprüfung der Situation und einiger aktueller Probleme in der Entwicklung unserer Philosophie].
- AJ – 507 – A – CK SKJ – VIII-II/2-B–177: Pregled stanja i nekih aktuelnih problema razvoja naše filozofije [Überprüfung der Situation und einiger aktueller Probleme in der Entwicklung unserer Philosophie].
- AJ – 507 – A – CK SKJ – VIII-II/2-B–179: Informacija o sastanku sa grupom filmskih radnika komunista održanom u Komisiji za ideološki rad CK SKJ [Informationen über das Treffen mit einer Gruppe Filmschaffender, abgehalten in der Kommission für ideologische Arbeit beim ZK BdKJ].

Hrvatski državni arhiv (HDA) [Kroatisches Staatsarchiv] – Bestand Zentralkomittee des Bundes der Kommunisten Kroatiens
- HDA – 1220 – CK SKH – D–3529: Horvat, Branko, Razmišljanja o teoriji partije na sadašnjoj etapi socijalizma u Jugoslaviji [Überlegungen zu einer Parteitheorie in der gegenwärtigen Etappe des Sozialismus in Jugoslawien].
- HDA – 1220 – CK SKH – D–3837: Proglas solidarnosti sa borbom Vijetnamskog naroda Konferencije Saveza komunista Hrvatske [Solidaritätsverlautbarung der Konferenz des Bundes der Kommunisten Kroatiens mit dem Kampf des vietnamesischen Volkes].
- HDA – 1220 – CK SKH – D–3270: Sastanak Jugoslovenskog udruženja filozofa u Opatiji [Treffen der jugoslawischen Philosophengesellschaft in Opatija].
- HDA – 1220 – CK SKH – D–3270: Položaj filozofije u našem društvu danas [Die Stellung der Philosophie in unserer Gesellschaft].

Istorijski arhiv Beograda (IAB) [Historisches Archiv der Stadt Belgrad]
- IAB – 2128 – K3II1 – BITEF 2.
- IAB – 2128 – K4II6 – Bulletin BITEF II: Arsa Jovanović i dijalog, 30.09.1968.
- IAB – UK SKS – kutija 84 – Materijali o studentskim demonstracijama.
- IAB – SKS – OOSK Filozofskog fakulteta – kutija 64.

- IAB – UK SKS – Univerzitetska konferencija SKS – kutija 82.
Antifašističko vijeće narodnog oslobođenja Jugoslavije. Drugo zasjedanje AVNOJ-a [Antifaschistischer Rat der jugoslawischen Volksbefreiung. Zweite Sitzung des AVNOJ], Jajce 1943.
Antifašističko veće narodnog oslobođenja Jugoslavije. Zasedanje Bihać 1942. god., [Antifaschistischer Rat der jugoslawischen Volksbefreiung. Sitzung in Bihać], Sarajevo 1982.
Bošković, Blagoje/David Dašić (Hrsg.), Samoupravljanje u Jugoslaviji 1950–1976. Dokumenti razvoja [Selbstverwaltung in Jugoslawien 1950–1976. Dokumente zur Entwicklung], Belgrad 1977.
- Samoupravljanje u Jugoslaviji 1950–1980. Dokumenti razvoja [Selbstverwaltung in Jugoslawien 1950–1980. Dokumente zur Entwicklung], Belgrad 1980.
Đilas, Milovan, Zum Programm des Bundes der Kommunisten Jugoslawiens, in: Kommunistische Partei Jugoslawiens (Hrsg.), Der VI. Kongreß, S. 126–131.
Izveštaj komisije Izvršnog komiteta CK SKJ [Bericht der Kommission des Exekutivkommitees des ZK BdKJ], in: Petranović/Zečević (Hrsg.), Jugoslavija 1918–1988, S. 1105–1109.
Kardelj, Edvard, Sistem socijalističkog samoupravljanja u Jugoslaviji [Das System der Selbstverwaltung in Jugoslawien], in: Bošković/Dašić (Hrsg.), Samoupravljanje u Jugoslaviji, S. 9–37.
Kidrič, Boris, Wesensinhalt unseres neuen Wirtschaftssystems, in: Kommunistische Partei Jugoslawiens (Hrsg.), Der VI. Kongreß der Kommunistischen Partei Jugoslawiens, Bonn 1952, S. 115–125.
Kommunistische Partei Jugoslawiens (Hrsg.), Der VI. Kongreß der Kommunistischen Partei Jugoslawiens, Bonn 1952.
Krleža, Miroslav, Predgovor Podravskim motivima Krste Hegedušića [Vorwort zu den Unter-Drauischen Motiven von Krsto Hegedušić], in: Šicel (Hrsg.), Programi i manifesti, S. 248–274.
Nešović, Slobodan, AVNOJ i revolucija. Tematska zbirka dokumenata 1941–1945 [AVNOJ und Revolution. Thematische Dokumentensammlung 1941–1945], Belgrad 1983.
Petranović, Branko/Momčilo Zečević (Hrsg.), Jugoslavija 1918–1988. Tematska zbirka dokumenata [Jugoslawien 1918–1988. Thematische Dokumentensammlung], Belgrad 1988.
Praxis. Jun-lipanj 1968. Dokumenti [Praxis. Juni 1968. Dokumente], Zagreb 1971.
Projekat deklaracije o ciljevima i zadacima Socijalističkog saveza [Das Projekt der Deklaration über die Ziele und Aufgaben des sozialistischen Bundes], in: Petranović/Zečević (Hrsg.), Jugoslavija 1918–1988, S. 1038–1040.
Rezolucija VI. kongresa o zadacima i ulozi Saveza komunista Jugoslavije [Die Resolution des VI. Kongresses über die Aufgaben und die Rolle des Bundes der Kommunisten Jugoslawiens], abgedruckt in: Petranović/Zečević (Hrsg.), Jugoslavija 1918–1988, S. 1035–1037.
Rezolucija Prvog kongresa radničkih saveta Jugoslavije od 27. juna 1957. [Resolution des 1. Kongresses der Arbeiterräte Jugoslawiens vom 27. Juni 1957], in: Đorđević/Pašić, Teorija i praksa, S. 1115–1117.

Salaj, Đuro, Dosadašnja iskustva i dalji razvoj radničkog samoupravljanja u Jugoslaviji. Na kongresu radničkih saveta Jugoslavije, 25. juna 1957. godine [Bisherige Erfahrungen und die weitere Entwicklung der Arbeiterselbstverwaltung in Jugoslawien. Auf dem Kongress der Arbeiterräte Jugoslawiens, 25. Juni 1957], in: Bošković/Dašić, Samoupravljanje, S. 89–97.
Schmitt, Hans-Jürgen/Godehard Schramm (Hrsg.), Sozialistische Realismuskonzeptionen. Dokumente zum 1. Allunionskongreß der Sowjetschriftsteller, Frankfurt/Main 1974.
Šicel, Miroslav (Hrsg.), Programi i manifesti u hrvatskoj književnosti [Programme und Manifeste in der kroatischen Literatur], Zagreb 1972.
Tito, Josip Broz, Fünfzig Jahre revolutionärer Kampf der Kommunisten Jugoslawiens, in: ders., Der jugoslawische Weg. Sozialismus und Blockfreiheit. Aufsätze und Reden, München 1976, S. 170–196.
- Die Fabriken den Arbeitern. Rede gehalten am 26. Juli 1950 in Belgrad, abgedruckt in: Der jugoslawische Weg, S. 134.
- Govor na trećem (vanrednom) plenumu CK SKJ 16.–17. januara 1954., in: Petranović/Zečević (Hrsg.), Jugoslavija 1918–1988, S. 1048–1050.
- Eine wirkliche Zukunft hat nur die Gesellschaftsordnung, die zur Befreiung der Arbeit und des Menschen führt, Rede vom 30.11.1969 in Sarajevo, in: ders., Der jugoslawische Weg, S. 216.
- Trockizam i njegovi pomagači [Der Trotzkismus und seine Helfer], in: Proleter 15, 1939, H.1, S. 5.
- Za čistoću i boljševizaciju partije [Für die Reinheit und Bolschewisierung der Partei], in: Proleter 15, 1940, H. 3–4, S. 9.
Ustav Socijalističke Federativne Republike Jugoslavije [Verfassung der Sozialistischen Föderativen Republik Jugoslawien], Belgrad 1963.
Vlahović, Veljko, Samoupravljanje i oslobađanje rada [Selbstverwaltung und die Befreiung der Arbeit], in: Đorđević/Pašić, Teorija i praksa, S. 83–97.
Ždanov, Andrej, Die Sowjetliteratur, die ideenreichste und fortschrittlichste Literatur der Welt, in: Schmitt/Schramm (Hrsg.), Sozialistische Realismuskonzeptionen, S. 43–50

A 2: Zeitgenössische Zeitschriften- und Zeitungsaufsätze

Anđelić, Borislav T., Sjaj i beda studentskog teatra [Glanz und Armut des Studententheaters], in: Susret, 06.03.1968, S. 16–17.
- Čekanje se isplatilo. Povodom preseljenja Ateljea 212 u novu zgradu [Das warten hat sich gelohnt. Aus Anlass des Umzugs des Atelje 212 in ein neues Gebäude], in: Susret, 26.12.1964.
- Plodovi mrtvila. Na marginama Beogradske pozorišne sezone [Früchte der Langeweile. An den Rändern der Belgrader Theatersaison], in: Prolog 1, 1968, H.2, S. 58–63.
- Traganje za smislom. Kritičke beleške na marginama beogradske pozorišne scene [Die Suche nach dem Sinn. Kritische Notizen an den Rändern der Belgrader Theaterszene], in: Prolog 2, 1969, H.3, S. 55–58.

- BITEF 212 – traganje za suštinom [BITEF 212. Die Suche nach dem Wesentlichen], in: Susret, 18.10.1967, S. 6.
- U potrazi za nemogućim [Auf der Suche nach dem Unmöglichen], in: Susret, 18.–31.10.1967, S. 15.

Bakarić, Vladimir, O sukobu na ljevici [Über den Konflikt auf der Linken], in: Kultura 1971, S. 235–243.

Basta, Danilo, Moć i nemoć filozofije [Macht und Ohnmacht der Philosophie], in: Polja 14, 1968, H.114/115, S. 13.

Batinić, Marijan, Neka razmišljanja na temu: teatar i publika [Einige Überlegungen zum Thema: Theater und Publikum], in: Kritika 1, 1963, H.1, S. 38–44.
- Revolucionarni realizam – put prema novom kritičnom realizmu [Revolutionärer Realismus – Weg zum neuen und kritischen Realismus], in: Kritika 1, 1963, H.2, S. 35–44.

Beck, Julian, Pozorište ili revolucija. Sa engleskog prevela Borka Pavićević [Theater oder Revolution. Aus dem englischen übersetzt von Borka Pavićević], in: Susret, 2.10.1968, S. 11–12.

Bloch, Ernst, Marx kao mislilac revolucije [Marx als Denker der Revolution], in: Praxis 6, 1969, H.1/2, S. 16–18.

Bogdanović, Emilija, Novi pristupi. Jugoslovenski ratni film danas [Neue Zugänge. Der jugoslawische Kriegsfilm heute], in: Mladost, 23.11.1966, S.17.
- ›Ne ravnodušni‹. Intervju sa Želimirom Žilnikom [›Nicht gleichgültig.‹ Interview mit Želimir Žilnik], in: Mladost, 05.12.1968, S. 22f.

Bogdanović, Žika, Složeni putevi filmske kulture [Komplexe Wege der Filmkultur], in: Mladost, 15.12.1965, S. 7.
- Dve teze i jedna antiteza. Ono što jugoslovenskom filmu nedostaje jeste tradicija a ne istorija [Zwei Thesen und eine Anti-These. Was dem jugoslawischen Film fehlt ist Tradition, und nicht Geschichte], in: Mladost, 29.12.1965, S. 7.
- Na leđima tigra (od papira?) ili: Ratni film kao funkcija ideologije [Auf dem Rücken des (Papier)Tigers?, oder: Der Kriegsfilm in ideologischer Funktion, in: Gledišta 9, 1968, H.10, S. 1368–1377.

Bogičević, Miodrag, O funkciji teatra danas [Zur Funktion des Theaters heute], in: Petrović (Hrsg.), Pozorište i revolucija, S. 88–92.

Bošnjak, Branko, Ime i pojam Praxis [Name und Begriff der Praxis], in: Praxis 1, 1964, H.1, S. 7–20.
- Filozofija kao utjeha [Philosophie als Trost], in: Književne novine 356, 1969, S. 10.
- Nekoliko fragmenata o Minogolfu Slobodana Šnajdera [Einige Fragmente zu Slobodan Šnajders ›Minigolf‹, in: Prolog 2, 1969, H.4, S. 64f.

Brčić, Tomislav, Fenomen i kultura kinoklubova šezdesetih godina i utjecaj novih tendencija na festival GEFF [Das Phänomen und die Kultur der Kinoklubs in den Sechzigerjahren und der Einfluss neuer Tendenzen auf das Festival GEFF], in: up&underground 11/12, 2007, S. 27–75.

Cvjetičanin, Veljko, Suvremeni svijet i socijalistička revolucija [Die zeitgenössische Welt und die sozialistische Revolution], in: Praxis 6, 1969, H.1/2, S. 217–226.

Ćirilov, Jovan, Dvadeset i devet pisaca traže dramski sukob [29 Schriftsteller suchen den dramaturgischen Konflikt], in: Delo 8, 1961, H.1, S. 83–88.
- Kape dole »drugim vratima levo« [Hut ab »der zweiten Tür links]«, in: Scena 6, 1990, H.2–3.
- Jedan društveno-istorijski aspekt nihilizma savremene anti-drame [Ein gesellschaftshistorischer Aspekt des Nihilismus im zeitgenössischen Anti-Drama], in: Filosofija 1, 1967, H.1–2, S. 45–48.

Čaldarović, Mladen, Demokratske institucije i revolucionarni kontinuitet [Demokratische Institutionen und revolutionäre Kontinuität], in: Praxis 3, 1966, H.3, S. 77–81.

Česnokov, Dimitrij I., Zaoštrivanje idejno-političke borbe i suvremeni revizionizam [Verschärfung des ideell-politischen Kampfes und der zeitgenössische Revisionismus], in: Praxis 6, 1969, S. 325–337.

Čolić, Milutin, Crni film ili kriza autorskog filma [Der Schwarze Film oder die Krise des Autorenfilms], in: Filmska kultura 14, 1970, H. 71, S. 3–25.

Damnjanović, Milan, Odraz i stvaralaštvo. Povodom zbornika ›Neki problemi teorije odraza‹ [Ausdruck und Schöpfertum. Anlässlich des Sammelbandes ›Einige Probleme der Widerspiegelungstheorie‹], in: Književne novine 155, 1961, S. 1f.
- Blohova filozofija anticipacije [Blochs Philosophie der Antizipation], in: Književne novine 155, 1960, S. 5.

Davidović, Radivoj, O društvenoj ulozi i obavezi intelektualca [Zur gesellschaftlichen Rolle und Verantwortung der Intellektuellen], in: Student, 20.10.1964.

Djurković, Dejan, Društveni značaj pozorišta [Die gesellschaftliche Bedeutung des Theaters], in: Danas, 25.05.1961.

Dolanc, Stane, Demokratski centralizam u teoriji i praksi Saveza komunista [Demokratischer Zentralismus in der Theorie und Praxis des Bundes der Kommunisten], in: Socijalizam 10, 1967, S. 1509–1520.

Dvadeseta godina Jugoslovenskog filma [Zwanzig Jahre jugoslawischer Film], in: Gledišta 6, 1965, H.10, S. 1285–1358.

Egerić, Miroslav, O jednoj vanserijskoj knjizi [Über ein außerordentliches Buch], in: Kultura, 1971, S. 217–220.

Falout, Željko, Antinomije revolucije [Antinomien der Revolution], in: Kultura, 1971, H.13/14, S. 221–224.
- Dokle? [Wie lange noch?], in: Razlog 7, 1967, H.54/55/56 (N.F.), S. 512–515.
- Druga vrata levo Aleksandra Popovića u izvedbi SEK-a [Zweite Tür links von Aleksandar Popović in der Aufführung des SEK, in: Prolog 2, 1969, H.4, S. 66–67.

Film u društvenim konfrontacijama [Der Film in gesellschaftlichen Auseinandersetzungen], in: Gledišta 12, 1971, S. 177–235.

Gašparović, Darko, Siromašna i blijeda slika evropskog studentskog teatra, in: Studentski list, 11.04.1967.
- Mogućnost kritičkog angažmana u suvremenoj hrvatskoj drami [Möglichkeiten des kritischen Engagements im zeitgenössischen kroatischen Drama], in: Prolog 1, 1968, H.1, S. 6–11.

- Usputna rasmišljanja na kraju Zagrebačke kazališne sezone [Beiläufige Überlegungen am Ende der Theatersaison in Zagreb], in: Prolog 1, 1968, H.2, S. 50–56
Golubović, Veselin, Komunizam je humanizam [Kommunismus ist Humanismus], in: Kritika 3, 1965, H.4, S. 3–12.
Grlić, Danko, Marginalije uz Čehoslovačku i nove tendencije u Socijalizmu [Tschechoslowakische Marginalia und neue Tendenzen im Sozialismus], in: Književne novine 340, 1968, S. 8f.
- Nove tendencije u Socijalizmu [Neue Tendenzen im Sozialismus], in: Praxis 6, 1969, H.1–2, S. 316–324.
- Neki problemi suvremenog poimanja revolucije, in: Danas, 03.01.1962.
- Socijalizam i komunizam [Sozialismus und Kommunismus], in: Praxis 1, 1964, H.2, S. 163–171.
- Postoji li građanska i socijalistička umjetnost? [Gibt es eine bürgerliche und eine sozialistische Kunst?], in: Praxis 10, 1973, H.5–6, S. 711–722.
- Estetski osnovi aristotelovskog i savremenog teatra [Ästhetische Grundlagen des aristotelischen und des zeitgenössischen Theaters], in: Filosofija 4, 1971, H.4, S. 5–52.
Hećimović, Branko, U sukobu sa svojom omeđenošću [Im Konflikt mit seiner Begrenztheit], in: Petrović (Hrsg.), Pozorište i revolucija, S. 99–06.
Hribar-Ožegić, Maja, Avangardističko kazalište [Avantgardetheater], in: Razlog 1, 1961, H.4, S. 355–365.
Hristić, Jovan, Antički mit i savremena drama [Antiker Mythos und zeitgenössisches Drama], in: Danas, 21.06.1961.
Hudoletnjak, Boris, Zbiljnost socijalizma i kultura, in: Polja 14, 1968, H.115/116, S. 27f.
Hukić, Refik, Reforma Saveza komunista. Smisao, rezultati, otpori [Die Reform des Bundes der Kommunisten. Sinn, Resultate und Widerstände], in: Lica 2, 1968, S. 4–5.
Ivanji, Ivan, Povodom političnosti i apolitičnosti savremene domaće drame [Aus Anlass des politischen oder apolitischen Gehalts des zeitgenössischen einheimischen Dramas], in: Delo 9, 1963, H. 11, S. 1344–1348.
Jakšić, Božidar, Današnji smisao sukoba na književnoj levici [Zur heutigen Bedeutung des Konfliktes auf der literarischen Linken], in: Kultura, 1971, S. 206–210.
- Društvena kritika između revolucionarnog čina i instrumentalizma [Gesellschaftskritik zwischen revolutionärem Akt und Instrumentalismus], in: Polja 14, 1968, S. 13ff.
Jeremić, Dragan, Nihilizam, utopija i konkretni humanizam [Nihilismus, Utopie und konkreter Humanismus], in: Filosofija 1, 1967, H.1/2, S. 37–43.
Jovičić, Vladimir, Crni talas u našem filmu [Die Schwarze Welle in unserem Film], in: Borba Reflektor, 03.08.1969, S. 2–8.
Juras, Jure, Drugo radno savjetovanje studenata-filozofa Jugoslavije [Zweite Arbeitsberatung der jugoslawischen Philosophiestudenten], in: Kritika. Časopis za kulturu, umjetnost i društvena pitanja 3, 1965, S. 97–112.
Kalezić, Vasilije, U ime čega pozivati na barikade [Im Namen von Was auf die Barrikaden rufen?], in: Polja 14, 1968, S. 25.

Kalin, Boris, Socijalizam i etika. Bilješka uz simpozij Hrvatskog filozofskog društva [Sozialismus und Ethik. Notizen zum Symposium der Kroatischen Philosophischen Gesellschaft], in: Danas. Časopis studenata Filozofskog fakulteta u Zagrebu 6, 1966, H.1/2, S. 73f.
Kangrga, Milan, Problem ideologije [Das Problem der Ideologie], in: Pogledi 2, 1953, H.11, S. 778–793.
– Marksovo shvaćanje revolucije [Marx`Revolutionsverständnis], in: Književne novine 388, 1968, S. 5, 8, 9.
– Marx i realizacija filozofije [Marx und die Realisierung der Philosophie], in: Danas, 20.12.1961, S. 1, 10.
– Plodna djelatnost Jugoslavenskog udruženja za filozofiju [Die fruchtbare Arbeit der Jugoslawischen Philosophiegesellschaft], in: Filozofija 10, 1966, H.4, S. 467–479.
– Socijalizam, moral i komformizam [Sozialismus, Moral und Konformismus], in: Danas 6, 1966, H.1/2, S. 75–83.
– O metodi i domašaju jedne kritike [Über die Methode und Reichweite einer Kritik], in: Praxis 1, 1964, H.2, S. 293–306.
– Politička i socijalna revolucija [Politische und soziale Revolution], in: Filosofija 1, 1967, H.3, S. 63–80.
Kapor, Momo, Čekajući avangardu [Das Warten auf die Avantgarde], in: NIN, 10.09.1967.
Karaulac, Miroslav, Antiteatar [Antitheater], in: Delo 8, 1962, H.1, S. 48–60.
Kazališna kritika na optuženičkoj klupi [Theaterkritik auf der Anklagebank], in: Polet 2, 1967, H.14, S. 30f.
Kazalište samo dijeli kritičku sudbinu čitave naše kulture u ovome času [Theater teilt lediglich das Schicksal unserer gesamten Kultur in diesem Moment], in: Prolog 1, 1968, H.1, S. 21–31.
Kermauner, Taras, Filosofija i društvo [Philosophie und Gesellschaft], in: Danas, 6.12.1961, S. 1, 4.
– Idejnost filmskog novog talasa [Das Ideelle in der neuen Filmwelle], in: Delo 9, 1963, H.1, S. 75–98.
– Za eksperimentalno pozorište [Für ein experimentelles Theater], in: Danas, 23.05.1962.
– Poslijeratno slovensko kazalište [Das slowenische Nachkriegstheater], in: Razlog 3, 1963, H.7, S. 458–477.
– ›Oder 57‹ i slovenačka pozorišno-kulturna situacija [›Oder 57‹ und die slowenische Theater-kulturelle Situation], in: Danas, 16.08.1961.
– Šta je prava revolucija pozorišta [Was ist eine wahre Theaterrevolution], in: Petrović (Hrsg.), Pozorište i revolucija, S. 58–63.
Klaić, Dragan, Drama i politika [Drama und Politik], in: Polja 14, 1968, H.117/118, S. 24–25.
– Teatar provokacije [Theater der Provokation], in: Polet 2, 1967. H.11/12, S. 52.
Korač, Veljko, Nekoliko savremenih zapažanja o savremenosti Karla Marxa [Einige zeitgenössische Bemerkungen zur Aktualität von Karl Marx], in: Praxis 6, 1969, H.1/2, S. 77–80.

- Marksizam je kritika svega postojećeg [Marxismus ist die Kritik alles Bestehenden], in: Vidici 86, 1964, S. 7.

Kosik, Karel, Gramsci i filozofija praxisa [Gramsci und die Philosophie der Praxis], in: Praxis 4, 1967, H.4, S. 474–478.

Kozak, Primož, Funkcija pozorišta [Die Funktion des Theaters], in: Danas, 02.08.1961.

Krleža, Miroslav, Svrha Pečata i o njojzi besjeda [Zum Sinn des ›Pečat‹ und seinen Betrachtungen], in: Pečat 1–2, 1939, S. 119–128.

- Dijalektički antibarbarus, in: Pečat 1, 1939, S. 73–232.
- Miroslav Krleža, Govor na kongresu književnika u Ljubljani, 5. oktobar 1952., in: ders., Eseji 1, Sarajevo 1973, S. 298–335.

Kurelec, Tomislav, Desetogodišnjica Studentskog eksperimentalnog kazališta [Zehn Jahre Studentisches Experimententheater], in: Polet 4, 1966, H.27, S. 12

Kuvačić, Ivan, Postoji li kriza u sociologiji? [Gibt es eine Krise innerhalb der Soziologie?], in: Praxis 11, 1974, H.3–5, S. 403–410.

Kuzmanović, Rade, Portret pamfletiste [Porträt eines Polemikers], in: Student, 03.11.1964, S. 8.

Lamza, Milan, Dileme suvremenog kazališta [Dilemmata des zeitgenössischen Dramas], in: Polet 2, 1964, H.10, S. 3.

Lipovčan, Srećko, BITEF – nove kazališne tendencije [BITEF – Neue Theatertendenzen], in: Telegram, 19.09.1967.

- BITEF 212. Pouke za budućnost [BITEF 212. Lehren für die Zukunft], in: Telegram, 13.10.1967.
- Vrijeme nevremena. Marginalije uz neka iskustva hrvatske povijesti [Zeit der Unzeit. Marginalia anhand einiger Erfahrungen aus der kroatischen Geschichte], in: Prolog 2, 1969, H.6, S. 3–21.

Lisinski, Hrvoje, Ratna tema u našem filmu [Die Kriegsthematik in unserem Film], in: Razlog 1, 1961, H.1, S. 106–110.

- Neki problemi našeg kratkometražnog filma [Einige Probleme unseres Kurzfilms], in: Razlog 1, 1961, H.2, S. 161–169.

Lukić, Sveta, Uvodne teze o marksizmu u književnoj kritici Jugoslavije [Einleitende Thesen zum Marxismus in der jugoslawischen Literaturkritik], in: Savremenik 18, 1972, H.36, S. 7–16.

Makavejev, Dušan, »I to nevrtenje filma deo je moje slobode, ono je i dalje samo njihova nesloboda«. Dušan Makavejev o ›Misteriju organizma‹, Wilhelmu Reichu, Staljinu, tajnoj policiji, ljubavi itd. [»Auch die Nichtaufführung des Films ist Teil meiner Freiheit, es ist auch weiterhin ihre Unfreiheit«. Dušan Makavejev über die Mysterien des Organismus, Wilhelm Reich, Stalin, die Geheimpolizei, Liebe usw.], in: Razlog 4, 1971, H.14, S. 34–41.

Marković, Mihailo, Revizija filozofskih osnova marksizma u SSSR-u [Revision der marxistischen Grundlagen in der UDSSR], in: NIN, 16.11.1952, S. 98.

- Socijalizam i samoupravljanje [Sozialismus und Selbstverwaltung], in: Praxis 1, 1964, H.2, S. 172–188.

›Marksizam i književna kritika u Jugoslaviji‹ [Marxismus und Literaturkritik in Jugoslawien], in: Savremenik 18, 1972, H.7, S. 5–44.

Međimorec, Miro, O nekim pitanjima studentskog kazališta [Zu einigen Fragen des Studententheaters], in: Studentski list, 11.04.1967.

Mićunović, Dragoljub, Marksova kritika birokratije [Marx' Bürokratiekritik], in: Danas, 02.08.1961, S. 4.

– Tajna moć birokratije [Die geheime Macht der Bürokratie], in: Vidici 121, 1968, S. 3.

Mićunović, Vukašin, Tematika domaćeg filma [Themen des einheimischen Films], in: Filmska kultura 5, 1960, H.21/22, S. 1–9.

Milošević, Branislav, Politika i teatar. Zapisi o ovogodišnjem pozorju [Politik und Theater. Aufzeichnungen zur diesjährigen Bühne], in: Vidici 1968, H.121, S. 11.

Mišić, Milutin, Revolucionarnost i teatar [Das Revolutionäre in unserem Theater], in: Danas, 02.08.1961, S. 10.

Muhić, Fuad, O četiri dimenzije staljinizma [Zu den vier Dimensionen des Stalinismus], in: Naši dani 326, 1969, S. 6f.

Munitić, Ranko, Od ›Slavice‹ do ›Neretve‹. Jugoslavenski film o revoluciji [Von ›Slavica‹ bis zur ›Neretva‹. Der jugoslawische Film über die Revolution], in: Filmska kultura 13, 1969, H.66/67, S. 1–48.

Novaković, Slobodan, Naša decenija: 1960–1969., ili: Teze za razgovor o jugoslovenskom filmu [Unser Jahrzehnt: 1960–1969. oder: Thesen für ein Gespräch über den jugoslawischen Film], in: Filmska kultura 13, 1969, H.68/69, S. 42–50.

– Trijumf dokumenta [Triumph des Dokuments], in: Mladost 11.08.1964, S. 8.

– Naš dokumentarni film danas [Unser Dokumentarfilm heute], in: Filmska kultura 7, 1963, H.33, S. 25–30.

Pavićević, Borka, Levo od Brehta [Links von Brecht], in: Susret 83, 1968, S. 22.

– BITEF 2. Hrist ili Robespjer? [BITEF 2 – Christus oder Robespierre?], in: Susret, 16.10.1968.'

Pavičić, Josip, Studentsko kazalište u glibu. Završen 23. majski festival Studentskih kazališta Jugoslavije [Studententheater in der Krise. Am ende des 23. Maifestivals der jugoslawischen Studententheater], in: Studentski list, 13.05.1969.

Pavlović, Živojin, Laž o revoluciji [Die Revolutionslüge], in: Danas, 17.07.1961, S. 17.

Pejović, Danilo, Socijalizam i inteligencija [Sozialismus und Intelligentsia], in: Praxis 1, 1964, H.2, S. 214–227.

Perović, Latinka, Demokratski centralizam u uslovima preobražaja SKJ [Demokratischer Zentralismus unter den Bedingungen der Umwandlung des BdKJ], in: Socijalizam 10, 1967, S. 1224–1230.

Pešić-Golubović, Zagorka, Socijalizam i humanizam [Sozialismus und Humanismus], in: Praxis 2, 1965, H.1, S. 3–14.

Petrović, Aleksandar, Situacija jugoslovenskog modernog filma [Zur Situation des jugoslawischen Films], in: Delo 10, 1964, H.4, S. 577–598.

Petrović, Gajo, Filozofija u SSSR-u od oktobarske revolucije do 1938 [Die Philosophie in der UDSSR von der Oktoberrevolution bis 1938], in: Pogledi 1, 1952, H.2, S. 79–86.

– Filozofija u SSSR-u od oktobarske revolucije do 1938 [Die Philosophie in der UDSSR von der Oktoberrevolution bis 1938], in: Pogledi 1, 1952, H.2, S. 79–86.

- Filozofija i politika u socijalizmu [Philosophie und Politik im Sozialismus], in: Praxis 1, 1964, H.2, S. 269–280.
- Kritika u socijalizmu [Kritik im Sozialismus], in: Praxis 2, 1965, H.3, S. 468–481.
- Jugoslavenska filozofija danas [Jugoslawische Philosophie heute], in: Filozofija 10, 1966, H. 4, S. 459–466.
- Pitanje o čovjeku i Karl Marx [Zur Frage des Menschen und Karl Marx], in: Danas, 24.05.1961.
- Filozofija i revolucija. Dvadeset snopova pitanja [Philosophie und Revolution. Zwanzig Fragen], in: Praxis 6, 1969, H.1/2, S. 89–95.
- Dvije i po godine Praxisa [Zweieinhalb Jahre Praxis], in: Praxis 4, 1967, H.1/2, S. 260–274.
- Još dvije godine Praxisa [Zwei weitere Jahre Praxis], in: Praxis 6, 1969, H.1/2, S. 345–355.

Petrović, Miodrag, Cilj pozorišta je da utiče. Intervju sa Aleksandrom Popovićem [Das Ziel des Theaters ist es, Einfluss zu nehmen. Interview mit Aleksandar Popović], in: Književne novine, 1966, H.278, S. 12

Petrović, Sreten, Marks kao etičar [Marx als Ethiker], in: Vidici 83, 1964, S. 7.
- Moderna umetnost i arhaično, in: Student, 25.02.1964.
- Demistifikacija pojma angažovane umjetnosti [Demystifikation der engagierten Kunst], in: Polja 14, H.114–115, 1968, S. 10f.
- Umetnost, moral, društvo, in: Student, 10.11.1964.
- Čovek kao slobodno biće [Der Mensch als freies Wesen], in: Student, 24.03.1964.

Popov, Nebojša, Štrajkovi u savremenom jugoslovenskom društvu [Streiks in der gegenwärtigen jugoslawischen Gesellschaft], in: Sociologija 11, 1969, H.4, S. 605–632.

Popović, Milentije, Neke savremene tendencije i pojave u našem političkom životu [Einige zeitgenössische Tendenzen und Erscheinungen in unserem politischen Leben], in: Socijalizam 9, 1966, S. 1375–1392.

Prašo, Senad, Trenutak studentskog pozorišta [Ein Moment des Studententheaters], in: Naši dani 269/270, 1967, S. 5.

P.S., II. BITEF. Pred krizom koncepcije [II. BITEF. Krise des Konzeptes], in: Dnevnik, 29.09.1968.

Ralić, Prvoslav, Društveni smisao zahteva za bezobzirnom kritikom svega postojećeg [Der gesellschaftliche Sinn hinter der Forderung nach einer Kritik alles Bestehenden], in: Socijalizam 8, 1965, H.2, S. 234–241.

Rammstedt, Otthein, Soziale Bewegung, Frankfurt/Main 1978.

Raspor, Vicko, Dokumentarni film i naša stvarnost [Der Dokumentarfilm und unsere Wirklichkeit], in: Filmska kultura 5, 1961, H.21/22, S. 25–44.

Razgovor o domaćem filmu [Gespräch über den einheimischen Film], in: Delo 10, 1964, H.3, S. 340–362.

Razgovor o domaćem filmu [Gespräch über den einheimischen Film], in: Delo 10, 1964, H.6, S. 847–886.

Redakcija, Čemu Praxis? [Wofür Praxis?], in: Praxis 1, 1964, H.1, S. 3–6.

- U povodu događaja u Poljskoj [Anlässlich der Ereignisse in Polen], in: Praxis 5, 1968, H.3, S. 233–255.
- Riječ ima Borba [Das Wort hat die »Borba«], in: Praxis 2, 1965, H.3, S. 507–516.

Redakcija, Teatar, kultura – kulturna politika, politika [Theater, Kultur – Kulturpolitik, Politik], in: Prolog 1, 1968, H.2, S. 35–49.

Redakcija, Zašto istupamo? [Warum erscheinen wir?], in: Prolog 1, 1968, H.1, S. 3–5.

Redakcija: Pozorišne prilike. Diskusija o problemima naših pozorišta [Theaterangelegenheiten. Diskussion über die Probleme unserer Theater], in: Delo 8, 1962, H.4, S. 429–468.

Ristić, Marko, Nesavremena razmatranja. Prilog dijalektičnom antibarbarusu [Unzeitgemäße Überlegungen. Beitrag zum dialektischen Anti-Barbarus], in: Pečat 2, 1940, S. 167–200.

Roksandić, Vladimir, Svijet u filmovima Živojina Pavlovića [Die Welt in den Filmen von Živojin Pavlović], in: Studentski list, 05.03.1968, S. 10.

Sardelić, Celestin, Studenti i kultura [Studenten und Kultur], in: Polja 14, 1968, S. 11.

Schober, Siegfried, Ein Liebesfall, in: Filmkritik 12, 1968, H.3, S. 203–205.

Sekulić, Božidar, Inteligencija i putevi duhovne izgradnje proletarijata [Die Intelligenz und Wege zur geistigen Erbauung des Proletariats], in: Polja 14, 1968, S. 33f.
- Marksizam i proletarijat [Marxismus und Proletariat], in: Naši dani, 1968, H.296, S. 3.

Selem, Petar, Putovi i zvukovi scene. O zajedničkom umiranju gradjanske i socijalističko-realističke dramaturgije [Wege und Töne der Szene. Über das gemeinsame Sterben der bürgerlichen und sozialistisch-realistischen Dramaturgie], in: Razlog 2, 1962, H. 1, S. 1–8.

Simposij jugoslovensko-čehoslovačkih filosofa. Savremeni trenutak socijalizma. Održan u Opatiji od 5. do 7. decembra 1968. Godine [Symposium jugoslawisch-tschechoslowakischer Philosophen. Der gegenwärtige Augenblick des Sozialismus. Abgehalten in Opatija vom 5. bis zum 7. Dezember in Opatija], in: Filosofija 3, 1969, H.2, S. 5–96.

Sineasti u mračnoj šumi. Razgovor s Brankom Ivandom [Filmmacher im dunklen Wald. Ein Gespräch mit Branko Ivanda], in: Prolog 3, 1970, H.9, S. 69–73.

Sremec, Rudolf, Oktobar u sovjetskoj kinematografiji [Der Oktober in der sowjetischen Kinematografie], in: Filmska kultura 11, 1967, H.55/56, S. 1–8.

Stamenković, Vladimir, Živo pozorište. BITEF 212 [Lebendiges Theater. BITEF 212], in: NIN, 8.10.1967.
- BITEF 1968 – reditelj kao pesnik scene [BITEF 1968 – der Regisseur als Dichter], in: NIN, 22.9.1968, S. 14.
- Političko pozorište. Sterijno pozorište 68 [Politisches Theater], in: NIN, 9.6.1968.

Stanje i problemi u jugoslavenskoj kinematografiji [Lage und Probleme der jugoslawischen Kinematografie], in: Filmska kultura 13, H.68/69, S. 1–22.

Stojanović, Svetozar, Od primitivnog ka razvijenom komunizmu [Vom primitiven zum entwickelten Kommunismus], in: Filosofija 1, 1967, H.4, S. 5–18.
- Mogućnost socijalističke revolucije danas [Möglichkeiten der sozialistischen Revolution heute], in: Praxis 6, 1969, H.1/2, S. 190–204.

- Sloboda i demokracija u Socijalizmu [Freiheit und Demokratie im Sozialismus], in: Praxis 1, 1964, H.2, S. 203–213.
- Moralnost revolucionarne avangarde kao historijska pretpostavka socijalizma [Moralität der revolutionären Avantgarde als historische Grundvoraussetzung des Sozialismus], in: Praxis 3, 1966, H.1, S. 70–76.

Supek, Rudi, Zašto kod nas nema borbe mišljenja [Warum gibt es bei uns keinen Meinungskampf], in: Pogledi 2, 1953, H.12, S. 903–911.
- Konfuzija oko astratizma [Konfusion über den Astratismus], in: Pogledi 2, 1953, H.6, S. 415–421.
- Imamo li sociologiju i gdje je ona? [Haben wir eine Soziologie und wo ist sie?], in: Praxis 1, 1964, H.2, S. 289–291.
- Dijalektika društvene prakse [Dialektik der gesellschaftlichen Praxis], in: Praxis 1, 1964, H.1, S. 54–65.
- Marx i revolucija. Uvodna riječ [Marx und die Revolution. Einführende Worte], in: Praxis 6, 1969, H.1/2, S. 6–15, hier S. 8.

Sutlić, Vanja, Politička situacija naše filozofije [Zur politischen Lage unserer Philosophie], in: Naši dani 118, 1962, S. 2.

Suvin, Darko, Teze za daljnji razvoj IFSK-a unutar pokreta studentskog teatra [Thesen zur weiteren Entwicklung des IFSK innerhalb des Studententheaters], in: Studentski list, 18.04.1967.
- Ka oslobađanju teatra. O strukturi jugoslavenske pozornice [Zur Befreiung des Theaters. Über die Struktur der jugoslawischen Bühne], in: Danas, 22.11.1961.

Škiljan, Mladen, Revolucionarna dimenzija u savremenim kazališnim kretanjima u Jugoslaviji, in: Petrović (Hrsg.), Pozorište i revolucija, S. 10–29.

Šnajder, Slobodan, ›Revolucionarni‹ igrokazi – ›hladna‹ sinteza [›Revolutionäres‹ Schauspiel – ›Kalte‹ Synthese], in: Zvonko Petrović (Hrsg.), Pozorište i revolucija. Separat iz časopisa ›Pozorište‹ [Theater und Revolution. Beiheft zur Zeitschrift ›Theater‹], Tuzla 1971, S. 52–57.
- Minigolf, in: Prolog 1, 1968, H.1, S. 39–61.

Tadić, Ljubomir, Inteligencija u socijalizmu [Die Intelligenz im Sozialismus], in: Filosofija 1, 1967, H.1/2, S. 75–84.
- Socijalistička revolucija i politička vlast [Sozialistische Revolution und politische Macht], in: Književne novine 340, 1968, S. 5, 8f.
- Birokratija postvarena organizacija [Bürokratie als verselbständigte Organisation], in: Književne novine 311, 1967, S. 5; 8.
- Marksizam i izgradnja novog svijeta [Marxismus und die Errichtung einer neuen Welt], in: Naši dani 19, 1962, H.119, S. 2.

Tirnanić, Bogdan, Živojin Pavlović ili o sudbini izdvojenog lika [Živojin Pavlović oder über das Schicksal einer ausgeschlossenen Person], in: Delo 31, 1967, H.6, S. 744–754.
- Srpska trilogija [Serbische Trilogie], in: Susret, 17.11.1964, S. 11.
- O tome kako je jugoslovenski radnik predstavljen u jugoslovenskom filmu, ili da li je čovek tica ili paragraf? [Darüber, wir der Qarbeiter im jugoslawischen Film dargestellt wird, oder Ist der Mensch ein Vogel oder ein Paragraph?], in: Polet 3, 1971, H.25–27, S. 37–42.

- »Filmska ›umetnost‹ me ne interesuje.« Želimir Žilnik. Razgovor vodio Bogdan Tirnanić [»Die Filmkunst interessiert mich nicht.« Bogdan Tirnanić im Gespräch mit Želimir Žilnik], in: Susret, 3.4.1968, S. 17.
- Svečani trenutak studentskog pozorišta [Ein festlicher Moment des Studententheaters], in: Susret, 22.09.1964, S. 10f.

Turković, Hrvoje, Filmska pravila i sloboda stvaralaštva [Filmregeln und die Schaffensfreiheit], in: Filmske sveske 11, 1972, H.3, S. 165–183.

- Teze o komunističkom filmu i o komunističkoj kritici filma [Thesen zum kommunistischen Film und die kommunistische Filmkritik], in: Polet 3, 1971, H.25–27.

Učesnici Korčulanske ljetne škole svjetskoj javnosti [Die Teilnehmer der Korčula-Sommerschule an die Weltöffenntlichkeit], in: Praxis 6, 1969, H.1–2, S. 307–309.

Veljak, Lino, Marxov pojam revolucije [Der Revolutionsbegriff bei Marx], in: Praxis 11, 1974, H.3–5, S. 303–316.

Vidojević, Zoran, Avangardnost kao jedinstvo političke i teorijske dimenzije komunističkog pokreta [Avantgarde als Einheit der politischen und theoretischen Dimension der kommunistischen Bewegung], in: Filosofija 5, 1971, S. 145–154.

›Vidovi i mogućnosti marksističke kritike‹ [Formen und Möglichkeiten marxistischer Kritik], in: Savremenik 15, 1969, H.11, S. 297–326.

Vlajčić, M., Pitanja o položaju umetnosti [Fragen zur Stellung der Kunst], in: Student, 22.9.1964.

Volk, Petar, BITEF – od nespokojstva do nade [BITEF – von der Unruhe zur Hoffnung], in: Književne novine 1967, H. 311, S. 7, 10.
- Izlaz. U čemu je budućnost teatra [Ausgang. Worin liegt die Zukunft des Theaters], in: Književne novine, 1967, H.318, S. 7.
- Aušvic ili pitanje boga [Auschwitz oder die Frage nach Gott], in: Književne novine, 1966, H.268, S.7

Vončina, Nikola, Bert Brecht i naše kazalište [Bert Brecht und unser Theater], in: Razlog 1, 1961, H.3, S. 298–305.

Vranicki, Predrag, Antonio Gramsci i smisao socijalizma [Antonio Gramsci und der Sinn des Sozialismus], in: Praxis 4, 1967, H.4, S. 469–473.
- Uz problem prakse [Zum Problem der Praxis], in: Praxis 1, 1964, H.1, S. 35–42.
- Moral i historija [Moral und Geschichte], in: Književne novine 346, 1969, S. 1f.
- Filosofija u našem vremenu [Philosophie in unserer Zeit], in: Filosofija 2, 1968, H.1/2, S. 97–104.
- Socijalizam i problem alijenacije [Sozialismus und das Problem der Entfremdung], in: Praxis 1, 1964, H.2, S. 228–239.
- Država i partija u Socijalizmu [Staat und Partei im Sozialismus], in: Književne novine 312, 1967, S. 5.

Za jednu drugačiju kinematografiju [Für eine andere Kinematografie], in: Razlog 5, 1965, S. 99–106.

Zubac, Pero, Sivi dani sterijnog pozorišta [Graue Tage des Sterija-Theaters], in: Polet 4, 1966, H.28, S. 14.

Zečević, Božidar, Mogućnost političkog angažmana pozorišta [Möglichkeiten des politischen Theaterengagements], in: Vidici 1968, H.121, S. 10.

Zuppa, Vjeran, Književnost i šutnja [Literatur und Schweigen], in: Razlog 4, 1964, H.7, S. 632–637.

– Angažiranost u umjetnosti [Engagement in der Kunst], in: Razlog 2, 1962, H.4, S. 325–376.

Životić, Miladin, Socijalistički humanizam i jugoslovenska filosofija [Sozialistischer Humanismus und jugoslawische Philosophie], in: Filosofija 2, 1968, H.1/2, S. 111–120.

– Marksizam - pozitivistička ili negativistička filozofija? [Marxismus – eine positivistische oder negativistische Philosophie?], in: Gledišta 6, 1965, H.10, S. 1359–1371.

– Humanistička problematika u marksizmu i savremenoj zapadnoj filozofiji [Humanistische Problematik im Marxismus und der westlichen Philosophie], in: Vidici, 1964, Nummer 84/85, S. 5.

– Vreme kraja ideala ili kraja ideologije [Das Ende der Ideale oder der Ideologie?], in: Filosofija 3, 1969, H.1, S. 21–42.

– Socijalizam i masovna kultura [Sozialismus und Massenkultur], in: Praxis 1, 1965, H.2, S. 258–268.

Žvan, Antun, Ne znamo što od filma hoćemo [Wir wissen nicht, was wir vom Film eigentlich wollen], in: Razlog 4, 1964, H.6, S. 519–527.

A 3: Interviews

Ćirilov, Jovan, »Unsere Vision war die Verbindung«, in: Kanzleiter/Stojaković, 1968 in Jugoslawien, S. 146–152.

Maliqi, Shkëlzen, »Kosovo 1968 – Eine Gegenbewegung zu Belgrad«, in: dies., 1968 in Jugoslawien, S. 73–78.

Puhovski, Žarko, »Die Masse geht einher mit einem totalitären Konzept«, in: dies., 1968 in Jugoslawien, S. 85–91.

Želimir Žilnik, »Die Sechzigerjahre waren die kreativste Periode« in: dies., 1968 in Jugoslawien, S. 153–159.

Dušan Makavejev, »Jugoslawische Ambivalenzen«, in: dies., 1968 in Jugoslawien, S. 160–168.

Bora Ćosić, »Die Jeans wurde zu einer Alltagserscheinung«, in: dies., 1968 in Jugoslawien, S. 169–174.

Hodžić, Alija, »Die Interpretation allein ist schon ein Ereignis«, in: dies., 1968 in Jugoslawien, S. 58–67.

Literaturverzeichnis

Abendroth, Wolfgang, Vorwort, in: Riechers (Hrsg.), Philosophien der Praxis, S. 8–10.

Adamović, Dragoslav, U znaku samokritike [Im Zeichen der Selbstkritik], in: NIN, 09.07.1967, S. 10.

Agnoli, Johannes, Subversive Theorie. ›Die Sache selbst‹ und ihre Geschichte. Vorlesungen an der FU Berlin 1989/1990, Freiburg i. Br. 1999.

Albrecht, Clemens /Günter C. Behrmann (Hrsg.), Die intellektuelle Gründung der Bundesrepublik. Eine Wirkungsgeschichte der Frankfurter Schule, Frankfurt/Main/New York 1999.

Alexander, Jeffrey C., Cultural Pragmatics. Social Performance between Ritual and Strategy, in: Sociological Theory 22, 2004, S. 527–573.

Althusser, Louis, Das Piccolo Teatro – Bertolazzi und Brecht. Bemerkungen über ein materialistisches Theater, in: ders., Für Marx, Frankfurt/Main 2011, S. 161–199.

Altman, Gavro, Član saveta [Mitglied des Rates], in: Scena 6, 1990, H.2–3, S. 90f.

Anderson, Benedict, Die Erfindung der Nation. Zur Karriere eines folgenreichen Konzepts, (Erw. Ausgabe) Berlin 1998.

Anzenbacher, Arno, Einführung in die Philosophie, Freiburg im Breisgau 2002.

Aristarco, Guido, Marx, das Kino und die Kritik des Films, München 1982.

Arzenšek, Vladimir, Struktura i pokret [Struktur und Bewegung], Belgrad 1984.

Atelje 212. Premladi za pedesete [Atelje 212. Zu Jung für die Fünfziger], Belgrad 2006.

Babac, Marko, Kino-Klub ›Beograd‹. Uspomene [Der Belgrader Kinoklub. Erinnerungen], Belgrad 2001.

Babić, Dragan, Jugoslovensko dramsko pozorište. Samim sobom [Jugoslawisches Dramentheater. Für sich selbst], Belgrad 2009.

Badiou, Alain, Rhapsody for the Theatre, London 2013.

Banac, Ivo, With Stalin Against Tito. Cominformists Splits in Yugoslav Communism, Ithaca 1988.

Banović, Snježana, Država i njeno kazalište. Hrvatsko državno kazalište u Zagrebu 1941.–1945 [Ein Staat und sein Theater. Das kroatische Staatstheater in Zagreb 1941–1945], Zagreb 2012.

Barfuss, Thomas/Peter Jehle, Antonio Gramsci zur Einführung, Hamburg 2014.

Behrens, Diethard/Kornelia Hafner, Westlicher Marxismus. Eine Einführung, Stuttgart 2017.

Benford, Robert D./Scott A. Hunt, Dramaturgy and Social Movements. The Social Construction and Communication of Power, in: Sociological Inquiry 62, 1992, H.1, S. 36–55.

Benjamin, Walter, Versuche über Brecht, Frankfurt/Main 1966.

Beyrau, Dietrich, Intelligenz und Dissens. Die russischen Bildungsschichten in der Sowjetunion 1917–1985, Göttingen 1993.

Bilandžić, Dušan, Moderna povijest Hrvatske [Moderne Geschichte Kroatiens], Zagreb 1999.

– Historijske okolnosti u kojima je započeo proces radničkog samoupravljanja u Jugoslaviji [Der historische Kontext, in dem die jugoslawische Arbeiterselbstverwaltung begann], in: Đorđević/Pašić (Hrsg.), Teorija i praksa, S. 121–135.

Bloch, Ernst, Freiheit und Ordnung. Abriß der Sozialutopien, Leipzig 1985.

– Geist der Utopie, Frankfurt/Main 1971.

– Das Prinzip Hoffnung, Bd.1, Frankfurt/Main 1970.

– Tübinger Einleitung in die Philosophie 2, Frankfurt/Main 1964.

Bochow, Jörg, Das Theater Meyerholds und die Biomechanik, Berlin 2005.

Bohn, Anna, Film und Macht. Zur Kunsttheorie Sergej M. Eisensteins, 1930–1948, München 2003.

Bošnjak, Branko, Betrachtungen über die Praxis, in: ders./Supek (Hrsg.), Jugoslawien denkt anders, S. 13–32.
Bourdieu, Pierre, Homo academicus, Frankfurt/Main 1988.
- Die Regeln der Kunst. Genese und Struktur des literarischen Feldes, Frankfurt/Main 2001.
- Sozialer Sinn. Kritik der theoretischen Vernunft, Frankfurt/Main 1999³.
- Kunst und Kultur. Kunst und künstlerisches Feld. Schriften zur Kultursoziologie 4, Frankfurt/Main 2015.

Boynik, Sezgin, On Makavejev. On Ideology. The Concrete and the Abstract in the Readings of Dusan Makavejev`s Films, in: Kirn/Sekulić/Testen (Hrsg.), Surfing the Black, S. 106–169.
Branković, Slobodan, Ideali i stvarnost Jugoslavije u vreme drugog zasedanja AVNOJ-a (novembar 1943.) [Ideale und Wirklichkeit zur Zeit der zweiten Sitzung des AVNOJ (November 1943)], in: Vojno-istorijski glasnik 40, 1989, H.3, S. 77–102.
Braun, Edward, Meyerhold on Theatre, London 1969.
Brecht, Bertolt, Gespräch über Klassiker, in: ders., Über Klassiker, herausgegeben von Siegfried Unseld, Frankfurt/Main 1965.
Brunnbauer, Ulf/Andreas Helmedach/Stefan Troebst (Hrsg.), Schnittstellen. Gesellschaft, Nation, Konflikt und Erinnerung in Südosteuropa. Festschrift für Holm Sundhaussen zum 65. Geburtstag, München 2007.
Buden, Boris, Shoot It Black! An Introduction to Želimir Žilnik, in: Kirn/Sekulić/Testen (Hrsg.), Surfing the Black, S. 170–178.
- Boris Buden, Behind the Velvet Curtain. Remembering Dušan Makavejevs W.R. Mysteries of Organism, in: Afterall 18, 2008, abrufbar unter: http://www.afterall.org/journal/issue.18/behind.velvet.curtain.remembering.dusan.makavejevs.
Bulgakowa, Oksana, Sergej Eisenstein. Eine Biographie, Berlin 1998.
Bunnin, Nicholas (Hrsg.), The Blackwell Companion to Philosophy, Oxford 1998.
Büchner, Georg, Dantons Tod. Ein Drama, Stuttgart 2002.
Bürger, Peter, Theorie der Avantgarde, Frankfurt/Main 1974.
- Zur Kritik der idealistischen Ästhetik, Frankfurt/Main 1983.
Calic, Marie-Janine, Sozialgeschichte Serbiens 1815–1941. Der aufhaltsame Fortschritt während der Industrialisierung, München 1994.
- Der Krieg in Bosnien-Herzegowina. Ursachen. Konfliktstrukturen. Internationale Lösungsversuche, Frankfurt/Main 1995.
- Der Krieg in Bosnien-Herzegowina. Ursachen, Verlaufsformen und Lösungsmöglichkeiten, Ebenhausen 1993.
- Krieg und Frieden in Bosnien-Herzegowina, Frankfurt/Main 2006.
- Geschichte Jugoslawiens im 20. Jahrhundert, München 2010.
Clissold, Stephen, Djilas. The Progress of a Revolutionary, Hounslow 1983.
Čaldarević, Ognjen, Još jednom o `68. Aspekti traženja slobode [Noch einmal über `68. Aspekte der Freiheitssuche], in: Kazalište 11, 2008, S. 100–105.
Conrad, Christoph/Sebastian Conrad (Hrsg.), Die Nation schreiben. Geschichtswissenschaft im internationalen Vergleich, Göttingen 2002.

Ćirić, Darko/Lidija Petrović-Ćirić (Hrsg.), Beograd šesdesetih godina XX. veka [Belgrad in den Sechzigerjahren des 20. Jahrhunderts], Belgrad 2003.

Ćirilov, Jovan, Kako smo stvarali i održavali BITEF [Wie wir das BITEF geschaffen und erhalten haben], in: Istorijski arhiv Beograda (Hrsg.), BITEF. 40 godina novih pozorišnih tendencija. Dokumenta Beogradskog internacionalnog teaterskog festivala, 1967–2006 [BITEF. 40 Jahre Neue Theatertendenzen. Dokumente des Belgrader Internationalen Theaterfestivals, 1967–2006], Belgrad 2007.

Comisso, Ellen T., Workers Control Under Plan and Market. Implications of Yugoslav Self-Management, New Haven 1979.

Cvjetičanin, Veljko, Die Entwicklung der Selbstverwaltung in Jugoslawien, in: Supek/Bošnjak (Hrsg.), Jugoslawien denkt anders, S. 237–254.

Dahm, Helmut, Das Ende der Evolution wider Willen, in: Studies in Soviet Thought 10, 1970, S. 167–203.

Dedijer, Vladimir, Izgubljena bitka Josifa Visarionoviča Staljina [Die verlorene Schlacht des Josef Wissarionowitsch Stalin], Sarajevo 1969.

– Novi prilozi za biografiju Josipa Broza Tita [Neue Beiträge zu einer Biografie von Josip Broz Tito], Rijeka 1984.

Deleuze, Gilles/Félix Guattari, Was ist Philosophie, Frankfurt/Main 2000.

Demirović, Alex, Der ›nonkonformistische‹ Intellektuelle. Die Entwicklung der Kritischen Theorie zur Frankfurter Schule, Frankfurt/Main 1999.

– Ders./Peter Jehle, Intellektuelle, in: Historisch-Kritisches Wörterbuch des Marxismus, Bd.6/II, Berlin 2004, Sp. 1267–1286.

Dietschy, Beat (Hrsg.), Bloch-Wörterbuch. Leitbegriffe der Philosophie Ernst Blochs, Berlin 2011.

Dimitrijević, Branislav, Potrošeni socijalizam. Kultura, konzumerizam i društvena imaginacija u Jugoslaviji (1950–1974) [Verbrauchter Sozialismus. Kultur, Konsumerismus und gesellschaftliche Vorstellung in Jugoslawien], Belgrad 2016.

Đilas, Milovan, Jahre der Macht. Im jugoslawischen Kräftespiel. Memoiren 1945–1966, München 1992.

– Razgovori sa Staljinom [Gespräche mit Stalin], Belgrad 1962.

– Anatomie einer Moral. Eine Analyse in Streitschriften, Frankfurt/Main 1963.

– Die neue Klasse. Eine Analyse des kommunistischen Systems, München 1958.

– Die unvollkommene Gesellschaft. Jenseits der ›Neuen Klasse‹, Frankfurt/Main 1980.

Đokić, Dejan (Hrsg.), Yugoslavism. Histories of a Failed Idea, 1918–1992, London 2002.

Đorđević, Jovan/Najdan Pašić (Hrsg.), Teorija i praksa samoupravljanja u Jugoslaviji [Theorie und Praxis der Selbstverwaltung in Jugoslawien], Belgrad 1972.

Dukovski, Darko, Povijest Srednje i Jugoistočne Europe 19. i 20. stoljeća [Geschichte Mittel- und Südosteuropas im 19. und 20. Jahrhundert], Bd.2, 1914.–1999, Zagreb 2005.

Durgnant, Raymond, WR. Mysteries of Organism, London 1999.

Ebbinghaus, Angelika (Hrsg.), Die letzte Chance? 1968 in Osteuropa. Analysen und Berichte über ein Schlüsseljahr, Hamburg 2008.

Eisenstein, Sergei, Die wichtigste aller Künste, in: ders., Gesammelte Aufsätze, hrsg. von Lothar Fahlbusch, Zürich 1961, S. 7–14.
Ewick, Patricia/Susan S. Silbey, Subversive Stories and Hegemonic Tales. Toward a Sociology of Narrative, in: Law & Society Review 29, 1995, H.2, S. 197–226.
Eyerman, Ron, Toward a Meaningful Sociology of the Arts, in: ders./Lisa McCormick (Hrsg.), Myth, Meaning, and Performance. Toward a New Cultural Sociology of the Arts, Boulder/London 2005, S. 13–34.
- Zusammen mit Andrew Jamison (Hrsg.), Music and Social Movements. Mobilizing Traditions in the Twentieth Century, Cambridge 1998.
Felsch, Philipp, Der lange Sommer der Theorie. Geschichte einer Revolte, 1960–1990, München 2015³.
Fetscher, Iring, Von Marx zur Sowjetideologie. Darstellung, Kritik und Dokumentation des sowjetischen, jugoslawischen und chinesischen Marxismus, Frankfurt/Main/Berlin/München 1973.
Fine, Gary A., Public Narration and Group Culture. Discerning Discourse in Social Movements, in: Hank Johnston/Bert Klandermans (Hg.), Social Movements and Culture, Minneapolis 2004³, S. 127–143.
Fischer-Lichte, Erika, Geschichte des Dramas. Epochen der Identität auf dem Theater von der Antike bis zur Gegenwart, 2 Bände, Tübingen/Basel 1999.
- Ritualität und Grenze, Tübingen/Basel 2003.
- [Hrsg.] TheaterAvantgarde. Wahrnehmung – Körper – Sprache, Tübingen/Basel 1995.
- Performativität und Ereignis, in: dies. (Hrsg.), Performativität und Ereignis, Basel/Tübingen 2003, S. 11–37.
Fitzpatrick, Sheila, The Cultural Front. Power and Culture in Revolutionary Russia, Ithaca/New York 1992.
Flaker, Aleksandar, Poetika osporavanja. Avangarda i književna ljevica [Poetik der Leugnung. Avantgarde und literarische Linke], Zagreb 1982.
Flechtheim, Ossip K., Die Praxisgruppe und der Humanismus, in: ders. (Hrsg.), Marxistische Praxis, München 1973, S. 35–52.
Foucault, Michel, Überwachen und Strafen. Die Geburt des Gefängnisses, Frankfurt/Main 1977.
Francois, Etienne u.a. (Hrsg.), 1968 – ein europäisches Jahr? Leipzig 1997.
Frevert, Ute, Neue Politikgeschichte. Konzepte und Herausforderungen, in: dies./Heinz-Gerhard Haupt (Hrsg.), Neue Politikgeschichte. Perspektiven einer historischen Politikforschung, Frankfurt/Main/New York 2005, S. 7–26.
Gailus, Manfred, Was macht eigentlich die historische Protestforschung? Rückblicke, Resümee, Perspektiven, in: Mitteilungsblatt des Instituts für soziale Bewegungen 34, 2005, S. 127–154.
Gams, Andrija, O jednoj moralnoj devijaciji u našem društvu, in: Slobodan Milošević u.a. (Hrsg.), O socijalističkom moralu. Povodom osmog kongresa SKJ, Belgrad 1965, S. 25–33.
Gellner, Ernest, Nationalismus und Moderne, Berlin 1991.
Gerhards, Jürgen, Politische Öffentlichkeit. Ein system- und akteurstheoretischer Bestimmungsversuch, Opladen 1994, S. 77–105.

Germani, Sergio, Jugoslavija – misterije organizma [Jugoslawien – Mysterien des Organismus], in: up@underground 17/18, 2010, S. 265–291.
Gilcher-Holtey, Ingrid, Theater und Politik. Bertolt Brechts Eingreifendes Denken, in: dies., Eingreifendes Denken. Die Wirkungschancen von Intellektuellen, Weilerswist 2007, S. 86–124.
– Die Affäre Calas, hrsg. und mit einem Nachwort versehen von Ingrid Gilcher-Holtey, Berlin 2010.
– »Die Phantasie an die Macht«. Mai 68 in Frankreich, Frankfurt/Main 1995.
– (Hrsg.), 1968. Vom Ereignis zum Mythos, Frankfurt/Main 2008.
– 1968 in Deutschland und Frankreich. Ein Vergleich, in: Etienne Francois u.a. (Hrsg.), 1968 – ein europäisches Jahr? Leipzig 1997, S. 67–77.
– Politisches Theater nach 1968. Regie, Dramatik, Organisation. Herausgeberin zusammen mit Dorothea Kraus/Franziska Schößler, Frankfurt/Main/ New York 2006.
– Kritische Theorie und Neue Linke, in: dies., 1968. Vom Ereignis zum Mythos, S. 223–247.
– Das Mandat des Intellektuellen. Karl Kautsky und die Sozialdemokratie, Berlin 1986.
– Zwischen den Fronten. Positionskämpfe europäischer Intellektueller im 20. Jahrhundert, Berlin 2006.
Goldstein, Ivo/Slavko Goldstein, Tito, Zagreb 2015.
Goffmann, Erving, Wir alle spielen Theater. Die Selbstdarstellung im Alltag, München 2003.
Goltermann, Svenja, Körper der Nation. Habitusformierung und die Politik des Turnens, 1860–1890, Göttingen 1998.
Golubović, Veselin, S Marxom protiv Staljina. Jugoslavenska filozofska kritika staljinizma 1950–1960 [Mit Marx gegen Stalin. Die jugoslawische philosophische Kritik des Stalinismus 1950–1960], Zagreb 1985.
Gramsci, Antonio, Philosophie der Praxis, in: Riechers (Hrsg.), Philosophien der Praxis, S. 129–181.
Grlić, Danko, Filozofija i umjetnost [Philosophie und Kunst], Zagreb/Belgrad 1988.
– Estetika [Ästhetik], 4 Bände, Zagreb 1978.
– Praxis und Dogma, in: Petrović (Hrsg.), Revolutionäre Praxis, S. 110–124.
– Neue Tendenzen im Sozialismus, in: Otmar Hersche (Hrsg.), Bericht aus Europa, Zürich 1969, S. 9–20.
– Sozialismus und Kommunismus, in: Supek/Bošnjak (Hrsg.), Jugoslawien denkt anders, S. 93–114.
– Marksizam i umjetnost [Marxismus und Kunst], Zagreb 1979.
– Contra dogmaticos, Zagreb 1971.
Gutić, Mirko, Narodnooslobodilačka vojska Jugoslavije između dva zasjedanja AVNOJ-a. Neke karakteristike razvoja oružanih snaga NOP-a u 1942. godini, in: Vojno-istorijski glasnik 39, 1988, H.2, S. 57–87.
Habermas, Jürgen, Die neue Unübersichtlichkeit, Frankfurt/Main 1985.
Hacke, Jens, Philosophie der Bürgerlichkeit. Die liberalkonservative Begründung der Bundesrepublik, Göttingen 2006.

Hall, Stuart, Das theoretische Vermächtnis der Cultural Studies, in: ders., Cultural Studies. Ein politisches Theorieprojekt. Ausgewählte Schriften, Bd.3, herausgegeben von Nora Räthzel, Hamburg 2000.

Hanaček, Ivana/Ana Kutleša/Vesna Vuković, Problem umjetnosti kolektiva. Slučaj Zemlja, Zagreb 2019.

Harth, Dietrich (Hrsg.), Finale. Das kleine Buch vom Weltuntergang, München 1999.

– Handlungstheoretische Aspekte der Ritualdynamik, in: ders./Gerrit Jasper Schenk (Hrsg.), Ritualdynamik. Kulturübergreifende Studien zur Theorie und Geschichte rituellen Handelns, Heidelberg 2004.

Hatschikjan, Magarditsch/Stefan Troebst (Hrsg.), Südosteuopa. Gesellschaft, Politik, Wirtschaft, Kultur. Ein Handbuch, München 1999.

Haug, Wolfgang Fritz, Brechts Zumutungen an eine mögliche kommuinistische Neugründung, in: Marxistische Blätter 45, 2007, H.1, S. 55–65.

– »Abbild«, in: Historisch-Kritisches Wörterbuch des Marxismus, Bd.1: Abbau des Staates bis Avantgarde, hrsg. von Wolfgang Fritz Haug, Berlin 1994, S. 7–21.

Heller, Agnes, Philosophie des linken Radikalismus. Ein Bekenntnis zur Philosophie, Hamburg 1978.

Herbert, Ulrich, Liberalisierung als Lernprozess. Die Bundesrepublik in der deutschen Geschichte – eine Skizze, in: ders. (Hrsg.), Wandlungsprozesse in Westdeutschland. Belastung, Integration, Liberalisierung, 1945–1980, Göttingen 2002, S. 7–49.

Hippler, Thomas, Humanismusstreit, in: Historisch-Kritisches Wörterbuch des Marxismus, Bd.6/I, Hamburg 2004, Sp. 564–574.

Hochhuth, Rolf, Die Geburt der Tragödie aus dem Krieg. Frankfurter Poetikvorlesungen, Frankfurt/Main 2001.

Hoffrogge, Ralf, Linksradikalismus, in: Historisch-Kritisches Wörterbuch des Marxismus, Bd.8/II, Berlin 2015, Sp. 1193–1207.

Holz, Hans-Heinz, Die abenteuerliche Rebellion. Bürgerliche Protestbewegungen in der Philosophie – Stirner, Nietzsche, Sartre, Marcuse, Neue Linke, Darmstadt/Neuwied 1976.

Holz, Klaus, Ethik der Utopie. Posthumanismus Marx zufolge, in: jour fixe initiative berlin (Hrsg.), »etwas fehlt«. Utopie, Kritik und Glücksversprechen, Münster 2013, S. 31–61.

Höpken, Wolfgang, Sozialismus und Pluralismus in Jugoslawien. Entwicklung und Demokratiepotential des Selbstverwaltungssystems, München 1984.

Hörning, Klaus H., Soziale Praxis zwischen Beharrung und Neuschöpfung. Ein Erkenntnis- und Theorieproblem, Bielefeld 2004.

– Zusammen mit Julia Reuter, Doing Culture. Kultur als Praxis, in: dies. (Hrsg.), Doing Culture, S. 9–15.

Hösch, Edgar, Geschichte der Balkanländer. Von der Frühzeit bis zur Gegenwart, 4. Aufl., München 2002.

– Lexikon zur Geschichte Südosteuropas. Herausgeber zusammen mit Holm Sundhaussen und Karl Nehring, Stuttgart 2004.

Holloway, Richard, Z = Zagreb. Die Filmstadt der Cartoonisten, Frankfurt/Main 1995.

Horn, Gerd-Rainer, The Spirit of '68. Rebellion in Western Europe and North America, 1956–1976, Oxford 2007.
Horvat, Branko, Die jugoslawische Gesellschaft. Ein Essay, Frankfurt/Main 1972.
Hristić, Jovan, O opadanju ukusa [Über den Niedergang des Geschmacks], in: ders., Pozorište, pozorište [Theater Theater], Belgrad 1977.
Ilić, Mihailo P., Serbian Cutting, Belgrad 2008.
Inđić, Trivo, Moral, politika i birokrata, in: Milošević u.a. (Hrsg.), O socijalističkom moralu, S. 35–38.
Iveković, Mladen, Hrvatska lijeva inteligencija, Bd. 1: 1918–1941 [Die linke kroatische Intelligenz, Bd.1: 1918–1941], Zagreb 1970.
Jameson, Fredric, Brecht and Method, London/New York 1998.
Jakšić, Božidar, Praxis i Korčulanska ljetna škola [Praxis und die Sommerschule auf Korčula], in: Popov (Hrsg.), Sloboda i nasilje, S. 167–232.
Jakovina, Tvrtko, Socijalizam na američkoj pšenici (1948–1963) [Sozialismus auf amerikanischem Korn], Zagreb 2002.
– Američki komunistički saveznik. Hrvati, Titova Jugoslavija i Sjedinjene Američke Države, Zagreb 2003.
– Treća strana Hladnog rata, Zagreb 2011.
Janevski, Ana, We Cannot Promise To Do More than Experiment! On Yugoslav Experimental Film and Cine Clubs in the 60s and 70s, in: Kirn/Sekulić/Testen (Hrsg.), Surfing the Black, S. 46–77.
Janjatović, Petar, Ilustrovana YU-Rock enciklopedija [Illustrierte Geschichte des YU-Rock], 1969–1967, Belgrad 1998.
Johnston, Hank, A Methodology for Frame Analysis. From Discourse to Cognitive Schemata, in: Johnston/Klandermans (Hg.), Social Movements, S. 217–246.
Jović, Dejan, Yugoslavism and Yugoslav Communism. From Tito to Kardelj, in: Đokić (Hrsg.), Yugoslavism. Histories of a Failed Idea, S. 157–181.
Kangrga, Milan, Šverceri vlastitog života. Refleksije o hrvatskoj političkoj kulturi i duhovnosti [Schmuggler des eigenen Lebens. Überlegungen zur kroatischen politischen Kultur und Geistesverfasstheit], Split 2002.
– Praxis und Kritik. Betrachtungen zu Marx' Thesen über Feuerbach, in: Petrović (Hrsg.), Revolutionäre Praxis, S. 95–109.
– Der Sinn der Marxschen Philosophie, S. 50–69.
– Spekulacija i filozofija. Od Fichtea do Marxa [Spekulation und Philosophie. Von Fichte zu Marx], Belgrad 2010.
– Etički problem u djelu Karla Marxa. Kritika moralne svijesti [Das ethische Problem im Werk von Karl Marx. Kritik des moralischen Bewusstseins], Zagreb 1963.
– Praksa – vrijeme – svijet [Praxis –Zeit – Welt], Belgrad 1984.
– Marksizam i estetika [Marxismus und Ästhetik], in: ders., Filozofija i društveni život. Rasprave, kritike i polemike [Philosophie und gesellschaftliches Leben. Auseinandersetzungen, Kritiken und Polemiken], Zagreb 1988, S. 33–54.
Kanzleiter, Boris/Krunoslav Stojaković (Hrsg.), 1968 in Jugoslawien. Studentenproteste und kulturelle Avantgarde zwischen 1960 und 1975, Bonn 2008.
– Boris Kanzleiter, Die ›Rote Universität‹. Studentenbewegung und Linksopposition in Belgrad, 1964–1975, Hamburg 2011.

Kardelj, Edvard, Razvoj političkog sistema socijalističkog samoupravljanja [Die Entwicklung des politischen Systems der sozialistischen Selbstverwaltung], Belgrad 1977.
Kirn, Gal, New Yugoslav Cinema – A Humanist Cinema? Not Really, in: ders./ Sekulić/Testen (Hrsg.), Surfing the Black, S. 11–44.
Korać, Željko, Lob der philosophischen Vernunft, in: Petrović (Hrsg.), Revolutionäre Praxis, S. 25–33.
Kosić, Ivan, Goli otok. Najveći Titov Konclogor [Goli otok. Titos größtes Konzentrationslager], Rijeka 2003.
Kosik, Karel, O dilemama suvremene povijesti [Über die Dilemmata der zeitgenössischen Geschichte], hrsg. von Ante Lešaja, Zagreb 2007.
– Dialektik des Konkreten. Eine Studie zur Problematik des Menschen und der Welt, Frankfurt/Main 1971.
Kott, Jan, Das Gedächtnis des Körpers. Essays zu Literatur und Theater, Berlin 1990.
Kraft, Stefan /Karl Reitter (Hrsg.), Der junge Marx. Philosophische Schriften, Wien 2007.
Kraus, Dorothea, Theater-Proteste. Zur Politisierung von Straße und Bühne in den 1960er Jahre, Frankfurt/Main/New York 2007.
Kreft, Lev, Estetika i marksizam [Ästhetik und Marxismus], in: Gordana Škorić (Hrsg.), Za umjetnost. Zbornik radova u čast Danku Grliću povodom dvadeset godina od njegove smrti [Für die Kunst. Sammelband zu Ehren von Danko Grlić anlässlich seines 20. Todestages], Zagreb 2004, S. 37–51.
Krešić, Andrija, Politischer Absolutismus, Anarchie und Autorität, in: Supek/ Bošnjak (Hrsg.), Jugoslawien denkt anders, S. 179–192.
Krleža, Miroslav, Dnevnik 1958–69 [Tagebuch 1958–69], Sarajevo 1977.
– Eseji 1 [Essays 1], Sarajevo 1973.
Küttler, Wolfgang/Alexis Petrioli/Frieder Otto Wolf, Historischer Materialismus, in: Historisch-Kritisches Wörterbuch des Marxismus, Bd.6/1: Hegemonie bis Imperialismus, hrsg. von Wolfgang Fritz Haug, Berlin 2004, S. 316–334.
Kuvačić, Ivan, Über die Schablonisierung des Lebens, in: Supek/Bošnjak (Hrsg.), Jugoslawien denkt anders, S. 151–160.
Langewiesche, Dieter, Nation, Nationalismus, Nationalstaat in Deutschland und Europa, München 2000.
Lasić, Stanko, Sukob na književnoj ljevici, 1928–1952 [Der Konflikt auf der literarischen Linken, 1928–1952], Zagreb 1970.
Leonhard, Wolfgang, Vorwort, in: Đilas, Jahre der Macht, S. 7–15.
– Die Revolution entlässt ihre Kinder, Köln 1955.
Leskovac, Milena, Vek i po Srpskog narodnog pozorišta [Anderthalb Jahrhunderte Serbisches Volkstheater], Novi Sad 2012.
Lindner, Rolf, Richard Hoggart. ›A shabby cat from the council house‹. The Uses of Literacy und das Centre for Contemporary Cultural Studies, Birmingham, in: Martin L. Hofmann/Tobias F. Korta/Sibylle Niekisch (Hrsg.), Culture Club II. Klassiker der Kulturtheorie, Frankfurt/Main 2006, S. 164–183.
Lukács, Georg, Ästhetik, Neuwied 1972.
Lukić, Sveta, Umetnost na mostu. Rasprave [Kunst auf der Brücke. Debatten], Belgrad 1975.

Marjanović, Petar, Počeci srpskog profesionalnog nacionalnog pozorišta. Umetnički razvoj Srpskog narodnog pozorišta u Novom Sadu, 1861–1868 [Anfänge des profesionellen Nationaltheaters. Die künstlerische Entwicklung des Serbischen Volkstheaters in Novi Sad, 1861–1868], Novi Sad 2009.

Marković, Dragan/Savo Kržavac, Zavera Informbiroa [Die Verschwörung des Informbüros], Belgrad 1987.

Marković, Mihailo, Dialektik der Praxis, Frankfurt/Main 1968.

- (Herausgeber zusammen mit Gajo Petrović), Praxis. Yugoslav Essays in the Philosophy and Methodology of the Social Sciences, Dordrecht/Boston/London 1979.
- The Rise and the Fall of Socialist Humanism. A History of the Praxis Group, Nottingham 1975.
- »Marxist Philosophy in Yugoslavia«, in: ders./Robert S. Cohen (Hrsg.), The Rise and the Fall of Socialist Humanism. A History of the Praxis-Group, Nottingham 1975, S. 14–40.
- Revizija filozofskih osnova marksizma u SSSR-u [Die Revision der philosophischen Grundlagen des Marxismus in der UdSSR], Belgrad 1952.
- »Gesellschaft«, in: Hendrik Bussiek (Hrsg.), Sechs konkrete Utopien, Frankfurt/Main 1970, S. 15–43.
- »Praksa kao osnovna kategorija teorije saznanja« [Die Praxis als grundlegende Kategorie der Erkenntnistheorie], in: Jugoslovensko udruženje za filozofiju (Hrsg.), Neki problemi teorije odraza [Einige Probleme der Wiederspiegelungstheorie]. Bled, 10.–11. novembra 1960. Referati i diskusija na IV. stručnom sastanku udruženja, Zrenjanin 1960, S. 11–25

Marković, Predrag J., Beograd između Istoka i Zapada, 1948–1965 [Belgrad zwischen Ost und West, 1948–1965], Belgrad 1996.

- U potrazi za novim putem. Jugoslovenski eksperiment u društvu i kulturi posle 1948. [Auf der Suche nach einem neuen Weg. Das jugoslawische Experiment in Gesellschaft und Kultur nach 1948], in: Kačavenda (Hrsg.), Jugoslovensko-sovjetski sukob, S. 211–221.

Marx, Karl/Friedrich Engels, Das Kommunistische Manifest, in: dies., Gesammelte Werke, Band 4: Mai 1846 - März 1848, Berlin (O) 1959, S. 459–493.

Marx, Karl, Thesen über Feuerbach, in: ders./Friedrich Engels, Werke. Band 3, Berlin (Ost) 1978, S. 5ff.

- Zur Kritik der Hegelschen Rechtsphilosophie. Einleitung, in: ders./Friedrich Engels, Werke. Band 1, Berlin (Ost) 1981.

Mates, Leo, Nesvrstanost. Teorija i savremena praksa [Blockfreiheit. Theorie und zeitgenössische Praxis], Belgrad 1970.

McAdam, Doug/John D. McCarthy/Mayer N. Zald, Introduction. Opportunities, Mobilizing Structures, and Framing Processes – Toward a Synthetic, Comparative Perspective on Social Movements, in: dies. (Hg.), Comparative Perspectives on Social Movements. Political Opportunities, Mobilizing Structures, and Cultural Framings, Cambridge 2008[9], S. 1–20.

Međimorec, Miro, Studentsko kazalište [Studententheater], in: Kazalište 11, 2008, H.35–36, S. 130–149.

Melchinger, Siegfried, Geschichte des politischen Theaters, 2 Bände, Frankfurt/Main 1971.
Mergel, Thomas, Überlegungen zu einer Kulturgeschichte der Politik, in: Geschichte und Gesellschaft 28, 2002, S. 574–206.
- Kulturwissenschaft der Politik. Perspektiven und Trends, in: Friedrich Jaeger u.a. (Hrsg.), Handbuch der Kulturwissenschaften, Bd. 3: Themen und Tendenzen, Stuttgart 2004, S. 413–425.
- Zusammen mit Christoph Classen, Die Kulturen des Politischen. Formen und Repräsentationen politischer Integration im 20. Jahrhundert, in: Potsdamer Bulletin für Zeithistorische Studien 38/39, 2006/2007, S. 48–53.
- Parlamentarische Kultur in der Weimarer Republik. Politische Kommunikation, symbolische Politik und Öffentlichkeit im Reichtag, Düsseldorf 2002.
Mikulić, Borislav, Politički nagon filozofije i njegove sudbine, ili ›dijalektika prosvjetiteljstva‹ u doba debakla [Politischer Antrieb der Philosophie und sein Schicksal, oder: ›Dialektik der Aufklärung‹ im Zeitalter des Debakels], in: up & underground 13, 2008, S. 91–109.
Mortimer, Lorrain, Terror and Joy. The Films of Dusan Makavejev, London 2009.
Münster, Arno, Ernst Bloch. Eine politische Biographie, Darmstadt 2004.
Neidhardt, Friedhelm (Hrsg.), Öffentlichkeit, öffentliche Meinung, soziale Bewegung (Kölner Zeitschrift für Soziologie und Sozialpsychologie), Opladen 1994.
Novaković, Jelena, Tipologija nadrealizma. Pariska i beogradska grupa [Typologie des Surrealismus. Die Pariser und Belgrader Gruppe], Belgrad 2002.
Novaković, Nada, Propadanje radničke klase. Materijalni i društveni položaj radničke klase Jugoslavije od 1960. do 1990. Godine [Niedergang der Arbeiterklasse. Zur materiellen und gesellschaftlichen Lage der jugoslawischen Arbeiterklasse von 1960 bis 1990], Belgrad 2007.
- Radnički štrajkovi i tranzicija u Srbiji od 1990. do 2015. godine [Arbeiterstreiks und Transition in Serbien von 1990 bis 2015], Belgrad 2017.
Pašić, Feliks, Mira Trailović, Gospođa iz velikog sveta. Prilozi za biografiju Mire Trailović [Mira Trailović. Eine Dame aus der weiten Welt. Beiträge zu einer Biografie von Mira Trailović], Belgrad 2006.
Paris, Rainer, Soziale Bewegung und Öffentlichkeit, in: Prokla 11, 1981, H.43, S. 103–128.
Pavlowitch, Stevan K., Tito. Yugoslavia`s Great Dictator, London 1992.
Perović, Latinka, Zatvaranje kruga. Ishod političkog rascepa u SKJ 1971–1972 [Der Kreis schließt sich. Der Ausgang der politischen Spaltung im BdKJ 1971–1972], Sarajevo 1992.
Pešić-Golubović, Zagorka, Sozialismus und Humanismus, in: Supek/Bošnjak (Hrsg.), Jugoslawien denkt anders, S. 75–92.
Petković, Aleksandar, Političke borbe za novu Jugoslaviju. Od drugog AVNOJ-a do prvog Ustava [Politische Kämpfe um ein neues Jugoslawien. Vom zweiten AVNOJ zur ersten Verfassung], Belgrad 1988.
Petković, Ranko, Istorijski značaj i političke reperkusije 1948. [Historische Bedeutung und politische Konsequenzen von 1948], in: Kačavenda (Hrsg.), Jugoslovensko-sovjetski sukob, S. 13–20.

Petranović, Branko, AVNOJ. Revolucionarna smena vlasti 1942–1945 [AVNOJ. Revolutionärer Machtwechsel 1942–1945], Belgrad 1976.
Petrović, Aleksandar, Novi film II. 1965–1970. Crni film [Der neue Film II. 1965–1970], Belgrad 1988.
Petrović, Gajo, Mišljenje revolucije. Od ontologije do filozofije politike [Das Denken der Revolution. Von der Ontologie zur Philosophie der Politik], Zagreb 1978.
– Die jugoslawische Philosophie und die Zeitschrift Praxis, in: ders. (Hrsg.), Revolutionäre Praxis. Jugoslawischer Marxismus der Gegenwart, S. 7–21.
– Wider den autoritäreren Marxismus, Frankfurt/Main 1967.
– Philosophie und Revolution. Modelle für eine Marx-Interpretation. Mit Quellentexten, Hamburg 1971.
– Sinn und Möglichkeit des Schöpfertums, in: ders. (Hrsg.), Revolutionäre Praxis, S. 159–173.
– Istina i odraz [Wahrheit und Abbildung], in: Jugoslovensko udruženje za filozofiju (Hrsg.), Neki problemi teorije odraza. Bled, 10.–11. novembra 1960. Referati i diskusija na IV. stručnom sastanku udruženja, Zrenjanin 1960, S. 27–32.
– Kritik im Sozialismus, in: Praxis International 2, 1966, H.1–2, S. 177–191.
Petrović, Sreten, Umetnost u funkciji revolucionarnog čina [Die Kunst in der Funktion eines revolutionären Aktes], in: Gajo Petrović (Hrsg.), Umjetnost i revolucija. Spomenica Danku Grliću (1923–1984) [Kunst und Revolution. In Gedenken an Danko Grlić (1923–1984)], Zagreb 1989, S. 60–76.
Pipes, Richard (Hrsg.), The Russian Intelligentsia, New York 1961.
Pirjevec, Jože, Tito. Die Biografie, München 2016.
Polkinghorne, Donald E., Narrative Knowing and the Human Sciences, New York 1988.
Polletta, Francesca, The Sociology of Storytelling, in: Annual Review of Sociology 37, 2011, S. 109–130.
– Contending Stories. Narrative in Social Movements, in: Qualitative Sociology 21, 1998, H.4, S. 419–446.
– ›It Was Like a Fever‹. Narrative and Identity in Social Protest, in: Social Problems 45, 1998, H.2, S. 137–159.
Popov, Nebojša, Društveni sukobi – izazov sociologiji [Gesellschaftliche Konflikte – Herausforderung für die Soziologie], Belgrad 1990.
– [Hrsg.], Sloboda i nasilje. Razgovor o časopisu Praxis i Korčulanskoj letnoj školi [Freiheit und Gewalt. Gespräch über die Zeitschrift Praxis und die Korčula Sommerschule], Belgrad 2003.
Popović, Aleksandar, Sam sam birao svoj put [Ich habe meinen Weg selbst gewählt], in: Scena 6, 1990, H.2–3, S. 88f.
– »Druga vrata levo« [»Zweite Tür links«], in: ders., Drame, Belgrad 2001, S. 1077–1150.
Popović, Dušan, Političko pozorište [Politisches Theater], in: Scena 6, 1990, H.2–3, S. 105–111.
Power, Nina, Blood and Sugar. The Films of Dusan Makavejev, in: Film Quarterly 63, 2010, H.3, S. 42–51.

Radanović, Milan, Oslobođenje. Beograd, 20. oktobar 1944. [Befreiung. Belgrad, 20. Oktober 1944], Belgrad 2014.
- Kazna i zločin. Snage kolaboracije u Srbiji [Strafe und Verbrechen. Die Kollaborationskräfte in Serbien], Belgrad 2015.

Ramet, Sabrina P., Rocking the State. Rock-Music and Politics in Eastern Europe and Russia, Boulder 1994.

Raschke, Joachim, Soziale Bewegungen. Ein historisch-systematischer Grundriß, Frankfurt/Main/New York 1987.

Raunig, Gerald, Kunst und Revolution. Künstlerischer Aktivismus im langen 20. Jahrhundert, Wien 2005.

Reckwitz, Andreas, Die Transformation der Kulturtheorien. Zur Entwicklung eines Theorieprogramms, Weilerswist 2000.
- Die Reproduktion und die Subversion sozialer Praktiken. Zugleich ein Kommentar zu Pierre Bourdieu und Judith Butler, in: Karl H. Hörning/Julia Reuter (Hrsg.), Doing Culture. Neue Positionen zum Verhältnis von Kultur und sozialer Praxis, Bielefeld 2004, S. 40–54.
- Die Entwicklung des Vokabulars der Handlungstheorien. Von den zweck- und normorientierten Modellen zu den Kultur- und Praxistheorien, in: Manfred Gabriel (Hrsg.), Paradigmen der akteurszentrierten Soziologie, Wiesbaden 2004, S. 303–328.
- Grundelemente einer Theorie sozialer Praktiken. Eine sozialtheoretische Perspektive, in: Zeitschrift für Soziologie 32, 2003, S. 282–301.
- Toward a Theory of Social Practices. A Development in Culturalist Theorizing, in: European Journal of Social Theory 5, 2002, S. 245–265.
- Kritische Gesellschaftstheorie heute. Zum Verhältnis von Poststrukturalismus und Kritischer Theorie, in: ders., Unscharfe Grenzen. Perspektiven der Kultursoziologie, Bielefeld 2008, S. 283–300.
- Die Gleichförmigkeit und die Bewegtheit des Subjekts. Moderne Subjektivität im Konflikt von bürgerlicher und avantgardistischer Codierung, in: Gabriele Klein (Hrsg.), Bewegung. Sozial- und kulturwissenschaftliche Konzepte, Bielefeld 2004, S. 155–184.

Reichardt, Sven/Detlef Siegfried (Hrsg.), Das Alternative Milieu. Antibürgerlicher Lebensstil und linke Politik in der Bundesrepublik Deutschland und Europa 1968–1983, Göttingen 2010.
- Reichardt/Siegfried, Das Alternative Milieu. Konturen einer Lebensform, in: dies., Das Alternative Milieu, S. 9–24.

Reuter, Jens, Politische Gefangene in Jugoslawien, in: Südost-Europa 36, 1987, S. 297–308.

Riechers, Christian (Hrsg.), Philosophien der Praxis. Eine Auswahl, Frankfurt/Main 1967.

Rizvanbegović, Azra, Das sozrealistische Paradigma und seine Anwendung im ehemaligen Jugoslawien, in: Angela Richter/Barbara Beyer (Hrsg.), Geschichte (ge)brauchen. Literatur und Geschichtskultur im Staatssozialismus. Jugoslawien und Bulgarien, Berlin 2006, S. 373–385.

Roggemann, Herwig, Das Modell der Arbeiterselbstverwaltung in Jugoslawien, Frankfurt/Main 1970.

Rossig, Rüdiger, Sunčana strana ulice – Die sonnige Straßenseite. Rockmusik, Rockkultur und Rockszene in der SFR Jugoslawien, Berlin 2005 (unveröffentl. Magisterarbeit am Osteuropainstitut der FU-Berlin).
Rucht, Dieter, Linksalternative Milieus und Neue Soziale Bewegungen in der Bundesrepublik. Selbstverständnis und gesellschaftlicher Kontext, in: Cordia Baumann/Sebastian Gehrig/Nicolas Büchse (Hrsg.), Linksalternative Milieus und Neue Soziale Bewegungen in den 1970er Jahren, Heidelberg 2011, S. 35–59.
– Das alternative Milieu in der Bundesrepublik. Ursprünge, Infrastruktur und Nachwirkungen, in: Reichardt/Siegfried, das Alternative Milieu, S. 61–86.
– Zum Stand der Forschung zu sozialen Bewegungen, in: Forschungsjournal Soziale Bewegungen 24, 2011, H.3, S. 20–47.
Rühle, Jürgen, Theater und Revolution. Von Gorki bis Brecht, München 1963.
Ruoff Kramer, Karen, Eingreifendes Denken, in: Historisch-Kritisches Wörterbuch des Marxismus, Bd.3, Berlin 1997, Sp. 155–161.
Ruppert, Wolfgang, Der moderne Künstler. Zur Sozial- und Kulturgeschichte in der kulturellen Moderne im 19. und frühen 20. Jahrhundert, Frankfurt/Main 1998.
Rus, Veljko, Človek, delo in strukture. Sociološki problemi v naših delovnih organizacijah [Mensch, Arbeit und Struktur. Soziologische Probleme unserer Arbeitsorganisationen], Maribor 1970.
– Jugoslavensko samoupravljanje. Trideset godina kasnije [Die jugoslawische Selbstverwaltung. Dreißig Jahre später], in: Revija za sociologiju 15, 1985, H. 1–2, S. 89–106.
Rusinow, Dennison, The Yugoslav Idea before Yugoslavia, in: Dejan Djokić (Hrsg.), Yugoslavism. Histories of a Failed Idea, 1918–1992, London 2002, S. 11–26.
– ›To Be or Not to Be‹? Yugoslavia as Hamlet, in: Field Staff Reports 18, 1990–1991, S. 1–13.
Sartre, Jean-Paul, Mythos und Realität des Theaters. Aufsätze und Interviews 1931–1971, Hamburg 1979.
Schildt, Axel u. a. (Hrsg.), Dynamische Zeiten. Die 60er Jahre in den beiden deutschen Gesellschaften, Hamburg 2000.
– Between Marx and Coca Cola. Youth Cultures in Changing European Societies, 1960–1980. Herausgeber zusammen mit Detlef Siegfried, New York/Oxford 2006.
Schmider, Klaus, Partisanenkrieg in Jugoslawien 1941–1944, Hamburg 2002.
Schmitt, Hans-Jürgen/Godehard Schramm (Hrsg.), Einleitung, in: dies., Sozialistische Realismuskonzeptionen, S. 9–16.
Schramme, Thomas, »Wir fühlen uns aus Stahl erbaut«. Hundert Jahre Futuristisches Manifest, in: taz, 18.02.2009.
Snow, David u.a. (Hrsg.), The Blackwell Companion to Social Movement Research, Oxford 2004.
Šoškić, Budislav, Položaj i uloga Saveza komunista u sistemu socijalističkog samoupravljanja [Die Stellung und Rolle des Bundes der Kommunisten im System der sozialistischen Selbstverwaltung], in: Đorđević/Pašić (Hrsg.), Teorija i praksa, S. 439–459.

Stojaković, Krunoslav, Socijalistička demokracija odozdo – sve je ostalo varka [Sozialistische Demokratie von unten – alles andere ist Trug], in: Zarez, 22.5.2014.
- »Es war einmal in Jugoslawien...« ›1968‹ und die verdrängte Erinnerung an ein gesamtjugoslawisches Projekt, in: Thomas Flierl/Elfriede Müller (Hrsg.), Osteuropa. Schlachtfeld der Erinnerungen, Berlin 2010, S. 131–156.
- Das Ende Europas? Zum Krieg in Jugoslawien, in: jour fixe initiative berlin (Hrsg.), Krieg, Münster 2009, S. 99–114.
- Das Besondere im Allgemeinen? Zur Festschrift zum 65. Geburtstag des Berliner Südosteuropahistorikers Holm Sundhaussen, in: AfS 47, 2008, S. 772–776.
- Kunst und Subversion in Jugoslawien, in: Bildpunkt. Zeitschrift der IG Bildende Kunst, Frühling 2008, S. 27–29.
- Philosophie, Film, Theater, Literatur – der kritische Intellektuelle in Jugoslawien und die Studentenbewegung 1968, in: Angelika Ebbinghaus (Hrsg.), Die letzte Chance? 1968 in Osteuropa. Analysen und Berichte über ein Schlüsseljahr, Hamburg 2008, S. 149–162.
- NOB u raljama historijskog revizionizma [Der Volksbefreiungskampf im Maul des historischen Revisionismus], in: Radanović, Oslobođenje, S. 9–33.
- Revolucionarno nasilje u Narodnooslobodilačkoj borbi [Revolutionäre Gewalt im Volksbefreiungskampf], in: Radanović, Kazna i zločin, S. 11–26.
- Kroatien. Neoliberaler Antikommunismus, in: Blätter für deutsche und internationale Politik 61, 2016, H.9, S. 29–32.

Stojanović, Svetozar, Kritik und Zukunft des Sozialismus, München 1970.
- Između ideala i stvarnosti [Zwischen Ideal und Wirklichkeit], Belgrad 1969.
- Der etatistische Mythos des Sozialismus, in: Supek/Bošnjak (Hrsg.), Jugoslawien denkt anders, S. 163–178.

Stollberg-Rilinger, Barbara, Was heißt Kulturgeschichte des Politischen?, in: dies. (Hrsg.), Was heißt Kulturgeschichte des Politischen? Berlin 2005, S. 9–24.

Sudović, Zlatko (Hrsg.), Odabrani scenariji i knjige snimanja crtanih filmova Zagrebačke škole [Ausgesuchte Szenarien und Aufnahmebücher der Zeichentrickfilme der Zagreber Schule], Zagreb 1978.
- [Herausgeber] Pedeset godina crtanog filma u Hrvatskoj. Almanah 1922–1972 [50 Jahre Zeichentrickfilm in Kroatien. Ein Allmanach 1922–1972], Zagreb 1978.

Sundhaussen, Holm, Geschichte Jugoslawiens 1918–1980, Stuttgart 1982; ders., Experiment Jugoslawien. Von der Staatsgründung bis zum Staatszerfall, Mannheim 1993.
- Wirtschaftsgeschichte Kroatiens im nationalsozialistischen Großraum. Das Scheitern einer Ausbeutungsstrategie, Stuttgart 1983.
- Geschichte Serbiens. 19.–21. Jahrhundert, Wien 2007.

Supek, Rudi, Umjetnost i psihologija [Kunst und Psychologie], Zagreb 1958.
- Čovjek – proizvođač i automatizacija. Marginalije uz neka suvremena gledišta [Der Mensch – Produzent und Automatisierung. Marginalien zu einigen zeitgenössischen Ansichten], in: Naše teme 1960, H.2, S. 226–239
- Das gespaltene Dasein des bürgerlichen Menschen, in: ders., Soziologie und Sozialismus, Freiburg im Breisgau 1966, S. 191–202.

- Participacija, radnička kontrola i samoupravljanje [Partizipation, Arbeiterkontrolle und Selbstverwaltung], Zagreb 1974.
- Protivrječnosti i nedorečenosti jugoslovenskog samoupravnog socijalizma [Widersprüche und Leerstellen des jugoslawischen Selbstverwaltungssozialismus], in: Praxis 8, 1971, H.3–4, S. 347–372.
- [Herausgeber zusammen mit Branko Bošnjak], Jugoslawien denkt anders. Marxismus und Kritik des etatistischen Sozialismus, Wien 1971.

Sutlić, Vanja, Bit i suvremenost. S Marxom na putu k povijesnom mišljenju [Sein und Gegenwart. Mit Marx auf dem Weg zum geschichtlichen Denken], Sarajevo 1972.

Suvin, Darko, Samo jednom se ljubi. Radiografija SFR Jugoslavije 1945.–72. Uz hipoteze o početku, kraju i suštini [Man liebt nur einmal. Radiografie der SFR Jugoslawien 1945.–72. Mit Hypothesen über den Beginn, das Ende und das Wesenhafte], Belgrad 2014.
- 15 teza o komunizmu i Jugoslaviji, ili dvoglavi Janus emancipacije kroz državu [15 Thesen zum Kommunismus in Jugoslawien, oder der doppelköpfige Janus einer Emanzipation durch den Staat], in: ders., Samo jednom se ljubi, S. 147–168.
- Bertolt Brecht und der Kommunismus, in: Das Argument 53, 2011, H.4, S. 539–545.
- Diskurs o birokraciji i državnoj vlasti u post-revolucionarnoj Jugoslaviji, 1945–1974 [Diskurs über Bürokratie und die Staatsmacht im postrevolutionären Jugoslawien, 1945–1974], in: Politička misao 49, 2012, H.3, S. 135–159.
- Centennial Politics. On Jameson on Brecht on Method, in: New Left Review 234, 1999, S. 127–140.
- Bertolt Brecht, Dijalektika u teatru, Belgrad 1966.
- O Bogdanu, o sjećanju, o teatru kao utopijskoj radosti [Über Bogdan, das Erinnern, das Theater als utopische Freude], in: Gordogan 2009, H.15–18, S. 197–203.
- Second-guessing, ili kako je to (možda) zapravo bilo [Second-guessing oder wie es (vielleicht) wirklich war], unveröffentliches Manuskript vom 29.11.2004.

Theater Instituut Nederland (Hrsg.), The Dissident Muse. Critical Theatre in Eastern and Central Europe, 1945–1989, Amsterdam 1996.

Tirnanić, Bogdan, Crni talas [Schwarze Welle], Belgrad 2008.

Tošić, Desimir, Ko je bio Milovan Đilas. Disidentsvo 1953–1995 [Wer war Milovan Đilas. Dissidententum 1953–1995], Belgrad 2003.

Turković, Hrvoje, Filmske pedesete [Der Film in den Fünfzigern], in: Hrvatski filmski ljetopis 11, 2005, S. 122–131.
- Što je to eksperimentalni film [Was ist der Experimentelle Film], in: Zapis. Glasilo Hrvatskog filmskog saveza 10, 2002, S. 28–38.

Unkovski-Korica, Vladimir, The Economic Struggle for Power in Tito's Yugoslavia: From World War II to Non-Alignment, London 2016.

Vogel, Amos, Film als subversive Kunst. Kino wider die Tabus – von Eisenstein bis Kubrick, Hamburg 2000.

Volk, Petar, Beogradske scene. Pozorišni život Beograda 1944–1974 [Belgrader Bühnen. Das Theaterleben in Belgrad 1944–1974], Belgrad 1978.

Vranicki, Predrag, Teorijska osnova ideje o samoupravljanju [Theoretische Grundlage der Selbstverwaltungsidee], in: Đorđević/Pašić (Hrsg.), Teorija i praksa samoupravljanja u Jugoslaviji, S. 136–148.
- Theoretical Foundations for the Idea of Self-Management, in: Marković/Petrović (Hrsg.), Praxis, S. 229–247.
- Philosophie in unserer Zeit, in: Petrović (Hrsg.), Revolutionäre Praxis, S. 82–91.
- Geschichte des Marxismus, 2 Bände, Frankfurt/Main 1983.
- Der Sozialismus und das Problem der Entfremdung des Menschen, in: Supek/Bošnjak (Hrsg.), Jugoslawien denkt anders, S. 57–72.

Vučetić, Radina, Rokenrol na zapadu istoka – slučaj Džuboks [Rock and Roll im Westen des Ostens], in: Godišnjak za društvenu istoriju 12, 2006, S. 71–88.

Vukić, Miodrag, Jugoslawische Lyrik der Gegenwart, in: Osteuropa 5, 1964, S. 341–351.

Vukotić, Dušan, Scenarij crtanog filma [Scenario des Zeichentrickfilms], in: Sudović (Hrsg.), Odabrani scenariji, S. 15–22.

Weber, Hermann, Damals, als ich Wunderlich hieß. Vom Parteihochschüler zum kritischen Sozialisten, Berlin 2002.

Wehler, Hans-Ulrich, Konflikte zu Beginn des 21. Jahrhunderts. Essays, München 2003.

Welskopp, Thomas, Die Sozialgeschichte der Väter. Grenzen und Perspektiven der Historischen Sozialwissenschaft, in: Geschichte und Gesellschaft 24, 1998, S. 169–194.
- Klasse als Befindlichkeit? Vergleichende Arbeitergeschichte vor der kulturhistorischen Herausforderung, in: AfS 38, 1998, S. 301–336.

Winter, Rainer, Die Kunst des Eigensinns. Cultural Studies als Kritik der Macht, Weilerswist 2001.

Wörsdörfer, Rolf, Krisenherd Adria 1915–1955. Konstruktion und Artikulation des Nationalen im italienisch-jugoslawischen Grenzraum, Paderborn 2004.

Woodward, Susan, Socialist Unemployment. The Political Economy of Yugoslavia 1945–1990, Princeton 1995.

Ziehr, Wilhelm (Red.), Weltreise. Alles über alle Länder unserer Erde, Bd.4: Europa: Polen, Tschechoslowakei, Ungarn, Rumänien, Jugoslawien, Bulgarien, Albanien, Griechenland, Zypern, München 1971, S. 265–331.

Žikić, Aleksandar, Fatalni ringišpil. Hronologija beogradskog rokenrola [Fatales Karussel. Chronologie des Belgrader Rock & Roll`s], 1959–1979, Belgrad 1999.

Živanov, Sava, Uzroci i posledice sukoba [Ursprünge und Folgewirkungen des Konflikts], in: Petar Kačavenda (Hrsg.), Jugoslovensko-sovjetski sukob 1948. Godine [Der jugoslawisch-sowjetische Konflikt 1948], Belgrad 1999, S. 21–34.

Živanov, Sergej, Socijalizam i destaljinizacija, Novi Sad 1969.

Životić, Miladin, Proletarischer Humanismus. Studien über Mensch, Wert und Freiheit, München 1972.

Zubak, Marko, The Croatian Spring. Interpreting the Communist Heritage in Post Communist Croatia, in: East Central Europe 32, 2005, H.1–2, S. 191–225.

Zuppa, Vjeran, Teatar kao schole [Theater als Lehranstalt], Zagreb 2004.

Župan, Ivica, Exat 51 i drug[ov]i. Hrvatska umjetnost i kultura u promijenjim političkim prilikama ranih pedesetih godina 20. Stoljeća [Exat 51 und Genossen. Kroatische Kunst und Kultur unter veränderten politischen Gegebenheiten in den frühen Fünfzigerjahren], Zagreb 2005.

Bildquellen

Seite 153: Archiv Jugoslawiens - AJ | Bestand Tanjug: 112153-KJV-19692-22
Seite 157: Archiv Jugoslawiens - AJ | Bestand Tanjug: 112153-KJV-19692-28
Seite 159: Archiv Jugoslawiens - AJ | Bestand Tanjug: 112153-KJV-19692-38
Seite 160: Archiv Jugoslawiens - AJ | Bestand Tanjug: 112153-KJV-19692-3
Seite 297: Kroatisches Staatsarchiv – HDA | Bestand Vjesnik: 2031 - 193
Seite 299: Kroatisches Staatsarchiv – HDA | Bestand Vjesnik: 2031 - 193
Seite 301: Archiv Jugoslawiens - AJ | Bestand Tanjug: 112456-KJV-19412-3
Seite 303: Archiv Jugoslawiens - AJ | Bestand Tanjug: 112456-KJV-17705-3
Seite 311: Archiv Jugoslawiens - AJ | Bestand Tanjug: 112456-KJV-19484-08
Seite 313: Museum der Geschichte Jugoslawiens – MIJ | Bestand Stevan Kragujević SK-4-FD
Seite 315: Museum der Geschichte Jugoslawiens – MIJ | Bestand Stevan Kragujević SK-4-FD
Seite 319: Archiv Jugoslawiens - AJ | Bestand Tanjug: 112456-KJV-19484-66
Seite 321: Archiv Jugoslawiens - AJ | Bestand Tanjug: 112456-KJV-19484-229
Seite 323: Archiv Jugoslawiens - AJ | Bestand Tanjug: 112456-KJV-19484-190
Seite 345: Archiv Jugoslawiens - AJ | Bestand Tanjug: 112456-KJV-19484-208

mandelbaum *empfiehlt*

Andreas Nöthen
LUIZ INÁCIO LULA DA SILVA
Eine politische Biografie

256 Seiten, Euro 20,–
ISBN 978385476-947-7

Birgit Buchinger, Renate Böhm, Ela Groszmann (Hg.)
KÄMPFERINNEN

264 Seiten, Euro 22,–
ISBN 978385476-984-2

Paul Parin
ES IST KRIEG UND WIR GEHEN HIN
Bei den jugoslawischen Partisanen

282 Seiten, Euro 25,–
ISBN 978385476-861-6